感谢"2023年度广东省研究生教育创新计划"（专业学位研究生教学案例库建设项目）和广东工业大学"2023年度校级本科教学工程项目"（专业核心课程教材）的资助

公司财务原理及教学案例

许金花　左静璇　著

中国财经出版传媒集团

经济科学出版社

Economic Science Press

·北京·

图书在版编目（CIP）数据

公司财务原理及教学案例／许金花，左静璇著．
北京：经济科学出版社，2024.8. -- ISBN 978 - 7 - 5218 -
6247 - 8

Ⅰ.①F276.6

中国国家版本馆 CIP 数据核字第 2024BU5050 号

责任编辑：周国强　黄双蓉
责任校对：隗立娜
责任印制：张佳裕

公司财务原理及教学案例
GONGSI CAIWU YUANLI JI JIAOXUE ANLI

许金花　左静璇　著

经济科学出版社出版、发行　新华书店经销
社址：北京市海淀区阜成路甲 28 号　邮编：100142
总编部电话：010 - 88191217　发行部电话：010 - 88191522
网址：www. esp. com. cn
电子邮箱：esp@ esp. com. cn
天猫网店：经济科学出版社旗舰店
网址：http://jjkxcbs. tmall. com
北京季蜂印刷有限公司印装
710×1000　16 开　24.5 印张　420000 字
2024 年 8 月第 1 版　2024 年 8 月第 1 次印刷
ISBN 978 - 7 - 5218 - 6247 - 8　定价：128.00 元
（图书出现印装问题，本社负责调换。电话：010 - 88191545）
（版权所有　侵权必究　打击盗版　举报热线：010 - 88191661
QQ：2242791300　营销中心电话：010 - 88191537
电子邮箱：dbts@ esp. com. cn）

目　录

第一部分

公司控制权市场与企业并购

跨国并购是企业为了实现全球化战略进行的并购活动，它已成为国际直接投资的主要方式。自 2008 年金融危机爆发以来，世界范围内的跨国并购数量上不断增长，规模上不断扩大，掀起了新一轮的并购浪潮。在阅读本部分之前，通过了解并购动因相关理论、控制权市场和敌意收购相关理论、控制权防御相关理论，能够更好理解控制权市场与企业并购的关系。

一、并购动因相关理论

市场力量论认为企业并购能够增强企业对市场环境的控制能力和长期获利能力，其体现在两个方面：横向并购和纵向并购。一方面，通过横向并购能够减少行业内竞争者数量，降低产业内竞争激烈程度，巩固市场占有率，实现规模经济。同时，横向并购能够解决产业整体生产能力扩张速度和市场需求扩张速度不一致之间的矛盾，减少行业的过剩能力。对于资产专用性程度高的行业，并购能降低退出壁垒。另一方面，通过纵向并购能帮助企业实现对供应链和销售渠道的控制，降低客户和供应商的重要性，提高企业讨价还价能力，以此控制竞争对手的活动。

代理理论由詹森和麦克林（Jensen and Meckling, 1976）提出，他们认为当管理者只拥有企业股份的一小部分时，便会产生代理问题。当企业的所有权与控制权分离时，将企业的管理与控制分离，有助于降低代理人损害股东利益的可能性。在目标公司存在代理问题的情况下，并购是一种解决目标企业代理问题的外部机制。通过并购获得控制权，可以弱化代理问题。

效率动因理论由平狄克等（Pindyck et al.，1982）提出，他们认为企业并购活动能够给社会收益带来一个潜在的增量，而且对交易的参与者来说能够提高各自的效率。该理论包含两个要点：其一是企业并购活动的发生有利于改进管理层的经营业绩；其二是企业并购将导致某种形式的协同效应，即所谓"1+1>2"的效应（并购后企业的总体效益要大于两个独立企业效益的算术和，同时也能增加社会福利）。

交易成本理论最早由科斯（Coase，1960）提出，后来由威廉姆森等（Williamsion et al.，1975）学者发展。根据科斯（1960）的观点，市场和企业是两种可以相互替代的配置资源机制。市场交易发生在企业之间，由市场来调节控制。企业边界是指某一生产环节是否应保留在企业内部。企业并购就是确定企业边界的过程。企业通过并购使市场交易内部化，同时将较高的交易成本转化为较低的内部管理成本。纵向并购的边界条件是企业边际交易费用节约额等于边际组织费用增加额。在竞争市场条件下，实现纵向并购的这种均衡能促使企业生产和分配的有效组织和资源的有效配置。威廉姆森（1975）进一步发展了科斯（1960）的理论，他深入研究了企业"纵向一体化"问题。他认为，人的有限理性和机会主义，以及市场环境的不确定性，导致了企业跨国经营时交易活动的复杂性，从而引起交易成本增加。更高的交易成本成为企业将外部交易转移到企业内部的动力，即跨国企业对外国企业进行并购。

以科斯（1960）为代表的交易费成本理论从企业边界来考虑跨国并购问题，为跨国并购动因的研究提供了一般理论范式和工具。然而这种理论具有一定的局限性，其忽视了在企业与市场之间存在大量的中间地带的组织形式，并且没有考虑并购后的额外效益问题，同时对横向并购和混合并购不能提供有力的解释。

二、控制权市场和敌意收购相关理论

控制权市场这一概念最早是由美国经济学家曼尼（Manne，1965）提出，他开创性地认为，当管理者经营不善时，外部投资者可以通过并购方式获取公司的控制权。如果收购的威胁能够约束管理层，控制权市场的惩戒作用将会发挥较大的治理效应。随后，法玛（Fama，1980）在控制权市场相关理论的理论基础上，进一步指出，即使仅仅存在被接管的可能，低股价也会对管理层施加压力，使其改变方式，并且忠于股东利益。

敌意收购是一种主动的行为，通过直接向目标公司的股东提出收购要约来获得公司的控制权。曼尼（1965）认为在市场上有两种不同的利益群体，一种是伺机而动的敌意收购者，另一种是庸碌无能的企业管理者，而公司控制权就在这两个利益群体之间争夺、转移。企业管理者会迫于外在敌意收购者的威胁，而尽可能勤勉尽责，提高企业效益。随后，威廉姆森（1985）提出市场化的敌意收购是公司治理领域最为有效的手段之一。

三、控制权防御相关理论

随着控制权市场理论的不断发展，越来越多的学者也关注到了控制权防御这一研究领域。控制权防御和敌意收购是两个相对立的概念，它们在公司治理和商业领域中扮演着不同的角色。控制权防御是一种被动的行为，是目标公司为了防止或拖延敌意收购而采取的一系列措施。在一些情况下，公司可能会将控制权防御作为一种策略，以保护自身免受潜在的敌意收购。然而，由于一些股东可能更愿意接受敌意收购的提议，以获取更好的回报，因此这也可能引发股东和管理层之间的冲突。

德安格和雷斯（DeAngelo and Rice，1983）首次提出了反收购条款的两种不同的作用机制：第一种是管理层堑壕假说，认为管理者设立反收购条款是以损害股东利益为代价，主要是为了保护自己的职位，或者在并购中攫取自己的收益。第二种是谈判收益假说（或称并购溢价假说），认为管理层能通过设立反收购条款来抵制投机性并购和敌意收购，如果反收购条款被用来增强目标公司在并购中的谈判地位，就会使得目标公司股东获得更高的并购溢价（Straska and Waller，2014）。

此外，斯泰（Stein，1988）提出了控制权防御的长期收益假说（long-term benefit hypothesis），认为当来自控制权市场的惩戒威胁减少时，客观上减轻了市场对大股东的压力和约束，大股东的短视行为得到改善，会更加专注于提高公司的长期绩效和增长。

帕特里克（Patrick，2010）按照收购事件发生前后，根据控制权防御策略的执行时机，将控制权防御机制分为预防型和主动型两类。预防型控制权防御机制是在收购事件发生前预先设计的策略，包括在公司章程内设置的控制权防御条款（如分级董事会、绝对多数条款、累积投票制等章程条款）、毒丸计划、员工持股和交叉持股等；主动型控制权防御机制是在收购事件发生后才主动实施的策略，包括白衣骑士、停牌、舆论造势、调整资本结构和焦土战术等（曾燕等，2018）。

| 第 1 章 |

战 略 并 购

【引导案例】

三一重工并购整合普茨迈斯特案例

由于 2008 年的美国次贷危机和 2011 年的欧债危机使欧洲企业备受打击，银行无法为企业提供足够的信贷支持，导致企业销售额急剧下降。欧洲公司陷入资金周转困难，而中国企业在国内市场上有稳固支持，遭受的影响相对较小。这种市场低迷和外企困境为中国企业提供了绝佳收购和国际扩张的机会。三一重工股份有限公司（以下简称"三一重工"，证券代码：600031）因此收购了德国普茨迈斯特公司（Putzmeister Holding GmbH，以下简称"普茨迈斯特"）。

普茨迈斯特在 2007 年销售额达到 10.90 亿欧元，但在金融危机影响下，2008 年营业收入暴跌至 4.50 亿欧元，亏损达 1.40 亿欧元。尽管在 2011 年扭亏为盈，但缺乏足够资金支持和恢复欧美市场的困难导致他们选择出售。三一重工正好有资金，但需要先进技术和国际销售网络，因此迅速抓住机会并成功收购了普茨迈斯特。

1.1 跨国并购现状

1.1.1 制度背景

全球化背景下，中国企业在国外市场的竞争力显得尤为重要。然而，中国企业从产品设计到品牌营销等诸多方面的水平和程度与国外同行还存在着很大差距，在全球化竞争的影响下，中国企业急需提高自身的国际化水平。跨国并购可能是中国企业获得战略资源，扩张市场最快、最便捷的方式，因此，跨国并购已经成为许多中国企业的主要战略之一。

工程机械行业是推动国民经济发展的重要产业之一，全球市场竞争日趋激烈，要求中国企业必须苦练内功，强化企业国际化发展趋势。早些年，工程机械行业响应国家"走出去"的发展战略，加紧海外并购的步伐。中国工程机械企业实力有了很大程度的提升，行业发展速度较快，在企业研发和获利能力方面取得显著的成效。中国工程机械制造业跨国并购浪潮兴起于2008年，迄今为止较有代表性的大型跨国并购案例包括中联重科股份有限公司（以下简称"中联重科"）收购意大利CIFA公司（2008年）、三一重工收购德国普茨迈斯特公司（2012年）、广西柳工机械股份有限公司（以下简称"柳工集团"）收购波兰HSW工程机械业务（2012年）、徐州工程机械集团有限公司（以下简称"徐工集团"）收购德国施维英集团有限公司（2012年）等。

世界工程机械行业的发展正处于转型时期，中国工程机械企业的大规模跨国并购是企业推进国际化进程、应对全球工程机械市场竞争的必然选择。近年来中国工程机械企业加快国际化的步伐，虽然积累了一定的经验，但整体跨国并购水平依然比较低，质量有待提升。跨国并购涉及人力、资金、技术、政策、人文环境等多方因素，关系更为复杂，并购过程中的风险不可避免，综观中国企业通过跨国并购开拓国际市场的案例，并不是所有的跨国并购活动都达到了理想的效果。

1.1.2 跨国并购方式

（1）横向跨国并购

横向并购是指两个或两个以上生产和销售相同或相似产品公司之间的并购，是处于相同市场层次上的或者具有竞争关系的企业并购。通过横向跨国并购，能够内部化许多本来属于国际市场范畴的交易，尤其是技术、能力这类知识含量较高的、企业凭借自身资源难以短期形成的核心资源，从而企业提高在国际市场上的市场份额和支配地位，提升议价能力。横向并购的动因通常可以归纳为增加市场份额、实现规模经济和协同效应以及关联企业影响等。

横向并购对企业发展的价值在于弥补企业资产配置不足。横向并购的规模效应有利于降低企业生产成本，提高市场份额，进而增强企业盈利能力。由于横向并购是具有竞争关系、经营领域相同、生产产品相似的同行企业间的并购，因此其扩大经营规模、实现规模经济的同时还帮助企业减少了国际竞争对手。总的来说，横向并购有利于提高行业集中程度，增强产品在同行业中的竞争能力，控制或影响同类产品市场，是实现资源节约、效益最大化的有效手段。

（2）纵向跨国并购

纵向跨国并购中，并购主体双方存在着生产链或价值链的上下游纵向协作关系，发生纵向并购的主要目的在于保证供应和销售，免受生产链或价值链上的垄断性控制和销售上的竞争威胁。可以从跨国公司国际交易过程的三个方面，即资产的专用性、交易的不确定性和交易频率来看交易成本与纵向跨国并购的关系：①资产的专用性越高，其国际市场交易的潜在成本就越大，就越有可能阻止企业继续依赖外部市场，进而促使跨国公司考虑以纵向并购方式内部化国际生产链或价值链的上下游企业，减少交易成本、提高经济效益。②在国际生产链或价值链中处于上下游的企业有可能会由于交易过程的不确定性而增加交易成本，这时无论企业之间的合作是选择长期合约还是短期合约，都可能解决不了问题。而具有国际纵向生产关系的企业就会产生跨国并购的冲动，以一体化的企业组织结构来替代市场交易行为，从而达到节省交易成本的目的。③在资产的专用性和不确定性一定的情况下，是否采取纵向跨国并购取决于交易频率。纵向跨国并购本身存在交易成本，如果交易的频率低，就会导致因纵向跨国并购而增加的交易成本得不到补偿，此类并购交易一般不会发生；相反，如果交易频率高，因纵向跨国并购而增加的交易成本能够得到相应补偿，并购交易发生的可能性即会提高。

（3）混合跨国并购

基于交易成本理论，可以把跨国公司通过混合跨国并购建立的多部门组织，视为一个内部化的资本市场，通过统一的战略决策，使得不同来源的资本能够集中调配、统一投向高盈利的部门。混合跨国并购情境下，内部管理协调取代外部市场协调，有利于企业降低交易成本、提高资源的利用效率，积极参与更加激烈的国际竞争，在全球资源的重新配置中占据有利位置。因此，跨国公司会选择在全球范围内不断寻求合适的并购目标以增强竞争实力，通过有效节省交易成本的内部化行为，与其他国家的资源与能力相结合，以期获得更具竞争力的"区位资产组合"。

1.1.3 跨国并购支付方式

（1）现金支付

现金支付是指企业用现金或者现金等价物以支付跨国并购交易对价的一种支付方式，也称货币支付。由于采用现金支付方式使交易价格更加稳定，因此能够较好地规避交易对价受到资本市场股价波动的影响。而且企业跨国并购交易涉及多个国家，不同国家和地区间的法律法规存在差异，跨国并购交易实施股权支付的操作难度较大，因此，在企业进行跨国并购交易中，企业会更加倾向于使用现金支付方式。此外，现金支付方式能够使得并购方的股权结构保持稳定，企业并购后经营的稳定性不受影响。

但企业跨国并购交易中涉及的资金规模通常较为庞大，若采用现金支付的方式，将可能给并购方的现金流带来较大的压力。

（2）股权支付

股权支付指企业通过增发股票或者换股的行为，来获取被并购方的经营管理权的并购交易方式，这也是企业在并购交易中常用的一种支付方式。股权支付方式不需要企业大量的现金资本，相比现金支付方式，股权支付能够较大程度地缓解企业现金流压力。此外，企业采用股权支付方式，能使被并购方的股东成为并购方的股东，即并购双方之间相互持股，一定程度上能够分摊企业在并购过程中产生的风险。

但值得注意的是，在企业并购过程中若采用股份支付方式，在一定程度上也会使得企业原本的股权被稀释，影响企业原本的股权结构，甚至有企业控制权转移的风险存在。

（3）混合支付

混合支付指企业在并购过程中采用多种方式组合付款，而并非仅采用单一的付款方式。在企业跨国并购交易中，混合支付的方式通常指使用现金支付搭配股权支付的方式，来支付企业并购的交易对价。混合支付的方式能够充分发挥各种支付方式的优点，降低使用单一支付方式带来的风险，有助于提高企业并购的成功率。

但若选用不当或各种支付方式所占比例不合理，不但无法充分利用上述优点，还可能使企业面临更大的风险。

1.1.4 跨国并购目的

（1）战略资源获取型跨国并购

跨国并购作为海外优质创新资源内部化的重要手段，已成为中国企业提升创新能力的重要战略措施。随着经济不断发展，越来越多的制造业企业进入成熟阶段，企业的并购动因因行为主体以及所处的经济时期不同而发生变化。企业并购是基于资源共享和分散风险的战略目标，资源共享具体又体现在知识技术、品牌、市场和有形资源的获取及共享。当企业的并购动机是为了获取品牌、销售渠道和研发技术时，其并购效果通常更优。对比西方理论与中国企业的并购理论发现，西方理论更多地强调实现经营协同效应和市场势力，而中国企业由于在发展过程中受到更多的市场冲击，在经济发展前期呈现出寻求市场和自然资源的动机；当经济发展水平提高后，企业并购更多地倾向于获取战略性资产，更加强调获取知识产权、管理经验、技术、品牌和销售渠道等。对于后发企业来说，通过跨国并购能够实现技术创新的追赶，从而实现战略转型，形成企业的核心竞争力。伴随着数字经济的浪潮，以获取数字资源为目的的并购越来越成为企业的战略选择。随着工业经济时期向数字经济时期过渡，企业的并购动机逐渐由市场、品牌、知识、技术等传统性战略资源向数字技术、数字研发能力、数字平台等新型数字战略资源转变。

（2）技术获取型跨国并购

技术获取型跨国并购往往以获取目标公司或目标公司所在国知识和技术资源为目的。这些公司通过整合全球范围内的知识和技术实现自身创新，或者也可以称为"全球合成"，但这种知识不仅包括企业显性知识，还包括企业隐性知识，尤其需要注意的是，在跨国并购中企业隐性知识往往会比企业所拥有的显性知识更为重要。在实施技术获取型跨国并购过程中，企业主要通过技术寻求、技术转移和技术吸收三个环节完成技术获取（吴先明和苏志文，2014）。

技术寻求是指主并企业占有目标公司的技术和知识，并将其应用于商业目的实现的一种目标，也可以简化为获取和利用新技术资源的目标。在现代技术竞争压力越来越大的情况下，企业自身技术会受到限制，而且社会整体创新水平与研发复杂程度也逐渐提高，企业必须通过其他方式来保证自身技术能够跟上现代技术发展，于是就有越来越多的企业通过跨国并购获取技术资源。

技术转移最早是由蒂斯（Teece，1992）提出的，他认为企业的创新绩效与成功的跨国技术转移密不可分。跨国企业技术知识转移中将技术知识传递方与接收方作为转移的主体，所转移的技术知识作为转移的客体，二者相互作用形成了技术转移。由此可见，企业成立之初会依赖国内市场和环境，之后根据自身战略目标实施跨国并购逐渐成长为跨国企业。跨国并购过程中如果仅能够获取知识，企业将不会得到创新回报，只有通过技术转移才能得到更多回报，其中就包括企业创新投资所带来的回报。

当企业通过跨国并购将目标企业和其所处东道国的知识技术转移到本企业中时，必须将其转化吸收为自身的知识才能够实现企业创新。先验知识的基本作用暗示了企业吸收能力的特征，而该特征将在一个不断发展且不确定的环境中影响创新绩效。在跨国并购知识技术转移过程中，企业吸收能力是识别新的外部信息价值、吸收信息并将其应用于商业目的的能力。知识吸收是企业与其他对手竞争的核心能力之一，企业拥有较强的吸收能力就可以更好地将外部知识转化为内部资本，使企业保持良好的竞争优势，同时还需注意企业在吸收转化知识技术过程中要同时利用好内部资源与外部技术，并将其整合到已经存在或者将要发布的产品之中，以此来提升企业的创新能力。

1.1.5　跨国并购整合

实现核心技术创新突破能够推动中国从"制造大国"向"智造强国"迈进，而跨国并购整合是制造产业技术持续创新的关键渠道。经典的垄断优势理论（Hymer，1960）、产品生命周期理论（Vernon，1966）、内部化理论（Buckley and Casson，1976）以及国际生产折中理论（Dunning，1977）解释了已具备绝对竞争优势的发达国家企业跨国寻找新机会的行为，但并不能解释中国情境下，暂时不具有垄断优势、处于全球价值链低端的制造业企业跨国并购的现实问题。关于后发国家跨国并购整合这一问题的研究，现有研究主要有两种思路。

在技术创新产业升级理论（Tolentino，2003）和技术地方化理论（Lall and Chen，1983）逻辑框架内，讨论后发国家企业跨国并购整合实现技术动态积累和引进先进技术进行本土化再生。创新价值源自跨国并购整合，针对制度和资源、内部复杂性和企业间依赖、制度和产品、战略一致性和心理距离、组织合法性和组织惯例、治理共享和运营协调、市场导向和技术导向、组织管控和业务单元、组织身份变革和外来者劣势等维度设计跨国并购整合策略，均能在一定程度上促进后发国家创新。

在动态视角的整合模式研究中，后发国家并购发达国家企业之后多采取"分阶段""渐进式"的动态整合战略，并购整合作为一个多阶段过程，包含收购方与目标方企业合并形成新组织的多层面、动态过程。动态情境下制度理论和资源能力、海外子公司合法性战略选择、市场认知演化路径、商业模式创新均有利于后发企业实现并购后的技术追赶，"突围"产业创新。

在大数据和产业互联网时代背景下，还需要进一步讨论数字化转型与技术创新的关系。相比于传统创新技术的积累与超越，数字化转型与企业创新之间的关联更为复杂。数字化转型实际上是将数字技术深度融合到企业经营管理等多个过程中，从而推动管理模式由原先的"工业化"向"数字化"转变，助力企业开展新的商业模式，进而促使企业实现更多价值创造。数字化浪潮重构了企业内部的资源与分工，是技术创新的支持者和推动者，扩展了价值整合的可能性。新时代信息背景下其对企业创新活动的影响不容忽视。目前大部分研究集中在企业数字化创新模式构建和经济后果研究上，关于数字化转型模式构建的研究主要从战略变革、商业模式等角度梳理了企业数字化创新演化路径；关于数字化转型经济后果的研究则主要集中在全要素生产率、投入产出率、资本市场、价格加成以及创新等方面。然而，已有研究仅对企业内部数字化创新模式和经济后果作出回应，忽略了外部行为（如跨国并购）协同内部数字化转型对企业创新的交叉影响机制及作用效果。

1.2　案 例 资 料

1.2.1　并购方——三一重工

三一重工是湖南长沙本土工程机械企业，以混凝土机械作为其支柱产业，主要从事工程机械的研发、制造及销售。中国工程机械工业协会 2011 年数据表明，三一重工全年销售收入以 500 亿元位居全球第九。三一重工秉持"品质改变世界"的宗旨，将销售收入的 5%～7% 用于研发，致力于以创新推动内生增长从而促进产品的更新迭代，风格上呈现激进和追求卓越的特质。但其经营重心一直处于国内，国际化道路已踽踽独行了10年。2011年中期，三一重工海外收入仅有占比不到4%的11.8亿美元，国际化程度远低于战略目标。截至三一重工收购普茨迈斯特完成前，其海外销售额仅占总销售额的6.9%。

三一重工经营覆盖整条产业链，整机装配方面，混凝土机械、挖掘机、起重机等产品的齐头并进，同时实现了四轮一带、液压件等核心零部件的自主研发。除此之外，三一重工的经营范围也覆盖了智能化控制系统，其生产采用的智能化控制系统，为公司创造了重要的运营平台，其中包括控制器、显示器、终端、传感器等诸多环节（参见图1.1.1）。

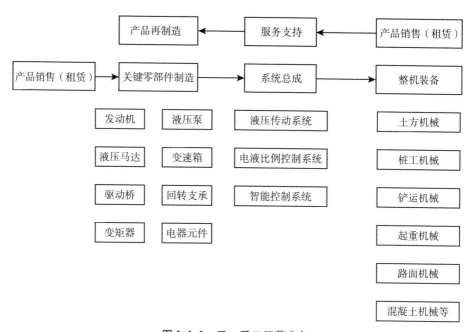

图 1.1.1　三一重工经营业务

资料来源：三一重工公司公告。

随着公司全产业链覆盖的经营模式得到进一步完善，一些关键零部件的生产已实现自主配套生产，使公司产品的毛利率基本维持在30%以上。在国际化发展的道路上，三一重工主要经历了如下四个阶段：2002～2005年，三一重工的产品主要依靠出口进入海外市场；2006～2009年，采取"绿地投资"的方式，三一重工分别在印度、巴西建立生产基地，在美国和德国建立研发基地；2009 ~ 2012 年，三一重工开始采取"本土化战略"，建立研发、生产、销售、服务于一体的价值链条。2012 年至今，通过收购普茨迈斯特，开启了三一重工以跨国并购为核心的"大区制"国际化战略。

1.2.2 被并购方——普茨迈斯特

自 1907 年德国人开始申报混凝土泵车的专利伊始，德国混凝土机械技术即稳居全球霸主地位一个世纪之久。在世界排名中（参见图 1.1.2），德国普茨迈斯特位居榜首，有"大象"之称，德国施维英位列第二。

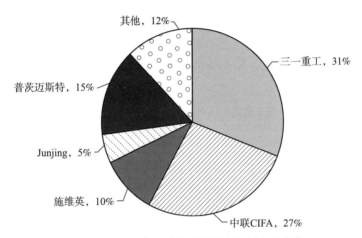

图 1.1.2 2010 年全球主要混凝土机械企业份额

资料来源：三一重工公司网站。

普茨迈斯特创立于 1958 年，在全世界范围内开发、生产、销售建筑设备机械，尤以用于建筑、采矿、隧道建设及大型工业项目的混凝土泵为核心产品。其发展的各个节点中，最令人瞩目的莫过于 1986 年，由普茨迈斯特设计生产的世界最长 62 米臂架泵车交付使用。自此以后，普茨迈斯特连续摘得全球混凝土泵销售桂冠逾二十载，其销售收入于 2007 年达到历史最高点——10 亿欧元。普茨迈斯特在全球 10 个国家设有子公司，拥有业内顶尖的研发团队，秉持德国企业精益求精的文化传统，研发并获得专利技术100 多项。但于 2008 年金融危机中受到重创，年销售额江河日下，出现了自创立 50 年以来的首次亏损。2009 年疲态渐显,持续低迷,裁员数百人。2010～2011 年,年销售额仍仅为巅峰期的一半——5 亿～6 亿欧元,负债规模约为 1.65 亿欧元。

与此同时,三一重工的混凝土机械年销售额于 2009 年赶超普茨迈斯特,并于 2010 年以 27.20 亿美元的年销售额问鼎世界冠军。而普茨迈斯特自金融危机伊始,直至接收三一重工抛出的橄榄枝,一直深陷泥潭,未能摆脱困局,不得不考虑出售股权以重获新生。

从表 1.1.1 可以看出,三一重工的整体规模大于普茨迈斯特,且产品线更为丰富,混凝土机械全球市场份额是普茨迈斯特的 3.6 倍。虽然,三一重工主营业务收入明显高于普茨迈斯特,但从海外销售收入占比来看,其收入主要依赖于国内市场。截至并购发生时,三一重工的净资产是普茨迈斯特的 10 倍以上,且当年普茨迈斯特的净利率不到 1.1%,产品毛利率为 10%,远低于三一重工混凝土机械业务 40% 的毛利率。

表 1.1.1   **普茨迈斯特、三一重工核心数据对比**

类别	三一重工	普茨迈斯特
主营业务收入（2010 年）	53.99 亿美元	6.84 亿美元
员工人数（2010 年）	5 350 人	3 000 人
产品线	混凝土机械、路面机械、履带起重机械等	混凝土输送泵、泵车、高压清洁设备、灰浆机、工业泵等
混凝土机械全球市场份额（2010 年）	41.35%	11.49%
混凝土机械中国市场份额	57%	小于 5%
海外业务销售额比重（2010 年）	6.98%	90%

资料来源:三一重工公司网站。

1.2.3 三一重工并购动因

（1）宏观动因

①经济全球化。经济全球化的迅速发展,是推动跨国并购的主要动因。全球经济的一体化,使得国际贸易与国际投资的热度进一步高涨,国际经济

的开放程度日益提高。随着中国于 2001 年加入世界贸易组织（Word Trade Organization，WTO），一些过去限制对外开放的行业（如金融、投资、电信等）逐渐放开，中国经济与全球市场的联系变得更为紧密，世界市场逐渐形成。然而全球市场的形成，在为企业带来更大市场容量与机遇的同时，也改变了原有的竞争格局。企业在本国形成的规模经济及市场垄断地位不再适用，只有进一步扩大生产规模及销售范围，在降低成本增加销售额的同时，提高企业核心竞争力，获得更多的全球市场份额与话语权，才能不被淘汰。因此，面对严峻的外在环境，企业不得不加快扩大生产规模、抢占全球市场，而跨国并购是企业获得海外市场份额最为直接的方式。

②外向型经济发展的必然选择。跨国并购是国际投资的一种形式，而国际投资是外向型经济发展到一定阶段的必然趋势。国际投资有两种形式：国际贸易与对外直接投资。两者的区别在于：前者是依赖本国资源的比较优势，通过出口实现本国的经济发展；而后者则是通过资本输出，对国外的比较优势资源加以利用。2009 年以前，中国经济一直属于出口导向型，即主要以出口增长率带动国民经济增长。但是，中国在 2009 年出口对 GDP 的贡献首次为负。一方面是由于金融危机使全球经济受挫，外需下降；另一方面是随着中国经济的发展，使原有的比较优势（如低廉的劳动力）减弱，出口产品的价格优势不再明显。在此背景下，对外直接投资既是外向型经济背景下的必然选择，也是应对全球经济环境的有效措施之一。

③国家政策支持。中共中央第十七届五中全会通过《关于制定国民经济和社会发展第十二个五年规划的建议》明确提出"实施互利共赢的开放战略，进一步提高对外开放水平""加快实施'走出去'战略"，鼓励中国具有较强比较优势的企业抓住机遇，进行对外直接投资、建立全球销售服务网络、建立海外工厂及研发中心，多方式、多渠道地走向世界。

（2）中观动因

①国内工程机械行业环境恶化。"四万亿"计划，通过大力发展房地产、铁路等基础建设项目，在盘活了中国工程机械市场的同时，也使产能过剩的问题进一步凸显。2009 年，中国机械工业完成固定资产投资额 8 778 亿元，同比增长 40.38%，高于当年固定资产总投资的 33.10% 增长速度。2010 年，中国工程机械企业数量激增 24 家，同业企业数量恢复至金融危机前的水平（参见图 1.1.3）。但由于新进入者实力有限，没有足够的经验技术生产制造

高附加值的产品，使中国机械中低端领域的产能趋于饱和。

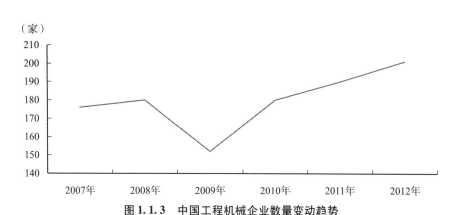

图 1.1.3　中国工程机械企业数量变动趋势

资料来源：Wind 数据库。

　　产能过剩不仅意味着对资源的浪费，还导致竞争环境恶化。一方面，产能过剩引发行业内企业竞相压价，摊薄行业整体利润；另一方面，为了加快存货周转，企业会通过降低首付、延长保修期的方式进行促销。这些行为扰乱了市场秩序，加重了行业的整体经营风险，国内市场环境恶化。

　　②工程机械行业跨国并购潮。跨国并购一直是全球工程机械企业发展的战略之一。通过横向并购，企业能够完成对同类产品进行全球整合，或完善业务链条，提高国际市场占比；而通过纵向跨国并购，可以降低企业的生产成本，增加产品的利润率。金融危机爆发的前一年，仅涉及全球工程机械50强企业参与的大型并购案就多达 20 起，平均并购金额高达 5 000 万美元。在经济危机的影响下，由于海外市场遭遇"寒冬"，许多海外企业经营陷入困难，这为中国工程机械企业"抄底"海外市场提供了机遇。

　　（3）微观动因

　　①国内竞争加剧，开拓海外市场输出产能。截至 2009 年，行业中年销售额超过百亿元的中国工程机械企业有 4 家，超过 10 亿元的有 49 家。截至 2010 年，中国销售收入超过百亿元的工程机械制造商有徐工集团、中联重科、三一集团、柳工集团、山东重工五家。自 2008 年金融危机以来，政府出台一系列刺激经济政策，促使固定资产投资上涨，工程机械需求扩张，上述老牌工程企业纷纷进行产能扩张。而随着经济刺激政策逐步淡化，投资热潮

降温，此前新增加的产能出现了显著过剩，与此同时，激烈的同质化竞争也导致"价格战"，国内行业趋向饱和，竞争环境恶化，各企业纷纷将发展目光投向海外市场。

②获得普茨迈斯特全球营销、维修和服务网络平台，实现市场份额互补。2011 年中期，三一重工海外收入仅有占比不到 4% 的 11.8 亿美元，国际化程度远低于战略目标。而普茨迈斯特销售额在本国市场占 10%、国际市场占 90%，且在除中国之外的三大新兴市场土耳其、沙特、印度市场占有率排名第一。这就意味着，三一重工收购普茨迈斯特完成后，将有效实现销售网络的互补。三一重工董事会曾考虑过，即便要花费 200 亿元人民币，也要咬牙并购普茨迈斯特。理由是，200 亿元只是三一混凝土机械两年的利润，而并购普茨迈斯特，一方面可为三一重工的全球化进程缩短 5~10 年的时间，另一方面则将三一重工全球最大的竞争对手之一变为战略伙伴。普茨迈斯特遍布全球的销售网可直接为三一重工所用，将为三一重工进一步的国际化进程奠定基础和打开局面。符合三一重工"要于 2015 年实现 3 500 亿元营业收入，冲击全球第一的美国企业卡特彼勒"的企业战略。

③整合普茨迈斯特专利及核心技术，提高产品附加值，打通上下游产业链。虽然普茨迈斯特受金融危机影响销售额不断下滑，但其多年积累的技术可靠性、质量控制流程、研发人员水平仍是全球首屈一指的，而三一重工将 100% 获得普茨迈斯特在全球约 200 项相关专利技术。这将为三一重工带来研发及技术上的新突破，并可省 10% 左右的钢材用量。此次收购将大幅提高三一重工原有产品附加值和竞争力。此外，普茨迈斯特的产业链远不如三一重工丰富，也因此造成制造成本偏高，毛利偏低，而三一重工的丰富产业链与巨大产能，将大幅降低成本和提高利润，进一步提高盈利能力。

综上所述，三一重工收购普茨迈斯特，主要是出于市场寻求和技术寻求两个层面。

1.2.4 并购过程

2008 年 5 月，三一重工在德国设立子公司——三一德国有限责任公司。2011 年 12 月下旬，普茨迈斯特分别致函三一重工、中联重科等五家中国机械制造商征询收购意向。2012 年 1 月 20 日，三一重工与普茨迈斯特正式签订股权转让协议。2012 年 1 月 21 日，双方对外正式宣布三一重工将与德国普茨迈斯特签订合并协议。2012 年 1 月 31 日，三一重工董事会正式通过《关于收购德国普茨迈斯特公司的议案》，发布公告称三一重工将以子公司——三一德国有限公司作为特殊目的实体（Special Purpose Vehicle，SPV）联合中信产业投资基金，以现金支付的方式，共计出资 3.60 亿欧元，以私募股权的方式共同收购普茨迈斯特 100% 股权，其中三一德国收购 90.00%，中信基金收购 10.00%。但可能因为时间的仓促，三一重工并没有展开项目融资谈判向金融机构借力，而是以现金形式支付了其中 3.24 亿欧元交易对价，占公司最近一期经审计净资产 13.50%，整体融资结构设计欠缺"巧劲"，自身承担了很大的现金流风险。中信产业基金设有下属子公司中信开曼在卢森堡设立全资子公司——CP Machinery Limited S. ar. I，并由该公司收购普茨迈斯特 10.00% 股权，图 1.1.4 是三一重工收购普茨迈斯特的股权交易结构。交易议案公布后，普茨迈斯特部分员工聚集抗议，三一重工公开表示"不会裁员"。

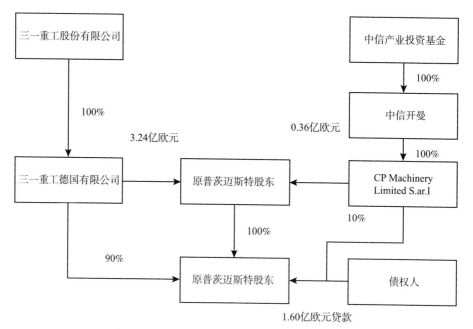

图 1.1.4　三一重工收购普茨迈斯特的交易结构

资料来源：三一重工公司公告。

2012 年 4 月 17 日，三一重工与普茨迈斯特宣布收购完成交割，普茨迈斯特正式成为一家中国工程机械企业的成员公司。收购完成后，三一重工对普茨迈斯特不拥有控制权，后者将继续作为三一重工内的高端品牌，独立存在并经营，且享有相对独立的经营自主权。保留诺伯特·肖毅（Norbert Scheuch）普茨迈斯特原首席执行官的职位，同时提名其成为三一重工的执行董事，委托他继续领导普茨迈斯特的发展。

1.3 案 例 分 析

1.3.1 并购绩效评估

（1）财务绩效

2012 年完成并购以来，全球经济环境仍呈颓势，三一重工的主营业务收入和净利润也连年下滑。但来自国际市场的主营业务收入却在 2012 年和 2013 年连续上涨。虽然在 2014 年出现小幅下跌，但此时国际营业收入已占到三一重工总营业收入的 33% 以上（2011 年底未并购前，国际市场主营业务收入仅占总主营业务收入的 6.9%）。由此可见，跨国并购对三一重工国际化战略的推进起到了至关重要的作用。

选取成本、偿债压力和存货三方面对应的财务指标评估并购完成后三一重工的财务状况。由表 1.1.2 可知，在成本方面，成本费用利润率于并购后出现了大幅度的下滑，且降幅远大于销售毛利率和营业毛利率，即成本费用的上升是利润下降的主要原因。从这方面来看，三一重工收购普茨迈斯特并未如预期产生协同效应，这可能与并购后整合工作中相关费用增加有关，成本优势并未出现。而在资产负债情况方面，三一重工的资产负债率在收购前后维持稳定，于 2012 年第二季度出现了小幅上升。这源于三一重工在完成对普茨迈斯特的收购后，双方的财务报表进行了合并，三一重工承担了普茨迈斯特的所有债务，因此该指标出现了上升。在存货周转方面，尽管并购促成了双方的销售渠道和已开拓市场的共享，加快了原有的存货周转速度，但受到国内经济持续下行压力的影响，需求不断减少导致存货周转变慢，三一重工在并购完成后的存货周转率出现了明显下降的趋势。

表 1.1.2   **三一重工并购前后重要财务指标**

指标	2011 年		2012 年		2013 年		2014 年	
	国内	国际	国内	国际	国内	国际	国内	国际
主营营业收入（亿元）	456.41	34.25	362.77	87.40	254.66	108.74	198.82	98.22
主营业务成本（亿元）	283.90	24.00	234.09	68.68	181.19	85.25	141.94	78.09
主营业务毛利（亿元）	172.51	10.25	128.68	18.72	73.47	23.49	56.88	20.13
净利润（亿元）	93.62		56.86		29.04		7.09	
净资产收益率 ROE（%）	55.96		26.24		12.19		2.95	
基本每股收益 EPS（元/股）	1.14		0.75		0.38		0.09	
销售毛利率（%）	36.48		31.75		26.19		25.93	
营业毛利率（%）	35.97		23.39		26.19		25.77	
成本费用利润率（%）	26.75		19.95		10.19		3.37	
资产负债率（%）	59.55		61.82		60.84		60.73	
存货周转率（%）	4.67		3.43		2.77		2.70	

资料来源：Wind 数据库。

由表 1.1.3 和图 1.1.5 可知，从 2009～2010 年，三一重工权益收益率上升，2011～2013 年持续下降，总资产利润率、主营业务利润率、总资产周转率基本呈现类似趋势；由于跨国并购带来总资产持续增加，所以权益乘数除 2011 年略有下降外，总体呈上升趋势。同时随着三一重工资产规模逐渐扩大，负债也相应提高，导致权益乘数变大，给企业带来了一定的财务风险。总体来看，三一重工盈利能力不断下降，三一重工收购普茨迈斯特对公司盈利能力产生了一定影响。

表 1.1.3   **三一重工杜邦分析相关指标**

指标	2009 年	2010 年	2011 年	2012 年	2013 年
权益收益率（%）	26.07	49.47	43.99	24.7	12.16
总资产净利率（%）	15.9	26.13	22.65	10.38	4.82
主营业务利润率（%）	32.04	36.47	35.97	31.39	25.26
总资产周转率	1.11	1.44	1.23	0.81	0.58
权益乘数	1.91	2.63	2.47	2.62	2.55

资料来源：Wind 数据库。

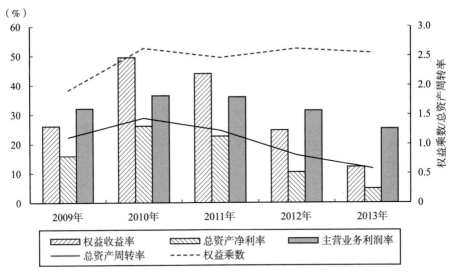

图 1.1.5　三一重工杜邦分析相关指标变化

资料来源：Wind 数据库。

尽管经济增长并不景气，2012 年上半年，三一重工的产品仍然出口至南非、东南亚、拉美等国家和地区。三一挖掘机、汽车起重机、履带吊等产品在国际市场持续热销。据统计，1～6 月，三一挖掘机出口同比增长近 102%；汽车起重机出口同比增长近 60%；履带起重机出口同比增长超过 180%。综上所述，三一重工因销售网络整合，海外收入剧增，但预期的成本协同效应并未出现，盈利能力也受到一定影响。

（2）技术水平

一方面，通过收购普茨迈斯特，三一重工坐实了其在全球混凝土行业头把交椅；另一方面，通过与普茨迈斯特进行技术合作，推动了整个行业的技术升级。2013 年，公司推出主机新产品 96 款、部件新产品 5 款、研发新技术 58 项。其中作为并购完成后首个融合了中德技术的 C8 系列泵车，首创了智能减震技术，使臂架振幅降低 50%；其自带的故障自诊系统，可协助解决200 余项故障，故障排除时间缩短了 70%；另外，全新的节能技术，在使递送效率提高 25% 的同时，节约油耗 10%。

而另一款中德合作产品，A8 砂装成套设备，以节能环保、高效率、降低劳动力等特点，突破了干混砂浆在物流和仓储过程中产生离析的行业难题，据悉，产品获得了商务部和众多高校、专家的推崇，有望为三一重工创造高达 600 亿元的利润增长点。

除了产品技术含量大幅提高，并购完成后，三一重工的产品质量有了明显提高。2012 年，三一重工成为行业内唯一一家获得"全国质量奖"的企业，并于 2013 年再次获得；2014 年 11 月 23 日，三一重工获得亚太质量组织颁发的"全球卓越绩效奖"，这标志着三一重工"带领国产品牌改变世界对中国制造认知"的目标已取得阶段性的胜利。并购后三一重工技术升级情况参见表 1.1.4。

表 1.1.4　　　　　　　　并购后三一重工技术升级加快

时间	事件
2012 年	三一重工成为行业内唯一一家获得"全国质量奖"的企业
2013 年	再次获得"全国质量奖"，推出主机新产品 96 款、部件新产品 5 款、研发新技术 58 项
2014 年	三一重工获得亚太质量组织颁发的"全球卓越绩效奖"，标志着三一重工"带领国产品牌改变世界对中国制造认知"的目标已取得阶段性胜利

资料来源：作者整理。

（3）品牌效应

由表 1.1.5 可知，通过并购后进一步加强的科技创新，三一重工在逐步改变中国制造的世界形象，其世界知名度和美誉度进一步提升。

表 1.1.5　　　　　　　　三一重工世界知名度和品牌形象提升

时间	事件	备注
2012 年 9 月	三一重工位居世界品牌实验室和世界经理人集团共同编制的《亚洲品牌 500 强》排行榜第 36 位	较 2011 年上升 12 位，名列中国工程机械行业第一，并被评为"亚洲十大影响力品牌"；董事长梁稳根入选"亚洲品牌年度人物"
2012 年 9 月	财富中文网发布"2012 最受赞赏的中国公司"排行榜，三一重工跻身前五强	这是三一重工首次入榜，且位居制造业榜首
2012 年 12 月	董事长梁稳根当选"CCTV2012 中国经济年度人物"	为梁稳根获评"CCTV2005 中国经济年度人物"后第二次获此殊荣

续表

时间	事件	备注
2013 年 4 月	国际权威媒体 International Construction 发布全球工程机械行业排名，三一重工位列第五	三一重工蝉联中国工程机械企业第一，全球排名由第六位上升至第五位，行业竞争地位进一步提升
2014 年 9 月	三一重工再次入围《财富》杂志"最受赞赏中国公司"之列	三一重工为当年唯一一家入选榜单 50 强的中国工程机械企业

资料来源：作者整理。

从前面的分析可以看到，从并购动机来看，除成本居高不下，三一重工的并购动机基本得到实现：不仅通过普茨迈斯特强大的海外销售网络打开全球化局面，还获得普茨迈斯特领先全球的专利技术，引领技术升级等。但从企业财务状况来看，并购后三一重工的经营绩效并未有改善，但这也符合三一重工这并不是一次"财务收购"，而是"战略收购"的预期。

1.3.2　并购整合

整合不利是中国企业跨国并购失败的主要原因。由于三一重工和普茨迈斯特在管理理念、企业文化、技术情况及销售网络等方面存在一定差异，所以三一重工在并购完成后的整合过程中仍面临一些问题。

（1）战略整合

三一重工在并购前，就已经明晰这次并购带来的优势：一是充分借助普茨迈斯特在国际市场中的品牌优势，将三一重工自己的产品推向国外市场，开拓更大的市场空间，以期实现三一重工的长远发展的战略；二是利用普茨迈斯特在高端产品方面的技术优势，弥补自身技术的不足，跻身中高端产品市场；三是实施互利互惠的经营战略，为普茨迈斯特的高端产品提供更为廉价的原料，提高其经营利润，分担其一部分债务，达到经济共赢。在此次战略整合中，双方态度和认知较为一致，基本没有分歧，所以整合较为顺利。

（2）财务整合

三一重工在并购完成后，进行了一系列的财务整合。虽然两家公司在财务制度、预算及预期盈利目标等方面达成了发展共识，但通过分析并购后的具体财务指标发现，三一重工仍然面临负债激增、运营能力下降、盈利能力下降和未来发展受阻四大风险。

（3）产业整合

因为三一重工和普茨迈斯特的经营范围相同，产品种类相似，所以三一重工和普茨迈斯特的产业整合属于同行业的产业整合。在整合中，产品经营目标明确，即三一重工借鉴普茨迈斯特成熟的专利与技术生产高端产品，并在此基础上进一步研发新产品，联动国内、外产品市场形成互补。2012 年底，三一重工集团推出了"中德混血科技"的长子——C8 混凝土泵车；2014 年底，三一重工陆续推出了四款独立研发的产品。虽然三一重工在整体技术上有所突破，但几乎都是依靠自身技术独立研发，与普茨迈斯特合作研发的产品迟迟难见成效。可以看出，三一重工为保持普茨迈斯特的独立运行，并未完全获得其核心技术，而且技术融合的结果也不甚理想。

（4）整合中存在问题的原因

①财务整合问题的原因。

并购后存货增加，导致存货周转率下降；再加上吸收普茨迈斯特债务导致应收账款增多，因此三一重工并购后期营运能力下降。虽然普茨迈斯特拥有较多专利技术，在高技术领域占有优势，全球销售网络也较为健全。但是，普茨迈斯特在产品价格上并不占优势，混凝土泵产品价格比意大利的 CIFA 高出 20%，搅拌机械方面的价差也高达 13%。普茨迈斯特价高量少导致利润甚微，也是导致财务问题的一大原因。

要想达到财务方面的协同效应，整合就不能以单纯的独立运营来带动，而应在财务方面进行逐步的融合。不同企业的财务管理目标存在差异，有的企业追求股东利益最大化，有的企业追求公司效益最大化，不同的财务管理方式决定了公司财务机制的不同。所以，统一并购企业与目标公司的财务导向，达到财务管理目标的一致性、财务管理制度的一致性是财务整合中非常重要和迫切的一环。并购完成后，普茨迈斯特一直保持独立的运作方式，财务方面并未得到及时有效的整合。再加上行业走低，三一重工收入下降，综上原因导致了三一重工对财务方面的整合不足。

②技术整合问题的原因。

中国企业跨国并购技术整合的结果往往达不到预期的目标。不同企业技术整合失败的原因有共性也有不同，大致可以归为外部因素和内部因素。外部因素主要源于目标企业的不配合和不同国家之间制度的限制，内部因素主要源于双方技术关系不确定性引发的整合模式失效。

三一重工并购普茨迈斯特后宣布保持普茨迈斯特独立运营。虽然，普茨迈斯特在液压系统、焊接及涂装等领域拥有国际领先技术，可能能够对三一重工的路面机械和整装工艺带来帮助。但是，为保证普茨迈斯特独立运营发展，德方并未将自己的研发队伍单独拆给三一重工。虽然三一重工完成并购后其技术研发水平有一定程度的提升，但仍旧无法真正获得普茨迈斯特的核心技术，更不能将其研发团队完全为己所用。

在技术整合过程中，整合的不同阶段存在着不同的问题，而众多研究表明，并购双方的技术关系是影响技术整合结果的关键因素。技术关系可以分为相似性和互补性两方面，一般来说，技术相似性越强、互补性越小时，技术整合面临的阻碍越小，越有利于双方技术迅速整合；技术互补性越强，相似性越弱时，虽然企业可以通过技术互补弥补核心关键技术空缺，但是并不利于不同技术间的融合。在技术方面，三一重工侧重于提供技术含量较低的产品和服务，而普茨迈斯特则侧重研发和销售高技术含量的产品，两者在技术上存在较高的互补性，所以技术整合面临一定的风险。

1.4　案例讨论与问题

（1）三一重工并购普茨迈斯特的动因有哪些？
（2）如何从不同角度评价本次跨国并购的绩效？
（3）本次并购整合中出现的主要问题和原因有哪些？
（4）本案例对中国制造业跨国并购的启示是什么？

1.5　教　学　设　计

本案例要实现的教学目标在于使学生对近几年热门的制造业跨国并购事件产生兴趣，全面了解国内重工业龙头企业跨国并购的动因、过程以及整合过程中的问题。重点从主并购方和被并购方两个角度探究跨国并购重组的根本原因，进一步探讨跨国并购后可能带来的经济后果和绩效问题。引发同学思考中国企业跨国并购面临的风险，发掘出成功并购的经验，为中国企业走好跨国并购之路提供借鉴。

1.5.1　课时分配

本案例可以按照如表 1.1.6 所示的课堂计划进行讨论，也可根据授课具体情况调整时间或略去其中某一部分。整个案例课的课堂时间控制在 90 ~ 120 分钟。

表 1.1.6　　　　　　　　　　　　　　课堂计划

内容	主讲人	时间	说明
课前准备	教师		提前发放资料，提出启发思考题，请学员在课前完成阅读和初步思考
讨论问题 1	分组讨论	15 ~ 20 分钟	学生根据获得的资料发表观点和看法
讨论问题 2	分组讨论	10 ~ 15 分钟	学生自由发言，教师参与讨论并帮助分析
讨论问题 3	分组讨论	10 ~ 15 分钟	学生自由发言，教师参与讨论并帮助分析
讨论问题 4	分组讨论	10 ~ 15 分钟	学生自由发言，教师参与讨论并帮助分析
案例总结	教师、学生	10 分钟	学生分组发言，教师进行总结
课后计划	学生	—	以本案例为基础，关注其他同行业公司，进一步对比分析

1.5.2　讨论方式

本案例拟采用小组式的讨论方式。

课堂讨论总结的关键是：根据小组发言与辩论情况进行归纳总结，教师就学生的讨论情况进行点评，就如何运用理论知识去解决实际问题提出建议，并引导学生对案例后续发展作出展望，并在课后继续跟踪最新进展。

1.5.3　课堂讨论总结

课堂讨论总结的关键是：归纳各小组发言者的主要观点；重申其重点及亮点；对于辩论的重点引领学生一起分析；对于讨论不足的地方引导学生进一步思考；最后，建议学生对案例素材进行扩展研究和深入分析。

1.6 前沿研究聚焦

1.6.1 技术获取型跨国并购

中国虽是制造大国，但当前仍有较多产业生产附加值处于价值链低位，高技术领域被西方国家"卡脖子"的现象严重。此外，中国制造业对外直接投资规模在非金融对外直接投资中的比重不大，同时面临贸易与投资保护主义的严峻挑战（冯德连，2020）。如何实现先进制造技术的独立自主与赶超发展，是中国企业亟待解决的问题。

近年来，学界对中国制造业跨国并购的技术效应研究愈发重视：一方面，中国先进制造业与国外的技术差距的确赋予了企业通过跨国并购获取逆向技术溢出收益的可能性；另一方面，并购交易本身的复杂性和中国社会体制的特殊性也决定了并购风险客观存在的事实（余鹏翼等，2022）。总体上看，跨国并购作为海外优质创新资源内部化的重要手段，已成为中国企业提升创新能力的重要战略措施。

面对前所未有之大变局，针对以国内大循环为主体、国内国际双循环相互促进的新发展格局，并购战略目标的实现取决于跨国企业能否通过并购整合实现协同效应。在逆全球化背景下，中国制造业的领军企业对全球同类产业中的技术先进企业进行跨国并购整合，从全球价值链重构中实现战略资源获取和技术锁定突破，解决关键技术"卡脖子"问题，是中国制造业产业升级的关键手段。

1.6.2 来源国劣势、外来者劣势与跨国并购整合

来源国劣势和外来者劣势是新兴经济体跨国企业国际化发展过程中面临的显著制度劣势，但现有理论在新兴经济体跨国企业如何克服外来者劣势、来源国劣势研究方面存在缺口。更重要的是，当前学术界对两种劣势存在混淆使用的现象，降低了国际商务理论对新兴经济体跨国企业国际化的解释力，同时对于跨国并购整合策略的研究尚未得到统一结论（杨勃，2019）。因此，如何厘清两种劣势的差异性、如何预防双重劣势、如何设计跨国并购整合策

略成为学术界和实践界亟待解决的问题。

1.7 案例思政结合点

为应对逆全球化与技术封锁的严峻形势，党的十九届五中全会通过的《中共中央关于制定国民经济和社会发展第十四个五年规划和二〇三五年远景目标的建议》明确提出，要加快构建以国内大循环为主体、国内国际双循环相互促进的新发展格局。充分利用国内国际两个市场和两种资源，增强经济发展的韧性。

企业大力开拓内需潜力，能够使国内市场和国际市场更好地实现连通，减少对国际市场的依赖，降低全球化逆流、地缘经济割裂等不确定风险（吴海燕，2023）。同时，推动形成宏大顺畅的国内经济循环，就能更好吸引全球资源要素，既满足国内需求，又提升中国产业技术发展水平，形成参与国际经济合作和竞争新优势。

本章参考文献

［1］Jensen M C, Meckling W H. Theory of the Firm: Managerial Behavior, Agency Costs and Ownership Structure［M］//Corporate Governance. Gower, 2019: 77 - 132.

［2］Pindyck R S. Adjustment Costs, Uncertainty, and the Behavior of the Firm［J］. The American Economic Review, 1982, 72（3）: 415 - 427.

［3］Coase R H. The Problem of Social Cost［J］. The Journal of Law and Economics, 2013, 56（4）: 837 - 877.

［4］Williamson O E. Markets and Hierarchies: Analysis and Antitrust Implications: A Study in the Economics of Internal Organization［J］. University of Illinois at Urbana-Champaign's Academy for Entrepreneurial Leadership Historical Research Reference in Entrepreneurship, 1975.

［5］Manne H G. Mergers and the Market for Corporate Control［J］. Journal of Political Economy, 1965, 73（2）: 110 - 120.

［6］Fama, Eugene F. Agency Problems and the Theory of the Firm［J］. Journal of Political Economy, 1980, 88（2）: 288 - 307.

［7］Willamson O E. The Economic Institutions of Capitalism: Firms, Markets, Relational

Contracting ［M］. New York：The Free Press，1985.

［8］DeAngelo H，Rice E M. Antitakeover Charter Amendments and Stockholder Wealth ［J］. Journal of Financial Economics，1983，11（1－4）：329－360.

［9］Stein J C. Takeover Threats and Managerial Myopia ［J］. Joural of Political Economy，1988，96（1）：61－80.

［10］Patrick A G. Mergers Acquisitions and Corporate Restructurings ［M］. New York：John Wiley & Son，Inc.，2010.

［11］曾燕，许金花，涂虹羽. "共生"关系下的控制权防御机制设计：以"万科与宝能系之争"为例［J］. 管理科学学报，2018，21（10）：97－111.

［12］吴先明，苏志文. 将跨国并购作为技术追赶的杠杆：动态能力视角［J］. 管理世界，2014（4）：146－164.

［13］Teece D J. Foreign Investment and Technological Development in Silicon ［J］. California Management Review，1992，34（2）：88－106.

［14］Hymer S H. The International Operations of National Firms，A Study of Direct Foreign Investment ［D］. Massachusetts Institute of Technology，1960.

［15］Vernon R. International Investment and International Trade in the Product Cycle ［J］. The International Executive，1966，8（4）：16－16.

［16］Buckley P J，Casson M. The Future of the Multinational Enterprise ［R］. Palgrave Macmillan，1976.

［17］Dunning J H. The Eclectic Paradigm of International Production：A Restatement and Some Possible Extensions ［J］. Journal of International Business Studies，1988，19（1）：1－31.

［18］Tolentino P E. Technological Innovation and Third World Multinationals ［M］. Routledge，2003.

［19］Lall S. The New Multinationals：The Spread of Third World Enterprises ［M］. New York：John Wiley & Sons，1983.

［20］冯德连. 中国制造业大企业外向国际化趋势、问题与应对策略［J］. 国际贸易，2020（1）：31－37.

［21］余鹏翼，李学沛，白洛凡，等. 技术获取型跨国并购的双向效应与企业全要素生产率：以先进制造业为例［J］. 中国软科学，2022（2）：116－126.

［22］杨勃. 新兴经济体跨国企业国际化双重劣势研究［J］. 经济管理，2019，41（1）：56－70.

［23］吴海燕. 双循环新发展格局下外贸企业财务风险管控体系构建［J］. 财会通讯，2023（22）：122－127.

| 第 2 章 |

控制权防御

【引导案例】

继峰股份要约收购 Grammer AG 案例

作为 2018 年 A 股最具代表性的跨国并购案例，宁波继峰汽车零部件股份有限公司（以下简称"继峰股份"，证券代码：603997）收购德国汽车内饰巨头 Grammer AG 一直备受国内资本市场的关注。该收购事件发生前，"野蛮人"Hastor 家族一直觊觎 Grammer AG 的控制权，Grammer AG 因此备受煎熬。但幸亏半路救场的"白衣骑士"继峰股份匆匆赶来，解救 Grammer AG 于水火之中。2018 年 9 月，继峰股份首次披露意向性预案，宣布拟通过非公开发行股份及支付现金，作价 31.25 亿元收购继烨投资（并购基金）100% 股权，最终持有标的为德国百年历史的汽车内饰研发和制造商 Grammer AG，至此 Grammer AG 的管理层也终于松了口气，保住了控制权，安心于业务发展。

此次敌意收购中，继峰股份扮演着"白衣骑士"这一特殊身份，在整个收购过程中巧妙设计"认购强制可转换债券 + 二级市场增持 + 要约收购"三层并购路径，为其成功收购 Grammer AG 100% 股权奠定有力基础，充分展示了其作为"白衣骑士"协助目标公司 Grammer AG 防御控制权风险的巨大作用。

2.1 敌意收购

2.1.1 敌意收购发展现状

据统计，2017 年上半年就有 620 余家上市公司在公司章程中增设反收购条款，但敌意收购的数量依旧逐年上升，日益增多的敌意收购事件表明仅依靠公司章程中的反收购条款远不能抵御"野蛮人"的入侵，中国现有的较为温和的预防型控制权防御机制仅部分有效，存在着直接照搬国外经验的弊端。截至 2018 年 2 月，有 76 家上市公司因违规设置反收购条款被督促修改，监管部门和上市公司需要进一步规范控制权防御机制实施过程，确保控制权防御机制发挥作用。

根据目标公司管理层对交易的态度，收购分为善意收购和敌意收购。善意收购情景下，收购者往往是与目标公司高级管理层研究洽谈，在相关的事项上（诸如收购价格、人事上的安排、资产处理、日后的经营计划等）达成共识。相比于善意收购的有序与融洽，敌意收购显得野蛮无礼。敌意收购是没有管理层的配合，也无法得到目标公司管理层的同意就直接和目标公司的股东进行交易的行为，最常见的做法是收购方不经目标公司董事会同意，直接向其股东发出收购要约，在证券市场上公开收购股份，最终获取标的公司大部分股份以达到控制目的。

在二级市场爬行收购和要约收购都可以作为敌意收购的交易形式。在实务中，由于私下转让与二级市场爬行收购获得目标公司控制权的成本过高而不易成功。因此，要约收购成为国际市场上最常见的敌意收购方式。

2.1.2 控制权防御机制

20 世纪 80 年代前后，国外资本市场并购活动剧增，反收购措施变得更加精准复杂。第四次并购浪潮的来袭将收购方与被收购方之间的控制权之争推向高潮，投行专家联合上市公司管理层，针对收购过程中可能遇到的不同问题，设计了一系列具有针对性的控制权防御措施，以求击退敌意收购者的袭击。控制权防御机制是目标公司管理层为了防止公司控制权转移而采取的旨在预防或挫败收购者收购本公司的行为。控制权防御机制一般具有以下特征：实施控制权防御机制的主体是目标公司；反收购的核心在于防止公司控制权的转移。聚焦中国市场，股权分置改革完成为中国上市公司收购创造了空间，《公司法》《证券法》《上市公司要约收购管理办法》不断修正以适应中国资本市场，在公司章程中设置反收购条款、停牌、舆论造势、"白衣骑士"、管理层收购等控制权防御措施近几年被广泛应用于对抗敌意收购。

控制权防御机制作为一种重要的管理层激励机制在企业创新实践中扮演着重要角色。一方面，斯坦（Stein，1988）提出的长期收益假说，认为控制权防御机制的实施能够为企业消除部分来自控制权市场的并购和接管威胁，使管理层能够专注于企业的长期发展。鲍伊拉伊等（Bhojraj et al.，2017）研究表明，公司采用控制权防御机制后能够减少控制权市场对管理层的约束，缓解被接管的压力，从而激励高管进行高风险的创新投资。因此公司控制权防御机制可以看作一种高管隐性激励机制。

另一方面，控制权防御机制的设计可能会导致管理层堑壕行为（Giroud and Mueller，2011；Karpoff et al.，2022），加重利益侵占问题。帕特里克（Patrick，2010）依照控制权防御机制发生的时点对目标公司的反收购措施作出以下区分：预防收购者收购的事前措施（预防型控制权防御机制）和为阻止收购者收购成功的事后措施（主动型控制权防御机制）（Patrick，2010）。

（1）主动型控制权防御机制

主动型控制权防御机制是在敌意收购报价出现后才采取的措施，主要包括停牌、舆论造势、调整资本结构和焦土战略等。关于主动型防御机制的效果研究较少，斯迈利和斯图尔特（Smiley and Stewart，1985）认为，"白衣骑士"能够从成功的收购活动中获得超额收益；"白衣骑士"的存在减少了目标公司潜在的并购方数量和控制权威胁；主动型控制权防御机制主要发挥延缓收购进程的作用，为被收购方争取更多的时间进行控制权防御。

值得注意的是，"白衣骑士"策略是现阶段国内资本市场中发生敌意收购事件后较常用的做法。简单来说，"白衣骑士"是指目标公司管理层邀请潜在友好收购方作为一致行动人，以更高价格竞购目标公司股权，协助管理层抗衡收购方。通常情况下，目标公司管理层在与友好的"白衣骑士"谈判时会给出相当优惠的收购条件以谋求对方能够与发起敌意收购的"野蛮人"

竞价并最终击退后者，解救公司于"水火之中"，进而保留公司控制权。而另一种情况下，目标公司可能仅是出于对"野蛮人"给出的收购价格不满意，为了谋求更加优厚的收购条件而寻找新的收购方。从控制权防御效果来看，"白衣骑士"往往能够起到拖延收购进程、巩固管理层表决权和增加敌意收购方交易成本等作用。

（2）预防型控制权防御机制

预防型控制权防御机制主要包括在公司章程内设置的反收购条款、员工持股、交叉持股和"毒丸计划"等。在公司章程中设置反收购条款能够提高公司的谈判能力和谈判地位，与没有设立该条款的公司相比，设立了分层董事会的目标公司并购后的股东财富和被并购的概率都会降低；累计投票制也有相同的防御效果。设置预防型控制权防御机制最根本的目的在于降低公司被敌意并购的概率，当无法摆脱被收购命运时，预防型控制权防御机制能够保障被收购方在失去控制权时获得与收购方讨价还价的筹码，即收购价格上的补偿性收益。

2.2 案例资料

2.2.1 被并购方——Grammer AG

Grammer AG 成立于 1880 年，是一家德国老牌汽车零部件集团，Grammer AG 同时在法兰克福证券交易所主板市场和慕尼黑证券交易所的正式市场进行交易。多年来 Grammer AG 致力于车辆内饰制造，凭借成熟的生产工艺流程及优异的科研能力，逐渐发展为跨国零部件制造集团，Grammer AG 股权结构参见表 1.2.1。

表 1.2.1   **Grammer AG 股权结构（截至 2016 年 12 月 31 日）**

股东	持股比例（%）
Free Float	63.22
Halog GmbH & Co. KG（Hastor 家族子公司）	10.22
Cascade International Investments GmbH（Hastor 家族子公司）	10.00

股东	持股比例（%）
Wynnefield Partners	5.17
Dimensional	4.99
Old Mutual Plc	3.07
Own Shares	2.86

资料来源：继峰股份公告。

　　作为跨国汽车零部件集团，Grammer AG 在全球拥有 30 家控股子公司。通过不断向下游扩展业务，Grammer AG 逐渐完成全球销售网络及采购体系的构建。2017 年度，根据国际财务报告准则，Grammer AG 经审计数据显示，其在欧洲、中东及非洲的销售收入占全年总收入的 68.6%，亚洲地区收入占全年总收入的 15.7%，美洲地区收入占全年总收入的 15.7%。结合 2018 年收购发生前两年财务指标来看（参见表 1.2.2、表 1.2.3），Grammer AG 的确是拥有广泛国际业务和发展潜力的优良标的。

表 1.2.2　　　　　　　Grammer AG 2016～2017 年部分财务指标

指标	2017 年	2016 年	变动比率（%）
营业收入（万欧元）	1 786.50	1 695.50	5.40
息税前利润（万欧元）	66.50	73.00	−8.90
息税前利润占比（%）	3.70	4.30	−0.60
经营息税前利润（万欧元）	80.20	68.10	17.80
经营息税前利润占比（%）	4.50	4.00	0.50
投资活动（万欧元）	59.10	56.20	5.20
雇员人数（人）	12 947	12 250	6.70

资料来源：继峰股份公告。

表 1.2.3　　　　　　　Grammer AG 2016～2017 年全球业务收入　　　　　单位：万欧元

地区	2017 年	2016 年
亚太地区	280.90	251.00
北美地区	280.70	246.60

续表

地区	2017 年	2016 年
欧洲、中东和非洲地区	1 224.90	1 197.90
总计	1 786.50	1 695.50

资料来源：2018 年 9 月 6 日宁波继峰汽车零部件股份有限公司发行股份及支付现金购买资产暨关联交易意向性预案公告。

2.2.2 "野蛮人"——Hastor 家族

Hastor 是波斯尼亚的富豪家族，2016 年 Hastor 家族通过旗下两家子公司 Cascade International Investments GmbHC 和 Halog GmbH & Co. KG 开始在二级市场增持 Grammer AG 股份，截止到当年年末，Hastor 家族合计持有的 Grammer AG 股份达到了 20.22%（参见表 1.2.1），如果 Hastor 家族继续增持，Grammer AG 控制权将受到影响。后续，Hastor 家族还提出了要在 Grammer AG 的监事会中占据席位等不合理要求。鉴于以上情况，Grammer AG 管理层在 2017 年 5 月警告称，Hastor 家族日益增加的影响力已经导致一些汽车制造商削减了在 Grammer AG 的业务。为了解决公司控制权和业务危机，Grammer AG 于 2017 年出售了少量股份给支持管理层的继峰股份，继峰股份也因此成为和 Grammer AG 站在"统一战线"的"白衣骑士"。

2.2.3 "白衣骑士"——继峰股份

继峰股份成立于 2003 年，2015 年 3 月在上交所上市，主营业务为乘用车座椅头枕及扶手的研发、生产与销售，主营产品包括乘用车座椅头枕、头枕支杆、座椅扶手，与收购标的 Grammer AG 基本属于同行。主要客户包括大众、保时捷、宝马、戴姆勒等国外整车厂，一汽大众、宝马、长安福特、马自达等合资品牌整车厂，长城、吉利、一汽轿车、广汽乘用车等国产品牌整车厂以及新能源整车厂车等。

相比于"野蛮人"Hastor 家族，继峰股份股权结构相对简单，为王氏家族（王义平、邬碧峰、王继民，其中王继民为王义平和邬碧峰之子）绝对控股，截至要约收购发生前（数据截止到 2018 年半年报），王氏家族对继峰股份持股情况参见图 1.2.1。2018 年上半年，公司积极开拓市场，较好地完成了年初制定的业绩增长目标。报告期内，营业收入较上年同期增长 22.42%，归属上市公司股东净利润较上年同期增长 3.93%，继峰股份 2015 年、2016 年、2017 年、2018H1 财务数据参见表 1.2.4 和表 1.2.5。

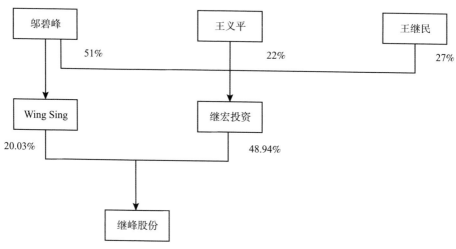

图 1.2.1　截止到 2018 年上半年继峰股份股权结构

资料来源：继峰股份 2018 年半年报。

表 1.2.4　　　　　　　**继峰股份 2015～2018 年 6 月资产负债表**　　　　　单位：万元

项目	2018 年 6 月 30 日	2017 年 12 月 31 日	2016 年 12 月 31 日	2015 年 12 月 31 日
资产合计	228 998.05	219 181.73	193 353.02	15 752.64
负债合计	54 687.92	43 159.39	38 890.97	22 106.30
所有者权益合计	174 310.13	176 022.35	154 462.05	133 646.34
归属于母公司所有者权益	170 085.18	172 310.10	152 849.46	133 359.07

资料来源：CSMAR 数据库。

表 1.2.5　　　　　　　**继峰股份 2015～2018 年 6 月利润表**　　　　　单位：万元

项目	2018 年 1～6 月	2017 年度	2016 年度	2015 年度
营业收入	1 059 806 100	1 902 072 100	1 465 507 900	1 048 068 300
利润总额	187 664 100	357 251 600	303 049 200	209 055 100

项目	2018 年 1~6 月	2017 年度	2016 年度	2015 年度
净利润	153 862 500	298 665 500	250 867 700	177 213 700
归属于母公司所有者的净利润	145 089 800	292 847 100	249 711 900	176 364 600

资料来源：继峰股份 2018 年半年报。

2.2.4 并购动因

德国大众是 Grammer AG 最重要的客户之一，支撑着 Grammer AG 近 1/3 的销售额。2016 年，陷入"排放门"丑闻的德国大众为了改善业绩，作出削减支出的决定，向供应商压价并更换供应商，不再与 Hastor 的家族企业 Prevent 集团旗下的零部件生产商续约。Prevent 集团认为德国大众在没有任何补偿的情况下不与公司续约是不道德的，于是私自停止向德国大众供货，导致德国大众最大的工厂停产一周多，Hastor 家族就此与德国大众"结下了梁子"。而失去了大客户的 Hastor 家族并不甘心，毕竟德国大众这块"肥肉"还是美味可口的，于是 Hastor 家族从 2016 年初开始增持 Grammer AG 股份，打起了夺取 Grammer AG 控制权的主意。

2.3 案例分析

2.3.1 反敌意收购路径

出于对公司控制权的考虑，看透 Hastor 家族野心的 Grammer AG 开始在全球范围内苦苦寻找合适的合作伙伴，直到在中国遇到了继峰股份。

其实 Gramme AG 与继峰股份的相遇并不意外，一方面，二者同属国内外知名汽车零部件公司，拥有一定的国际声誉；另一方面，二者近几年都放眼国际市场，致力于到国外市场开疆扩土。2014 年 1 月，继峰股份在德国成立合资子公司德国继峰；2014 年 10 月，德国继峰设立捷克继峰生产基地，进一步拓宽欧洲市场布局；2017 年 12 月，继峰股份在美国特拉华州设立全资子公司，并以此为中心开拓美国及北美市场。而 Grammer AG 则在全球 18 个国家设立了 30 个控股子公司，并且于 2018 年完成对于美国企业 Toledo Molding & Die 的收购，实现美系车市场份额的扩充。另外，Grammer AG 在中国境内也有产业布局。

2017 年 2 月，Grammer AG 与国内汽车配饰大佬继峰股份强强联合，达成战略联盟。继峰股份和 Grammer AG 的产品具有极高的互补性，覆盖了高端、中端和低端市场。本次收购可以同时扩大双方在中国市场的业务规模，并提升双方的产品供应能力。收购完成后，Grammer AG 可以保障其控制权不被 Hastor 敌意收购，而继峰股份可充分利用 Grammer AG 的全球资源、渠道和技术，为公司将来的发展提供强大的助力。

（1）认购可转换债券

作为"白衣骑士"，继峰股份实施"救援"的第一步就是认购可转换债券。具体由继峰股份实际控制人之一邬碧峰间接控制的子公司 JAP GmbH 认购 Grammer AG 发行的价值 6 000.00 万欧元强制性可转换债券（最迟一年内转换成股票），该部分可转换债券对应的普通股股数为 1 062 447 股（约合 56.47 元/股），约占 Grammer AG 转股前总股本的 9.2%（参见图 1.2.2）。可转换债券兼具债券性和期权性，买入后继峰股份后期可按照一定的比例或价格自主选择是否转换成 Grammer AG 的普通股。

图 1.2.2　继峰股份认购 Grammer AG 可转换债券

资料来源：作者整理。

（2）债转股增持

2017 年 5 月，JAP GmbH 将强制性可转换债转为普通股，随后多次在二级市场增持 Grammer AG 股份。截止到 2017 年 10 月，JAP GmbH 累计持有 Grammer AG 25.56% 股份，成功超越 Hastor 家族成为 Grammer AG 第一大股东（具体持有股份变动数参见表 1.2.6）。

表 1.2.6	Grammer 股权结构变动	单位：%
股东	持股比例 （2016 年 12 月 31 日）	持股比例 （2017 年 12 月 31 日）
Free Float	63.22	42.53
JAP Capital Holding GmbH	10.22	25.52
Halog GmbH & Co. KG（Hastor 家族子公司）	10.00	9.18
Cascade International Investments GmbH（Hastor 家族子公司）	5.17	10.00
Wynnefield Partners	4.99	5.17
Dimensional	3.07	4.99
Own Shares	2.86	2.62

资料来源：继峰股份 2016~2017 年年报。

（3）要约收购

成为 Grammer AG 第一大股东后，继峰股份与 Grammer AG 达成了进一步的合作协议，继峰股份通过下设的子公司德国继烨进一步收购 Grammer AG 股份，取得其控制权。作为 Grammer AG 管理层引入的"白衣骑士"，继峰股份承诺继弘投资及继弘投资的一致行动人 Wing Sing 不会越权干预上市公司经营管理活动，不会侵占上市公司利益；不改变 Grammer AG 现有的员工结构、不主导其战略规划、维持其上市地位、保持融资和股利政策不发生改变、Grammer AG 保留知识产权等。

2018 年 5 月，Grammer AG 发布公告称与继峰股份的子公司德国继烨签订商业合作协议形成未来商业联盟，德国继烨准备要约收购 Grammer AG 全部股份，要约收购价为 60 欧元/股，较前一日停牌价溢价 19%，对应的 PE 倍数为 23 倍，拟收购股数 9 054 110 股（排除 Grammer AG 的库存股和继峰股份已持有股数），德国继烨需要为此支付共 5.43 亿欧元（约合 41.83 亿元人民币）。6 月 25 日，继峰股份要约收购主体德国继烨发布正式要约公告，要约期间为 6 月 25 日至 7 月 23 日，最低接受要约股份门槛为 50% +1 股（包括继峰股份此前实际持有的 25.56% 股份）；但 7 月 18 日，继峰股份要约收购主体德国继烨对要约方案进行了更改，将要约期间延长到 8 月 6 日，同时降低最低要约股份门槛（包括继峰股份此前实际持有的 25.56% 股份）至 36% +1 股。同时，按照德国收购法，要约成功结束后，需要额外延长两周的要约期，所以实际的要约结束期为 8 月 23 日。要约收购期间，继峰股份采用搭建并购基金的方式锁定目标，构建三层基金主体，结合股权、债权两种方式进行融资，最终通过子公司德国继烨完成对 Grammer AG 的跨国收购（要约收购路径及并购基金结构请参照图 1.2.3 和图 1.2.4）。

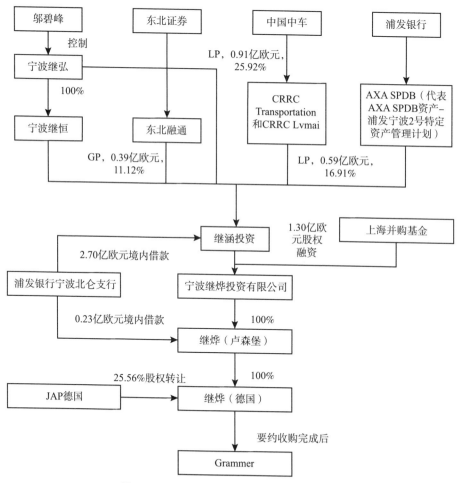

图 1.2.3　继峰股份要约收购 Grammer AG

资料来源：作者根据继峰股份公告整理。

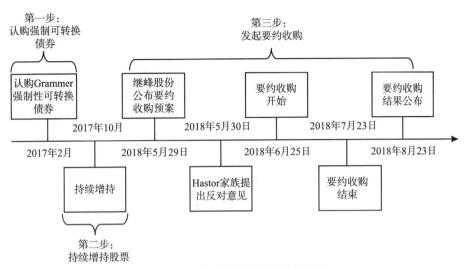

图 1.2.4 继峰股份反敌意收购路径

资料来源：作者根据继峰股份公告整理。

德国继烨完成对 Grammer AG 的要约收购后，其母公司继峰股份顺理成章地实施了最后一步操作：发行股份购买资产，将德国继烨对于 Grammer AG 的控制权归于手中，进一步完成其"白衣骑士"的承诺。具体步骤为以每股面值人民币 1 元发行普通股（A 股）股票购买资产，发行方式为非公开发行，发行对象为已持有 Grammer AG 股份的继涵投资、上海并购基金、润信格峰、固信君瀛、绿脉程锦、力鼎凯得。本次交易共发行 299 803 727 股，发行价格采用公司第三届董事会第十一次会议决议公告日前 120 个交易日公司股票交易均价（除权除息调整后）的 90%，即 10.19 元/股。本次交易完成后，上市公司总股本变更为 937 522 927 股，交易完成前后继峰股份的股权结构参见表 1.2.7。本次交易完成后，王义平、邬碧峰、王继民通过其所控制的继弘投资、Wing Sing、继涵投资合计持有上市公司股份 643 494 602 股，占上市公司总股本的 68.64%，仍为上市公司实际控制人，至此"白衣骑士"继峰股份正式入主 Grammer AG，代替 Hastor 家族成为 Grammer AG 第一大股东。

表 1.2.7 **本次要约收购完成前后"白衣骑士"**
继峰股份股权结构变动情况

股东名称	本次交易前		本次交易完成后	
	持股数量（股）	持股比例（%）	持股数量（股）	持股比例（%）
继弘投资	312 120 000	48.94	312 120 000	33.29
WING SING	146 880 000	23.03	146 880 000	15.67
继涵投资	—	—	184 494 602	19.68
其他交易对方	—	—	115 309 125	12.30
其他股东	178 719 200	28.03	178 719 200	19.06
合计	637 719 200	100.00	937 522 927	100.00

资料来源：作者整理。

2.3.2 控制权防御机制设计与实施效果

囿于监管政策，美国、德国等一些海外市场对中国企业跨国并购审核越来越严，国内2018年跨国并购的数量和金额明显下降。在市场资金并不乐观的情况下，继峰股份依旧能排除艰难，紧随产业发展趋势，尝试与探索新的合作模式，在众多监管和审查下完成对Grammer AG的要约收购，其间涉及敌意收购方Hostor家族和"白衣骑士"继峰股份以及Grammer AG管理层的多方博弈，实为2018年度比较精彩的跨国并购案例之一。从2017年2月认购Grammer AG可转换债券开始，继峰股份就明确了自己"白衣骑士"的身份，随后在近一年半的时间内，继峰股份紧接着采取了不断增持和要约收购的措施，每一步都有效保障了标的公司Grammer AG的控制权，为其对抗"野蛮人"Hastor家族的敌意收购起到了防御作用。

2017年2月，继峰股份开始实施第一步操作：认购Grammer AG的可转换债券。一方面，可转债票面利率水平较低，使继峰股份能够以优惠的价格将债券转换成公司普通股，并且当可转换债券转换为普通股时，Grammer AG无须另外支付筹资费用，公司财务费用直接减少，缓解了Grammer AG财务方面的压力。另一方面，可转债转换为股票时会受到诸如时间、股价以及市场预期等多因素的影响，利用可转债融资能够减缓Grammer AG因股本扩张而带来的股本收益下降和股东控制权稀释，所以继峰股份一开始选择持有 Grammer AG 的可转债而不是直接持有 Grammer AG 股份，可能就是为了防止公司控制权一次性稀释过多。早在 2016 年底，Hastor 家族就已取得 Grammer AG 20.22% 股权，位列第一大股东的席位，且 Hastor 家族方面直接表示有继续增持意向，而 Grammer AG 管理层并不希望公司的控制权被 Hastor 家族取得。发行可转换债券还可以起到稳定股价的作用，在继峰股份与 Grammer AG 交易过程中，利用债券替代股票能够减少对每股收益的稀释，并且不会降低 Grammer AG 的正常股价，能够维持 Hastor 家族取得 Grammer AG 股份的交易对价成本不变，在一定程度上保证 Grammer AG 控制权不易被取得。而对于"白衣骑士"继峰股份来说，购买可转换债券保障了原有本金安全，可转债的期权性又保证了股票价格上涨时可转债的持有者可以同步分享收益，岂不美哉？

5 月份开始，继峰股份开始实施"救援"的第二步——债转股，再增持。继峰股份将之前持有 Grammer AG 的债券转换为公司股票，该部分债转股后对应 Grammer AG 9.2% 的股份，紧接着继峰股份直接从二级市场大量买入 Grammer AG 股份，其持有的 Grammer AG 的股权直接增长到 25.56%，经过以上一系列增持操作，继峰股份成功将"野蛮人"Hastor 家族赶下第一大股东的位置，暂时保护了 Grammer AG 的控制权。最终目的都是为了取得 Grammer AG 股权，为什么不直接从二级市场一次性买入，而是选择债转股 + 二级市场增持两步走呢？估计继峰股份分两步增持 Grammer AG 股份的目的，一方面是为了防止公司控制权一次性稀释过多，另一方面可以让继峰股份"悄悄"分步取得公司控制权而不被"野蛮人"Hastor 家族过快察觉，起到延缓敌意收购方收购进程的效果。

为了实现取得控制权的最终目标，购买可转债和增持股票仅仅是这场跨国并购的前期工作，重头戏还是 5 月份发起的要约收购。继峰股份对 Grammer AG 发起要约收购后，敌意收购方 Hastor 家族即在 Grammer AG 发布公告次日提出反对意见，其认为 60 欧元/股的价格不合理，Grammer AG 合理的收购价格应该是 100 欧元/股，企图以要约收购价过低为由阻止本次收购。但实际上 Hastor 家族此举并未给继峰股份的收购带来太大影响，要约收购结束后，继峰股份于 9 月 3 日发布的公告称此次接受要约股份合计 84.23%，超过了最低接受门槛 36% +1 股的要求，至此继峰股份作为"白衣骑士"完美地完成了使命。

2.3.3 并购后果

（1）成长效应

本次交易完成后，继峰股份进一步实现对于 Grammer AG 的有效控制及资源整合。继峰股份是国内领先的优质汽车内饰供应商，继峰头枕在中国市场占有率第一、欧洲市场占有率第三。收购标的 Grammer AG 创立于1880年，是德国汽车内饰及座椅重要供应商，在多个细分领域处于行业龙头地位。Grammer AG 在座舱系统领域布局完善，商用车座椅在欧洲市场份额超90%，市场占有率稳居第一。业内人士指出，继峰股份未来有望通过整合 Grammer AG 的全球资源提升自身技术和市场竞争力，实现从座椅配件领域进入价值量更高的商用车座椅总成领域，逐渐成为座舱系统集成商，进一步打开成长空间①。本次并购成功后使得更多优质主机厂成为继峰股份核心客户，有利于增强上市公司业务纵深和布局广度。收购的顺利完成使得继峰股份成为全球最大座椅零部件公司，未来有望通过整合 Grammer AG 实现产品和技术的互补，打开更大的成长空间。

（2）规模效应

Grammer AG 于2018年5月在境外发布公告，称其拟收购美国汽车零部件制造厂商 Toledo Molding & Die，以期进一步扩展北美市场。此次并购完成后，Grammer AG 不仅可以通过扩大产品组合及工艺技术实现盈利，还能增强其在北美的市场地位。这就意味着继峰股份能够通过 Grammer AG 间接占有北美汽车零部件市场，迅速扩大其市场版图和提升业务能力。对于 Grammer AG 来说，并购成功将更有利于其在中国业务的扩张，也有利于增进继峰股份于德系车、美系车零部件领域的市场份额，形成规模协同效应。

（3）产业协同

通过本次交易，继峰股份将成功打通境内境外两个平台，形成境内和境外的良性互动，进一步向成为全球领先汽车内饰供应商的愿景迈进。Grammer AG 作为领先的车辆座椅内饰细分行业供应商，技术理念及企业定位均占据行业高点。继峰股份并购 Grammer AG 符合"一带一路"大背景下经济大

---

① 同花顺财经。

融合、发展大联动的战略思想，也是中国上市公司实现"走出去"，拓展新型合作模式，与世界共谋发展机遇的有力举措。借助 Grammer AG 先进的生产技术、广阔的海外渠道、现代化的管理理念、优良的研发水平，继峰股份将进一步改进生产技术、降低生产成本，Grammer AG 的营销网络也有助于进一步提升继峰股份产品在全球范围内的品牌知名度。继峰股份与 Grammer AG 同属汽车零部件制造行业，本次整合可以推动双方充分发挥各自比较优势，相得益彰。整合后的继峰股份将与 Grammer AG 产生境内外协同效应，在成本端、销售端、企业战略、技术储备等诸多领域发挥协同优势，有利于增强继峰股份持续经营能力及核心竞争力。

并购 Grammer AG 既是当前形势下的历史性战略机遇，又与继峰股份打造百年企业的愿景相契合。完成此次并购，是继峰股份加快转型升级和提质增效，切实提高自身行业领域的核心竞争力并实现可持续发展的关键步骤。并购 Grammer AG 是继峰股份整体推进全球化布局、提升企业核心竞争力，响应国家"一带一路"号召，提高中国民营企业国际竞争力的谋篇布局。

2.4 案例讨论与问题

（1）我国现阶段跨国并购常用的支付手段和期望实现的并购目的是什么？

（2）国内常见的控制权防御机制有哪些？

（3）本案例中，继峰股份作为"白衣骑士"是如何帮助 Grammer AG 摆脱控制权危机的？

（4）本案例中使用的控制权防御机制实施效果如何？

（5）继峰股份要约收购 Grammer AG 后带来了哪些影响？

2.5 教 学 设 计

本案例要实现的教学目的在于引起学生对当前国内资本市场中日益增多

的问题——敌意收购行为及相关防御措施的关注与兴趣，以现阶段国内最常用的防御措施——引入"白衣骑士"为例，详细介绍其在敌意收购事件中的作用，进一步思考控制权防御机制的设计问题。

2.5.1　课时分配

同第 1 章。

2.5.2　讨论方式

同第 1 章。

2.5.3　课堂讨论总结

同第 1 章。

2.6　前沿研究聚焦

2.6.1　控制权防御与企业创新

控制权防御受到越来越多企业的重视。但控制权防御对公司治理的影响具有两面性：一方面，控制权防御能够帮助企业消除来自控制权市场的部分威胁，从而使管理层专注于长期发展，此时控制权防御机制为管理层提供了一定的保护，对管理层起到隐性激励的作用；另一方面，公司设置控制权防御机制会加剧企业代理问题，管理层进行控制权防御的动机是出于自利而非控制权防御，因此公司控制权防御未必会发挥高管激励作用（许金花等，2021）。

现阶段关于控制权防御与企业创新的关系尚没有定论。已有文献主要考察了美国州反垄断法出台前后企业创新的变化。其中，阿塔纳索夫（Atanassov，2013）研究发现，美国州反垄断法出台后企业的专利数量和专利被引用的比例明显降低。同时也证明了其他企业特征的异质性（比如大股东的持股比例、养老基金的持股比例，公司负债等）能够缓解以上负面影响。但是，正如卡波夫和维特里（Karpoff and Wittry，2018）指出，由于州反收购法律并没有阻碍在这些州注册的公司进行并购活动，因此比较州反收购法律通过前后的企业创新变化的结果可能并不准确。近年谢姆努尔和田（Chemmanur and Tian，2016）研究了企业层面反收购机制与企业创新的关系，得到了与阿塔纳索夫（2013）以及萨普拉等（Sapra et al.，2014）使用州反收购法作为代理变量截然相反的结论。为何控制权防御不总是发挥其对创新的隐性激励作用是值得思考的问题。另外，相比于西方成熟的市场环境，新兴国家缺乏较为完善的外部监督机制，在中国实施特殊公司治理机制可能会产生与国外不同的经济效果。在中国制度背景下，控制权防御与企业创新的关系存在可探索的空间。

2.6.2 反收购强度与控制权防御

英、美作为西方发达的资本主义国家，其在公司反收购立法方面起步较早、完善度更高。1968 年，美国的联邦反收购立法《威廉姆斯法案》（*Williamsact*）确认了董事会中心主义，即目标公司进行反收购的决定权归属于目标公司的经营管理层，即董事会（田雪扬和肖可义，2023）。英国在 2004 年经《欧盟收购指令》确认产生法律效应的《城市法典》（*London City Code on Takeovers and Mergers*）具体规定了未经股东大会批准禁止使用的反收购手段。而其判例法则运用诚实信用原则来限制公司经营者的权力，要求其行使权力时必须对自己的行为负责，不得牺牲股东利益来满足不当的防御策略，即正当目的标准（张本照等，2006）。

从目标公司反收购的决策权归属来看，对比英美模式，《公司法》《证券法》《上市公司要约收购管理办法》等法律法规均没有对我国公司的反收购决策权归属作出明确界定。《上市公司收购管理办法（2020 年修订）》第三十三条规定"收购人作出提示性公告后至要约收购完成前，被收购公司除继续从事正常的经营活动或者执行股东大会已经作出的决议外，未经股东大会批准，被收购公司董事会不得通过处置公司资产、对外投资、调整公司主要业务、担保、贷款等方式，对公司的资产、负债、权益或者经营成果造成重大影响"；《公司法》第一百一十六条规定"股东会作出修改公司章程、增加或者减少注册资本的决议，以及公司合并、分立、解散或者变更公司形式的决议，应当经出席会议的股东所持表决权的三分之二以上通过"。公司董事会和股东大会都被赋予一定程度的反收购决策权。

随着我国敌意收购增加与控制权防御意识日益增强，面对复杂的控制权市场环境，我国公司到底应如何科学设置最优反收购强度实现股东价值最大化并防御公司控制权风险？设置的反收购条款是否越多越好？这些都是亟待研究的重要问题，且具有较强的现实意义。

2.7　案例思政结合点

2010 年，《国务院关于加快培育和发展战略性新兴产业的决定》印发，战略性新兴产业正式被纳入国家"十二五"规划①、"十三五"规划②和"十四五"规划③，战略性新兴产业创新路径是国家重点关注的课题，以解决中国高科技的"卡脖子"问题。

2017 年 8 月，国家发改委、商务部、中国人民银行及外交部发布的《关于进一步引导和规范境外投资方向的指导意见》指出，支持有能力、有条件的企业积极稳妥开展境外投资活动，推进"一带一路"建设，深化国际产能合作，带动国内优势产能、优质装备、适用技术输出，提升我国技术研发和生产制造能力，弥补我国能源资源短缺，推动我国相关产业提质升级，并明确将有利于"一带一路"建设、与境外高新技术和先进制造业的投资合作等列为鼓励开展的境外投资。

本章参考文献

［1］Stein J C. Takeover Threats and Managerial Myopia ［J］. Journal of Political Economy, 1988, 96 (1): 61 – 80.

［2］Bhojraj S, Sengupta P, Zhang S. Takeover Defenses: Entrenchment and Efficiency

---

① 《"十二五"国家战略性新兴产业发展规划》提出"加快培育和发展节能环保、新一代信息技术、生物、高端装备制造、新能源、新材料、新能源汽车等战略性新兴产业""大力培育发展战略性新兴产业，加快形成支撑经济社会可持续发展的支柱性和先导性产业，优化升级产业结构，提高发展质量和效益"。

② 《"十三五"国家战略性新兴产业发展规划》提出"'十三五'时期，要把战略性新兴产业摆在经济社会发展更加突出的位置，大力构建现代产业新体系，推动经济社会持续健康发展"。

③ 《"十四五"规划和2035 年远景目标纲要》提出"深入推进国家战略性新兴产业集群发展工程，健全产业集群组织管理和专业化推进机制"。

［J］. Journal of Accounting and Economics, 2017, 63 (1): 142 – 160.

［3］ Giroud X, Mueller H M. Corporate Governance, Product Market Competition, and Equity Prices ［J］. Journal of Finance, 2011, 66 (2): 563 – 600.

［4］ Karpoff J M, Wittry M D. Institutional and Legal Context in Natural Experiments: The Case of State Antitakeover Laws ［J］. Journal of Finance, 2018, 73.

［5］ Patrick A. G. Mergers Acquisitions and Corporate Restructurings ［M］. John Wiley & Son, Inc, 2010.

［6］ Smiley R H, Stewart S D. White Knights and Takeover Bids ［J］. Financial Analysts Journal, 1985, 41 (1): 19 – 26.

［7］ 许金花, 戴媛媛, 李善民, 等. 控制权防御是企业创新的"绊脚石"吗? ［J］. 管理科学学报, 2021, 24 (7): 21 – 48.

［8］ Atanassov J. Do Hostile Takeovers Stifle Innovation? Evidence from Antitakeover Legislation and Corporate Patenting ［J］. The Journal of Finance, 2013, 68 (3): 1097 – 1131.

［9］ Chemmanur T, Tian X. Do Anti-Takeover Provisions Spur Corporate Innovation? ［C］. AFA Chicago Meetings Paper, 2016.

［10］ Sapra H, Subramanian A, Subramanian K V. Corporate Governance and Innovation: Theory and Evidence ［J］. Journal of Financial and Quantitative Analysis, 2014, 49: 953 – 1007.

［11］ 田雪扬, 肖可义. 我国上市公司反收购行为的法律规制 ［J］. 长春师范大学学报, 2023, 42 (7): 37 – 42.

［12］ 张本照, 杨善林, 王艳荣. 英美目标公司反收购政府规制比较及对我国的启示 ［J］. 经济社会体制比较, 2006 (6): 113 – 118.

第二部分

混合所有制改革

混合所有制改革是 20 世纪 90 年代提出的改革方案，通过允许更多国有经济和其他所有制经济发展成为混合所有制经济，达到促进生产力发展的目的。20 世纪 90 年代开始，中国允许国内民间资本和外资参与国有企业改组改革，正向混改是国有企业引进民营、外资等非国有资本，达到提升国有企业运行效率、优化资源配置、推动国有企业与民营企业优势互补的作用。与之相对应，反向混改指民营、外资等非国有企业与国资委或国有企业达成合作，引进一定规模的国有资本（控股权一般仍然掌握在非国有股东手中）的混改方式。经济改革实践证明，混合所有制能够有效促进生产力发展，促进国有企业和民营企业资源互补，使企业更具灵活性和创新性。在阅读本部分之前，通过了解协同效应理论、资源配置理论和股权结构理论等，能更好地理解混合所有制改革对企业的影响。

一、协同效应理论

协同效应理论认为，公司通过并购整合的方式实现的总体效益通常要比未整合前的两家企业经济效益之和更大，主要是由于并购产生的规模经济、优势互补等因素带来的协同（白列湖，2007）。在正向混改过程中，国有企业引入民营企业战略投资者能够给企业带来协同效果，提升企业价值。一般认为，协同效应主要包括管理协同效应、经营协同效应和财务协同效应，其中管理协同效应是指各要素在交流过程中通过共享管理资源和管理经验达到协同效应。经营协同效应认为国有企业能够与民营企业在经营上实现资源互补，利用规模经济效应降低成本，相互促进。而财务协同效应则认为良好的战略投资者通常具有较强的资金实力和优质资源，从而为企业带来更多的融资来源，降低融资成本。除此之外，企业通过引入战略投资者能够在战略布局上拓展业务，实现企业的做大做强。

在反向混改过程中，民营企业在选择战略投资者上具有较大的自主权，往往会根据自身的资源劣势选择合适的国有战略投资者，同时为了更好地进行战略布局，民营企业通常会选择在业务上具有相关性的战略投资者进行合作，起到一定的优化资源配置作用，从而在各方面实现协同效应。而国有企业在与民营企业合作的过程中，能够借鉴民营企业的市场化经营管理理念，释放市场活力，实现国有资本的保值增值。因此，民营企业引入国有股东战略投资者这一混改方式，能够在一定程度上实现民营资本与国有资本的优势互补和协同效应，为民营企业带来更多的资源和效益。

二、资源配置理论

资源配置理论中的资源基础理论认为，企业是由不同资源整合形成的几何体，包括有形资源和无形资源，而一个企业的竞争优势很大程度取决于其是否拥有区别于其他企业独特的资源。如果企业能够获得特有的优质资源，那么企业就能够在市场上获得更大的竞争优势。正因为如此，很多企业试图通过多种方式实现资源的交换，利用对方资源充分发挥资源优势，进而提升自身的竞争实力，而混合所有制改革正是获取异质资源的重要途径之一。国有企业能够通过正向混改形式吸引民营企业入股，借助民营企业的力量实现资源优化配置、提高经营效率、加强技术创新，并在市场竞争中取得更好的表现。而民营企业能够通过反向混改的形式吸引国有战略投资者入股，借助国资实力优化企业内部的资源配置，帮助企业提高资源配置优势和资源利用效率。

相比民营企业融资能力受限，国有企业在资金方面相对更具优势（宋增基等，2014）。一方面，银行出于规避风险的目的，会更倾向于贷款给信用条件较好、支付能力较强的大型民营企业或者国有企业，这使得部分民营企业陷入资金借贷困境。另一方面，民营企业同样较难获得其他金融机构的融资贷款业务，主要是部分中小企业信息披露不完整等原因引起的。此外，资本规模较小的中小企业在资本市场上发行股票的难度较大，其融资需求也难以得到满足，无法获得充足的资金供企业发展。因此，民营企业尤其是中小企业的融资能力极大地受到银行等金融机构的约束和影响，而民营企业与国有企业的结合能够在一定程度上缓解企业的资金压力（吴国鼎，2020；辛静，2019）。

与此同时，民营企业与国有企业的合作有助于加强双方在资源和政策层面的互补，促进各自优势的最大化利用。国有企业与民营企业混改还能够在其他方面实现资源互补，正如图 2.0 所示，国有股东在销售渠道、客户群体、资金实力等方面的优势恰好能够弥补非国有股东的资源劣势，如行业进入壁垒高、融资成本高等，在一定程度上实现了资源互补、协同发展。

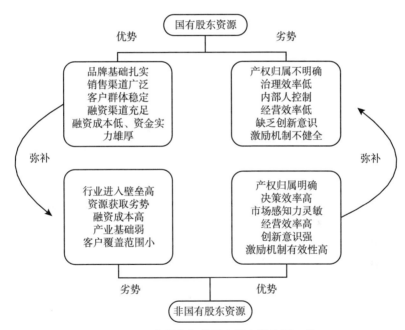

图 2.0　国有股东与非国有股东的资源互补

资料来源：作者整理。

三、股权结构理论

股权结构是指公司的总股本所包含不同性质的股份占比及其相互关系。

股权结构理论认为，公司的股权结构不仅会影响到公司治理中的内部监督机制，也会影响到公司的外部治理机制，进而作用到企业的绩效。

影响股权结构的一个重要因素是各股东的持股比例，公司的股权制衡程度越高，外部股东对于控股股东的约束力就越大，这能够促使股东提高他们自主监督的动机和能力，从而更好地提高公司的治理能力，维护企业的利益。因此，在合理限度内公司价值会随着股权制衡程度的提高而提高。

除了股权制衡度之外，影响股权结构的另一重要因素是股东的性质，不同性质的参股股东会影响到公司的治理情况。异质性股东不仅能够给企业带来不同的治理意见，还有利于各方的互相监督和互相促进。国有股东的参与有助于维护国家利益、实现政府政策目标、监督公司更好履行社会责任。而民营股东通常是个人或企业，其参与公司治理可以促进市场化和效率导向的决策。民营股东往往追求投资回报和企业价值最大化，他们的参与可以强化市场竞争机制，推动公司追求效益和创新。同时，民营股东通常更加注重公司治理的透明度和规范性，倡导信息披露和独立董事的设置，以确保公司运作的公正性和透明度。因此，混合所有制改革势必会对公司的股权结构造成影响，使得公司的股权制衡度、股东性质等方面发生变化，进而影响公司的治理情况（蔡立新和高蔓莉，2021；张宁和才国伟，2021；宋坤和田祥宇，2021）。

混合所有制改革同样也会在一定程度上影响公司的董事会结构，进而影响公司的治理水平。民营企业的董事会成员大多数是由企业的内部人员构成的，管理层与董事会也会存在交叉任职的情况，这就可能会引发内部人管理失效等问题。而国有股东的参与有助于维护国家利益并监督公司积极履行社会责任，因此，国有股东与民营股东共同治理，有利于通过内外部董事会和监事会来约束和监督公司的重大决策（徐莉萍等，2005；张俊喜和张华，2004）。内部董事主要起到监督管理的作用，外部监事则能够增强公司监事会的独立性，减少管理层滥用职权的机会，从战略与监督两方面影响企业绩效（Chang et al.，2009；罗进辉，2013）。

| 第 3 章 |

国 资 纾 困

【引导案例】

海科金入主金一文化案例

自 2018 年下半年开始，市场中很多民营企业财务状况不佳，甚至出现资金链断裂的情况，资本市场不断涌现上市公司股权质押、债务违约等问题。为了降低市场的流动性风险，缓解上市公司由于股权质押而面临的爆仓、平仓等风险，国资开始出手纾困民营上市公司，为其注资解难。北京金一文化发展股份有限公司（以下简称"金一文化"①，证券代码：002721）上市后，进行了大量的盲目并购，并在珠宝业务上由自营模式向加盟模式转变，引发财务状况恶化、股权质押严重等问题，导致公司资金链紧张。面对存在经营乏力、债台高筑、股份质押爆仓等危机的金一文化，北京市海淀区国资委看到了其发展前景与现有资源优势，决定充当"白衣骑士"，以北京海淀科技金融资本控股集团股份有限公司（以下简称"海科金"，证券代码：002721）入主金一文化，为其提供流动性资产，帮助它走出困境。在国资入主前，金一文化的负债率为 68.96%，总负债高达 128.53 亿元，经营性现金流量已经连续 4 年为负。金一文化原实际控股股东将其股权转让给海科金后，海科金为金一文化提供了资金支持，缓解了其资金压力，建立了更加合理高效的公司治理构架，实现了国有资本纾困民营企业的目的。

---

① 现为"st 金一"，但由于在本案例发生期间该公司并未 st，因此仍简称"金一文化"。

3.1 国有企业改革——正向混改

3.1.1 制度背景

2013 年 11 月，党的十八届三中全会通过的《中共中央关于全面深化改革若干重大问题的决定》提出，要积极发展混合所有制经济，允许更多国有经济和其他所有制经济发展成为混合所有制经济。国有资本投资项目允许非国有资本参股。允许混合所有制经济实行企业员工持股，形成资本所有者和劳动者利益共同体。为进一步落实国有企业改革的指导意见，全国各省、市地方政府积极响应，适时出台了深化国有企业改革的方案和措施。

2015 年国务院出台的《关于深化国有企业改革的指导意见》和《关于改革和完善国有资产管理体制的若干意见》，提出组建国有资本投资、国有资本运营两类公司要求，2018 年国务院发布《关于推进国有资本投资、运营公司改革试点的实施意见》，针对"两类公司"改组进程提出了具体的方向以及操作规范。2019 年发布的《改革国有资本授权经营体制方案》强调国有资本监管体制需要不断完善，经营性国有资产集中统一监管积极稳妥推进，国资授权经营管理正式进入全面实施阶段。中央层面选取了 6 家党政机关和事业单位开展试点，省级国资委监管经营性国有资产比例超过 90%，有 16 个地方超过了 95%。国有资本更加重视的是国家的资本投入，而不是具体的资产，重点不是资产规模，而是资本的质量。

3.1.2 国有企业混合所有制改革的动因

（1）国有企业内部治理尚需完善

部分国有企业存在"所有者"缺位的问题，而且常常是国资"一股独大"，甚至是纯国资，一些地方国有企业的董事会、监事会、经营管理层未实现真正意义上的独立，相互监督管理的作用难以发挥，经营管理层的权力缺乏有效的监管，企业法人治理机制仍有待完善。国有企业的高层管理人员经营自主权会受到一定的限制，经营上的重大事项需要层层上报，决策的链条较长，耗费的时间也较多，对市场变化的反应速度也较为缓慢。

（2）国有资产的布局结构不合理，创新动力缺乏

长期以来，国有企业在公共产品的提供、民生保障等领域存在缺位现象（陈娜，2017）。经过几轮的改革并实行转制、兼并重组等措施后，数量缩减至 16 万户左右，仅占全部企业数量的 0.74%，比高峰时期的 200 万户减少了184 万户，但是在 398 个行业中，国有企业涉足行业多达 380 多个，不少企业处于产能严重过剩行业，位于产业链中低端，国有企业战线过"长"、过"散"、低附加值的问题仍然十分突出。同时，国有企业市场竞争意识的薄弱和人才激励机制有待进一步完善，相对缺乏创新动力。

（3）国有企业效率有待提高

关于国有企业效率问题的争论一直以来都是热点话题。刘伟和李绍荣（2001）分析了非国有资本对生产效率的影响，发现非国有资本比例的提升可以提高社会整体劳动和资本效率，特别是提高资本效率。姚洋和章奇（2001）利用 1995 年工业普查数据对影响企业技术效率的各因素进行检验发现，相比国有企业，非国有企业的技术效率更高。杨汝岱（2015）利用 1998 ~2009 年中国工业企业数据对中国制造业全要素生产率进行研究，认为不同所有制企业投资效率差异较大，国有企业相比其他所有制类型企业存在效率损失。

3.1.3 国有企业混合所有制改革的路径

周丽莎（2020）总结了六种混合所有制改革路径：公司上市、引进战略投资者、收购重组、资产证券化、员工持股计划和公私合作模式（PPP）。陶简和商景群（2020）在此基础上补充了所有权转让、增资发行股票、可转换债券认购和股权置换等混合改革路径。为了达到整合两家企业资源的目的，可以通过设立新公司、股权投资和并购重组来实现股权整合。从目前国有企业的股权混改状况来看，普遍倾向于非国有股权参与。本案例主要总结了中国国有企业混合所有制改革的三类常见路径，分别是整体上市、引进战略投资者和员工持股计划。

（1）整体上市

整体上市是指一家公司将其主要资产和业务整体改制为股份公司。在混合所有制改革的早期，大多数国有企业通过该途径迈出了混改的第一步。整体上市可以实现企业资产证券化，激发企业活力。此外成为上市公司后，

严格的监管制度还可以促使企业规范化公司管理。整体上市路径可细分为五种，分别是：母公司整体上市、资产一次性整体上市、主业资产一次性上市、多元业务分别上市、借壳整体上市。其中母公司整体上市最为彻底，是国企通过整体上市进行混改的首选模式（邱霞，2015）。

（2）引进战略投资者

战略投资者是指与被投资方业务有紧密联系、有意愿长期持有发行公司股份的法人。战略投资者强调与企业属于同一行业或者相近产业，与被投资企业在横向、纵向或多元化的发展上有相同的目标，还具备资金、管理和技术等资源，谋求长期稳定的合作。并且战略投资者还需要深入被投资企业的生产经营和管理中，通过一定的方式去影响其经营决策，进而改善被投资企业的经营管理，自身也能获得相应的提升。

（3）员工持股计划

员工持股计划的本质是一种激励效应，基于利益相关者理论，让员工参与到公司的管理和监督中来，并且给员工提供一定的股权，让他们也能成为企业的所有者，分享企业发展所带来的红利。适度实施管理层和员工持股，有利于吸引和留住优秀的高科技人才，增强其对企业的归属感和事业心，提高其工作积极性，以达到激励人才的作用。员工持股能够帮助国有企业建立多元的产权结构和治理结构，具体为：改变"一股独大"的格局；优化国有企业公司治理；促进社会财富的合理分配；完善社会保障制度，弥补养老金缺口（张孝梅，2016）。

3.1.4　国有企业混合所有制改革的绩效

已有研究普遍认为混合所有制改革能够提升国有企业绩效水平。非国有资本进入国有企业，无论其比例是否达到绝对控股，都能够显著提高国有企业全要素生产率、销售规模、利润率和出口，并有效降低管理成本。

混合所有制改革影响国有企业绩效的作用渠道包括明晰产权、技术外溢、海外市场等。混合产权明晰的私人资本能够明显改善国有企业绩效，混合产权较不明晰的集体资本则没有显著效果。此外，混合所有制改革对公司绩效的影响，在中央国有企业和地方国有企业呈现不同效应，就中央国有企业而言，混合所有制改革对公司绩效的影响不显著；就地方国有企业而言，混合所有制改革对公司绩效有正向显著影响。且相较于垄断性行业而言，对竞争性行业的影响更为显著，对市场化进程相对较慢的地区的影响更加明显（杨萱，2019）。此外，适度的股权集中度使得多个大股东能够互相制衡，这可以改善公司业绩，并且这种改善作用在异质化股东进入时更加明显（王欣和韩宝山，2018）。

3.2 案例资料

3.2.1 纾困对象——金一文化

（1）公司简介

金一文化成立于 2007 年，是一家集研产销为一体的黄金珠宝企业。2010年 7 月整体变更为股份有限公司。金一文化 2014 年 1 月在深圳证券交易所上市。金一文化发展历程如图 2.3.1 所示。

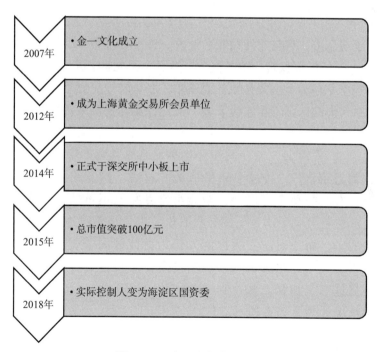

图 2.3.1 金一文化发展历程

资料来源：金一文化网站。

公司主营业务为贵金属工艺品的研发设计、外包生产和销售。贵金属工艺品分为纯金制品、纯银制品、珠宝首饰、投资金条、邮品及其他产品六大类。2010 年，公司前五大客户主要是银行和邮政公司，采用以代销为主的销售模式。之后，金一文化开始了加盟店的扩张并进行了一系列的并购活动，其经营模式和销售模式发生了巨大变化，公司逐渐从代销模式转变为经销模式。上市后，金一文化致力于推进珠宝全产业链布局，在融资、供应链与零售等环节进行资源整合，不断向产业一体化迈进，旗下拥有金一珠宝、越王珠宝、捷夫珠宝、越王古法黄金等品牌。

（2）投资者关系

金一文化上市初期，公司的控股股东为上海碧空龙翔投资管理有限公司（以下简称"碧空龙翔"），实际控制人为钟葱。钟葱直接持有金一文化17.96% 的股份，另通过持有控股股东碧空龙翔68.97% 的股权，间接获得金一文化30.63% 的股份，即钟葱共持有48.59% 的金一文化股份，是金一文化的实际控制人，具有绝对控制权地位。

2018 年 7 月 9 日，金一文化公告称公司实际控制人股权质押触及平仓线，迫于资金压力，碧空龙翔的股东钟葱、钟小冬将其分别持有的碧空龙翔69.12%、4.20% 的股权转让给海科金，海科金因此拥有碧空龙翔73.32% 的股份。因碧空龙翔为金一文化原控股股东，股份转让完成后，海科金的实际控制人北京市海淀区国资委取代了金一文化原实际控制人钟葱，成为金一文化新的实际控制人。

2020 年 4 月 30 日，金一文化公告称北京海鑫资产管理有限公司（以下简称"海鑫资产"）通过"阿里拍卖·司法"网竞拍取得公司股东碧空龙翔所持有的公司全部股份，至此碧空龙翔已不再持有公司股份。因此海鑫资产持有公司 162 541 699 股股份，占公司总股本 19.47%，成为公司控股股东，而公司的实际控制人仍为海淀区国资委。海鑫资产是海科金的全资子公司，此次认购进一步提高了海科金对金一文化的持股比例，控制权进一步加强。截止到 2020 年 9 月 30 日，公司前十大股东的具体持股情况如表 2.3.1 所示。

表 2.3.1 金一文化前十大股东

前十大股东	股东类型	持股数量（股）	持股比例（%）
北京海鑫资产管理有限公司	其他	162 541 699	24.54
陈宝芳	个人	41 758 638	6.31
钟葱	个人	21 809 207	3.29
哈尔滨菲利杜豪贸易有限公司	其他	17 590 553	2.66
张广顺	个人	10 040 916	1.52
苏麒安	个人	9 359 292	1.41
泰达宏利基金－平安银行－泰达宏利价值成长定向增发 699 号资产管理计划	基金资产管理计划	8 771 929	1.32
陈宝康	个人	8 392 500	1.27
江亚楠	个人	8 314 000	1.26
云南国际信托有限公司－云信智兴 2017～2057 号单一资金信托	信托计划	7 831 030	1.18

资料来源：东方财富网。

3.2.2 国有资本——海科金

（1）公司简介

海科金是由北京市海淀区国有资本经营管理中心、中关村科技园区海淀园创业服务中心、北京市海淀区玉渊潭农工商总公司等公有制单位发起设立的北京市首家面向科技型中小微企业的综合性金融服务平台，也是海淀区集债权、股权、资管、辅助四大金融服务平台于一体国资控股、市场化运作、具有一定品牌影响力的大型国有科技金融服务集团。公司的组织架构如图 2.3.2 所示。

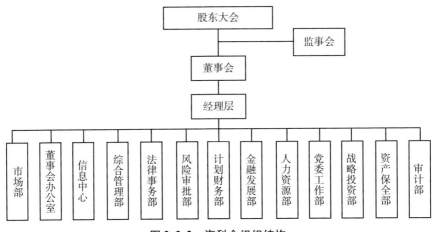

图 2.3.2　海科金组织结构

资料来源：海科金网站。

海科金的成立加快推进了全国科技创新中心核心区建设，促进了科技金融改革创新，推动了科技金融产业发展，进一步完善了海淀区科技金融服务体系。2019 年 5 月，海科金在海淀区最先完成了混合所有制改革工作，通过引入优质社会资本，完善治理、强化激励、突出主业、提高效率，实现国有资本和社会资本优势互补、共同发展。

（2）股权结构

海科金全资及控股子公司共十余家，包括北京海淀科技企业融资担保有限公司、北京中海创业投资有限公司、北京中关村上地生物科技发展有限公司等，具体情况如图 2.3.3 所示。海科金拥有投资、担保、小贷、典当和保理等多种类金融业务牌照，能为中小微企业，尤其是海淀区科技型中小微企业提供项目（企业）孵化、PE 投资、融资与非融资担保、小额贷款、典当、供应链金融、商业保理、融资租赁和资产管理等全方位的金融服务以及专业的投融资咨询服务。为扶持优质科技公司和支持上市公司的发展，海科金相继成立了并购基金、新兴产业基金、前沿科技基金、纾困基金等多只基金，通过构建多层次、多元化的产品体系，满足企业的发展需求。

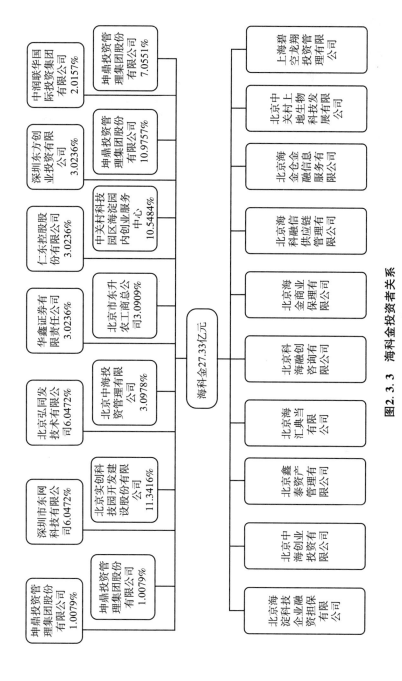

图2.3.3 海科金投资者关系

资料来源：海金科网站。

3.2.3 战略引资

(1) 引资前：金一文化资金紧张

金一文化上市后，通过一系列并购进行多元化发展，涉及金融、地产、大数据等众多项目。公司在 2015 年 2 月获得第一家并购标的后，高频率地进行重大资产重组，且这些标的增值率普遍较高。金一文化如此盲目的并购模式，给公司埋下了隐形的"炸弹"。截至海科金入主前，金一文化自上市以来的具体并购情况参见表 2.3.2。

表 2.3.2　　　　　　　　　　　　　金一文化并购情况

时间	标的	交易价格（亿元）	标的增值率（%）
2015 年 2 月	越王珠宝 100% 股权	9.00	101.9
2015 年 4 月	南京宝庆珠宝 51% 股权	3.87	—
2015 年 10 月	卡尼小贷 60% 股权	4.80	194.77
2016 年 4 月	广东乐源 51% 股权	8.67	2 177.74
2017 年 7 月	金艺珠宝 100% 股权	7.02	165.9
2017 年 7 月	捷夫珠宝 100% 股权	8.45	408.8
2017 年 7 月	臻宝通 99.06% 股权	6.93	416.71
2017 年 7 月	贵天钻石 49% 股权	2.75	625.77
2018 年 1 月	张万福珠宝 51% 股权	4.48	260.25
2018 年 1 月	江苏珠宝 49% 股权	5.80	244.68

资料来源：作者整理。

并购的确使得金一文化的体量不断壮大，公司总资产由 2013 年末的 20.18 亿元增加至 2017 年末的 172.7 亿元，增长了 755.8%；净资产从 6.13 亿元增长至 56.24 亿元，增长了 901.14%。然而由于并购标的质量普遍不高，金一文化资产负债率连连攀升，公司的偿债压力极大。

此外，在主营珠宝业务上，金一文化由自营模式转向加盟模式，仅一年时间，公司的加盟店数量就增加了一千多家。加盟模式具有应收账期较长的特点，容易导致公司的借款增加且运营资金紧张，进一步加重金一文化的债务压力。

①财务状况恶化。

A. 应收账款猛增。截至 2017 年年末，金一文化应收账款高达 61. 86 亿元，占总资产的 35. 92% 、收入的 40. 38% 。从 2013 ~ 2017 年的应收账款情况来看，营业收入增加了 4. 68 倍，而应收账款却暴涨了 8. 19 倍（参见图 2. 3. 4）。金一文化应收账款的增长幅度明显高于收入，说明公司的营业收入并未能有效地转化为现金流入企业，这会增加企业的现金流压力，加剧坏账风险。

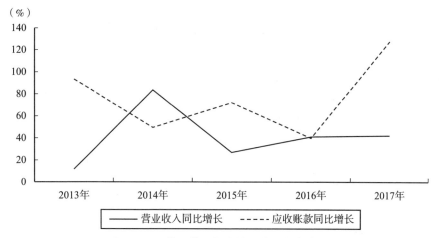

图 2. 3. 4 营业收入与应收账款增长率情况

资料来源：东方财富网。

B. 经营性现金流为负。金一文化激进式的并购模式和营业收入与应收账款的不匹配，导致公司的经营活动净现金流逐渐恶化。从 2014 年开始公司的经营性现金流量净额连续 4 年为负，到 2017 年更是高达 - 16. 65 亿元（参见图 2. 3. 5）。

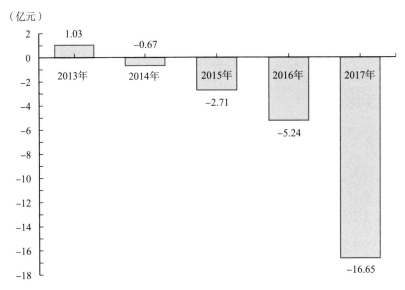

图 2.3.5　金一文化经营性现金流量净额

资料来源：东方财富网。

　　现金流紧张的同时，金一文化的资产负债率也居高不下，常年保持在65%以上。根据 2017 年年报，金一文化资产负债率为 67.43%，负债合计116.45 亿元，且流动负债高达 93 亿元。而 2017 年底账上资金仅有 11 亿元，并且其中有 8.2 亿元为各类保证金，约占货币资金的 74%，可支配的货币资金不足 3 亿元。如此紧张的资金情况显然给公司带来了巨大的考验，金一文化财务状况不断恶化。

　　②股权质押严重。

　　资金链一直紧张的金一文化遇到股价断崖式的下挫，控股股东和实际控制人面临股票质押平仓的压力。高质押的金一文化遭遇了发展的危机，股价暴跌导致实际控制人部分股份触及平仓线，公司市值蒸发了 42 亿元。2018年 1 月 24 日，金一文化的股价一度高达 18.42 元/股，而后却是断崖式下跌，截至 7 月 9 日股价只有 8.31 元/股。

　　2018 年 5 月 29 日，公司发布了实际控制人部分质押股份触及平仓线而停牌的公告。2018 年一季报显示，金一文化前十大股东中大多数处于质押状态，质押比例极高，整体质押比例高达 80.33%（参见表 2.3.3）。

表 2. 3. 3　　　　　　　　　金一文化前十大股东质押情况

前十大股东	持股数量（股）	持股比例（%）	质押或冻结情况		
			股份状态	数量（股）	比例（%）
上海碧空龙翔投资管理有限公司	153 705 105	18.41	质押	149 500 000	97.30
钟葱	107 572 815	12.89	质押	86 301 578	80.20
陈宝芳	41 758 638	5.00	质押	37 400 000	90.20
哈尔滨菲利杜豪贸易有限公司	40 458 276	4.85	质押	28 600 000	70.70
陈宝康	34 068 931	4.08	质押	32 650 000	95.80
黄奕彬	33 611 491	4.03	质押	15 601 900	46.40
新余市道宁投资有限公司	22 158 693	2.65	质押	21 580 000	97.40
云南国际信托有限公司 – 云信智兴 2017 ~ 2057 号单一资金信托	18 421 052	2.21	—	—	—
国金证券—平安银行—国金金一增持 1 号集合资产管理计划	14 410 977	1.73	—	—	—
张广顺	14 344 167	1.72	质押	14 344 167	100.00
总计	480 510 145	57.57	—	385 977 645	80.33

资料来源：金一文化 2018 年一季报。

面对此时的高负债危机，高质押的金一文化为了公司经营和发展的需要，开始向公司控股股东碧空龙翔以及公司高管借款，然而极力挽救的股东也耐不住股价的暴跌，争相出逃，公司便寻求外援。海科金入主时，金一文化的负债率为 68.96%，总负债高达 128.53 亿元，经营性现金流量已经连续 4 年为负，因此寻找国资接盘。

（2）引资中：国资控股海科金

2018 年 6 月 5 日，金一文化发布停牌公告，称其控股股东碧空龙翔、实际控制人钟葱等股东与海科金签署《股份收购意向书》。

2018 年 7 月 9 日，公司公告称其控股股东碧空龙翔的股东钟葱及钟小冬与海科金于 2018 年 7 月 3 日签署了《关于上海碧空龙翔投资管理有限公司之股权转让协议》，钟葱、钟小冬将其分别持有的碧空龙翔 69.12%、4.2% 的股权转让给海科金，海科金将持有碧空龙翔 73.32% 的股份，进而控制碧空龙翔。交易前后的股权结构变化情况参见表 2.3.4。

表 2.3.4 交易前后股权结构变化情况

碧空龙翔股东	交易前		交易后	
	注册资本额（万元）	持股比例（%）	注册资本额（万元）	持股比例（%）
海科金	—	—	22.36	73.32
钟葱	21.08	69.12	—	—
钟小冬	5.12	16.80	3.84	12.60
其他股东	4.29	14.08	4.29	14.08
合计	30.49	100.00	30.49	100.00

资料来源：金一文化公告。

2018 年 8 月 22 日，金一文化发布公告称，控股股东碧空龙翔与海科金完成股权转让，并已完成工商变更登记。权益变动完成后，碧空龙翔持有金一文化 17.9% 的股份，仍为控股股东。而海科金通过间接控制金一文化 17.9% 的股份，成为其实际控制人（参见图 2.3.6）。

2018 年 7 月 10 日，碧空龙翔和钟葱收到相关证券公司的通知，由于前期股票质押式回购交易涉及违约，如果不能追加保证金、补充质押或提前回购，质权人将按照协议约定对其质押的股票进行违约处置，导致被动减持公司股票。

同时，因涉及诉讼，金一文化及子公司名下多个银行账户被司法冻结，另外还涉及多起借款合同纠纷，且金额较大。此外，金一文化还欠碧空龙翔 9.53 亿元。2018 年半年报显示，金一文化货币资金只有 8.51 亿元，如果全部清偿，上市公司将无力维持后续经营。因此，海科金在受让股份的同时，需要解决金一文化及其控股股东的债务危机，为偿还债务提供资金支持或融资渠道。

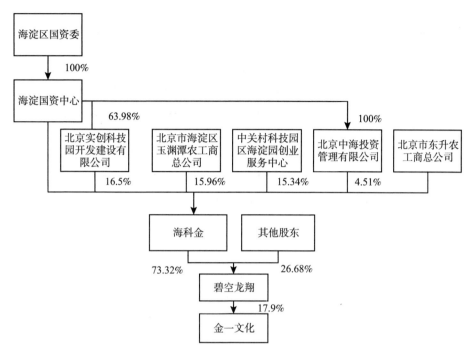

图 2.3.6 公司与实际控制人之间的产权及控制关系

资料来源：金一文化 2018 年年报。

（3）引资后：海科金提供资金支持

此次股权转让的对价只有 1 元，而当时金一文化的市值为 11.71 亿元，海淀区国资委仅仅用了 1 元就将该上市公司收入囊中。海科金之所以能以如此低的价格取得控制权，是在交易中承诺了提供流动性支持的相应条款，也就是承债式转让。海科金承诺，将在海淀国资委业务板块范围内为公司提供融资、为公司现有或新增的对外融资提供增信、通过自身举荐推介为公司引入新的资金方、为公司提供新的融资渠道等。

金一文化公告显示，自 2018 年 8 月 31 日以来，海科金以借款、担保等方式为金一文化提供资金支持，陆续向公司提供了超过 100 亿元的资金流动性支持（参见表 2.3.5）。

表 2.3.5　　　　　　海科金为金一文化提供资金支持情况

公告日期	公告内容
2018 年 8 月 31 日	海科金将向公司提供 30 亿元借款
2018 年 10 月 10 日	海科金将为公司及下属子公司综合授信提供担保，金额 40 亿元
2018 年 10 月 16 日	海科金控股股东北京市海淀区国有资本经营管理中心将为金一文化提供 30 亿元综合授信担保
2018 年 10 月 18 日	海科金在原先为公司及下属子公司向银行等金融机构申请授信融资额度提供 40 亿元的连带责任保证担保的基础上，增加 20.00 亿元的连带责任保证担保
2020 年 10 月 29 日	海科金控股股东北京市海淀区国有资本经营管理中心将为金一文化申请 5 亿元授信提供担保

资料来源：金一文化公告。

3.3　案　例　分　析

3.3.1　海科金入主金一文化的动因分析

（1）政策导向

2018 年以来，政府出台了多项纾困上市公司政策。中共中央政治局强调多种所有制经济共同发展，解决民营企业、中小企业发展中遇到的困难；国务院金融稳定发展委员会聚焦解决中小微企业和民营企业融资难题；央行指出通过出售信用风险缓释工具、担保增信等多种方式，重点支持暂时遇到困难，但有市场、有前景、有技术、有竞争力的民营企业进行债券融资；证监会支持各类符合条件的机构通过发行专项公司债券募集资金专门用于纾解民营企业融资困境及化解上市公司股票质押风险。

同时，多方推动落地举措。上海证券交易所和深圳证券交易所相继推出信用保护工具业务试点；首单纾困专项债在深圳证券交易所发行，用于出资成立专项股权投资基金，帮助深圳市立足主营业务、经营状况良好的 A 股上市公司实际控制人化解因股票质押而出现的流动性困难问题；证券业协会推动设立证券行业支持民营企业发展资管计划工作全面启动；民营企业债券融资支持工具在北京落地；地方政府设立专项基金纾困民营企业，陆续出台相关政策或计划，或安排专项资金，或拟积极引入合作金融机构及其他社会资本，采取股权、债权等方式，向辖区内遇到困难的重点企业，特别是民营上市公司，提供支持帮扶，纾解上市公司流动性风险。

（2）纾困企业

自 2018 年下半年开始，市场相对低迷，很多民营企业财务状况较差，甚至出现资金链断裂的情况。因此，大量的国资进入上市民营企业，纾困上市公司。被收购企业通常存在债务危机、质押爆仓等问题，而收购方则以地方国资委为主，直接或间接入股此类上市公司，缓解其危机。

面对经营乏力、债台高筑且出现大股东股份质押爆仓危机的金一文化，北京市海淀区国资委充当"白衣骑士"，以海科金入主金一文化，帮助企业走出困境。在国资入主前，金一文化的负债率为 68.96%，总负债高达128.53 亿元，经营性现金流量已经连续 4 年为负，海科金的实际控制人是北京市海淀区国资委，金一文化原实际控股股东将其股权转让给海科金，转让后海科金成为金一文化的实际控制方，国资入主后，海科金为金一文化提供了资金支持，缓解其资金压力，建立了更加合理高效的公司治理构架。

（3）资源整合

在居民收入持续提升的大背景下，金一文化所处的黄金珠宝行业前景良好。国家统计局数据显示，2018 年度，国内生产总值比上年增长 6.6%。全国居民人均可支配收入实际同比增长 6.5%，全年限额以上金银珠宝类销售额同比增长 7.4%，金银珠宝类产品在中国消费潜力巨大。

2017 年金一文化营业收入总额为 151.07 亿元，归属母公司净利润 1.82亿元，其主营业务收入在行业内排名前三。入主金一文化能够使海科金迅速扩大规模，通过并购这类外生成长方式实现业务规模的增长，对壮大区属国有企业规模具有积极的促进作用。海科金实际控制具有一定品牌影响力的金一文化，整合其渠道和业务模式，有利于海淀文化战略的发展和推广。通过资源整合，梳理优化上市公司现有的业务模式并拓展新兴文化要素，形成文化与科技、文化与金融双融合的品牌定位，提升公司在行业内的优势地位。

3.3.2 海科金入主金一文化的影响效果分析

（1）治理绩效

海科金入主后，为了促进公司资金、业务主线和合规经营等方面有序发展，首先，重新调整公司的组织架构，使得业务主线更加清晰；其次，不断修订公司的规章制度，加强合规运营。

①业务主线清晰。

金一文化实际控制权变更后，在北京市海淀区国资委、海科金的大力支持下，新一届董事会带领公司管理层用最短的时间坚定公司全员信心，聚焦目标、紧抓业务运营主线，设置了四大事业部和五大职能管理中心，使公司生产经营稳定过渡，公司管理水平及经营状况出现好转。为进一步加强科学管理，满足公司战略发展需要，金一文化于 2018 年 10 月 8 日对其组织架构进行调整。调整后组织架构按照"四个业务事业部 + 五个职能中心"结构来划分，其中四个业务事业部分别为银邮事业部、智造事业部、零售事业部、供应链金融事业部。此次调整在业务上主要新增了零售事业部和银邮事业部，进一步加强了这两块业务的运营管理。金一文化组织架构参见图 2.3.7 所示。

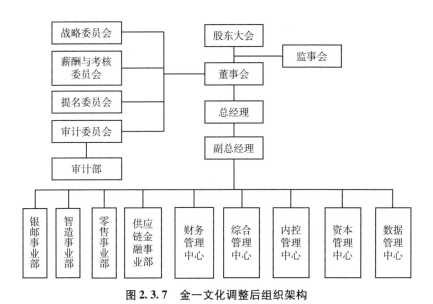

图 2.3.7　金一文化调整后组织架构

资料来源：金一文化公告。

海科金入主之后，金一文化的业务线条更加清晰，重点关注珠宝首饰的研发设计、生产及销售。从新架构的布局上看，加强零售及运营业务的管理和发展，有利于公司业绩的保障。

②合规运营加强。

A. 健全内控管理机制。对比调整前的公司组织架构，原先的内控审计部被拆分为内控管理中心和审计部。内控管理中心主要负责组织建立和完善公司内部控制和风险管理体系，组织开展风险预防及整改工作等，有利于健全公司内控管理机制，进一步完善公司风险管理体系。同时，公司还加强了事业部的管理力度，对子公司进行优化和调整，并清理无实际业务的子公司，保证上市公司主体的良性经营。

B. 制定融资管理制度。为促进公司健康稳定发展，控制公司融资风险，使公司规范运作，金一文化于 2018 年 10 月制定了融资管理制度。该制度对公司首次公开发行股票及发行新股、发行公司债券、向银行或其他金融机构借款这三种融资行为进行规范，包括依照法定程序审批、提交申请融资报告、履行信息披露义务等要求。

C. 管理层提前换届选举。2018 年 9 月，金一文化发布公告称公司第三届董事会、监事会将于 2019 年 6 月届满，然而由于公司实际控制人已变更为北京市海淀区国资委，为完善公司治理结构、保障公司有效决策和平稳发展，公司董事会、监事会提前进行换届选举。

海科金本着有利于维护上市公司及全体股东合法权益的原则，按照相关法律法规和金一文化公司章程规定，向上市公司推荐合格的董事、监事及高级管理人员候选人，第四届董事会、监事会于 2018 年 10 月完成换届选举。

D. 修订规章制度。国资入主后，在公司治理方面，金一文化董事会陆续修订了《公司章程》《股权投资管理制度》等 14 项规章制度，细化了对外担保、融资管理、股权投资、子公司管控等公司治理层面多项审批权限，使其内部审查和决策机制更高效，程序更严谨。

此外，金一文化重新梳理了内部管理，及时修订了管理规章制度，并要求严格执行，加大对违规事项的检查力度。同时，海科金对金一文化董事会进行改组，重点关注在合并报表范围内公司的规范运作，并要求其自查自纠。2018 年 10 月 23 日，金一文化披露其子公司江苏珠宝存在违规担保的问题后，果断将其持有的 51% 股权转让，并终止拟收购剩余 49% 股权的计划。金一文化注重并加强合规运营，这将进一步增强上市公司的竞争力，有利于其持续发展。

（2）财务绩效

①短期资金困境得到缓解。

金一文化所在的黄金珠宝行业为资金密集型行业，通常情况下需要大量的流动资金支持，而国资海科金的入主为其带来了资金保障。2018 年上半年，受宏观因素等影响，金一文化融资渠道一度受阻。海科金入主后，海淀区国资中心、海科金通过提供借款、融资担保等方式向金一文化提供流动性支持，使其业务发展得到保障。

2018 年 8 月 31 日起，海科金多次向金一文化提供借款、为公司及下属子公司综合授信提供担保等资金支持。金一文化有了具备国资背景的海科金作为支撑，其信用得到提升，融资渠道得到扩宽。在缓解上市公司流动性的同时，在银行授信方面也获得了更多便利。

②整体财务状况无明显改善。

本案例采用杜邦分析法来综合分析企业的财务状况，其基本公式为：

$$权益净利率 = 资产净利率 \times 权益乘数$$
$$= 销售利润率 \times 总资产周转率 \times 权益乘数$$

权益净利率是综合性最强的财务比率，是整个杜邦系统的核心指标。它反映了公司所有者投入资本及相关权益的获利水平，是所有者权益得以保障的基本前提。销售利润率反映公司营业收入的水平。总资产周转率是反映公司运用资产以产生销售收入能力的指标，通过存货周转率、应收账款周转率等分析，判断资产周转的主要问题出在哪里。权益乘数衡量公司的偿债能力，权益乘数越高，意味着公司能获得较多的杠杆利益，也意味着公司面临较大的风险。

如表 2.3.6 和图 2.3.8 所示，在盈利能力上，销售净利率在 2018 年首次出现负值，可能的原因是受到国家宏观政策调控的影响，公司融资渠道不畅，营运资金规模下降，为缓解流动性压力，公司采取薄利多销多种营销策略，由此导致毛利率同比下降。2018 年归母净利润下滑 129.93%，亏损 5 458.19 万元。2019 年作为金一文化承上启下的一年，在海淀国资、海科金的支持下，稳步推动经营策略，持续巩固业务核心优势，公司业绩稳步提升，净利润同比增长 213.53%，营业成本下降 28.18%，实现扭亏为盈。然而，从 2020 年一季度开始，金一文化营业收入及毛利率下滑。这说明，国资的入主没有给金一文化带来可持续性的业绩提升。在偿债能力上，虽然有国资背景支撑，且海科金为金一文化提供了大量的资金支持，但其偿债能力并没有提升，反而有些下降。而在营运能力上，国资入主后金一文化仍延续之前的下滑趋势，没有提高资产的利用效率。

表 2.3.6　　　　　　　　金一文化 2014～2019 年杜邦分析

报告期	权益净利率（%）	销售利润率（%）	总资产周转率	权益乘数
2014 年 12 月 31 日	7.74	1.15	2.37	3.36
2015 年 12 月 31 日	7.41	2.00	1.47	3.09
2016 年 12 月 31 日	7.88	1.62	1.19	3.62
2017 年 12 月 31 日	3.89	1.19	1.08	3.07
2018 年 12 月 31 日	-1.19	-0.37	0.94	2.85
2019 年 12 月 31 日	1.34	0.57	0.80	2.72

资料来源：网易财经。

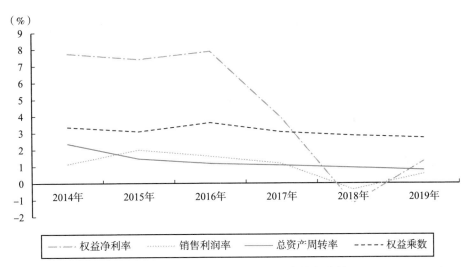

图 2.3.8　金一文化 2014～2019 年指标趋势

资料来源：网易财经。

　　总的来说，金一文化权益净利率在 2018 年达到最低点，于 2019 年有所反弹，这说明，公司的所有者权益报酬率有所提升，但仍然处于较低状态。国资的入主虽然给予了金一文化资金支持，使其短期资金困境得以缓解，然而整体的财务状况并没有得到明显的改善。

3.4 案例讨论与问题

（1）驱动国资收购上市公司的动因有哪些？

（2）国资入主上市公司的形式有哪些？

（3）国资纾困上市公司常见方式有哪些？

（4）国资能给上市公司带来什么收益？

3.5 教 学 设 计

本案例需要解决的关键问题：引导学员关注国有资本收购上市公司，重点引导学员关注国资助力上市公司纾困这一形式。帮助学员了解国资如何取得上市公司控制权、驱动国资收购的动因，以及国资如何参与公司治理等问题，对该案例中海科金入主金一文化后的效果进行分析，从而为资本市场国资参股民企上市公司予以借鉴。

3.5.1 课时分配

同第 1 章。

3.5.2 讨论方式

同第 1 章。

3.5.3 课堂讨论总结

同第 1 章。

3.6 前沿研究聚焦

3.6.1 国企混改、高管薪酬与全要素生产率

目前，中国正处于高质量发展阶段。实践证明，以生产率作为判断经济发展质量和效益单一标准已经过时，而全要素生产率是企业技术创新、管理模式改进、产业结构升级优化等的综合反映，它能更全面地体现经济的发展质效。因此，全要素生产率是推进实现国民经济高质量发展的动力源泉。党的二十大报告强调要"着力提高全要素生产率，推动高质量发展"，这也是继党的十九大首次提出要积极"推动经济发展质量变革、效率变革、动力变革，提高全要素生产率"之后又一次对全要素生产率提出的新的要求。高管薪酬，又称高管薪酬激励，是国企混改对企业全要素生产率的作用渠道之一，李晓庆和李萌菡（2022）研究发现，国企混改程度越高，全要素生产率提升作用越大，且国企混改会通过完善高管薪酬激励机制、强化非国有股东委派高管以及提升企业风险承担水平来提升全要素生产率，其中，高管薪酬激励的中介效应为 46.27%（高管货币性薪酬占 33.99%，股权薪酬占 12.28%），非国有股东委派高管的中介效应为 29.43%，企业风险承担的中介效应为 13.87%。可见在国企混改作用渠道中，高管薪酬与全要素生产率的联系最紧密。

3.6.2 国有企业混改模式

党的二十大报告提出，要深化国资国企改革，加快国有经济布局优化和结构调整，推动国有资本和国有企业做优做大，提高企业核心竞争力。混合所有制改革是推动国有企业实现高质量发展的有效方式，现有的常见国企混改模式有：整体或核心子公司资产重整估价后上市、原股东产权转让、增资引入新股东、引进战略投资者、开展员工持股、对外投资并购、投资入股等，依据不同企业实际情况制定有效的国企混改方案，并选用合适的国企混改模式有利于实现国有资本和民营资本的优势互补，激发国有企业生机与活力，推动中国经济高质量发展。

3.7 案例思政结合点

习近平总书记在党的十八届三中全会上指出，"要积极发展混合所有制经济，强调国有资本、集体资本、非公有资本等交叉持股、相互融合的混合所有制经济，是基本经济制度的重要实现形式，有利于国有资本放大功能、保值增值、提高竞争力。这是新形势下坚持公有制主体地位，增强国有经济活力、控制力、影响力的一个有效途径和必然选择。"习近平总书记在党的十九大报告中指出，"深化国有企业改革，发展混合所有制经济，培育具有全球竞争力的世界一流企业"。通过推进混合所有制改革，实现不同所有制资本间的共同发展和有效制衡，有助于国有企业管理和经营效率的提升，实现社会共同富裕与协同发展。

本章参考文献

［1］陈娜．金融去杠杆背景下股权质押融资业务的思考［J］．上海金融，2017（8）：78－84．

［2］刘伟，李绍荣．所有制变化与经济增长和要素效率提升［J］．经济研究，2001（1）：3－9，93．

［3］姚洋，章奇．中国工业企业技术效率分析［J］．经济研究，2001（10）：13－19，28－95．

［4］杨汝岱．中国制造业企业全要素生产率研究［J］．经济研究，2015，50（2）：61－74．

［5］周丽莎．国资国企改革年终盘点：特点、政策与案例［J］．现代国企研究，2020（Z1）：31－34．

［6］陶简，商景群．国有企业混合所有制改革路径探析［J］．国有资产管理，2020（11）：32－35．

［7］邱霞．混合所有制改革的路径分析［J］．西部论坛，2015，25（2）：33－39．

［8］张孝梅．混合所有制改革背景的员工持股境况［J］．改革，2016（1）：121－129．

［9］杨萱．混合所有制改革提升了国有企业绩效吗？［J］．经济体制改革，2019（6）：179－184．

[10] 王欣，韩宝山. 混合所有制企业股权结构治理效应分析 [J]. 经济体制改革，2018（6）：125 – 11.

[11] 李晓庆，李萌菡. 国企混改、高管薪酬激励与全要素生产率 [J]. 技术经济，2022，41（9）：36 – 49.

| 第 4 章 |

反 向 混 改

【引导案例】

美亚柏科反向混改案例

2018 年以来，众多民营企业因大股东频繁质押股权导致资金链紧张，纷纷投身国有资本的怀抱，希望通过引入国有资本帮助企业渡过难关。2019 年，混合所有制改革进入了加速阶段，许多民营上市公司为了促进自身业务的延伸与发展，引进国有战略投资者，吸收资金资源和业务资源，其中一部分公司的实际控制人也由民营股东转变为国务院国资委或者地方国资委，引发了国有资本入主民营企业的潮流。在数字经济发展迅猛、电子取证需求凸显的时代背景下，为了寻求更好的发展，厦门市美亚柏科信息股份有限公司（以下简称"美亚柏科"，证券代码：300188）希望通过引入国有股东，借助国有资本的力量提高自身竞争优势；同时，国投智能科技有限公司（以下简称"国投智能"，证券代码：600061）身处数字科技新兴产业，也在探索适合的发展方式以求实现数字化转型升级，两者需求一拍即合。美亚柏科自成立以来，综合表现良好，发展势头强劲，为了进一步降低客户对数据安全的顾虑，美亚柏科通过引入国投智能提升原有业务竞争实力，同时借助国有资源，扩大了业务范围，开展了新的业务。而国投智能投资入股美亚柏科，既加快推进了集团数字化转型，又向布局数字经济迈出了重要一步。

4.1　国有企业改革——反向混改

4.1.1　制度背景

混合所有制改革是一种双向驱动，既包括非国有资本入股国有企业，也包括国有资本入股非国有企业。混合所有制改革的重点主要是以国有企业引入非国有资本的正向混改模式为主，但近年来，非国有企业特别是民营上市公司通过引入国有战略投资者获取国有资本这一反向混改模式也日趋活跃。尽管国有股东与民营股东在很多方面存在着较大的差异，比如管理模式和制度体系等，但双方在功能上更多的是一种互补的关系。民营企业通常具有灵活的市场体系，在创新层面也有较大的优势，而国有企业则更具有资源优势。因此，不少民营上市公司为了摆脱经营困境或者扩大市场规模主动寻求国资入主，这也是反向混改趋势明显的主要原因。

此外，随着互联网的快速发展，各种新兴产业诸如智能制造、智慧城市、金融服务等异军突起，面对大数据智能化带来的机遇和挑战，民营资本与国有资本应当相辅相成、融合发展。为更好地服务国家战略，实现国有资本的增值保值，国务院国资委于 2014 年对其监管的包括国投集团在内的 6 家中央企业开展了改革试点，建立了国有资本市场化、专业化的运作平台。2010 年以来，国有资本加大投资战略性新兴产业，分享民营经济快速发展成果，推动实施国家战略，这也给了民营企业实现混改提供了更多的机会。

4.1.2 反向混改的路径

（1）增资扩股

增资扩股通常是指企业增加注册资本、增发股权。新投资人以投资前对该公司的估值为依据支付相应的股权认购款项，将其对应的注册资本与溢价部分，分别计入该公司的实收资本与资本公积。

对于民营企业来说，当企业面临流动资金短缺、经营运转困难或者企业整体实力亟待提升时，增资扩股引入国有资本战略投资者是有效手段之一。首先，通过"反向混改"的方法，能使公司的经营范围更大，增加企业资金，提高企业资本总量。其次，在增资扩股时，民营企业并不是公司的股东，公司获得的资金是其自身拥有的，不需要支付任何费用，公司的财务压力并不会加大。最后，在通过增资扩股进行"反向混改"之后，民营企业的股权结构和股东持股比例都会发生变化，从而稀释部分原来股东的持股比例，减少企业内部因为"一股独大"而产生的不利因素，给企业注入新鲜的"血液"，这对于改善公司治理结构有很大帮助。与此同时，通过非公开的方式向国有企业发行股票，也会给投资者传递出一些积极信号，这对于提升投资者的信心非常有利。

（2）股份转让

股权转让是以股票转让的方式来完成，具体来说，就是股权所有方将其所拥有的股权转让给股权受让方，使得股权受让方变成公司的股东。现阶段，民营企业"反向混改"的最主要方式就是股份转让，然而，一些民营企业因为其部分股份转让暂时受限等原因，也会选择股份转让和表决权委托相结合的方式进行"反向混改"。在"反向混改"的过程中，国有企业和上市公司的某些股东就股权转让的条件、价格、期限等相关问题进行约定，然后，公司股东将股权转让给国有企业，国有企业为其出资。如果有投票权，也会签署投票权合同，从而实现"反向混改"。在这种情况下，一些进行"反向混改"的民营企业，在完成股权转让和表决权委托后，其实际控制人也随之发生变化，最终使国有企业变成民营企业的实际控制人。

（3）发行优先股

国家为进一步深化和升级混合所有制改革，鼓励企业将其股份转换成优先股，并探索混合所有制改革的新模式。相对于普通股，优先股具有优先对公司盈利和剩余资产进行分配的权利。当公司面临破产时，优先股可以获得一定的清偿，以确保优先股股东的利益不受损失。此外，公司解体时，优先股可以获得一定的补偿，以弥补部分损失。

优先股是一种融资方式，它有很多优点：第一，可以减轻公司的资金压力。与融资贷款和发行债券不同，公司在遇到资金困境时，不需要用股权来偿还债务，从而达到缓解资金压力的目的。第二，灵活度大。因为它的无限期性质，使它与永续债券相似，公司只要良好经营和有足够的资金，就可以随时回收，具有很大的弹性。第三，不会降低公司控制权。优先股通常不具有表决权或被表决权，与普通股票相比，优先股的权力很少，这种方式不但能够使民营企业得到更多资金投入，从而减轻其财务负担，而且还不会使其失去对公司的控制权。

4.2 案例资料

4.2.1 国有企业——国投智能

国投智能成立于 2016 年，是国家开发投资集团有限公司（以下简称

"国投集团"，证券代码：115839）的全资子公司，是国投集团为了探索数字经济而设立的。2017 年国投智能尝试进行两个风险项目的投资，但因定位不明确未能带来良好的效果。面对与传统行业完全不同的数字科技新兴产业，国投智能一直在探索寻找合适的发展方式。2018 年底，国投智能明确了"赋能数字国投，布局数字经济"的战略目标。

2019 年 7 月，国投智能投资入股美亚柏科，向布局数字经济迈出重要的一步。公司的业务与美亚柏科具有较大的相关性，其主要业务为数字经济产业投资和信息化综合服务，数字经济产业投资主要是服务国家网络强国战略，对大数据、人工智能、物联网、云计算和信息服务等重点领域实施战略性投资，构建国投集团在数字经济的产业生态。而信息化综合服务则主要是运用前沿数字技术与集团传统产业深度融合，助力集团传统产业转型升级，加快推进集团数字化转型。国投智能的股权结构如图 2.4.1 所示。

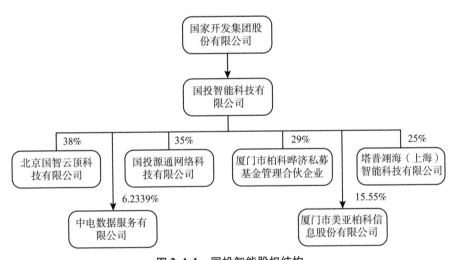

图 2.4.1　国投智能股权结构

资料来源：作者整理。

4.2.2　民营企业——美亚柏科

（1）公司简介

美亚柏科成立于 1999 年，其发展历程如图 2.4.2 所示。美亚柏科经过二十多年的发展，已成为一家集团型企业，既具备中央企业实力，也拥有民营企业活力，同时也是中国大数据取证行业的唯一一家上市公司，具有广阔的发展前景。

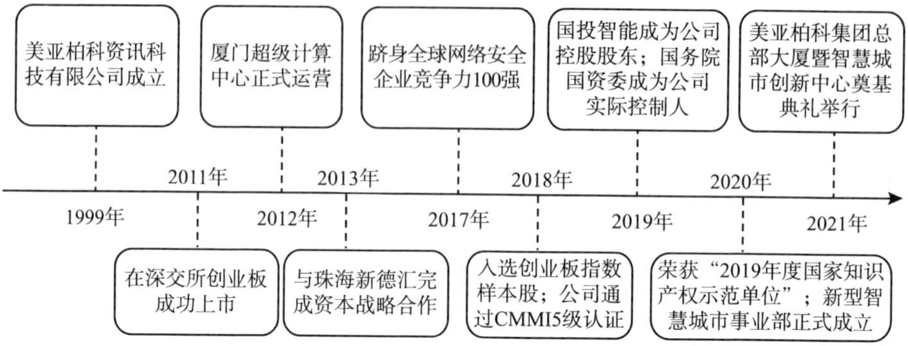

图 2.4.2　美亚柏科公司发展历程

资料来源：作者整理。

美亚柏科自成立以来，始终坚守“没有网络安全就没有国家安全，没有信息化就没有现代化”的理念，不断完善发展战略，深耕电子数据取证及大数据信息化等业务，在网络信息安全方面做大做强，业务覆盖全国各地及部分“一带一路”共建国家。除了进行内生式增长做大做强外，美亚柏科还积极通过并购实现外延式发展，投资各大新兴产业，不断优化产业链布局，现已成长为国内电子数据取证行业龙头和公安大数据领先企业。此外，作为网络空间安全及大数据智能化等领域的专家，其业务领域由传统的网络安全部门向政府部门如监察委、税务、海关等拓展，同时不断延伸民用市场，拓宽客户范围。2019 年美亚柏科被美国列入技术限制的“实体清单”，这更加坚定了公司要走自力更生自强自立的自主研发之路的决心。美亚柏科随即提出“破冰计划”，更加注重企业研发实力，加速了公司产品的研发进程。

（2）公司业务

美亚柏科的主营业务为“四大产品”和“四大服务”。“四大产品”包括电子数据取证、大数据信息化产品、网络空间安全和专项执法装备。而“四大服务”是在四大产品的基础上衍生发展而来，具体包括存证云 +、网络空间安全服务、数据服务、培训及技术支持增值服务。

如表 2.4.1 所示，在四大产品中，电子数据取证产品的营业收入占比最大，在 2018 年占总营业收入的 46.07%，该业务涵盖电子数据获取、分析及销毁等系列，提供现场勘察、实验室分析等一站式解决方案，主要产品包括"汽车取证大师""手机云勘大师"等取证产品，主要客户为司法机关、车管所和保险公司等。其次是大数据信息化产品，占比 30.99%，主要是为司法机关及行政执法部门建设大数据信息化平台，通过数据获取、治理、分析和应用，提升客户信息化执法能力，从而更好地进行社会治理及服务人民群众。网络空间安全产品主要包括金融风险防控预警系统、舆情监测系统等，应用大搜查、网络安全检测及网络安全防护等技术，对行业信息进行检测及风险预警。专项执法装备是集取证、人脸识别、图像对比等多项技术为一体的装备化产品，包括警用机器人、出入境自助办证一体机、驾驶证自助办证一体机等自助便民惠民设备。

表 2.4.1   美亚柏科 2018 年营业收入整体情况

	行业或产品	金额（元）	占营业收入比重（%）
行业	司法机关	798 206 397.29	49.87
	行政执法机关企业	268 514 334.27	16.78
	企业	507 132 805.03	31.68
	其他	26 730 854.41	1.67
产品	电子数据取证产品	737 369 976.66	46.07
	大数据信息化平台	496 092 342.13	30.99
	网络空间安全产品	93 180 452.04	5.82
	专项执法装备	119 992 213.70	7.50
	电子数据鉴定及信息安全相关服务	152 526 801.10	9.53
	其他	1 422 605.37	0.09

资料来源：美亚柏科公告。

（3）财务状况

从表 2.4.2 可以看出，美亚柏科在国资入主前（2018 年）的营业收入为 16.01 亿元，同比增长 19.75%，归属于上市公司股东的净利润为

3.03 亿元，同比增长 11.59%，公司的财务状况良好，业绩呈稳步上升趋势。此外，随着网络安全大数据的需求和发展，美亚柏科的业务逐渐由区域性市场拓展至全国市场，为公司的经营业绩继续保持高速增长打下坚实基础。

表 2.4.2 国资入主前美亚柏科 2016～2018 年主要财务状况

指标	2016 年末	2017 年末	2018 年末
资产总额（元）	2 626 752 979.00	3 111 938 828.79	3 444 140 529.17
归属于上市公司股东的净资产（元）	1 866 388 433.39	2 326 621 414.02	2 550 684 558.80
营业收入（元）	997 908 503.38	1 336 640 411.37	1 600 584 391.00
归属于上市公司股东的净利润（元）	182 624 041.44	271 716 271.45	303 214 679.83
归属于上市公司股东的扣除非经常性损益的净利润（元）	166 895 695.1	250 767 061.62	214 701 444.00
经营活动产生的现金流量净额（元）	344 623 649.37	199 944 188.01	71 849 254.67
基本每股收益（元/股）	0.2375	0.350	0.380
加权平均净资产收益率（%）	10.39	13.56	12.30

资料来源：美亚柏科 2016～2018 年年报。

通过分析美亚柏科的发展历程、业务情况和财务状况可以看出，公司在大数据取证行业占据龙头地位，具有较强的竞争优势。然而，随着国家不断提升对信息数据和网络安全的重视程度，企业一方面迎来巨大机遇，如大数据取证产品的市场需求增加等，另一方面公司也将承担更多的风险和挑战。无论是政府机关还是企业抑或是个人，都对信息数据的保密性有较高的要求和敏感性，客户极其注重企业的背景及综合实力。因此，为了降低客户的顾虑，美亚柏科希望通过引入国有股东来消除客户的担忧，从而更好地开展原有业务，同时借助国有资源，扩大业务范围。

4.2.3 反向混改过程

2019 年 3 月 27 日，美亚柏科发布停牌公告，预告公司可能会变更控股股东和实际控制人。3 月 29 日，公司各方股东与国投智能签署了《股份转让协议》和《表决权委托协议》。本次协议签署完成后，公司的总股本约为

80 441 万股，其中国有股东国投智能持有约 12 547 万股股份，占总股本的比例为 15.79%，美亚柏科前十大股东持有公司股份及表决权情况如表 2.4.3 所示。

表 2.4.3　　　　　　　　　　美亚柏科前十大股东变化情况

股东	本次权益变动前		本次权益变动后			
	股票数量（股）	持股比例（%）	持股数量（股）	持股比例（%）	表决权数量（股）	表决权比例（%）
国投智能	—	—	125 475 942	15.79	179 524 574	22.59
郭永芳	178 859 133	22.50	134 144 350	16.88	134 144 350	16.88
李国林	94 923 360	11.94	71 323 360	8.97	44 299 044	5.57
卓桂英	40 960 000	5.15	646 981	0.08	646 981	0.08
刘冬颖	40 960 000	5.15	30 720 000	3.86	3 695 684	0.46
苏学武	16 400 236	2.06	12 300 177	1.55	12 300 177	1.55
韦玉荣	7 444 400	0.94	5 583 300	0.70	5 583 300	0.70
滕达	2 587 922	0.33	1 940 941	0.24	1 940 941	0.24

资料来源：美亚柏科公告。

2019 年 7 月 17 日，原股东转让给国投智能的股份完成过户登记手续。8 月 2 日，美亚柏科召开 2019 年第一次临时股东大会，审议通过改组董事会等相关议案，美亚柏科混改全过程如图 2.4.3 所示。

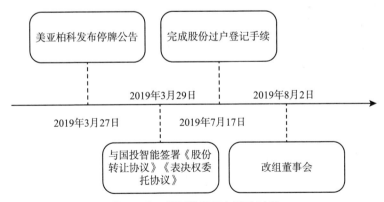

图 2.4.3　美亚柏科反向混改过程

资料来源：作者整理。

本次权益变动后，美亚柏科控股股东变更为国投智能，公司实际控制人也变更为国务院国有资产监督管理委员会。虽然国投智能在持股数量上略低于郭永芳与滕达母子，但由于国投智能与公司其他股东签订了《表决权委托协议》，使得其在公司拥有表决权的股份合计占公司总股本的22.59%，因此成为公司实际控股股东。国资入主后，美亚柏科的股权结构如图2.4.4所示。

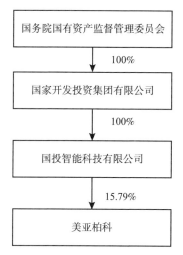

图2.4.4　国资入主后美亚柏科股权结构

资料来源：作者整理。

此外，在美亚柏科与国投智能签订的股权转让协议中，双方约定了业绩承诺，转让方郭永芳和滕达承诺公司在2019年度、2020年度和2021年度三个年度累计实现的扣除非经常性损益后的净利润不低于9.03亿元，如果未能实现承诺业绩，则由转让方以现金方式对受让方进行补偿。设置业绩对赌，一方面是为了保障国有资本，另一方面也是为了激励民营企业。

基于此，本案例将从双方混改的动因出发，探讨国有资本与民营资本各自的需求，并从资源配置和公司治理的视角研究国有资本如何在民营企业中发挥作用，最后通过对比美亚柏科引入国有股东前后的各项指标变化来研究此次混改的效果，以此验证美亚柏科是否能够实现混改的目标。案例研究部分的流程如图2.4.5所示。

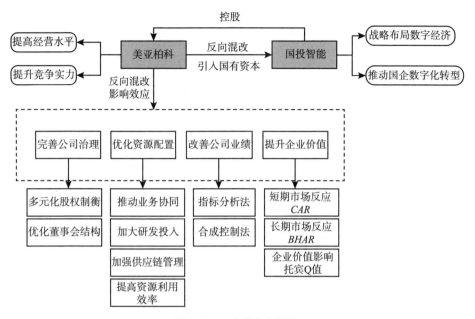

图 2.4.5 案例分析框架

资料来源：作者整理。

4.3 案例分析

4.3.1 反向混改动因

（1）国有企业视角

①战略布局数字经济。

国家自 2015 年开始大力发展数字经济，国投集团将互联网和大数据确定为前瞻性战略产业，并设立国投智能作为战略平台，加快数字经济投资布局。国投智能提出了"赋能数字国投、布局数字经济"的业务发展思路，通过利用数字技术助力集团信息化规划和成员企业数字化转型，同时在大数据产业方面进行投资，形成数字经济产业生态。在这一背景下，国投智能先后投资了中电数据、国源通等项目，提升了国投的数字化治理能力。而美亚柏科作为电子数据取证和网络空间安全领域的领军企业，与国投智能的主业发展方向相契合。国投智能通过控股美亚柏科，围绕产业上下游进行投资布局，打造协同可持续发展的产业生态，实现数字经济发展红利的分享。这次控股收购对于国投智能实现数字经济战略布局目标具有重要意义，同时也促进了国投集团的转型升级。

②推动国企数字化转型。

发展数字经济不仅需要民营经济的活力，同时也要有国营经济的实力，需要双方的强强联合共同推动数字经济的高速发展。面对新一轮的科技和产业改革，大数据、人工智能等新型应用技术拓展升级，市场上不断涌现出新的产业形态，数字经济正成为全球产业变革和经济增长的重要驱动力。此外，数字经济等国家重大战略正加快部署，国有企业数字化转型成为大势所趋。尽管大多数国有企业已开启数字化转型进程，但基本处于起步阶段或者转型初期，还有很长的路要走。而国有企业在数字化转型过程中的主要障碍不是由于资金方面的问题，更多的是出于缺乏对数字化转型的深刻理解。国有企业通常拥有较为牢固的边界和利益壁垒，难以将数字技术更好地融入原有的业务场景中，这些都是企业内部数字化转型面临的最大挑战。因此，国投集团为布局数字经济在 2016 年成立了国投智能，并且清楚地认识到要想实现数字化转型，必须要走的路径便是收购兼并，仅靠企业自身的摸索，难免会走一些弯路。因此，国投集团希望通过投资入股具有数字背景的民营企业，以此加快企业的数字化转型进程。

（2）民营企业视角

①提高经营水平。

2018 年以来，美亚柏科的业务逐渐延伸到客户的核心业务和涉密业务领域，客户难免会对公司的股东结构较为敏感，担忧业务的安全性问题，因此对企业的背景和综合实力提出了更高要求。为了降低客户的担忧，美亚柏科希望通过反向混改引入国有股东，为公司带来业务拓展的同时，加强公司的规范管理，提升企业的经营管理水平，以便应对市场或政策的变化。基于此，美亚柏科先后接触了多家涉足电子信息产业的中央企业，但大多数中央企业都要求按照控股企业进行管理，无法提供差异化的管理机制，而美亚柏科担心这样可能会导致企业失去市场经营活力和创新动力。因此，美亚柏科将目光投向了对混合所有制企业管理相对更加市场化的国投集团。根据以往投资经验，国投集团对于民营企业的投资不追求绝对控股，而是通过相对控股的方式发挥引领作用，带动混改企业实现共同发展。

②提升竞争实力。

随着经济和信息技术的发展，加上国家大力发展科技，高新技术企业竞争日益激烈。作为新兴战略产业，大数据取证和网络安全也逐步引起市场的关注，越来越多的企业开始探索新技术，以求抢占更多的市场份额。美亚柏科面向的客户群体主要是国内各级司法机关及政府行政执法部门，2018 年国务院机构改革、监察委组织架构重设、国地税合并等变化，对公司的业务市场产生了一定影响，特别是新的组织机构在产品功能、技术性能等方面都有新的要求，这对公司来说既是机遇也是挑战。通过反向混改引入国有股东，美亚柏科能够借助国有资本的资本规模优势加大研发投入，同时借助国有资本的制度优势吸引更多的优秀人才，发挥企业的成长潜力，能够帮助企业适应外界环境的变化，应对新的问题和迎接新的挑战，提高美亚柏科的市场竞争力，帮助企业获得更加长远高效的发展前景。

4.3.2 反向混改的影响效果分析

（1）治理绩效

①多元化股权制衡。

首先，在混合所有制企业中，国有股东和非国有股东的结合能够起到多元化股权制衡的效用，主要是由于双方股东的行为目标和决策模式存在着较大的差异，特别是不同性质的股权结构能够起到相互监督和相互制衡的作用，进而优化公司的治理结构，提升公司的决策效率和决策水平，最终体现在企业的绩效上。其次，对于一个实施混合所有制改革的民营企业来说，国有股权和非国有股权在公司股权结构中所占的比例会影响到公司治理的风格。本案例中美亚柏科实施反向混改后，其最大的自然人股东和国有股东在持股比例上相差不大，双方都有权力和动力去改善公司治理中存在的问题。此外，通过混合所有制改革形成的多元化股权结构能够约束公司高级管理人员的行为，促使他们以公司利益最大化为原则为企业创造更多的财富。

②优化董事会结构。

国投智能入股美亚柏科之后，公司保持现有的董事会和监事会席位数量不变，但对于董事会和监事会成员以及高级管理人员的任免进行了适当的调整。2019年7月，国投智能提名了4名原有员工和1名财务总监作为非独立董事加入董事会。研究表明，不同职业的董事能够为董事会提供不同的资源，董事会成员的专业和背景越丰富，公司战略就越具有创新性。因此，美亚柏科董事会成员使得资源提供角色更加多元化，有利于提高董事会决策的质量。同时，国投智能拥有财务总监的提名权。为了充分发挥国有资本股东和民营资本股东各自的优势，通常由民营资本股东负责公司日常的运营管理，而国有资本股东主要负责公司的投融资决策、财务决算等，目的是防止国有资本流失。国投智能提名财务总监的权力意味着美亚柏科预算内外的经济事务需要经过审批，国投智能的优势也有利于相应的融资，并安排业务和项目开发。国投智能虽然作为美亚柏科的相对控股股东，但是并不直接干预公司的日常经营管理活动，而是按照出资比例履行出资人职责，对公司重大经营决策进行监督。同时，双方共同组成"对接小组"，加强沟通协作，从战略、业务和管理等层面开展全面对接，更好地服务公司长远发展。可以看出，美亚柏科具有充分的经营自主权，而美亚柏科在借助国有股东优势的同时也始终保持着民营企业的活力，共同促进业务发展。

（2）经营业绩

①指标分析法。

盈利能力分析。为应对全球经济整体下行给公司带来的项目实施延缓等不利影响，美亚柏科引入国投集团预算管理体系，加强企业成本管控及与控股股东之间的协同，费用控制效果明显。管理费用率是管理费用与业务收入的比值，该指标反映的是企业的经营管理水平。销售费用率是企业销售费用与营业收入的比值，从表2.4.4中可以看出，公司的销售费用率和管理费用率稳中有降，特别是管理费用率下降较为明显，而研发费用率的提升主要是由于公司自2018年获得大数据资质以来，为保持市场竞争力加大了研发投入，导致短期内研发费用率有小幅度上升，随着大数据业务快速增长，收入费用效益逐步体现。总体上看，国投集团的预算管理体系给美亚柏科的成本管控带来了更多的关注和提升。

表 2.4.4　　　　　　　　美亚柏科 2016~2020 年五年期间费用情况　　　　　单位: %

指标	2016 年	2017 年	2018 年	2019 年	2020 年
销售费用率	14.35	14.80	15.70	13.03	11.47
管理费用率	32.18	27.68	15.40	13.97	13.21
财务费用率	-7.82	-9.12	-6.06	-0.29	-4.25
研发费用率	—	—	13.97	14.18	15.30

资料来源: 美亚柏科 2016~2020 年年报。

美亚柏科通过加强成本管控来降低公司的期间费用率, 能够在一定程度上提升其盈利能力, 具体体现在公司毛利率和净利率的变化上。毛利率反映的是企业产品的市场竞争力。销售毛利率高的产品, 通常代表着产品的附加值高, 能够为企业带来更大的盈利空间。图 2.4.6 中, 2016~2020 年, 公司毛利率始终保持在 55% 以上, 远远高于行业平均毛利率。2019 年, 公司处于大数据业务拓展初期, 毛利率处于较低水平的主要原因是硬件的占比较高, 而后随着软件部分占比提升, 毛利率已逐步呈现回升趋势。2020 年, 公司毛利率为 57.6%, 同比提升 1.86 个百分点。净利率反映了企业整体的获利能力, 美亚柏科 2016~2020 年的净利率始终保持在 13% 以上, 2020 年公司净利率为 16.79%, 同比增长 2.83 个百分点。

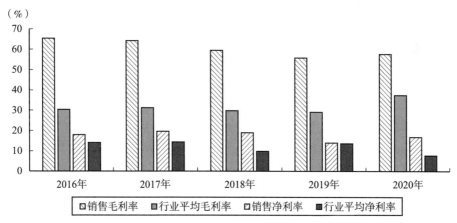

图 2.4.6　2016~2020 年公司毛利率和净利率变动情况及行业对比

资料来源: 美亚柏科 2016~2020 年年报。

偿债能力分析。从表 2.4.5 中数据可以看到，美亚柏科 2016～2020 年的资产负债率均稳定在 30% 以下，意味着公司未来发生债务危机的风险较小，同时公司 2020 年的长期借款总额仅占总资产的 0.44%，长期偿债的风险极小。从短期偿债能力的指标上看，流动比率和速动比率在混改后均有所下降，但是公司的现金流量比率较 2018 年均有较大的提升，回笼资金的能力较强，能够确保公司未来经营的现金资产得到稳定的保障。

表 2.4.5　　　　　　　　美亚柏科 2016～2020 年偿债能力指标　　　　　　单位：%

指标	2016 年	2017 年	2018 年	2019 年	2020 年
资产负债率	27.95	24.47	25.29	28.94	27.93
流动比率	2.24	2.61	2.60	2.31	2.48
速动比率	1.84	2.12	2.16	1.93	2.01
现金流量比率	0.49	0.28	0.09	0.35	0.25

资料来源：美亚柏科 2016～2020 年年报。

营运能力分析。从表 2.4.6 可以看出，2019 年美亚柏科的存货周转率有了很大的提升，较 2018 年同比增长了 26.45%，达到 2.30 次。美亚柏科引入国有股东国投智能之后，业务订单等都有明显的提升。这说明混改后企业的存货周转得更快，营运资金占用在存货上的金额也更少，公司的营运能力得以提升。而公司的应收账款周转率则有了明显的降低，主要是因为销售收入有了大幅度的提升，而公司主要客户为司法机关和行政执法部门，该类客户的采购及付款审批周期通常会比较长，因而导致公司应收账款净额较高，从而导致应收账款周转率的下降。对此，公司应当加强应收账款的催收以提升营运能力。在总资产周转率方面，公司在混改当年便有了较大的提升，并在 2020 年达到 0.54 次。从整体上看，美亚柏科在完成反向混改之后其营运能力得到了一定程度的提升。

表 2.4.6　　　　　　　　　美亚柏科 2016～2020 年营运能力指标　　　　　　　单位：次

指标	2016 年	2017 年	2018 年	2019 年	2020 年
存货周转率	1.28	1.49	1.82	2.30	2.02
应收账款周转率	3.81	4.43	3.32	2.89	3.07
总资产周转率	0.41	0.47	0.49	0.54	0.54

资料来源：美亚柏科 2016～2020 年年报。

成长能力分析。从单一业务上看，2020 年美亚柏科有效抓住了网络空间安全和大数据智能化两大主要业务的成长机会。在网络空间安全领域，公司 2020 年的营业收入达到 11.26 亿元，同比增长 3.87%，毛利率达到 62.67%，同比提升 0.56 个百分点。在大数据智能化方面，公司全年实现收入为 10.86 亿元，较上年同比增长 40.59%，毛利率达到 50.60%，同比提升 5.44 个百分点。从整体业务上看，国有股东的加入使公司在电子取证领域的龙头地位更加稳固，客户对于企业的信任也大幅提升，同时公司也加大对新兴信息技术的持续投入，使得美亚柏科整体的营业收入保持较快增长。如图 2.4.7 所示，2020 年，公司营业收入达 23.86 亿元，同比增长 15.41%；归属母公司净利润总体呈增长态势，2016～2020 年净利润年均增长率达 19.56%。2019 年美亚柏科引入国有股东，由于公司加大市场拓展，注重人才储备，费用较上年有较大增长，同时整体毛利率有所下降，导致扣除非经常性损益后的净利润出现负增长。而在之后的 2020 年，前期投资逐渐释放，公司归属母公司净利润达 3.41 亿元，同比增长了 27.70%。

②合成控制法。

为了消除主观因素对影响效应研究的影响，本案例采用合成控制法（Synthetic Control Method，SCM）进一步对美亚柏科的混改绩效进行研究。合成控制法是指为了研究某项政策或者某个事件的效应，可以通过整合若干控制组进行适当的线性组合，从而构造出一个较为吻合的"合成值"，通过对比"合成值"与"真实值"来判断某些政策或者某个事件对企业某一个指标的影响。该方法的一大优势是通过数据的权重来选择线性组合的最优控制组，以此避免研究者主观选择控制组的随意性，提高研究结果的客观性和准确性（Abadie A.，2003，2010，2012）。

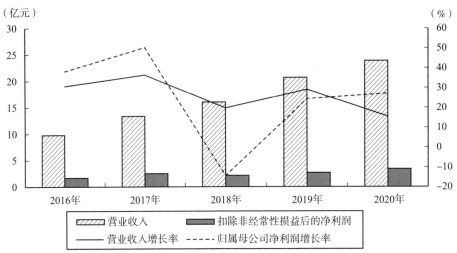

图 2.4.7　2016～2020 年公司营业收入和扣除非经常性损益后的净利润

资料来源：美亚柏科 2016～2020 年年报。

　　本案例选取 21 家与美亚柏科同行业且业务相近的 A 股上市公司 2016～2020 年的面板数据样本，将进行了反向混改引入国有资本的美亚柏科作为处理组，剩下的 20 家上市公司则作为对照组，以 2019 年即美亚柏科完成混改当年作为混改处理年，利用 Stata 中的 synth 程序拟合出一个合成的美亚柏科。通过研究公司净资产收益率的变化，以此来验证美亚柏科混改后的效果。

　　表 2.4.7 展示了控制组在合成美亚柏科中所占的权重，权重为 0 的另外 12 家公司未列出。可以看出，只有以下 8 家公司的权重为正值，即网宿科技（0.09）、启明星辰（0.22）、拓尔思（0.12）、天喻信息（0.08）、任子行（0.07）、数字认证（0.08）、中孚信息（0.33）以及奥飞数据（0.01），因此将这 8 家公司净资产收益率的加权平均值作为合成美亚柏科的替代指标，其中占比最大的是启明星辰和中孚信息，占比均达到 0.20 以上。

表 2.4.7　　　　　　　　控制组在合成美亚柏科中的权重

企业名称	权重	企业名称	权重
网宿科技	0.09	任子行	0.07
启明星辰	0.22	数字认证	0.08
拓尔思	0.12	中孚信息	0.33
天喻信息	0.08	奥飞数据	0.01

资料来源：作者根据 CSMAR 数据库数据计算得出。

从图 2.4.8 能够清楚地看出真实美亚柏科与合成美亚柏科的拟合情况，2019 年以前，美亚柏科的合成值与真实值几乎重合，仅在 2018～2019 年有小幅波动，因此认为合成的美亚柏科与真实的美亚柏科在净资产收益率方面具有很好的拟合效果，合成的美亚柏科可以很好地作为美亚柏科未混改的反事实替身。在 2019 年美亚柏科引入国有资本国投智能并完成混改后，其净资产收益率值开始逆势上涨，而且效应越来越大，明显高于拟合的净资产收益率值。这说明反向混改后，美亚柏科的经营能力得到了一定的提升，从而给企业创造了更多的优势和财富。

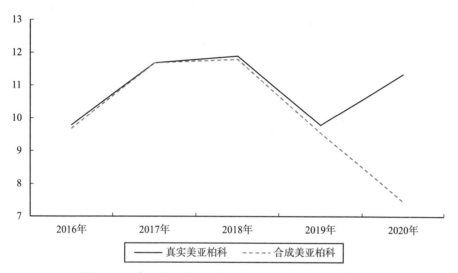

图 2.4.8 真实美亚柏科与合成美亚柏科的 ROE 拟合情况

资料来源：作者整理。

（3）资源配置

①推动业务协同。

美亚柏科作为一家现代化企业，在智慧城市安全和现代化治理等各方面都与国投集团具有高度的协同作用。国投集团作为一家国有企业，与国内的很多城市建立了战略合作关系，主要布局轨道交通、政务信息化等业务，与美亚柏科在网络安全和大数据等产业具有交叉联系。一方面，美亚柏科可以依托国投集团与各地建立的战略合作关系，促进和协助公司在新领域或新城市的业务拓展，纵向拓宽业务渠道。另一方面，反向混改能够推动美亚柏科与集团内其他企业的协同，进一步深化网络安全和大数据智能化等业务的应用，巩固老客户的同时吸引新客户，横向拓展业务订单，发挥公司在大数据、人工智能和信息化装备技术的优势，巩固行业龙头地位。

横纵向拓展市场。为促进公司重点项目落地及扩展新行业，美亚柏科加强其在行业的横向拓展和纵向区县渠道下沉。在横向拓展市场方面，公司积极开发新客户，在新领域区县市场及军工、税务、企业等新行业的订单保持持续较好增长。首先，美亚柏科 2020 年的区县市场订单较 2019 年增加了41%，订单金额近 3 亿元，并承接了多个区县取证实验室，单个建设规模就达 1 000 万元以上。其次，公司积极推动税务稽查相关业务，在大数据背景下，越来越多的偷税漏税行为能够利用大数据的手段进行侦查，这对于公司来说也是一个极大的市场，美亚柏科在省级涉税评估和税务稽查行业的市场份额高达 70% 以上，巩固了税务稽查细分行业地位。此外，公司 2020 年在军工业务的订单规模高达上亿元，相比 2019 年增长了约 2 倍。同时 2018 年以来网上办理业务需求凸显，美亚柏科抓住机遇推出一系列大数据产品，为各行业企业提供电子政务服务平台。在纵向拓展市场方面，公司在加强与国投集团资源协同的同时，紧密围绕产业布局，形成并不断壮大产业生态链，目前产业联盟企业已超过 100 家。

发展新型智慧城市。美亚柏科所从事的新型智慧城市，主要是基于城市数据资源，打破数据壁垒，实现数据的互联互通，实时分析和了解城市现状问题和变化情况，有效调配公共资源，形成"全时段、全区域、自动化、多途径"的公共服务便捷体系、社会治理协同体系，推动城市可持续发展。

在加入国投集团一周年之际，2020 年 8 月公司正式成立新型智慧城市事业部，并提出了"1＋5＋N"智慧城市总体架构，即做强 1 个城市大脑中枢，做好 5 大运营中心，集成 N 个智慧场景，涵盖智慧应急、社会治理、智慧便民、智慧公安等。2021 年 3 月，公司与国投智能、中国电子工程设计院有限公司三方联合成立了国投智慧城市创新研究院，主要负责跟踪新型智慧城市的发展趋势，抢抓新基建，打造服务新型智慧城市的生态体系，推动国家治理体系和治理能力现代化建设。2021 年 7 月，公司与厦门大数据有限公司合资成立厦门城市大脑建设运营有限公司，助力推动厦门智慧城市的建设。美亚柏科新型智慧城市的具体发展情况如表 2.4.8 所示。

表 2.4.8	美亚柏科新型智慧城市发展情况
时间	发展情况
2020 年 8 月	新型智慧城市事业部成立
2020 年 8 月	"1+5+N" 智慧城市总体架构提出
2021 年 3 月	国投智慧城市创新研究院成立
2021 年 6 月	"智会"生态合作大会召开,明确三大发展方向"网络空间安全生态""公安大数据生态""新型智慧城市生态"
2021 年 6 月	"乾坤"大数据操作系统"九天揽月"产品体系发布
2021 年 7 月	厦门城市大脑建设运营有限公司成立

资料来源:作者整理。

②加大研发投入。

在政府补贴上,美亚柏科引入国投智能后,获得的政府补助金额由 2018 年的 3 690 万元上升至 2020 年的 5 251 万元(如图 2.4.9 所示),这为公司的技术研发提供了强有力的资金支持。在投入广度上,受益于国投背景,美亚柏科自 2019 年来不断加大研发投入,主要体现在加强对网络空间安全、大数据、人工智能等新型技术的探索和研究,拓宽了公司业务的多元化发展。同时,公司加大投资探索新型智慧城市建设,成立国投智慧城市创新研究院,

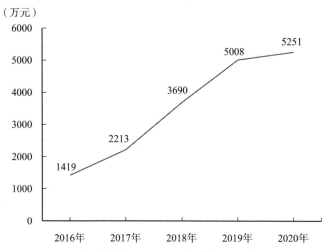

（万元）

图 2.4.9 美亚柏科 2016 ~ 2020 年获得的政府补助金额

资料来源:美亚柏科 2016 ~ 2020 年年报。

积极推动公司在新型智慧城市领域的发展。在投入资金上,美亚柏科在 2019 年开始逐步加大研发投入,表 2.4.9 中显示,2019～2020 年的研发投入金额不断增长,同时,公司研发人员占比始终保持在 65.00% 以上,资本化研发支出也有较大提升。此外,公司加强知识产权保护和发展。由图 2.4.10 可知,2016～2020 年,公司取得授权专利数量基本逐年递增,特别是 2019 年,新增软件著作权高达 177 个。显然,美亚柏科在 2019 年引入国有战略投资者后,其知识产权创造水平得到了长足发展,技术研发能力得到明显提升。

表 2.4.9   美亚柏科 2018～2020 年研发投入情况

研发投入指标	2018 年	2019 年	2020 年
研发人员数量（人）	2 103	2 292	2 522
研发人员数量占比（%）	70.19	69.08	67.34
研发投入金额（元）	261 769 029.11	358 090 794.13	416 091 976.64
研发投入占营业收入比例（%）	16.35	17.32	17.44
研发支出资本化金额（元）	38 102 832.66	87 390 826.60	90 481 346.34
资本化研发支出占研发投入的比例（%）	14.56	24.40	21.75
资本化研发支出占当期净利润的比重（%）	12.61	30.27	22.58

资料来源:美亚柏科公告。

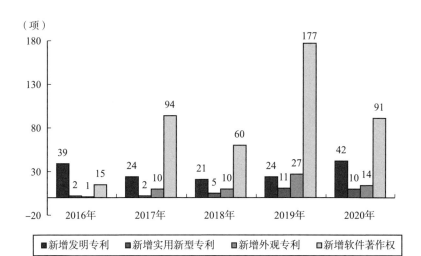

图 2.4.10 美亚柏科 2016～2020 年各年新增专利情况

资料来源:美亚柏科 2016～2020 年年报。

③加强供应链管理。

从表2.4.10可以看出，美亚柏科2016～2018年的前五大客户集中度在15.00%左右，2019年引入国有股东后，前五大客户集中度提升到了22.06%，同比增长了47.86%。可以看出，国有股东国投智能的加入，加大了客户对美亚柏科的信任。虽然较高的客户集中度会给企业带来风险，但从表中数据可以看出，2020年最高达到23.53%仍然在可接受范围内，因此，美亚柏科应当继续保持与客户良好的关系，提高客户集中度。

表2.4.10　　　　　　　　美亚柏科客户和供应商集中度　　　　　　单位：%

集中度指标	2016年	2017年	2018年	2019年	2020年
前五大客户集中度	16.75	17.21	14.92	22.06	23.53
第一大客户集中度	4.56	9.69	3.85	10.73	11.23
前五大供应商集中度	20.60	27.44	20.65	23.72	13.64
第一大供应商集中度	5.92	7.92	5.27	7.60	4.53

资料来源：美亚柏科2016～2020年年报。

而从供应商集中度来看，虽然2019年公司的第一大供应商集中度和前五大供应商集中度较2018年有所上升，但在2020年则大幅下降，可能是由于业务范围扩大，导致采购范围加大。此外，公司制定了《集团化采购管理制度》，要求采购部门定期对供应商进行考核评价并推送考核结果，根据考核结果选取优秀供应商并加大合作力度，并及时淘汰不合格供应商，减少企业经营成本。

④提高资源利用效率。

为了更好地衡量美亚柏科在引入国有股东并具备资源优势的情况下，是否能够较好地进行资源利用，本案例采取全要素生产率对公司的资源利用效率进行衡量。本案例中的美亚柏科通过反向混改的方式引入了国投智能，无论是在资源获取方面还是公司治理方面，都会对企业产生一定的影响。由于本例的全要素生产率测算是从微观层面对企业进行研究的，因此将该行业所有上市公司的全要素生产率平均值作为行业均值与美亚柏科进行对比。

从图2.4.11可以看出，美亚柏科在2017年以前的全要素生产率均低于行业平均水平，而在2018年开始首次超过了行业均值，达到8.95，并且稳步增长。在软件与信息技术服务业于2017年首次出现下滑的情况下，美亚柏科则逆势而上，从2019年开始，逐步拉大与行业均值的差距，实现了企业资源的有效利用。因此，国有股东的加入给公司带来资源的同时，也通过协同效应、优化资源配置、加强公司治理等提高了企业的资源利用效率，从而为企业创造了更多的价值。

图 2.4.11 美亚柏科 2012～2020 年全要素生产率与行业均值对比情况

资料来源：作者根据 CSMAR 数据库数据计算得出。

（4）企业价值

通过事件研究法来研究美亚柏科反向混改的市场反应。根据有效市场理论，市场能够快速有效地反映公司价值，并通过股价反映公司的经营情况和财务状况。因此，可以通过考察公司在发出重大事件消息公告时的股价变动来检验该事件的市场绩效。事件分析法主要是利用某一特定事件对公司股票超额收益率的影响变化，进而判断资本市场或外界股东对此次事件的态度和反应（李善民和朱滔，2005）。

在事件研究法中，累计超额收益率（CAR）① 通常用来评价某一事件的

---

① CAR（Cumulative abnormal return）计算公式：

$$正常收益率\ R_{it} = \alpha + \beta \times R_{mt}$$

$$超额收益率\ AR_{it} = R_{it} - R_{mt}$$

$$累计超额收益率\ CAR = \sum AR$$

其中：R_{it}——个股实际日收益率；R_{mt}——预期日收益率。

短期市场反应，而长期市场反应则是通过购买持有超额收益率（*BHAR*）[1] 来衡量。本案例首先通过计算 *CAR* 和 *BHAR* 来研究美亚柏科反向混改的短期和长期市场反应，以此衡量该事件对公司价值的影响。其次，本案例还将进一步采用托宾 Q 值来衡量公司价值的变化。

①短期市场反应。

美亚柏科在 2019 年 3 月 27 日发布公告称公司与国投智能签署《股份协议转让意向书》，同时发布停牌公告。4 月 2 日，美亚柏科复牌并发布公告称公司实际控制人将变更为国务院国资委。因此，本案例选取 2019 年 4 月 2 日作为事件基准日，选取（－15，15）共 30 个交易日作为该事件的窗口期，取事件窗口前的 120 个交易日（2018 年 6 月 4 日至 2018 年 11 月 27 日）作为清洁期，以个股所在的市场指数（创业板指）收益率作为市场收益率来估计预期收益，以此分析中小股东对该事件的市场反应。

如图 2.4.12 所示，美亚柏科在事件日向外界公告其控股股东拟变更为国务院国资委，受到该事件影响，公司的 *CAR* 由负转正，且整体呈上升趋势，市场反应较为强烈，说明市场流通股股东对其持积极态度，认为国资的入主将有利于公司的发展前景。总体来说，在事件窗口期内 *CAR* 基本为正值，特别是在发布公告当天有了明显的正向效应，说明国资的入主能够给美亚柏科带来更多的正向绩效，提高企业的价值，为股东创造更多的财富。

②长期市场反应。

美亚柏科混改事件发生在 2019 年 3 月 29 日，并且于 2019 年 4 月宣布公司实际控制人变更为国务院国资委。因此本案例将 2019 年 4 月作为事件基准月（$t = 0$），并选取当月至发布后 12 个月（2019 年 4 月至 2020 年 3 月）为研究窗口期。

---

① BHAR（Buy and Hold Abnormal Return）计算公式：

$$BHAR_i = \prod_{t=0}^{T}(1 + R_{it}) - \prod_{t=0}^{T}[1 + E(R_{it})]$$

其中：R_{it}——个股在 t 月的实际收益率；$E(R_{it})$——个股所在的板块指数在 t 月的预期收益率；上式表示从事件日当月到发生后 T 个月，连续持有公司股票的超额收益。

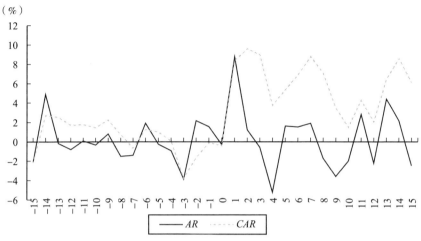

图 2.4.12　美亚柏科引入国有资本的超额收益率和累计超额收益率

资料来源：作者根据巨潮资讯网数据计算得出。

根据计算结果描绘出的美亚柏科上述窗口期内的 BHAR 值变化如图 2.4.13 所示。可以看出，和创业板指数月收益率相比，2019 年 4 月美亚柏科宣布控股股东变更为国务院国资委的当月其 BHAR 接近 10%，之后的几个月均在 10% 上下波动，基本呈稳步上升趋势。到了 9 月份开始则略有下降，并在 11 月份首次出现负值，主要原因是受 2019 年度第三季度报告公布的影响，但由于公司业务的特殊性，公司的业绩表现主要体现在年报上，因此认为本次的下降具有一定的可理解性。此后 BHAR 上升势头迅猛，从 −7.69% 上涨到 12.26%。从整体上看，美亚柏科在引入国有股东之后，公司的长期购买持有 BHAR 整体为正值。因此，此次混改事件使得投资者总体上获得了更高的购买持有超额收益，提高了股东财富。

③企业价值影响。

为了更清楚地反映美亚柏科反向混改事件对公司价值的影响，本案例运用托宾 Q 值的变化来观察。托宾 Q 值是企业股票市值对股票所代表的资产重置成本的比值，对比前后不同时间的数据进行比较来分析企业价值的变化。当 Q < 1 时，意味着企业股票市值小于其资产重置成本，那么投资就会减少；当 Q > 1 时，意味着企业股票市值大于其资产重置成本，那么投资者更愿意将投资金融资产转换为产业资产。

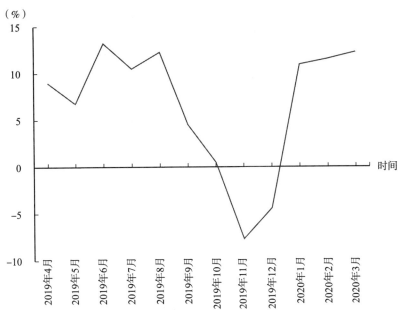

图 2.4.13 美亚柏科混改后的购买持有超额收益率

资料来源：作者根据 CSMAR 数据库数据计算得出。

由表 2.4.11 可见，美亚柏科在 2016～2020 年的托宾 Q 值均大于 1，表明市场对于该公司较为看好，愿意对其进行投资。其中，2017 年和 2018 年，美亚柏科的托宾 Q 值连续两个年度下滑。由公开数据可知，公司 2016 年以来的每股净资产变化不大，托宾 Q 值的变化主要受股价变化的影响，这也与行业均值的下降趋势较为吻合。而从 2019 年引入国有股东开始，美亚柏科的托宾 Q 值一改前几年的下降趋势，开始有了增长，并且从 2019 年的超过行业均值 28.76% 上涨到 2020 年的 33.72%。可见，国投智能的加入，让美亚柏科更有底气地发展业务，企业价值逐步上升。

表 2.4.11 美亚柏科 2016～2020 年托宾 Q 值与行业均值对比情况

指标	2016 年	2017 年	2018 年	2019 年	2020 年
美亚柏科	2.8800	2.4610	2.3950	2.6970	2.7850
行业均值	3.3030	2.1240	1.7990	2.6220	2.6940

资料来源：CSMAR 数据库。

结合短期市场反应的 *CAR* 值和长期市场反应的 *BHAR* 值以及长期市场价值的托宾 Q 值三者，可以看到美亚柏科反向混改引入国有股东这一事件，市场上各投资者对此持积极态度，企业的价值也得到了提升。

4.4　案例讨论与问题

（1）驱动美亚柏科引进国有战略投资者的动因有哪些？
（2）民营企业反向混改的主要方式有哪些？
（3）国投智能给美亚柏科带来了什么收益？
（4）反向混改对国家战略的影响是什么？

4.5　教　学　设　计

本案例需要解决的关键问题：引导学员关注反向混改，重点引导学员关注民营企业引入国有战略投资者这一形式。帮助学员了解民营企业如何引入国有投资者、驱动民营企业引进国有战略投资者的动因，以及国资如何提高公司价值等问题，对该案例中美亚柏科反向混改进行效果分析，从而为资本市场民营上市公司引入国企资本予以借鉴。

4.5.1　课时分配

同第 1 章。

4.5.2　讨论方式

同第 1 章。

4.5.3　课堂讨论总结

同第 1 章。

4.6 前沿研究聚焦

4.6.1 非国有股东治理与资本结构调整

非国有股东参与治理能够提高国有企业资本结构调整速度。作用机理方面，非国有股东参与治理主要通过完善高管激励机制提升混改国有企业资本结构调整速度。影响因素方面，非国有股东治理机制对资本结构调整速度的影响随行业竞争和经济区位不同而有所差异，应积极贯彻"分类混改"总体方针提高改革效率，也应聚焦"双向混改"关注国有资本入股对非国有企业融资决策的影响。此外，非国有股东治理机制还能显著降低资本结构偏离度，在优化国有企业资本结构的同时降低股权融资成本（何瑛等，2023）。

4.6.2 非国有董事治理与并购商誉

非国有董事治理积极性的提升不仅能够显著降低超额商誉，还能够显著降低商誉减值的计提比例以及商誉减值的发生概率，即非国有董事通过"用手投票"的积极治理有效抑制了国有企业并购商誉泡沫。此外，有关非国有董事治理积极性的研究发现，非国有董事治理积极性可以通过降低代理成本和缓解信息不对称来显著抑制国有企业并购商誉泡沫（独正元和吴秋生，2023）。

4.7 案例思政结合点

2015年9月中共中央、国务院印发《关于深化国有企业改革的指导意见》，随后国家发改委提出鼓励三种方式的混合所有制改革：一是国有企业引入非国有资本的改革；二是非国有企业引入国有资本的改革，即政府通过国有资本投资管理公司等资本运作平台或国有企业，对具有发展潜力的民营企业或外资企业进行股权投资；三是通过员工持股的方式进行混改。2015年

9月，国务院印发《关于国有企业发展混合所有制经济的意见》，不仅鼓励国有资本以多种方式入股非国有企业，还提出鼓励各类资本参与国有企业混合所有制改革。反向混改企业治理模式极大丰富了我国现代企业制度构建的内涵，对促进各类所有制经济参与国家产业布局优化重构起到积极的推动作用。

本章参考文献

［1］Abadie A，Gardeazabal J. The Economic Costs of Conflict：A Case Study of the Basque Country［J］. American Economic Review，2003，93（1）：113 – 132.

［2］Abadie A，Diamond A，Hainmueller J. Synthetic Synthetic Control Methods for Comparative Case Studies：Estimating the Effect of California's Tobacco Control Program［J］. Journal of the American Statistical Association，2010，105（490）：493 – 505.

［3］Abadie A，Diamond A J，Hainmueller J. Comparative Politics and the Synthetic Control Method［J］. American Journal of Political Science，2012，59（2）：495 – 510.

［4］李善民，朱滔. 中国上市公司并购的长期绩效：基于证券市场的研究［J］. 中山大学学报（社会科学版），2005（5）：80 – 86，127.

［5］何瑛，杨琳，文雯. 非国有股东参与治理能提高国有企业融资行为的"市场理性"吗：来自资本结构动态调整的证据［J］. 南开管理评论，2023，26（1）：118 – 133，134 – 135，158.

［6］独正元，吴秋生. 非国有董事治理积极性能抑制国企并购商誉泡沫吗：来自董事会投票的经验证据［J］. 贵州财经大学学报，2023（1）：60 – 69.

第三部分

绿 色 治 理

　　随着全球环境问题日益严重，绿色经济已成为各国政府和企业关注的焦点，企业和投资者也日益意识到，绿色治理与企业的可持续发展之间存在着紧密的联系。在"双碳"政策的背景下，重污染企业进行绿色治理已经成为必然趋势，而绿色并购和环境、社会和治理（ESG）构成了绿色治理的重要框架。在绿色治理下，企业在日常经营中将环境保护、社会责任和经济利益有机融合，以确保其业务活动符合社会和环境可持续发展的要求。绿色并购作为重要的经济手段之一，是企业进行绿色转型的重要方式。ESG 作为企业评估的重要标准，将环境、社会和公司治理因素纳入考量，在投资者和企业间起到桥梁作用，促进企业向着可持续经营方向发展。综合考虑绿色治理、绿色并购和 ESG 的理念，企业可以在实现经济效益的同时，兼顾环境保护、社会责任，为可持续发展贡献力量。在阅读本部分之前，通过了解环境规制与波特假说、资源基础理论、利益相关者理论等理论，能够更好地理解绿色治理给公司可持续发展带来的影响。

一、环境规制与波特假说

　　环境规制又称"环境管制"，目前学术界对环境规制没有统一的定义。赵玉民等（2009）认为，环境规制是为了保护环境从而以有形的制度或者无形的压力对个人或者污染型企业进行约束的一种力量。赵敏（2013）认为，环境规制是政府或社会组织对微观企业进行直接或间接干预，通过重新配置资源、改变供需决策来使环境外部成本内部化，提高企业绩效，从而使得社会福利最大化。《环境空气质量标准》的实施能显著提高污染企业绿色并购概率（吴烨伟等，2023）。环境规制有不同的类型和作用机制，肖仁桥等（2022）将环境规制划分为命令型、投资型和激励型三类，命令型和投资型环境规制对绿色技术创新具有倒 U 形影响，而激励型环境规制对绿色技术创新存在先抑后扬的 U 形影响。

波特和范德林德（Porter and Van der Linde，1995）提出的波特假说认为，环境与经济可以实现"双赢"的局面，适当的环境规制可以促使企业进行更多的创新活动和技术革新，而这些创新将提高企业的生产增长率，从而抵消由环境保护带来的成本并且提升企业在市场上的竞争力，该假说的提出也改变了人们之前对环境规制的看法。根据波特假说，企业在受到环境规制约束时会正确认识到环境保护的成本和收益之间的关系，倒逼企业进行绿色创新（李青原和肖泽华，2020）；环境规制可以增强企业在生产时的环保意识，由此减少环保压力引发的投资不确定性；环境规制会引发公众环保需求觉醒，增加绿色产品的需求，绿色化生产的企业会更受市场欢迎，提高竞争优势。

而在碳减排的背景下，企业面临的环境政策约束将会更加严格。因此，重污染企业为了避免受到处罚、损害企业形象，甚至退市的风险，会将环境规制纳入企业经营战略，加强对环保法规的遵守和对环境风险的评估，同时通过制定绿色发展策略，提高绿色技术创新能力，推动企业可持续发展。

二、资源基础理论

资源基础理论最早由沃纳菲尔特（Wernerfelt，1984）提出，他主张企业的竞争力取决于其拥有和控制的异质性资源和能力，而这些资源和能力可以分为传统资源与绿色资源。传统资源即供应链、市场份额和运营能力等，而绿色资源则涉及环保和可持续发展方面的资源，如低碳技术、清洁能源、环保认证和绿色创新能力。绿色资源需要大量的投资和技术能力才能获得和利用，而且由于绿色资源的特殊性质和环保要求，其他企业很难通过简单的复制或替代来获取同样的资源和能力。因此，根据资源基础理论，绿色资源就是企业实现绿色转型、提高竞争力所需的异质性资源。

从资源基础理论的角度来看，企业绿色并购可以被解释为一种利用稀缺且难以替代的绿色资源增强竞争优势的战略行动。相比引进环保设备、研发绿色技术等手段，重污染企业开展绿色并购能更加快获取节能减排所需要的高新技术和绿色资源，包括商标、员工知识、技能、技术及绿色管理经验等，再经过资源整合和利用，使得企业能够在绿色转型的过程中实现创新和获得市场优势，从而促进可持续发展（潘爱玲等，2019）。

三、利益相关者理论

彭罗斯（Penrose，1959）在《公司发展基础理论》中指出"公司是劳动力资产信息和人际关系的集合体"，开创性地阐明了公司的概念并为利益相关者理论构建奠定了基石。根据利益相关者理论，利益相关者是指对企业决策、行为或成果有利益关系的各种群体，包括股东、员工、顾客、供应商、政府、社区等，这些相关者可能受到企业活动的直接或间接影响，有权对企业提出要求或期望，进而也会对企业的决策和行为产生影响（李心合，2001）。利益相关者在企业发展中占主导地位，企业要着重关注利益相关者的利益，并主张兼顾与平衡多元群体的利益以及注重长期价值的创造与共享，追求可持续发展目标（陈圆圆，2023）。

以往评价企业的行为主要关注财务绩效，而ESG会更加全面地考虑企业在社会、环境以及公司治理方面的表现。依据利益相关者理论，企业的ESG实践就是在对各种利益相关者负责，譬如节能减排是对自然环境和整体社会负责，供应链劳动力标准是对供应商赋予责任要求，产品安全是对顾客负责，而员工福利、培训等是对企业员工负责。ESG实践是企业全面考虑各利益相关者的需求和期望，作出更明智、负责任的决策的体现，帮助企业更好地适应外部环境，提升竞争力。利益相关者学说认为，企业的ESG实践能够在利益相关者面前树立企业绿色低碳形象，提升企业价值（林琳等，2023）。

| 第5章 |

"双碳"战略

【引导案例】

中国核电收购中核汇能案例

　　党的十九大报告明确提出，要建立健全绿色低碳循环发展的现代经济体系，加大力度解决环境问题，推进绿色产业发展。在此背景下，为满足国家对企业绿色发展的要求，能源企业常通过选择并购重组的方式来获取绿色创新技术，增强自身的绿色竞争力。中国核能电力股份有限公司（以下简称"中国核电"，证券代码：610985）作为国内核能行业的领军企业积极响应国家号召，寻求符合战略目标的绿色企业进行并购。经过一番筛选，中国核电最终决定对中核汇能有限公司（以下简称"中核汇能"）——中国新能源主要企业之一发起并购。中核汇能主要从事风力发电项目开发，太阳能发电站的投资与开发，拥有丰富的光伏项目资源与品牌优势，为扩大新能源产业的发展，中核汇能正需要大量资金作支撑。因此两家企业达成共识，实现强强联手，通过收购中核汇能，中国核电获得了更多先进的核能技术和专业知识，进一步提升了自身在核能领域的竞争力。

5.1 "双碳"目标与绿色并购

5.1.1 "双碳"目标

　　"碳达峰"是指二氧化碳的排放量在某一个时点达到峰值，此后便不再增长并逐渐回落。该峰值标志着碳排放与国家经济社会发展水平实现脱钩，也是排放量由增转降的一个转折点。"碳中和"是指社会各个组成部分包括国家、企业或个人的活动，在一定时间内直接或间接产生的二氧化碳或温室气体排放总量，通过植树造林、节能减排等方式实现相互抵消，从而达到整体上的中和，实现相对"零排放"。

"双碳"是碳达峰和碳中和的简称，"双碳"目标是指中国提出的，分两个阶段实现的碳减排奋斗目标。"30·60"目标即在 2030 年前达到二氧化碳排放量的最高值，努力争取 2060 年前实现整体的碳中和。双碳目标的提出在短期内对中国的制造业产生冲击，对于重污染企业来说，面临着生产流程的转变、绿色技术创新转型等挑战；对于环保型企业来说，意味着自身节能减排任务加重，企业绿色产业将有更广阔的发展空间。

5.1.2　绿色并购

绿色并购行为是实现双碳目标的重要微观机制。绿色并购是指企业通过收购或合并具有环保特点的企业或项目，以获取或拓展绿色技术、清洁能源、绿色产品与服务等绿色竞争优势，其最终目的是有效地减少对环境的污染，优化资源配置，增强企业竞争优势，实现经济效益和生态效益的统一，以及自身可持续发展的战略目标。它强调在并购过程中，不仅要考虑经济效益和市场竞争力，还要关注对环境的影响和企业社会责任。

绿色并购能够帮助企业引入先进的环境管理理念和技术，改进生产工艺，提升在生产经营过程中的能源回收利用率，减少生产环节对有限资源、能源的消耗，同时降低污染物的排放量，提高企业的环境绩效，对推动企业实现绿色技术创新具有重大意义。同时，绿色并购还能满足消费者对环境友好型产品的需求，提高企业的市场竞争力，以及在环境监管不断加强的情况下提高企业的环境合规能力，降低环境风险等。

5.1.3　绿色并购的动因

李等（Li et al.，2020）认为绿色并购可以为重污染企业的生存和进一步发展提供合法性，显著提高其可持续发展能力，并指出绿色并购活动有助于企业获取更多先进的绿色技术和绿色资源等。潘爱玲（2019）等检验了媒体负面报道对重污染公司绿色并购的影响，结果证明企业受到的媒体压力越大，就越倾向于进行绿色并购。此外，很多企业会采用绿色并购的方式来满足政府、社会等多方对企业绿色发展的要求，承担企业的社会责任。

5.1.4　绿色并购的绩效

从绿色并购绩效的评价指标来看，可以分为经济绩效评价与非经济绩效评价两个层次。

从经济绩效评价指标来看，可以从事件研究法和财务指标分析的角度进行研究。其中财务指标分析包括盈利能力、偿债能力、营运能力、偿债能力与期间费用这五个指标，结合企业实际经营情况，选取相关数据资料进行分析。

从非经济绩效评价指标来看，绿色并购绩效主要体现在企业环境保护和承担社会责任上。在绿色发展观的要求下，企业应秉持可持续发展的理念，积极主动参与生态环境保护的各项工作，以绿色经营助力企业的生产发展。与此同时，企业的发展与社会息息相关，企业应自觉主动地落实回馈社会的任务，例如按时向国家税务机关合法纳税，积极投身于各项公益事业活动，向经济落后的区域开展扶贫项目，主动带动周边地区经济发展等。

5.2　案例资料

5.2.1　案例背景

（1）行业政策

新能源行业的发展程度，是评价某个国家或地区高新技术发展水平的关键依据之一，发展新能源是全球大部分发达国家和地区适应技术创新要求、促进工业结构调整的重要举措。2021年10月国务院发布《2030年前碳达峰行动方案》提出，企业应推动低碳转型，积极扩大电力、氢能等清洁能源在交通运输领域的应用；中国将全面推进风电、太阳能发电的规模化生产。近年来多项相关政策文件的陆续出台，对新能源行业发展作出相应规划。

由表3.5.1可以看出，中国在2014年制定了应对气候变化的长远规划文件，已提及对于新能源行业的建设投资；此后相关政策也逐步明确利用多种形式的新能源发电,促进可再生能源的开发利用。2020 年,中国关于新能源行业出台的国家层面的政策文件明显增多,主要涉及新能源发电的相关规定,增加新能源的补贴收入,进一步扩宽了新能源的发展渠道。

表 3.5.1　　　　　**2014～2020 年国家层面出台的新能源行业重点政策**

时间	政策名称	要点内容
2020 年 12 月	《新时代的中国能源发展白皮书》	推动储能与新能源发电、电力系统优化运行
2020 年 8 月	《关于开展跨省跨区电力交易与市场秩序专项监管工作的通知》	进一步扩大清洁能源的消纳空间
2020 年 5 月	《关于建立健全清洁能源消纳长效机制的指导意见》	构建消纳为主的清洁能源发展机制
2020 年 2 月	《关于促进非水可再生能源发电健康发展的若干意见》	开源节流,多渠道增加补贴收入
2019 年 4 月	《关于创新管理优化服务 培育壮大经济发展新动能 加快新旧动能接续转换的意见》	推出新能源发电并网的法律法规
2018 年 5 月	《"十三五"国家战略性新兴产业发展规划》	推动新能源的多元化综合利用,促进技术产业化
2018 年 3 月	《关于提升电力系统调节能力的指导意见》	加强新能源开发地区的电网建设
2017 年 11 月	《中华人民共和国可再生能源法》	规定电网企业全额收购可再生能源电量
2016 年 12 月	《可再生能源发展"十三五"规划》	制定能源发展战略目标,促进可再生能源开发利用
2015 年 7 月	《关于推进新能源微电网示范项目建设的指导意见》	明确新能源微电网在未来能源行业的发展趋势
2014 年 11 月	《国家应对气候变化规划(2014～2020 年)》	制订新能源装机规模计划

资料来源:作者整理。

(2) 市场前景

新能源发电即指通过利用传统能源之外的其他能源形式,如风能、生物质能、潮汐能等实现发电的过程。近年来,中国新能源的应用规模持续扩大,成本不断降低,作为清洁能源的替代作用日益显著。其中风电和光伏发电在近十年来的发展最为显著,新增装机规模不断扩大,累计发电装机容量增多,产业投资活跃度较高（郭朝先，2021）；同时新能源技术飞速进步，相关发电成本大幅下降，商业模式不断创新优化。中国也逐步加强对新能源消纳工作的关注，从政策上对新能源的合理有效利用作出明确指示，而随着发电行业在资本市场领域的快速发展，新能源发电参与市场也将成为中国电力消纳的重点方向。

由图 3.5.1 可以得知，自 2012 年起，中国新能源发电量逐年增加，并呈现增幅逐年扩大的趋势，2020 年的新能源发电量与 2012 年相比增长了 7 倍。新能源在全国总发电量的比重也自 2012 年起逐年增加，2020 年的占比与 2012 年相比，增长了 5 倍。这说明中国企业逐渐重视对于清洁能源领域的开发和利用，在"双碳"目标提出以及绿色发展理念的影响下，未来新能源行业将会有更大的发展空间。

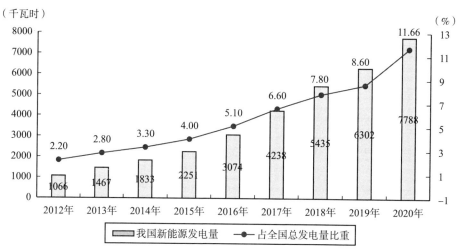

图 3.5.1　2012～2020 年中国新能源发电量及占全国总发电量的比重

资料来源：作者整理。

5.2.2　并购方——中国核电

中国核电成立于 2008 年 1 月，市值约 1 544 亿元。

在股权结构方面，中国核电成立初期，其控股股东是中国核工业集团有限公司；于 2011 年 12 月 31 日转制为股份公司，并接连在海南、河北等省份成立多个项目公司;于 2015 年 6 月 10 日成功登陆 A 股市场。截至 2020 年 12 月,中国核电拥有控股子公司 28 家,直接参股公司 10 家,合营公司 1 家。中国核电的经营范围包括核能和清洁能源项目的开发、投资、建设与营运;清洁能源技术服务与咨询;售电等业务。同时,公司也积极探索核电的多元化利用及技术服务等新的产业领域。中国核电的股权结构如图 3.5.2 所示。

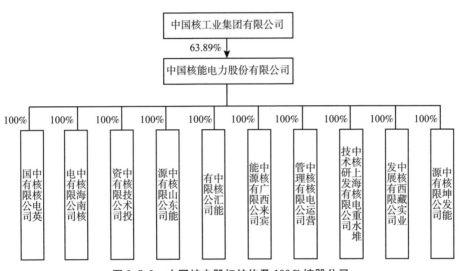

图 3.5.2 中国核电股权结构及 100% 控股公司

资料来源:中国核电年报。

在行业地位方面,中国广核电力股份有限公司(以下简称"中国广核",证券代码:003816)与中国核电是目前中国核电行业的两家龙头上市公司。中国核能发电一半以上来自中国广核,40% 左右来自中国核电。从东方财富财务数据统计的排名来看,截至 2020 年,中国核电的市值在公共电力行业中排名第 4,营业总收入在公共事业——电力行业的排名位居第 7。在 2020 年中国 500 强企业中共有 24 家电力公司上榜,其中中国核电排名第 5。按照 2020 年世界范围内核电公司控股装机规模的大小分类排名,中国核电为全球第四大核电公司。表 3.5.2 展示了 2016~2020 年中国核电和中国广核的核能发电量在全国的核能总发电量中的占比。

表 3.5.2   2016～2020 年中国核电和中国广核发电量占比   单位：%

公司	2016 年	2017 年	2018 年	2019 年	2020 年
中国核电	40.8	40.6	40	39.13	40.5
中国广核	54.21	55.47	53.34	54.84	54.41

资料来源：中国核电、中国广核 2016～2020 年年报。

    在技术优势方面，由图 3.5.3 可以看出，中国核电的机组项目在中国核电行业处于领军位置，荣获多项荣誉称号，在中国核能发电中占据主导地位。由公司披露的年度报告和社会责任报告可知，专利申请上，2016～2020 年共计新获知识产权授权 1 456 项，策划并编写能源行业国家标准 12 项，承担国家部委专项 25 项。这些数据都表明中国核电发展至今在核能发电上已拥有充足的控股装机，核能作为清洁能源在过去的很长时间里代替煤炭火力发电，为中国电力供应提供了强有力的支持。

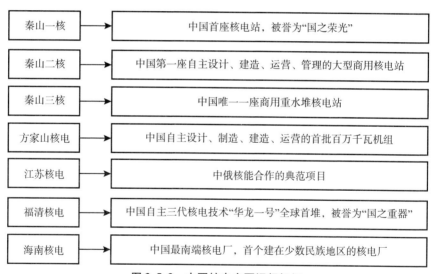

图 3.5.3   中国核电主要运行机组

资料来源：中国核电年报。

5.2.3 被并购方——中核汇能

中核汇能成立于 2011 年 11 月，是非核清洁能源产业建设运营的专业化平台。成立之初，中核汇能主要开展产业研究、市场开发和公司建设，2012年 12 月，甘肃矿区项目并网，实现中核汇能风力发电零的突破；2014 年 1 月，中核汇能与其原控股股东共同出资成立中核汇海风电投资有限公司，打造了中核汇能新能源开发建设运维的专业平台，为后续稳步发展奠定了基础。此后，中核汇能陆续自建多项光伏项目，项目布局领域也逐渐向南方地区开拓。

中核汇能所管理的分公司共有 11 家，经营范围主要是非核清洁能源的开发，包括风力、太阳能、生物质能和潮汐发电；其分公司业务分布地域范围广，主要聚集于西北地区；已打造由中核汇能新能源开发建设运维的专业平台，风电、光伏发电在行业上已具有一定的市场占有率。从中核汇能 2017 ~ 2020 年的审计报告可以看出（如表 3.5.3），公司在近几年来的营业收入不断增长，利润保持连续三年稳步增长，净资产收益率较高。得益于"双碳"目标的提出，相关政策频频出台，风电、光伏新能源发电业迅速发展，中核汇能在盈利能力上表现出良好的发展态势。

表 3.5.3　　　　　　　2017 ~ 2020 年中核汇能财务数据变化　　　　　　单位：万元

指标	2017 年	2018 年	2019 年	2020 年
资产总计	948 415	978 786	1 029 713	3 388 425
所有者权益	271 916	287 806	296 236	842 341
营业总收入	105 990	119 004	119 433	307 918
净利润	9 793	19 072	24 212	73 227

资料来源：中核汇能 2017 ~ 2020 年审计报告。

5.2.4　并购过程

中国核电并购中核汇能的并购过程如图 3.5.4 所示。

2017 年 1 月，中国核电开始管理中核集团的子公司中核汇能。

2019 年 2 月，中国核电着眼于对非核清洁能源的产业发展，将其子公司"中核山东能源有限公司"所参与的新能源领域开拓项目交由中核汇能进行管理。

2020 年 12 月 12 日，中国核电的董事共同商讨并审议通过了对中核汇能的收购，会议确定了本次收购的支付方式，即采用现金向中核集团收购其持有的中核汇能 100% 的股权，确定了成交价为 21.10 亿元，并对外披露本次收购公告。

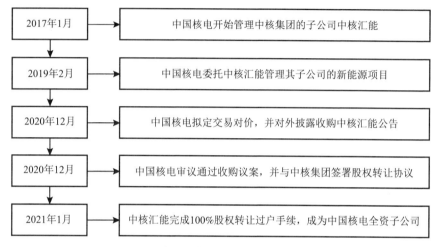

图 3.5.4　中国核电收购中核汇能的主要过程

资料来源：中国核电公告。

2020 年 12 月 28 日，中国核电召开股东大会与中核集团签订了《股权转让协议》。

2021 年 1 月 6 日，中核汇能正式成为中国核电的全资子公司，由中国核电 100% 控制。本次收购项目是中国核电自成立以来最大交易规模的股权收购项目，除了完成公司自身对新能源产业投资的重要战略布局，还将在一定程度上促进中国核电实现"核电＋新能源"双向产业发展的重大战略目标。

5.3　案例分析

5.3.1　绿色并购的动因分析

（1）追求产业协同

中国核电按照"产业结构合理、资产质量优良"的原则，积极推动公司新能源产业的发展。本案例所提及的风能发电和光伏发电属于新能源发电，与核能发电并称为清洁能源发电。

早在 2015 年，中国核电已有极少量风电、光伏业务；2016 年年报中，公司提及采用多种方式寻求与发展战略相契合的并购标的；2020 年风电、光伏业务有较为明显增长。与此同时，中核汇能也充分发挥自身已有的技术优势，意在突破海内外能源市场，坚持并购与自主开发同步推进。中核汇能在近年来加强了与国内外机构和企业集团的战略合作，为后续发展奠定了基础。

表 3.5.4		中国核电 2016～2020 年业务占比		单位：%
项目	2016 年	2017 年	2018 年	2019 年	2020 年
核电	99.95	99.95	99.95	99.57	96.34
新能源	0.05	0.05	0.05	0.43	3.66

资料来源：中国核电 2016～2020 年年报。

表 3.5.4 展示了中国核电 2016～2020 年业务占比的分布情况。可以看出，收购前的 2016～2019 年中国核电的核能业务达到总营业收入的 99% 以上，核电是公司的唯一主营业务。在"双碳"目标背景下，同行业企业如华能国际、国电电力、粤电力 A 等多家电力公司宣布，将重点投资建设风能和光伏新能源发电项目。核电企业扩大产业规模，着力向风电光伏等新能源领域开拓业务极为重要。

中国核电本次收购一方面有利于公司扩大新能源装机规模，加大在风电和光伏领域的装机投入额；另一方面有利于利用中核汇能在新能源产业发展中的经验和优势，助力公司实现新能源产业资源整合，打通上下游产业链，进一步增加对产品和现有市场的掌控，加快公司新能源产业的高质量发展。这对于中国核电来说，恰好弥补了公司在非核清洁能源领域的业务发展，本次收购完成后，中国核电将中核汇能视为公司未来重要经济增长点加以培养，有助于公司向"核电＋风光"双核模式迈进，完成新能源产业关键布局，并购对于双方来说都有助于提高在新能源领域的市场占有率，进而提升企业的价值。

（2）发展核心业务

随着国家对于绿色发展战略的不断推进，以核电为主的能源利用与可再生能源互补发展的局面正在加速形成，清洁低碳能源将成为经济增长的主导，核电迎来新的发展机遇与挑战，核能发电将进一步受到风电、光伏等其他新能源发电的冲击。

由表 3.5.5 年度新增发电装机容量可知，自 2012 年以来，火电发电新增装机数量大体上呈现下降趋势，核电新增装机数量的大幅增长集中于 2015 ~ 2019 年，在 2020 年有所下降。相较于其他类型的发电新增装机数量，风能发电在 2020 年出现大幅上升趋势，达到近几年来的最高值，占据中国新增电力装机的主导。观察太阳能发电新增装机数量变化可以看出，近几年来太阳能发电新增装机规模逐渐扩大，新增数量居全部类型的第二位，可见在发电市场中占据重要地位，2020 年虽低于风能发电装机增加量，但新增数量排名也居自 2012 年以来的第二位。

表 3.5.5　　　　　　2012 ~ 2020 年各类型发电年新增装机情况　　　　单位：万千瓦

类型	2012 年	2013 年	2014 年	2015 年	2016 年	2017 年	2018 年	2019 年	2020 年
火电	5 236.00	4 175.00	4 791.00	6 678.00	5 048.00	4 453.00	4 380.00	4 423.00	5 637.00
水电	1 676.00	3 096.00	2 180.00	1 375.00	1 179.00	1 287.00	859.00	445.00	1 323.00
核电	0.00	221.00	547.00	612.00	720.00	218.00	884.00	409.00	112.00
风电	1 296.00	1 487.00	2 101.00	3 139.00	2 024.00	1 720.00	2 127.00	2 572.00	7 167.00
太阳能发电	107.00	1 243.00	825.00	1 380.00	3 171.00	5 341.00	4 525.00	2 652.00	4 820.00

资料来源：国家能源局。

以上变化主要是由于近年来国家对以风能和太阳能为主体的新型电力系统的构建，风机大型化及光伏电池片技术迭代迅速推进，严控煤炭使得火电新增装机下滑，风电光伏比例大幅度提升。此外，财政部也下达文件明确补贴方式，强调优先保障光伏扶贫及公共可再生能源电力系统等涉及民生的项目。中国核电 2018 年新能源装机在运容量为 16.41 万千瓦，2019 年为 101.96 万千瓦，已有较为显著的增加。在风电光伏发电行业走势利好的背景下，中国核电的收购意在紧抓行业发展机遇，投标多项新能源项目，提高公司在风电光伏能源领域的市场份额，为公司创造更多的营业利润。中核汇能也紧紧抓住新能源行业市场机遇，把握行业在政策影响下出现的并购浪潮，积极寻求同行业公司，坚持收并购与自主开发同步推进。

（3）推进低碳战略

由表 3.5.6 可知，中国的煤炭消耗量在近年来一直占全球总消耗量的 50% 左右，位居全球第一，中国是世界上碳资源消耗量最多的国家。在中国的能源结构中，化石能源占比过高，清洁能源占比较低，煤炭使用过程中产生的二氧化碳等温室气体是导致全球气候变化的重要原因之一，因此中国加速减污降碳的战略行动刻不容缓。

表 3.5.6 　　　　　　　 2015～2020 年中国煤炭消耗量情况

指标	2015 年	2016 年	2017 年	2018 年	2019 年
中国的煤炭消耗量（亿吨）	19.19	18.88	18.90	19.07	19.44
全球总消耗量（亿吨）	38.41	37.32	37.18	37.72	37.56
占全球的比重（%）	49.96	50.59	50.83	50.56	51.76

资料来源：中国能源网。

表 3.5.7 展示了中国核电近年来的减排数据，可以看出公司在减少污染性气体排放量方面发挥了重要作用，清洁能源发电很大程度上降低了对大气的污染，有助于维护生态环境。在"双碳"目标背景下，中国核电也积极应对电力市场挑战，持续构建"核能＋非核清洁能源＋敏捷端新产业"的产业格局，加大力度开拓清洁能源技术服务业务。中国核电的低碳清洁能源发展战略，深度契合控股股东中核集团的战略走向，更迎合了中国对能源结构的调整战略。中国核电将进一步发挥行业资源优势，在确保生产安全和保护生态的前提下，加大力度发展风电和光伏发电产业，加快形成以新能源为主体的新型电力系统，为持续完善减污降碳的各项措施，促进"双碳"目标的实现发挥更大的作用。

表 3.5.7 　　　　　　　 2015～2020 年中国核电节能减排数据

节能减排指标	2015 年	2016 年	2017 年	2018 年	2019 年	2020 年
累计安全发电（亿千瓦时）	743	870	1 007	1 178	1 368	1 539.76
相当于减少标准煤消耗（万吨）	2 362	2 743	3 129	3 712	5 448	4 683.8

续表

节能减排指标	2015 年	2016 年	2017 年	2018 年	2019 年	2020 年
相当于减少排放二氧化碳（万吨）	6 288	6 479	7 441	9 726	13 639	12 281.6
相当于减少排放二氧化硫（万吨）	20	23	27	31	36	39.9
相当于减少排放氮氧化合物（万吨）	17	20	24	27	32	34.7
相当于植树造林（万公顷）	21	25	29	34	39	44

资料来源：中国核电 2015～2020 年社会责任报告。

（4）履行社会责任

习近平总书记在网络安全和信息化工作座谈会上强调："只有富有爱心的财富才是真正有意义的财富，只有积极承担社会责任的企业才是最有竞争力和生命力的企业。"[1] 企业应当在生产经营过程中，同时兼顾为股东创造财富的基本需求和企业自我实现的高层次需求。中国核电积极履行央企责任，其企业使命之一便是为社会提供低碳环保、清洁高效的能源产品和绿色产业服务，因此中国核电在发展过程中也制定了适合自身的战略定位。在企业社会责任这一文化理念的影响下，自成立以来，中国核电始终致力于为社会提供绿色低碳的清洁能源，认真履行环境保护义务，积极从事节能减排和社会公益事业。

本次收购中核汇能，一是有助于中国核电利用中核汇能风电、光伏发电的优势，将自身产业发展与地方发展相结合，推动社区就业，扶持西部经济开发区，加强对当地新能源装机等固定资产基础设施的建设，进而带动地方经济发展。二是有利于中国核电扩大扶贫项目的涉及领域，提升公司的社会知名度，增强荣誉感。三是有助于中国核电借助参与风电、光伏相关的新能源交易，开展绿色建设、绿色运营、绿色创新等，促进碳排放管理、提高对自然资源的利用率，促进生态文明建设。

5.3.2　绿色并购的绩效分析

企业绿色并购效果的优劣通过绩效指标反映，而三重绩效理论是指企业在生产经营过程中既要有经济责任意识，也要有环境责任和社会责任意识，

---

[1]　习近平：《在网络安全和信息化工作座谈会上的讲话》，人民出版社 2016 年版，第 23 页。

既要关注经济的提升，也要关注环境及社会的改变，同时保障三个方面共同进步。因此本案例在对中国核电并购中核汇能后的绩效进行评价时，首先确定经济绩效，主要借助财务指标反映企业并购前后经营业绩的变化。其次确定非经济绩效，借助环境绩效指标的对比以及从社会影响的角度，评价中国核电收购中核汇能后的非经济绩效变化。具体指标如表 3.5.8 所示。

表 3.5.8　　　　　　　　　　中国核电并购绩效指标评价

一级指标	二级指标	注释
经济绩效	事件研究法	AR 值和 CAR 值
	财务指标分析	四大能力分析 期间费用分析
非经济绩效 （环境绩效和社会绩效）	新能源发电量	分业务年度发电量 同行业发电量比较
	绿色产业发展	新能源装机量对比 中核汇能战略合作
	节能减排成果	减少污染物排放量
	社会影响力	产业扶贫、参与绿色电力交易、碳交易

资料来源：作者根据中国核电公布的发电量报告以及社会责任报告中披露内容整理。

（1）经济绩效

企业借助绿色并购获取新的发展技术或改善自身经营状态，最终的目的是获取经济，取得收益，体现出财务的协同效应。经济绩效评价即财务指标绩效评价，是以企业在一定时间范围内的各项财务指标为研究对象，分析企业资本运作、财务状况、经营成果等各方面的变化，借此评价企业的运营效果、并购行为带来的效应等。本案例通过事件研究法和财务指标分析法，研究本次收购行为给中国核电带来的经济绩效影响。

①事件研究法分析。

在有效市场假说的前提下，采用事件研究法，借助股价的变动情况分析中国核电收购中核汇能的行为对企业价值的影响。本案例选取 2020 年 12 月 12 日中国核电对外发布收购公告这一时间点作为事件发生日，通过分析超额收益率（abnormalreturn，AR）在事件发生日前后的变动情况，以及超额累计收益率（cumulative average abnormal return，CAR）的正负结果来体现投资者对此次并购行为的反应。

在运用事件研究法进行分析时,一是确定事件的窗口期。本案例中事件窗口期为 T = [-10, +10],即观察在并购行为发生前后各 20 天内 10 个有效交易日的 *AR* 值和 *CAR* 值,T = 0 是指并购事件的发生日。二是确定估计期。本案例估计期确认为在事件发生日的前 150 天到前 30 天之间的有效交易日期。三是对超额收益率 *AR* 和超额累计收益率 *CAR* 的计算。在此次分析中,选用市场模型法确认超额收益率 *AR*。

从图 3.5.5 可以看出,中国核电的 *AR* 在收购后有较明显的大幅增长状态,在并购事件发生后的第 2~4 天达到峰值,并且在此后几天也出现较为明显的波动状态。从 *CAR* 值角度分析,并购前 *CAR* 值整体呈现上升趋势,并在并购事件发生后的第三天达到峰值,在随后几天也处于较为显著的增减波动状态,这说明中国核电此次收购中核汇能在市场上取得了明显的反应。

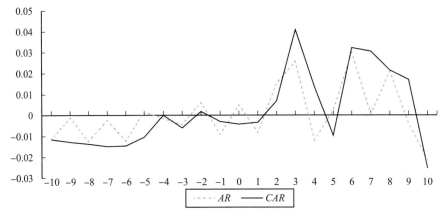

图 3.5.5 窗口期 [-10, 10] 之间的收益走势

资料来源:作者根据 CSMAR 数据库数据计算得出。

总体来说,此次并购在一定程度上刺激了市场,使得中国核电的股价在短期内出现上涨,在一定程度上起到提升股东权益值和公司总价值的作用。由此也可以看出投资者对于此次收购行为持乐观的态度,看好未来中国核电在非核清洁能源板块的业务发展前景。

②财务指标分析。

本案例的财务指标分析包括四大能力和期间费用,选取申万二级行业,公共事业——电力板块排名前五的四家公司:华能国际、国电电力、大唐发电、中国广核与中国核电进行同行业对比分析。选择依据为前三家公司在风电和光伏行业已有正在进行的项目,且并未发生并购或业务扩张行为;而第四家中国广核的主营业务仍旧是核电,也并未扩大新能源业务。通过同行业对比分析,研究并购中核汇能后中国核电的财务指标变化是否会高于同行业可比公司,是否能产生较为显著的并购协同效应。

盈利能力

盈利能力分析采用各项利润率指标,通过对比并购前后两年的指标数据,以及中国核电与同行业公司销售毛利率的比较,研究并购后是否为企业带来盈利能力的提升。

净资产收益率的指标值越高,说明企业利用自有资金取得净收益的经济实力越强,债权人和股东的利益保障程度也越高。由表 3.5.9 可知,中国核电在收购前后,净资产收益率大体上呈现波动上升的趋势。观察净利润数据发现,两者变化趋势相似,且并购后第一年的净利润增加 34.08%,增幅更大。结合股东权益数据可知,收购后中国核电的净资产有所增加,并购后的第一年净资产增加 7.54%,第二年增加 18.03%。因此从自身整体上看,此次并购对中国核电的净资产收益率有一定的积极作用。

表 3.5.9　　　　　**2018～2022 年中国核电盈利能力指标对比**

盈利能力指标	2018 年	2019 年	2020 年	2021 年	2022 年
加权净资产收益率（%）	10.57	9.55	10.98	12.04	11.35
销售毛利率（%）	41.76	41.85	44.79	44.19	45.63
销售净利率（%）	12.04	10.01	11.47	12.89	12.64
营业收入（亿元）	6.481	460.67	522.72	623.67	712.86
净利润（亿元）	47.34	46.13	59.95	80.38	90.10
营业利润率（%）	25.93	22.26	25.30	26.42	27.56
股东权益合计（亿元）	835.71	902.83	1 164.90	1 252.78	1 478.69

资料来源:中国核电 2018～2022 年年报。

销售毛利率体现企业产品的收入增值情况,销售净利率体现收入中对营业利润的获得情况,营业利润率反映利润中经营所得的占比情况。如图 3.5.6 所示,从这三项指标的走势看,三者基本呈现一致走势,均为平稳增长的状态。

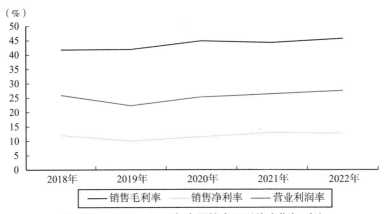

图 3.5.6 2018~2022 年中国核电盈利能力指标对比

资料来源：中国核电 2018~2022 年年报。

结合图 3.5.7 同行业的销售毛利率可知，在并购前，中国核电的销售毛利率略低于中国广核，到 2019 年两家企业不相上下，2020 年之后实现反超，并且逐渐拉开差距。在 2021 年行业整体走向下降时，中国核电仍能保持较高的销售毛利率，这主要是因为收购后发展风力和光伏发电，此类项目运营过程中的动能主要来源于自然资源，核能发电所需的核燃料等原材料成本高于风电、光伏发电，故销售毛利增多。总体来说，此次收购在一定程度上提高了中国核电的盈利能力。

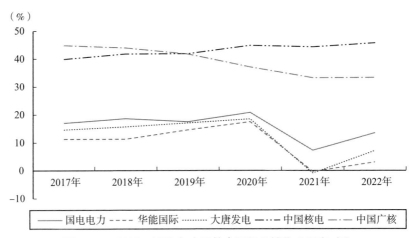

图 3.5.7 2017~2022 年中国核电同行业销售毛利率对比

资料来源：各公司 2017~2022 年年报。

营运能力

营运能力是指企业对其所持有的资产进行规划配置，采取合理有效的运营手段，通过连续的生产销售来为企业赚取利润的能力。本案例采用存货周转率等指标，对比分析中国核电并购中核汇能前后运作情况的变化。具体指标如表 3.5.10 所示。

表 3.5.10　　　　　2018～2022 年中国核电营运能力指标对比　　　　单位：次

营运能力指标	2018 年	2019 年	2020 年	2021 年	2022 年
存货周转率	1.41	1.47	1.47	1.62	1.63
总资产周转率	0.13	0.14	0.14	0.16	0.16
流动资产周转率	1.16	1.21	1.08	1.14	1.15
应收账款周转率	9.90	8.83	6.06	4.95	4.41

资料来源：中国核电 2018～2022 年年报。

存货周转率反映存货的流动性及企业是否合理占用存货资金，由表 3.5.10 可知 2020～2022 年，存货周转率在收购后略有提升，主要受到固定资产机组大修理影响，购入核燃料及相关修理物资使得营业成本增加所致。总资产周转率越高说明企业资产的投资收益越好，销售能力越强；流动资产周转率越高表明企业资产利用效率越高，而表 3.5.10 反映出中国核电这两个指标波动较小，说明收购业务对于公司总资产周转率和流动资产周转率影响不大，主要原因是中国核电的供电量基本取决于居民以及企业生产用电，用电的需求量处于稳定波动范围，因此总资产周转率和流动资产周转率表现较为稳定。

应收账款周转率反映企业应收账款变现速度，该指标越高，企业收账越迅速，能增强偿债能力，降低坏账风险。然而，中国核电近五年应收账款周转率呈下降趋势，反观图 3.5.8 所显示的行业数据，近五年其他同行业公司的应收账款周转率虽也呈下降趋势，但幅度较小。

由图 3.5.8 可以更加直观地看出中国核电的应收账款周转率相较于同行业其他公司，整体呈下降趋势。主要原因在于中国核电的电力消纳方式主要是出售给电网公司，由此取得的售电收入往往每月与合作公司结算一次。本次收购中核汇能后，基于风电和光伏发电项目的主要输出地可知，新业务增加的购售电合同主要位于经济较为落后的区域，新能源项目应收电费补贴款增加，这在一定程度上影响了中国核电对于供电资金款项的收回速度，导致应收账款周转率有所下降。但从整体上看，公司营运能力处于较为稳定的水平，收购带来的良好绩效或将在未来几年能有明显的反映。

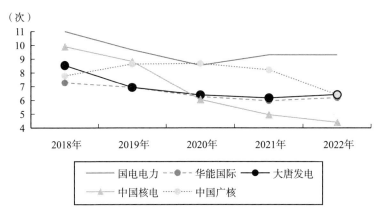

图 3.5.8　2018～2022 年中国核电同行业应收账款周转率对比

资料来源：各公司 2018～2022 年年报。

偿债能力

偿债能力是指企业运用资产偿还长期债务和短期债务的能力。本节将利用流动比率、速动比率和资产负债率三个指标，评价中国核电并购前后的偿债能力变化。

速动资产与流动负债的比率称为速动比率，受现金、应收账款、短期投资等项目影响。流动比率和速动比率的数值越高，说明企业短期偿债能力越强；资产负债率越低，说明企业长期偿债能力越强。具体偿债指标如表3.5.11 所示。

表 3.5.11　　　　　　　　　2018～2022 年中国核电偿债能力指标对比

偿债能力指标	2018 年	2019 年	2020 年	2021 年	2022 年
流动比率（次）	0.87	0.86	0.95	0.88	0.89
速动比率（次）	0.42	0.48	0.58	0.54	0.55
资产负债率（%）	74.17	74.03	69.48	69.42	68.17

资料来源：中国核电 2018～2022 年年报。

流动比率和速动比率在 2018 ~ 2022 年呈现小幅度波动状态,本次收购对中国核电短期偿债能力影响微弱;资产负债率呈现小幅度下降的趋势。中国核电作为重资产企业,核电装机固定资产的建设时间长,且资金的占用率较高,存在一定的经营风险。2020 年公司借助上市平台,拓宽融资渠道,有效保证了重大项目对建设资金的需求,同时也安排贷款和债券发行的工作,实现了公司资产负债率下降至 69.48%,降杠杆成效显著。加之此次 100.00% 收购中核汇能采用的是现金支付方式,公司现金流出量虽然增大,但相应收购带来的资产增多使得中国核电 2021 年资产负债率维持在 69.00% 左右,说明收购后资产负债率仍处于较为稳定的数据范围。

观察图 3.5.9 可知,2022 年中国核电筹资活动产生的现金流量有较为明显的变动,筹资金额增大,主要是由于公司本次 100.00% 收购采取现金交易方式。此后筹资活动产生的现金流较少,其中偿还债务支付的现金大幅提升,主要是为进一步优化公司的资产负债结构。2021 ~ 2022 年,中国核电经营活动现金流增长较大,是因为收购后新能源发电量增多,提高了公司的经营现金流量。

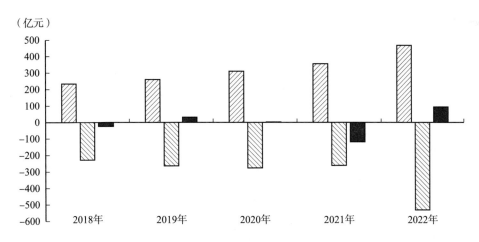

图 3.5.9 2018 ~ 2022 年中国核电现金流量对比

资料来源:中国核电 2018 ~ 2022 年年报。

就并购前后对比分析可知,并购前(2018 ~ 2020 年)中国核电的资产负债率较高，而在并购后两年（2021～2022年），该指标低于大部分同行业可比公司。相比较核电公司，中国广核的资产负债率处于较为稳定的波动状态，说明核电行业因素变动导致的影响较小，中国核电在收购完成后资产负债率降低。

综合考虑中国核电收购行为和行业可比公司的资产负债率变化可知，本次收购完成后公司资产负债率有所降低，仍维持较好的长期偿债能力，并未因并购产生的较大现金流出导致资产负债率的上升，处于一个良好运作的范畴。具体变化趋势如图3.5.10所示。

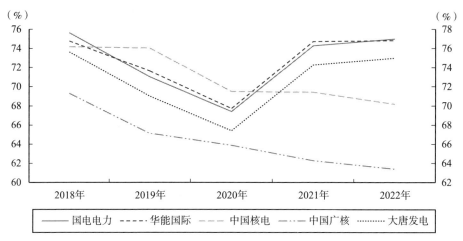

图 3.5.10　2018～2022 年中国核电同行业资产负债率对比

资料来源：各公司 2018～2022 年年报。

成长能力

成长能力是指企业未来扩张经营的能力，体现在规模扩大、获利增加等方面，反映企业未来的发展前景。本案例选择总资产增长率等多个成长能力的指标，分析并购前后中国核电成长能力的变化，研究并购是否给公司带来积极正向的效应。中国核电成长能力具体指标如表3.5.12所示。

表 3.5.12　　　　　　2018～2022 年中国核电成长能力指标对比　　　　单位：%

成长能力指标	2018 年	2019 年	2020 年	2021 年	2022 年
营业务收入增长率	16.19	17.20	10.61	19.30	13.70
扣除非经常性损益后的净利润增长率	6.87	−5.54	29.94	35.87	12.74

成长能力指标	2018 年	2019 年	2020 年	2021 年	2022 年
净资产收益率增长率	-1.31	-8.61	13.66	12.02	-7.72
总资产增长率	6.58	7.47	6.65	7.30	13.35

资料来源：中国核电 2018~2022 年年报。

从表 3.5.12 可以看出，中国核电的营业收入增长率在 2020~2021 年有较为显著的增加，这与中国核电收购中核汇能，扩大了自身主营业务规模有关。风电、光伏发电发展空间大，公司开辟新的业务区域，在新疆和海南等地的项目量增加，结合当地的自然资源优势，从事中核汇能带来的业务，使得中国核电的营业收入增长率提高明显。总资产增长率则呈现小幅度上涨，主要是由于新业务扩展，中国核电加大对于新能源装机的投入力度，固定资产增多的同时带来总资产增长率的小幅提高。

净资产收益率增长率在 2020~2021 年呈下降趋势，是由于净资产增多所致。中国核电收购中核汇能使营业成本增加，新能源装机数量加大，公司的净利润有所下滑，故呈现下降趋势。投建资产逐步运营也是扣除非经常性损益后净利润增长率在 2021 年出现大幅度上涨的原因，此后中国核电逐渐扩大非核清洁能源的涉足领域，在多个地方建设新的工程，项目投建带来成本增加，净利润增长速度小于固定资产的增长速度，故相对于 2021 年中国核电的净资产收益率增长率有所下降。

表 3.5.13 计算了同一时期核电行业的几家代表性公司的总资产增长率指标，相较于整体行业，2020 年中国核电的总资产增长率处于可比公司的中上游。

表 3.5.13 **2018~2022 年中国核电同行业总资产增长率对比** 单位：%

公司名称	2018 年	2019 年	2020 年	2021 年	2022 年
国电电力	-0.59	2.54	-2.08	-0.66	3.72
华能国际	5.52	2.52	5.59	11.84	2.50
大唐发电	3.25	-2.01	-0.63	5.58	2.88
中国核电	6.58	7.47	6.65	7.30	13.35
中国广核	3.15	5.27	1.01	2.06	2.25

资料来源：各公司 2018~2022 年年报。

在收购中核汇能后，中国核电总资产增长率有十分明显的增幅，并在收购完成后至2021年，依旧保持在同行业公司的增长速度前列。相比于核电公司，中国广核在未发生新能源业务扩张的情况下，其总资产增长率与中国核电也出现较为明显的差距，这说明收购中核汇能促使中国核电的总资产增长率显著提升，由于新业务的投入建设，非流动资产增多，公司在建装机等固定资产项目增加，资产总额增大。从整体上看，中国核电的扣除非经常性损益后净利润增长率在2021年度相较于2020年度有所增长，说明收购中核汇能后公司整体的成长能力得到提升，在风电和光伏发电行业走向利好的背景下，未来中国核电将有更好的发展前景。

期间费用

期间费用反映公司在日常经营过程中的主要费用支出，能够较好地说明企业在支出上的安排合理性，借助并购前后的数据对比可以看出公司的管理能力，以及并购对公司费用的影响。

分析表3.5.14数据可知，并购前后销售费用逐年缓慢增长，本次并购对该项指标几乎无明显影响；财务费用在并购发生当年和并购后第一年出现下降现象，此后略有上升，据公司对外披露的信息可知，这一变化主要是因为外币债务汇率变化所致，而变化显著的是管理费用和研发费用。

表3.5.14　　　　　2018～2022年中国核电期间费用指标对比　　　　单位：亿元

指标	2018年	2019年	2020年	2021年	2022年
销售费用	0.46	0.56	0.63	0.79	0.78
管理费用	13.55	21.86	23.46	32.03	46.19
财务费用	52.67	73.82	69.60	68.71	81.45
研发费用	4.94	5.70	10.26	13.37	13.98

资料来源：中国核电2018～2022年年报。

由图3.5.11可知，管理费用在完成并购后出现较为明显的增长趋势，而且在并购后的第一年，管理费用在营业成本中的占比攀升，这一变化主要是因为收购中核汇能后，新能源业务、核电新机组投运及新能源装机规模增加导致计入管理费用的核电前期开发投入增多，同时按规定计提退休人员社会化管理费用增多。在研发费用方面，2020 年研发费用大幅增长，一方面是因为加大挖掘内部技术服务潜力，延伸产业价值链；另一方面对外开发技术服务市场，拓展技术服务覆盖领域。中国核电累计新签技术合同的金额不断提高，成功将多个领域的专业技术服务产品输出国门。并购完成后研发费用增长平缓，这说明中国核电在收购中核汇能后，公司加大研发投入力度，尤其是新能源领域的研发项目提升了核心技术的研发水平。

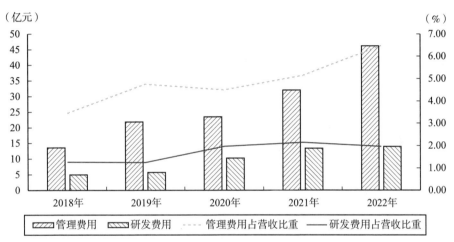

图 3.5.11 2018～2022 年中国核电研发和管理费用指标对比

资料来源：中国核电 2018～2022 年年报。

　　观察并购事件发生近几年来的公司研发人员数量以及其在公司总人数的占比（如表 3.5.15 所示），可发现并购后公司研发人员的数量显著增多，2021 年占比高达 26.14%，2020 年收购增加的研发人员数量达到 2018～2019 年研发人员平均值近 5 倍。这说明，本次收购极大地壮大了中国核电研发团队的规模，在一定程度上为中国核电未来致力于风电光伏等新能源行业创造了更多机遇。同时公司不断加大研发专利费的支出力度，2020 年并购当年研发专利费更是达到了最高值，突破 270 万元，说明公司在研发支出——专利支出上的重视度不断提高。

表 3.5.15　　　　　　　　　2018～2022 年中国核电研发相关数据

研发指标	2018 年	2019 年	2020 年	2021 年	2022 年
公司研发人员的数量（人）	946	765	2 496	4 119	3 984
研发人员占公司总人数比例（％）	7.60	5.82	17.20	26.14	23.30
研发专利费（元）	238 954	36 113	2 704 031	2 216 406	—

资料来源：中国核电 2018～2022 年年报。

据中国核电年报披露，公司坚持与国内外机构开展合作，每年派出数十名专家支援国际原子能机构和世界核电运营者协会，共享技术和管理经验，这也充分说明了中国核电自身所拥有的强大科研人才队伍。在本次收购完成后，研发人员数量的进一步增多，也将不断壮大公司研发技术水平，充分发挥并购的管理协同效应。2021 年 12 月中核汇能联合朗坤智慧科技股份有限公司打造的"中核汇能智慧能源资产管理数字化平台"，获评"2021 能源企业信息化管理创新奖"。收购中核汇能后，对于中国核电来说，将进一步扩大在非核清洁能源领域的研发专利申请，以科技创新支撑新能源领域的项目开发，助力公司持续高质量发展。

（2）非经济绩效

非经济绩效评价又称非财务指标评价，即从企业财务指标之外的角度进行评价，本案例主要从环境及社会影响两个层次，结合中国核电公布的发电量报告以及社会责任报告中披露的碳绩效相关数据展开。

①环境指标。

环境绩效指企业在生产经营过程中还应当兼顾对环境的影响，本案例从非核清洁能源的发电量、新能源产业组装机数量的扩大以及对二氧化碳等污染性气体减排量方面设计环境绩效指标。社会影响是指企业的并购行为在社会责任上的体现，本案例主要从并购后对外部社会在产业扶贫、参与绿色电力交易和全国碳排放权交易方面的影响方面进行分析。

新能源发电量

对于电力企业来说，发电量的多少从侧面反映了公司在该年度的营业收入情况。中国核电收购完成后，虽然核能发电仍旧是公司占比最多的主营业务，但在风电、光伏业务上已有较大突破。

从中国核电不同业务的各年度发电量进行分析（如表 3.5.16 所示），可以看出，风电和光伏发电业务占比在并购当年得到较大幅度的提高，2018 ~ 2019 年的发电量几乎来自核能发电，是公司的唯一主营业务收入来源。从分业务占比可知，风电和光伏的发电量之和占公司发电量的比重由 2019 年的不到 1.00%，增长至 2020 年的 3.67%，2022 年则进一步增加至 7.05%。收购后，风力发电量由原先的 25 483 万千瓦时增长至 2022 年 653 788 万千瓦时，增长了 30 倍；光伏发电量由 2019 年的 33 203 千瓦时增长至 2022 年的 751 011 千瓦时，增长了 22 倍。并购后公司非核清洁能源板块的业务增幅明显，2021 年和 2022 年继续保持扩大趋势，说明并购带来了正向的影响。

表 3.5.16 　　　 2018 ~ 2022 年中国核电分业务板块发电量及占比情况

项目	2018 年	2019 年	2020 年	2021 年	2022 年
核电（万千瓦时）	11 778 800	13 621 400	14 830 000	17 312 300	18 523 900
风电（万千瓦时）	4 466	25 483	327 300	454 900	653 788
光伏（万千瓦时）	1 462	33 203	236 700	496 500	751 011
总计（万千瓦时）	11 784 728	13 680 086	15 394 000	18 263 700	19 928 700
核电占比（%）	99.95	99.57	96.34	94.79	92.95
新能源占比（%）	0.05	0.43	3.67	5.21	7.05

资料来源：中国核电 2018 ~ 2022 年年报。

观察图 3.5.12，与同行业公司在风电、光伏发电量之和占公司总发电量的比重比较中可以看出，中国核电在并购前风电和光伏能源总发电量远远低于这三家公司。但在并购当年，中国核电的新能源发电站占比就出现了显著的提升，其中的原因除了中国核电自身注重对此发力之外，收购中核汇能带来的绿色资源也功不可没。自此，中国核电新能源发电占比一路攀升，占比仅次于排名第一的华能国际。这一变化的主要原因是收购后，中国核电在新能源机组产能上增速明显，多个自建及收购的风电、光伏项目陆续投产，从而新能源领域的发电量大幅增加。这说明，本次收购在一定程度上扩大了公司非核清洁能源领域的发展，有利于中国核电进一步扩大业务规模，提升盈利能力。

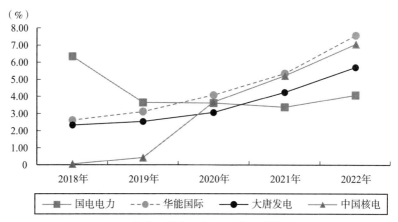

图 3.5.12   2018～2022 年中国核电同行业风电和光伏能源发电量占比变化

资料来源：各公司 2018～2022 年年报。

绿色产业发展

首先是新能源装机量对比。由表 3.5.17 可以看出，并购后中国核电的新能源装机在运数比 2019 年有较为明显的增加，投产在运的装机数量也进一步增多。风能和光伏作为清洁能源，具有生产过程排碳量小、能量密度高等优点，可强有力地替代化石能源助力能源系统转型。中国核电新能源组装机容量的增多，为公司未来发展非核清洁能源项目提供保障，在未来公司将致力于做强做大风能和光伏发电，在减少传统能源发电对环境不利影响的基础上，不断优化核能发电的能源结构，进一步提高公司在新能源领域的产业链质量。

表 3.5.17　　　　　　　　2018～2022 年中国核电新能源装机量　　　　　　单位：万千瓦

项目	2018 年	2019 年	2020 年	2021 年	2022 年
新能源装机在运	16.41	101.16	705.00	887.33	1 253.07
风电	—	—	221.70	263.47	420.74
光伏	—	—	483.30	623.86	832.33
新能源装机在建	—	—	233.20	206.50	572.60

资料来源：中国核电 2018～2022 年年报。

其次是中核汇能战略合作。中核汇能结合宁夏回族自治区中卫市的清洁能源资源和自身雄厚的产业发展实力,着力推进宁夏区域"九大特色产业"战略布局,推动宁夏清洁能源高效利用,2021 年 2 月 3 日中核汇能与中卫市就清洁能源产业配套一体化发展达成共识,并签署战略投资协议。2021 年 10 月 28 日,为助力中国核电新能源产业高质量发展,中核汇能同其他公司积极签署战略合作协议,在新能源市场开发、金融服务、运维管理、技术开发等领域开展全方位业务合作。未来,中核汇能将结合金融服务和科技创新,打造新型"双碳"经济模式,助力中国核电实现"十四五"发展目标。

节能减排成果

近年来中国核电在节能减排效果上成效显著,以清洁能源发电代替传统化石能源发电,2020 年累计安全发电 1 539 亿千瓦时,相当于减少 4 684 万吨标准煤消耗,或减少二氧化碳气体排放量 12 282 万吨,或增加植树造林近 50 万公顷。公司在"十三五"期间累计生产清洁绿色低碳的核能和可再生能源电力近 6 000 亿度,等效碳减排近 5 亿吨。表 3.5.18 的数据展示了中核汇能在 2021 年的节能减排成果。

表 3.5.18　　　　　　　　2021 年中核汇能项目节能减排效果　　　　　　单位:吨

指标	新疆地区	甘肃地区	宁夏地区
相当于减少一氧化碳	16.84	——	——
相当于减少标准煤消耗	64 000	123 200	64 000
相当于减少排放二氧化碳	192 600	15 400	160 000
相当于减少排放二氧化硫	4 309	3 237	5 525
相当于减少排放氮氧化合物	2 154	——	2 762
相当于减少烟尘排放量	866	1 350	50 000

资料来源:作者整理。

2021 年 10 月中核汇能进入新疆光伏区域,新疆首个并网的平价光伏项目成功并网发电。2021 年 12 月,中核汇能与新疆当地政府签订第二个并网的平价光伏项目,并结合当地发展特点开发建设多批新能源项目。2021 年 12 月,中核汇能与甘肃肃南县签订的首个光伏发电项目成功并网,是肃南县首个并网的新能源项目，同时也是甘肃省首批并网发电的新能源项目。中核汇能项目投运后，在一定程度上促进了当地对于标准煤消耗量的减少，同时相应地减少二氧化碳等污染性物质的排放量。

②社会指标——社会影响力。

随着"人类命运共同体"等绿色发展理念的进一步完善与深化，企业在运营过程中，不仅要考虑自身发展，还要兼顾供应商、消费者乃至整个社会的融合，应承担更多的责任。在"双碳"目标及环境治理政策不断出台且贯彻落实的背景下，促使更多企业加大对绿色发展政策的执行力度，在实践上更充分地体现"企业社会责任"的发展理念。

产业扶贫

从表 3.5.19 可以看出，中国核电在"十三五"规划期间始终秉持着履行央企社会责任的信念，不断加大对于扶贫项目帮扶资金，尤其是产业扶贫资金的投入力度，对外捐赠的金额也在逐年增加。中国核电在 2020 年各项金额支出增多的主要原因：一是收购中核汇能后将其原有的扶贫项目并入中国核电，2019～2020 年中核汇能完成扶贫项目投资 12.58 亿元，直接帮扶贫困户近 6 000 户。二是 2020 年作为脱贫攻坚的决胜之年，公司积极履行社会责任，突出表现了央企担当。在当今绿色生态理念逐渐占据企业发展重要位置的市场变化下，中国核电也开始将扶贫领域扩大至生态保护方面，传递出了公司坚持绿色发展、保护生态环境的责任理念。

表 3.5.19　　　　　　　　　2018～2022 年中国核电扶贫项目

指标	2018 年	2019 年	2020 年	2021 年	2022 年
产业扶贫项目投入金额（万元）	70	452	2 441	68 100	—
生态保护扶贫投入金额（万元）	—	—	110	435	—
总扶贫投入金额（万元）	309	1 451	3 411		112 189.1
帮助建档立卡贫困人口脱贫数（人）	511	383	6 867	—	—
所获得的扶贫奖项（个）	—	11	16		
对外捐赠额（万元）	245.21	725.44	2 703.6	2 135.24	1 841.94

资料来源：中国核电 2018～2022 年年报。

参与绿色电力交易

绿色电力交易是以风电、光伏等绿色电力产品为标的物的交易，可以全面体现绿色发电的电能价值和环境价值。在中国首次绿色电力交易中，浙江省成交电量 3 亿千瓦时，占据总需求量的 30.00%，其中包括 32 家风光发电企业和 30 家电力用户，合计共成交 50 笔交易。中核汇能以其自身主营业务优势，代表中国核电，作为浙江省内第一批符合试点的新能源发电企业之一，积极参与了首次线上绿电交易，售出绿电 5 345 万千瓦时，排在浙江省第二位。

本次绿色电力交易市场化的成功实践，进一步发掘了绿色电能零碳属性的商业价值、环境价值和社会价值，是加快推动中国能源市场进行绿色低碳转型的重要途径之一。"十四五"期间，中国核电将继续加大对风电、光伏等清洁能源的开发力度，发挥产业协同效应，为国家实现"双碳"目标做出更多贡献。

参与全国碳排放权交易市场

2022 年 1 月，中核汇能代表中国核电完成公司的首笔碳交易，收获当年首笔碳收益。本次交易作为全国碳排放权交易市场开启以来中国核电的首笔碳交易，不仅成功试水碳交易市场，也推动了中国核电探索新路径、创造新经验，实现高质量发展。在本次碳交易中，中核汇能旗下的可再生能源发电项目通过签订碳交易合同，累计减排量约 333.55 万吨二氧化碳，其中国家核证自愿减排量交易占 10.00% 左右。

"双碳"目标下，中核汇能牢记中国核电的初心使命，尽责履职担当，通过系统策划、科学实施，先后在绿电交易、碳交易等方面取得可喜成绩，促进公司可再生能源环境价值落地，为广大投资者创造绿色价值，为国家可持续发展和经济转型贡献"中核力量"。中国核电始终将绿色发展理念贯穿于公司生产经营的方方面面，未来也将扩大在绿色经济交易上的涉足领域，提高公司的社会影响力。

5.4 案例讨论与问题

（1）为什么要从经济指标与非经济指标两个方面评价并购后的企业绩效？如何选取指标进行评价？

（2）中国核电并购中核汇能后对其非经济绩效有何影响？

（3）结合本案例，可以对中国核电并购后中核汇能之后的发展提出什么建议？

（4）本案例对"双碳"政策和目标下的重污染企业的并购活动有哪些启示？

5.5 教　学　设　计

本案例要实现的教学目的在于引起学生对近几年热点话题——"双碳"政策和绿色并购的关注与讨论，本章以中国核电行业两家重要企业之间的合并为例，详细介绍了在"双碳"政策背景下中国核电并购中核汇能的并购动因、并购过程及并购绩效，引发学生进一步思考"双碳"政策和目标下的重污染企业应该如何通过并购进行企业转型升级等问题。

5.5.1　课时分配

同第 1 章。

5.5.2　讨论方式

同第 1 章。

5.5.3　课堂讨论总结

同第 1 章。

5.6 前沿研究聚焦

5.6.1　绿色并购与技术创新

相比于依靠自身力量进行绿色创新，绿色并购能够快速地给企业注入绿色资源和专业技术，帮助企业高效建立起技术创新构架，促进企业绿色可持续发展。但现有关于绿色并购是否能够激励技术创新的研究结论尚未统一。徐佳和崔静波（2020）发现绿色并购的标的企业专业技术、资源和人才的加入，能使主并企业在绿色技术创新的过程中免受固化思维模式的影响，避免前期的巨大投入，降低试错成本与风险，提高效率。然而，也有学者研究发现，媒体监督下的绿色并购往往只起到转移舆论焦点的作用，而非真正促进绿色创新技术的提高（潘爱玲等，2019）。未达到政府产业政策扶持条件的企业选择进行绿色并购更多的是为了获取财政补贴和税收优惠，而非真正推动实质性的绿色转型，绿色并购甚至可能成为政策套利的工具（黄维娜和袁天荣，2021）。因此，绿色并购对技术创新的作用机制、潜在的溢出效应，以及面对更加严格的环境规制和媒体监督时，绿色并购对技术创新的影响是否会发生变化等，都是未来亟须研究的方向。

5.6.2 企业并购与环境绩效

多数学者研究发现，并购能够提高企业的环境绩效（吴烨伟，2023），但是并购过程中对环境绩效的影响路径却有可能是多样的，环境绩效的变化可能会受到不同因素的影响，然而现有的文献却鲜少对此进行研究。首先，可能存在不同类型的并购对企业环境管理和绩效带来不同影响的现象，如垂直整合、横向扩张等，需要更深入的实证研究来理解这种关联性。其次，企业治理的结构（如董事会构成、管理层决策方式等）也会影响企业的环境绩效。如王薇等（2022）研究发现，独立董事占比、两权分离度以及股权集中度较高的目标企业，并购对其环境绩效的积极作用更强。同时，不同地区、不同行业环境政策和市场竞争状况的并购后的环境绩效可能会存在差异，值得进一步研究和比较。另外，当前对企业环境绩效的评估往往局限于碳排放、能源消耗等直接指标，未来研究可以考虑更多环境影响因素，如水资源利用、物料利用效率等，以全面评估企业环境绩效。

5.7 案例思政结合点

习近平总书记指出，"杀鸡取卵、竭泽而渔的发展方式走到了尽头，顺应自然、保护生态的绿色发展昭示着未来"。① 党的二十大报告指出，"推动经济社会发展绿色化、低碳化是实现高质量发展的关键环节"。以绿色化、低碳化为显著特征的绿色转型，将通过技术进步、提升效能等降低资源消耗和污染物排放，减少温室气体和对自然生态的破坏，从而形成资源高效、排放较少、环境清洁、生态安全的高质量发展格局。

在全球能源转型的大背景下，核能作为清洁能源的重要组成部分，具有巨大的发展潜力。核电产业的发展不仅是经济层面的考量，更需要充分考虑社会、环境和安全等方面的因素，注重企业的社会责任，积极履行环境保护和安全管理的职责，确保核电产业的可持续发展。

本章参考文献

［1］赵玉民，朱方明，贺立龙. 环境规制的界定、分类与演进研究［J］. 中国人口·资源与环境，2009，19（6）：85 – 90.

［2］赵敏. 环境规制的经济学理论根源探究［J］. 经济问题探索，2013（4）：152 – 155.

［3］吴烨伟，周霖钰，刘宁. 环境规制、绿色并购与环境绩效［J］. 系统工程理论与实践，2023，43（5）：1267 – 1286.

［4］肖仁桥，陈小婷，钱丽. 异质环境规制、政府支持与企业绿色创新效率：基于两阶段价值链视角［J］. 财贸研究，2022，33（9）：79 – 93.

［5］Porter M E, Van der Linde C. Toward a New Conception of the Environment-Competitiveness Relationship［J］. Journal of Economic Perspectives，1995，9（4）：97 – 118.

［6］李青原，肖泽华. 异质性环境规制工具与企业绿色创新激励：来自上市企业绿色专利的证据［J］. 经济研究，2020，55（9）：192 – 208.

［7］Wernerfelt B. A Resource-Based View of the Firm［J］. Strategic Management Journal，1984，5（2）：171 – 180.

［8］潘爱玲，刘昕，邱金龙，等. 媒体压力下的绿色并购能否促使重污染企业实现实质性转型［J］. 中国工业经济，2019（2）：174 – 192.

［9］Penrose E. The Theory of the Growth of the Firm（Third ed.）［M］. Oxford. Uk：Oxford University Press，2009.

［10］李心合. 面向可持续发展的利益相关者管理［J］. 当代财经，2001（1）：66 – 70.

---

① 中共中央宣传部、中华人民共和国生态环境部：《习近平生态文明思想学习纲要》，学习出版社、人民出版社2022年版，第53页。

[11] 陈园园. 利益相关者资本主义批判性分析 [J]. 当代世界与社会主义, 2023 (5): 122 – 131.

[12] 林琳, 杨红娟, 杨斌. 双碳目标背景下 ESG 表现提升企业价值了么: 基于沪深 300 和中证 500 成分股的实证研究 [J]. 科学决策, 2023 (6): 42 – 63.

[13] Li B, Xu L, Mciver R, et al. Green M&A, Legitimacy and Risk-Taking: Evidence from China's Heavy Polluters [J]. Accounting and Finance, 2020, 60.

[14] 郭朝先. 2060 年碳中和引致中国经济系统根本性变革 [J]. 北京工业大学学报 (社会科学版), 2021, 21 (5): 64 – 77.

[15] 徐佳, 崔静波. 低碳城市和企业绿色技术创新 [J]. 中国工业经济, 2020 (12): 178 – 196.

[16] 黄维娜, 袁天荣. 实质性转型升级还是策略性政策套利: 绿色产业政策对工业企业绿色并购的影响 [J]. 山西财经大学学报, 2021, 43 (3): 56 – 67.

[17] 王薇, 田卓岳, 田利辉. 并购能否提升企业环境绩效? [J]. 首都经济贸易大学学报, 2022, 24 (4): 81 – 96.

第 6 章

社 会 责 任

【引导案例】

ESG 视角下钱江生化收购海宁水务绩效研究

随着经济社会的发展，人类在享受现代化生产方式和科技进步带来的巨大发展便利的同时，日益面临能源和资源短缺、生态和环境胁迫、社会问题突出等带来的多重压力。在此背景下，环境、社会责任与公司治理（ESG）脱颖而出，逐渐成为评价企业可持续发展的分析框架。在 ESG 指标考量的背景下，企业发展需要应对越来越多的投资者和利益相关者对可持续发展的关注，企业的经营绩效和社会责任履行将更直接地影响其财务状况和长期价值（刘怡等，2023）。浙江钱江生物化学股份有限公司（以下简称"钱江生化"，证券代码：600796）作为国家重点高新技术企业，是国内规模较大的新型生物农药、兽药生产企业之一，其业务和生产活动对环境的影响更是成为人们的关注重点。因此，出于多方面的考量，钱江生化萌生了收购环保企业的想法。而海宁市水务集团有限公司（以下简称"海宁水务"）在水处理方面拥有丰富的经验和先进的技术，可以为钱江生化提供具有竞争力的解决方案，如解决水资源问题和改善环境等。因此，钱江生化展开了对海宁水务的收购计划。

6.1 ESG 相关概念

6.1.1 ESG 的概念

ESG 的前身为"责任投资",但责任投资有别于 ESG 理念,责任投资将投资范围拓展至社会层面(星焱,2017),而 ESG 理念则以实践为基础,建立一个完整、统一的框架,以衡量企业实施绿色发展的成果,并明确其在生产和投资中应当重点关注的内容和方向(李井林等,2021)。

2004 年,ESG 概念首次被明确提出,如图 3.6.1 所示。联合国全球契约组织主导发起了 ESG 倡议,同时将环境、社会和公司治理因素引入资产管理等投资决策的指导和建议中。ESG 有别于传统的财务绩效评价,其将公司的环境、社会和治理表现同时纳入评价体系。

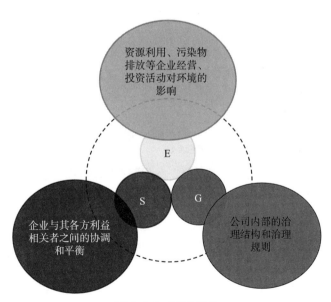

图 3.6.1 ESG 概念

资料来源:作者整理。

6.1.2 ESG 的绿色评价指标体系

（1）ESG 评级指标体系构建原则

第一步，参考国内外主流的评估体系（李晓蹊等，2022）。第二步，根据企业的实际情况，灵活地调整对上市公司和非上市公司的评估指标。第三步，收集有用的信息，包括来自数据库的自动搜索和官方网站的搜索结果。第四步，使用工具对收集到的信息进行全面的自我评估。

（2）ESG 评级指标体系构建内容

目前学术界对于企业可持续发展能力的界定还在不断变化和发展的过程中。因此，为了更好地反映中国的发展现状，满足绿色可持续发展的要求，建立一套完善的 ESG 评价体系，必须考虑到中国当前的发展阶段以及企业的实际情况，同时也要考虑到中国社会对可持续发展的认知水平。

现阶段，华证 ESG 评级体系（见表 3.6.1）应用较为广泛，本案例以此作为绿色评价指标体系，分为三个层次。第一层次的评估涵盖了三个主要领域：环境影响力（E）、社会责任（S）以及企业治理（G）。第二层涵盖了这三个领域所对应的具体方面，它们可以帮助我们更好地理解第一层次的三个主要领域。第三层涵盖了可以准确衡量被评估者在各个领域表现的重要指标。

表 3.6.1 华证 ESG 评级体系

维度	具体项目	具体指标
环境（E）	气候变化	温室气体排放，碳减排路线，应对气候变化，海绵城市，绿色金融
	资源利用	土地利用及生物多样性，水资源消耗，材料消耗
	环境污染	工业排放，有害垃圾，电子垃圾
	环境友好	可再生能源，绿色建筑，绿色工厂
	环境管理	可持续认证，供应链管理—E，环保处罚
社会（S）	人力资本	员工健康与安全，员工激励和发展，员工关系
	产品责任	品质认证，召回，投诉
	供应链	供应商风险和管理，供应链关系
	社会贡献	普惠，社区投资，就业，科技创新
	数据安全与隐私	数据安全与隐私

续表

维度	具体项目	具体指标
公司治理（G）	股东权益	股东权益保护
	治理结构	ESG 治理，风险控制，董事会结构，管理层稳定性
	信息披露质量	ESG 外部见证，信息披露可信度
	治理风险	大股东行为，偿债能力，法律诉讼，税收透明度
	外部处分	外部处分
	商业道德	商业道德，反贪污和贿赂

资料来源：上海华证指数信息服务有限公司。

评价原理以及主题和议题的选取说明如下：

①环境（E）。

企业的环境指标主要衡量企业在给定环境风险敞口下为减小企业经营对环境不利影响所做的努力及取得的成效，其目的是评价企业是否实现既定的环境目标。企业环境绩效主要涉及两个层面：一是环境风险暴露，主要是指行业整体运营特性导致企业在环境方面存在较大成本约束或监管约束的风险；二是环境风险管理能力，主要是指企业应对环境风险采取的措施和相应的表现（闫立东，2019）。本案例的环境评价指标包括气候变化、资源利用、环境污染、环境友好和环境管理五个主题。

②社会（S）。

企业的社会指标主要衡量企业在从事生产经营活动中，对员工、客户、社区、乡村振兴及其他利益相关方等主体所承担社会责任的履行情况。企业社会责任的履行应当覆盖企业在生产经营活动中涉及的多方主体，主要包括参与生产的企业员工、上下游的供应商与客户、所处的社区等（朱焱和杨青，2021）。本案例的社会责任评价指标包括人力资本、产品责任、供应链、社会贡献和数据安全与隐私五个主题。

③公司治理（G）。

公司治理主要衡量企业决策机制和制衡机制对其可持续经营的影响，其内涵包含两个层面：一是企业经营决策的主要参与者之间责任和权利分配，是指由公司股东、董事会和管理人员三者组成的特有组织结构；二是协调企业与所有利益相关者之间利益关系的机制，主要包括保护股东权利、优化董事会结构及功能、完善信息披露等方面的制度安排。上述两个层面共同构成了确保企业长期可持续经营的制度框架，实证研究也表明企业经营者能力、组织结构等公司治理涉及的因素会对企业的可持续经营产生重要影响（郭雳和武鸿儒，2023）。本案例根据公司治理的理论内涵、实践经验以及国内上市公司信息披露的实际情况，从影响企业可持续发展的角度出发，基于治理架构、运营风险、信息披露等维度，构建了上市公司的公司治理评价体系。本案例的公司治理评价指标包括了股东权益、治理结构、信息披露质量、治理风险、外部处分和商业道德六个主题。

6.2 案 例 资 料

6.2.1 收购方——钱江生化

（1）公司简介

钱江生化成立于 1970 年，1993 年转制为股份公司，是一家有五十余年历史的老牌国有企业。1997 年，钱江生化正式在上海证券交易所挂牌上市，它是中国生物农药行业首家上市公司。

从主营业务来看，钱江生化主要从事以植物生长调节剂、杀虫剂、杀菌剂为主的生物农药产品，兽药饲料添加剂产品以及热电联产蒸汽的研发、生产和销售。从行业地位来看，钱江生化是国家重点高新技术企业、中国农药100 强企业、中国农药杀虫剂 50 强企业，国内规模最大的新型生物农药、兽药生产企业之一。该公司经过多年发展具备较为雄厚的科研开发实力，拥有先进的生产设备。

（2）股东结构

海宁市资产经营公司持有钱江生化 33.30% 股权（见图 3.6.2），为其控股股东。海宁市资产经营公司的控股股东为海宁市国资办，因此上市公司的实际控制人为海宁市国资办。

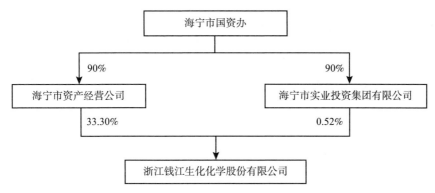

图 3.6.2　钱江生化控股大股东

资料来源：钱江生化年报。

（3）财务状况

从钱江生化并购前 2016～2020 年这一期间数据来看（见表 3.6.2），公司每年的营业收入较为稳定，维持在 4.40 亿元左右，但归属净利润波动幅度较大。从具体年份来看，2018 年以后钱江生化的归属净利润呈现了巨大的波动状态，但此外值得注意的是。2017～2019 年度该公司连续三年总资产缩水，虽然 2020 年回增至 11.60 亿元，但经查阅 2020 年年报可知，是由于子公司大额贷款所引发。由此可见，钱江生化在并购前面临资产连续缩水与盈利能力不足的窘境。

表 3.6.2　　　　　　　　　钱江生化并购前基本财务数据　　　　　　　　单位：亿元

项目	2016 年	2017 年	2018 年	2019 年	2020 年
营业收入	4.44	4.68	4.43	3.80	4.30
归属净利润	0.32	0.41	−0.45	1.91	0.05
总资产	10.29	10.50	9.47	8.75	11.60

资料来源：钱江生化 2016～2020 年年报。

6.2.2　被并方——海宁水务

海宁水务是海宁市国资委旗下从事城乡饮用水资源开发、供排水设施建设营运管理及国有资本经营的国有独资企业。此次钱江生化的主要交易对方是海宁水务，主要交易标的是海宁水务旗下控股或参股子公司，这些标的包括海云环保 51.00% 股权、首创水务 40.00% 股权、实康水务 40.00% 股权、绿动海云 40.00% 股权，海宁水务股权结构如图 3.6.3 所示。此次并购标的特征为客户集中度较高，且多为关联方。与此同时，海宁水务和钱江生化同属于海宁市国资委控制，因此该笔交易又属于同一控制下企业合并。

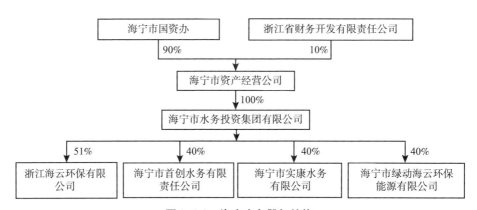

图 3.6.3 海宁水务股权结构

资料来源：海宁水务年报。

6.2.3 收购过程

（1）收购方案

根据钱江生化所披露的报告，本次收购资金由发行股份购买资产及募集配套资金两部分组成，收购方案同时采用了市场法评估与业绩对赌两种方法。

①发行股份及支付现金购买资产。

钱江生化通过发售股票的方式，以定价基准日前 20 个交易日的股票交易均价的 90.00%，即 4.43 元/股的发行价格，向海宁水务集团、云南水务发行股份购买其持有的海云环保 100.00% 股权，交易价格为 158 600 万元；向海宁水务集团发行股份购买其持有的首创水务 40.00% 股权、实康水务 40% 股权及绿动海云 40.00% 股权，具体交易价格分别为 13 880.00 万元、9 560.00 万元、28 280.00 万元。同时，上市公司对于子公司本次交易后所持有的股份进行了限制：海宁水务、云南水务因本次发行股份购买资产而获得的钱江生化股份自本次发行结束之日起 36 个月内不转让。

②募集配套资金。

为满足本次收购行为的资金需求，钱江生化拟向海宁水务非公开发行股份以募集配套资金共 35 625.73 万元，拟发行的股份数量为 90 420 643 股，不超过本次重组前上市公司总股本的 30.00%；其发行价格为本次非公开发行定价基准日前 20 个交易日公司股票交易均价的 80.00%，即 3.94 元/股。

③业绩承诺。

海宁水务、云南水务承诺被收购后的 2021 ~ 2023 年三年间，实现的净利润分别不低于 11 500.00 万元、12 700.00 万元、14 200.00 万元，海宁水务、云南水务优先采用股份补偿，不足部分采用现金补偿。

（2）收购过程

钱江生化收购海宁水务具体时间及流程如表 3.6.3 所示。

表 3.6.3 并购时间线

时间	并购有关事项
2021 年 1 月 4 日	公司向上海证券交易所申请，公司股票于 2021 年 1 月 4 日开市起停牌，后于 1 月 8 日复牌
2021 年 1 月 15 日	公司披露了本次重大资产重组预案及相关公告
2021 年 1 月 28 日	公司收到上海证券交易所上市公司监管一部下发的《关于对浙江钱江生物化学股份有限公司发行股份购买资产并募集配套资金暨关联交易预案信息披露的问询函》
2021 年 2 月 4 日、2 月 18 日、2 月 25 日	公司向上海证券交易所申请延期回复问询函
2021 年 3 月 2 日	公司及相关中介机构就问询事项进行了逐项落实与回复，并对本次重大资产重组相关的信息披露文件进行了修订、补充和完善
2021 年 2 月 4 日、3 月 4 日、4 月 2 日、5 月 6 日	公司披露了关于重大资产重组的进展公告

时间	并购有关事项
2021 年 6 月 6 日	公司召开九届七次董事会会议，审议通过了本次重大资产重组相关议案
2021 年 6 月 7 日	公司披露《浙江钱江生物化学股份有限公司发行股份购买资产并募集配套资金暨关联交易报告书（草案）》
2021 年 6 月 21 日	公司收到浙江省国资委出具的《浙江省国资委关于浙江钱江生物化学股份有限公司发行股份购买资产并募集配套资金方案的批复》

资料来源：作者根据巨潮资讯网公开资料整理。

2021 年 1 月，钱江生化披露重大资产重组预案。随后，上海证券交易所下发重组问询函，要求公司结合业务协同性、上市公司及标的资产报告期主要财务数据情况，说明收购少数股权的必要性，以及交易是否将导致上市公司主营业务发生变化和未来对原有业务的相关安排等。

2021 年 3 月 2 日，钱江生化回复上海证券交易所询函，其对信息披露文件进行了修订完善，以实现其业务转型规划的目标。随着此次重组草案的出炉，钱江生化的收购迎来了新进展。

2021 年 6 月 7 日，钱江生化正式披露重组草案。其拟以 4.43 元/股的发行价格，向海宁水务、云南水务发行股份购买其持有的海云环保 100.00% 股权，向海宁水务发行股份购买其持有的首创水务 40.00% 股权、实康水务 40.00% 股权及绿动海云 40.00% 股权。

（3）收购结果

①影响股权结构。

本次交易前，钱江生化的控股股东为海宁市资产经营公司，实际控制人为海宁市国资办；在本次交易完成后，实际控制人仍为海宁市国资办，钱江生化的直接控股股东将变更为海宁水务，海宁水务系海宁市资产经营公司的全资子公司，因此本次交易后钱江生化的间接控股股东为海宁市资产经营公司，具体如表 3.6.4 所示。因此，除新增持股股东与持股比例变化外，本次交易并未导致钱江生化实际控制人变更。

表 3. 6. 4　　　　　　　　钱江生化并购前后股权变更情况

股东/发行对象名称	本次交易前		本次交易后（不考虑配套融资）	
	持股数量（股）	持股比例（%）	持股数量（股）	持股比例（%）
海宁市资产经营公司	100 378 762	33. 3	100 378 762	12. 93
海宁水务	—	—	299 336 343	38. 57
云南水务	—	—	175 426 636	22. 6
其他原股东	201 023 382	66. 7	201 023 382	25. 9
合计	301 402 144	100	776 165 123	100

资料来源：钱江生化年报。

②主营业务变更。

由于钱江生化并购前后实际控制人并未变更，故本次交易完成后，钱江生化的此次收购不构成借壳上市和反向购买。通过本次全面重组，钱江生化将除自有业务农药与热电外，还将从事多元的环境治理服务包括自来水生产、污水处理、环保工程和固废处置等综合环保业务。

6.3　案 例 分 析

6. 3. 1　收购动因及结果分析

（1）提升企业盈利能力

盈利能力是指企业获取利润的能力。而利润是企业内外有关各方都关心的核心问题。但根据图 3. 6. 4 可以看出农药行业价格水平的变化、趋势和程度都不容乐观，2019 年以来，全球农化市场需求减弱，呈低稳态势运行，农药原药价格逐步走低，价格指数整体回落。在这种原材料价格上升、生产成本提高、主要产品销售竞争加剧等因素的情况下，主打生物农药产品的钱江生化近年来盈利能力状况不佳。

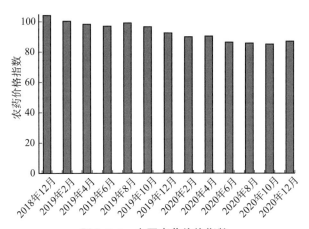

图 3.6.4　中国农药价格指数

资料来源：农药资讯网。

2013 年以来，公司就有 4 个年度扣除非经常性损益后的净利润为亏损状态，2018 ~ 2020 年更是连续三年扣除非经常性损益后净利润亏损（见图 3.6.5）。为了改善盈利能力，2018 年钱江生化曾计划作价 6.30 亿元重组合肥欣奕华，进军泛半导体工业机器人等新业务领域，但未能成功。此次对于 4 家公司的收购，也是钱江生化提升经营实力的重要举措。

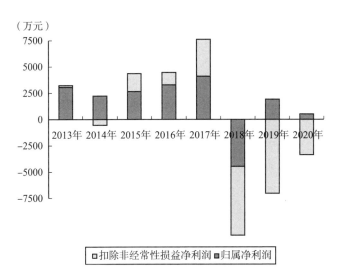

图 3.6.5　2013 ~ 2020 年钱江生化净利润情况

资料来源：钱江生化 2013 ~ 2020 年年报。

本次收购的包括海云环保在内的 4 家标的公司都有较强、较稳定的盈利能力，能较好地弥补钱江生化在营收方面缺乏的稳定性。同时，交易完成后，钱江生化业绩规模将大幅提升。

（2）增强可持续发展能力

在全球大变局的背景下，中国经济结构与发展方式面临新变化与新挑战，中国经济高质量发展的路上增加了增强企业可持续发展能力的新任务。习近平总书记在党的十九大报告中强调"要努力实现更高质量、更有效率、更加公平、更可持续发展"。可见可持续发展能力对企业至关重要。可持续发展是新的商业与运营模式的体现，追求的是商业利益与社会利益的共进。要实现可持续发展，必须协调三大核心要素：经济增长、社会包容和环境保护。中国大力推行绿色环保，对于废水处理、固废处理与垃圾焚烧等环保业务也给予了高度关注。近年来，各类环保政策层出不穷，环保投资额不断增加，以其中的固废行业为例，2020 年为推动固废治理行业发展，全国治理固体项目投资额为 17.31 亿元，2021 年投资金额超过 18 亿元。从图 3.6.6 中可以看出，中国的工业固废处理需求量也逐渐上涨。

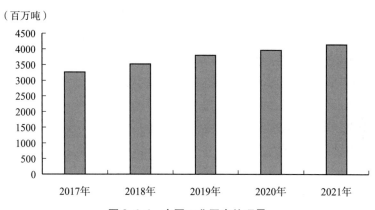

图 3.6.6 中国工业固废处理量

资料来源：中华人民共和国生态环境部。

在此背景下，钱江生化在 2021 年 6 月收购海云环保等公司，以拓展其多元化的服务范围。收购公司业务包括处理大宗固体废弃物、垃圾焚烧业务，这些业务对减少环境的污染和可持续发展具有重要意义，也为资源的有效循环提供了可能。通过实施大规模的固体废物回收和再生，不仅可以极大地提升资源的使用效率，还能够改善环境，从而实现经济和社会的完美融合。此外，采取垃圾焚烧发电的方法，可以节约能源，目前垃圾焚烧发电在发达国家和地区得到了普遍的应用，并且逐渐在中国的城镇普及。

本次收购行为不但满足企业经济增长的需要，还满足当今中国节能环保的需要，保证"碳达峰·碳中和"大目标下，企业未来的稳定持续发展能力。

（3）采用多元战略分散风险

随着中国国际地位的进一步提高，中美贸易摩擦持续加剧，中国企业也面临着更加严峻的经营风险和生存环境。采用多元化的公司战略，可以帮助经营较不稳定的企业分散营业风险。但采用多元化战略的前提是企业拥有某个领域的专业能力，钱江生化在并购前，其自身农药、兽药制药业务拥有多项国家专利，并获得了国家高新技术企业的认可，符合采用多元化战略的前提条件。通过钱江生化披露的相关数据可知，该公司的发展已由成熟期转入衰退期，而转入其他行业以求重获新生不失为一个正确的决定。

钱江生化也因收购对象特点与国有企业性质规避了大多企业采用多元化战略后的不足。本次收购后，钱江生化主营业务由原有的两个板块扩增至农药制药、热电发电、废水处理、固废处理、垃圾焚烧五个板块，对其管理能力与资源调度能力都是巨大的挑战。但其新并入的子公司在业务上也拥有着不俗的能力，不会使母公司钱江生化在资源调度上浪费新的财力物力人力导致资源分散，其控制人前后保持一致也保证了高层管理力度。

（4）市场反应分析

通过事件研究法的分析方法对钱江生化公司收购海宁水务的短期市场反应进研究。选取收购计划草案的公告时点作为事件研究对象，通过对其短期市场反应的分析和评估，来探讨收购行为带来的影响。

根据图 3.6.7 可知，在钱江生化第一次公布重组草案的事件期内，其超额收益率 AR 呈现出了较大幅度的变化，同时累计超额收益率 CAR 呈现上升的变化趋势。具体而言，在事件公布的前两天，AR 与 CAR 均为正值，说明市场对重组事件早有预期，但这也与钱江生化与上海证券交易所的问询函引发市场关注有关。在事件日后的五天内，CAR 均呈现增长。其中，AR 在 $t =$

3、$t=4$ 时剧烈反弹，降低为负值，但 CAR 则一直都为正值，这也说明市场上的投资者整体反应乐观但偏保守。

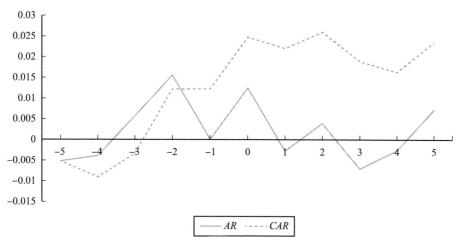

图 3.6.7 钱江生化并购前后市场反应分析

资料来源：作者根据巨潮资讯网数据计算得出。

6.3.2 ESG 表现分析

（1）环境贡献

①环境管理。

从具体的环境管理制度方面来看，钱江生化 2018~2022 年度基本保持一致，都通过了 ISO14001 环境管理体系，并建立了应急管理领导小组和应急救援队伍，但 2019 年在细节上有所调整。从环保投入资金占营业收入比重来看（见表 3.6.5），2018 年与 2019 年，钱江生化在年报中均单独披露了环保投入资金与投入资金占营业收入比重。但在 2020 年、2021 年均未披露该项信息，2022 年重新披露投入环保资金信息，但所占营业收入比例较 2018 年、2019 年有所降低。

综上所述，钱江生化的环境管理制度一直较为稳定，并购并未给其环境管理制度带来明显正面影响，至于并购环保投入资金影响，还有待公司进一步披露。

表 3.6.5 　　　　　　　2018～2022 年钱江生化环保投入指标数据

具体指标	2018 年	2019 年	2020 年	2021 年	2022 年
环保投入资金（万元）	2 028	2 728	—	—	876
环保投入资金占营业收入比重（%）	4.58	7.17	—	—	0.46

资料来源：钱江生化 2018～2022 年年报。

②废水。

从主要废水污染物排放量来看，钱江生化主要排放的废水污染物为化学需氧量（COD）、氨氮（见表 3.6.6）。两者都会导致水体污染，COD 越大说明水体受到的有机物的污染越严重，而氨氮会造成生物中毒和水体富营养化现象。COD 在 2018～2020 年每收入单位的排放量都不高于 0.10 吨/百万元，但在并购后的 2021 年度、2022 年度核定排放量迅速增高，且每收入二氧化硫单位排放量也同样增长至 2.71 吨/百万元、3.70 吨/百万元；而氨氮在并购后核定排放量与每收入单位排放量相较于并购前也有明显增高，每收入单位的氨氮化物排放量较 2020 年增长 35.25 倍。

表 3.6.6 　　　　　　　2018～2022 年钱江生化废水污染物排放指标数据

污染物种类	指标	单位	2018 年	2019 年	2020 年	2021 年	2022 年
COD	核定排放总量	吨	33.68	33.68	33.68	5 510.33	7 424.61
	每收入单位的 COD 排放量	吨/百万元	0.076	0.089	0.078	2.713	3.700
氨氮	核定排放总量	吨	3.37	3.37	3.37	588.75	730.14
	每收入单位的氨氮化物排放量	吨/百万元	0.008	0.009	0.008	0.290	0.363

资料来源：钱江生化 2018～2022 年年报。

此外，钱江生化在并购后由于新并入较多污水处理子公司，废水排放量进一步增加、废水污染物排放种类也进一步增多，如总磷、BOD、SS 等。由此可见，并购对于公司的废水污染物排放量有负面影响，公司在并购后核定排放量与每收入单位排放量增幅较大、各类废水污染物种类明显增多。

③废气。

从核定排放量来看，钱江生化主要排放的气体污染物为二氧化硫、氮氧化物（见表 3.6.7）。2018~2022 年，二氧化硫与氮氧化物核定排放量变化幅度较小，只有并购后的 2021 年核定排放量略有增高，但在 2022 年核定排放量迅速降低，根据年报披露可知，这是由于钱江生化母公司无核定排放量所导致。从每收入单位废气排放量来看，并购后每收入单位的二氧化硫排放量、氮氧化物排放量显著降低。由此可见，公司新并购的业务板块在废气排放量方面，相比之前的生物制药及热电业务更为环保，这也是由于公司在并购后主要产生废气的生物制药占营业收入比例减少所导致。

表 3.6.7　　　　　　　　2018~2022 年钱江生化废气排放量

污染物种类	具体指标	单位	2018 年	2019 年	2020 年	2021 年	2022 年
二氧化硫	核定排放总量	吨	348.43	348.43	348.43	377.85	69.82
	每收入单位的二氧化硫排放量	吨/百万元	0.79	0.92	0.81	0.52	0.04
氮氧化物	核定排放总量	吨	370.73	370.73	370.73	415.01	141.52
	每收入单位的氮氧化物排放量	吨/百万元	0.84	0.98	0.86	0.20	0.07

资料来源：钱江生化 2018~2022 年年报。

综合以上分析可知，并购对于公司的废气污染物排放量有正面影响，各类废气排放量均值上明显减少。

（2）社会责任

①雇佣。

从员工总数来看，在并购前的 2018~2020 年持续下降，但退休职工人数逐渐增多。同时，在并购后的两个年度，钱江生化员工总数迅速增加，但并购后 2021 年度退休职工人数增幅较小、2022 年度退休员工骤降（见表 3.6.8）。这种现象很可能是由于钱江生化成立时间较早以及返聘较多，而新并入的环保、固废子公司成立时间较短所导致，也从侧面反映了中国环保与固废业务起步较晚的情况。

表 3.6.8　　　　　2018～2022 年钱江生化员工具体指标数据

具体指标	2018 年	2019 年	2020 年	2021 年	2022 年
员工总数	606	596	545	1 532	3 385
母公司及主要子公司需承担费用的离退休职工人数	335	352	369	383	22
合计	941	948	914	1 915	3 407

资料来源：钱江生化 2018～2022 年年报。

由此可见，并购后公司的雇佣数量进一步增多，直接社会相关方体量增大，所承担的社会责任也更多。

②职工健康与安全。

从职工健康与安全方面来看，如表 3.6.9 所示，2018～2020 年当年度所缴社会保险费所占营业收入逐渐降低，其中并购后 2021 年社会保险费所占营业收入比例最低，但次年回归至 0.61%。从当年度交付社会保险费来看，并购后随着公司体量的增加，社会保险费金额也大幅上升，值得注意的是，在 2019 年公司当年度交付社会保险费为 244.92 万元，是 2018～2022 年中最少的，这与当年度公司营业收入骤然降低密不可分。

表 3.6.9　　　　　2018～2022 年钱江生化社会保险具体指标数据

具体指标	2018 年	2019 年	2020 年	2021 年	2022 年
当年度交付社会保险费（万元）	323.85	244.92	269.08	1 032.34	1 215.91
社会保险费所占营业收入比例（%）	0.73	0.64	0.63	0.51	0.61

资料来源：钱江生化 2018～2022 年年报。

由此可见，随着钱江生化并购后体量的扩大，用于职工的社会保险费的营业收入比例变化幅度较小，但整体金额有较大幅度的增长。

③研发与创新。

如表 3.6.10 所示，在 2018～2022 年，研发人员数量占公司总人数比例整体呈现了下降状态。此外，在并购前公司的研发投入金额持续下降，这也说明钱江生化对研发新产品的投入减少，查阅其年报发现，这也与它集中在

2018 年、2019 年申报国家发明专利有关，在之后的 2020 年及 2021 年主要完成前两年度申报的国家发明专利。从研发人员数量占公司总人数比例来看，2018 年及 2019 年公司申报国家发明专利期间研发人员数量比例也从 13.20%升高至 13.93%，而作为收尾工作的 2020 年度研发人员数量比例迅速降低至10.64%，该年度钱江生化也通过了国家高新技术企业复评。在并购后的2021 年，研发投入金额出现了大幅的增长，但其他两项比率指标均有所降低，这也与新并入污水处理业务环保研发创新空间较少有关。

表 3.6.10　　　　2018～2022 年钱江生化研发与创新具体指标数据

具体指标	2018 年	2019 年	2020 年	2021 年	2022 年
研发投入（万元）	1 609.52	1 320.32	1 115.36	3 244.42	3 145.16
研发投入总额占营业收入比例（%）	3.64	3.47	2.60	1.60	1.57
研发人员数量占公司总人数的比例（%）	13.20	13.93	10.64	9.33	3.52

资料来源：钱江生化 2018～2022 年年报。

由此可见，并购后钱江生化并未对研发创新加大投入，虽然研发投入增幅较大，但其所占营业收入比例并未提高，同时，研发人员占公司总人数比例在并购后下降较为明显。

④社区。

从社会公益捐款来看（见表 3.6.11），并购当年社会公益捐款进一步急剧下降，在查阅公司报表之后发现子公司数量新增 4 家，且该次并购涉及溢价、对赌协议等问题导致可支配资金进一步缩水，也是导致并购后当年度社会公益捐款下降的原因，并购后第二年捐款金额达到 82.95 万元，是并购当年的 2 倍。

表 3.6.11　　　　2018～2022 年钱江生化社会公益捐款具体指标数据

具体指标	2018 年	2019 年	2020 年	2021 年	2022 年
社会公益捐款（万元）	51.90	51.93	40.30	22.80	82.95
社会公益捐款占营业收入比例（%）	0.12	0.14	0.09	0.01	0.04

资料来源：钱江生化 2018～2022 年年报。

（3）公司治理

①ESG 治理。

从 ESG 治理架构的健全角度来看，并购前后的钱江生化治理框架没有明显变化，都未单独设立董事会直接管理 ESG 委员会或可持续发展委员会。且钱江生化总经理下属除子公司外直属 16 个职能部门中，涵盖了生态环境部、安全保卫部、质量部、科研所、人力资源部等与 ESG 或可持续发展委员会相似的职能部门（见图 3.6.8）。由此可见，钱江生化的可持续发展治理架构虽然有一定基础，但公司的 ESG 治理架构有待提升。

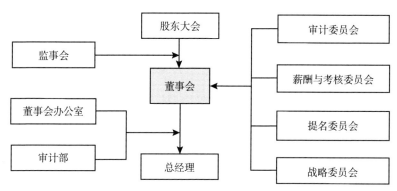

图 3.6.8　钱江生化组织架构

资料来源：钱江生化网站。

从 ESG 报告审验来看，钱江生化并未发布单独的 ESG 报告。针对环境与社会责任，公司在并购后才在其年报进行了单独章节的披露，并且相比 2021年，2022 年针对环境与责任章节披露的内容更加细致。从这一点来看，并购对于钱江生化的信息披露起到了正向的作用，但这方面信息仍然缺乏外部鉴证。

综合以上分析可知，并购对于钱江生化 ESG 治理框架并未起到改善作用，对于 ESG 报告披露有促进作用，但有关 ESG 报告审验还有待改善。

②董监高。

从高管平均任期来看，2018～2022 年钱江生化高管平均任期均达到 3年，换届时也有大多数高管选择留任，离任比例较低。从并购后具体高管情况来看，高管构成并无变动。从 2020 年具体离任高管来看，根据年报披露的信息，董事会及独立董事离任人员年龄均超过 50 岁，属于正常离休范畴，由此可见，该公司管理层较稳定。从独立董事比例来看，并购前后该公司独立董事比例均稳定在 33.00%，符合上市公司的一般规定。

综合以上分析可知，并购并未给钱江生化治理层稳定性带来不利影响，其独立董事比例一直以来较为稳定。

③股权及股东。

从大股东股权质押比例来看（见表 3.6.12），2018～2022 年钱江生化大股东均无股权质押情况，表明其资金情况尚算宽裕，并无主动及被动大股东股权质押行为，向市场传递了资金良好的信号。从具体年份来看，需要巨大资金量的 2021 年，公司也并未将股票进行质押，表明海宁国资委对于旗下公司规划运营控制有力。

表 3.6.12　　2018～2022 年钱江生化股权及股东具体指标情况　　　　　　单位：%

具体指标	2018 年	2019 年	2020 年	2021 年	2022 年
大股东股权质押比例	0.00	0.00	0.00	0.00	0.00
向关联方交易金额占营业收入比例	0.86	0.57	0.46	24.85	21.48

资料来源：钱江生化 2018～2022 年年报。

从向关联方交易金额占比来看（见表 3.6.13），2018～2022 年钱江生化向关联方交易金额均低于 10.00%，属于正常范畴。从具体年份来看，并购后的 2021 年向关联方交易占比由 0.46% 上升至 24.85%，相对前几年有较大的增幅。经对年报分析发现，2020 年并购前钱江生化就与 2021 年新并入子公司存在交易情况，2020 年钱江生化与所有子公司交易金额为 8 588.63 万元，2021 年、2022 年上升至 49 928.77 万元、43 160.35 万元，但交易金额占营业收入比例增幅仍属于正常范围内。

表 3.6.13　　　　　2020～2022 年关联有关交易具体情况

关联交易	2020 年	2021 年	2022 年
交易金额（万元）	8 588.63	49 928.77	43 160.35
交易金额占营业收入比例（%）	19.99	24.85	21.48

资料来源：钱江生化 2020～2022 年年报。

综合以上分析可知，公司暂无股权质押情况，并购促进了关联方交易金额上升，但向关联方交易金额占营业收入比例仍属于正常范围。

④审计。

从是否出具标准无保留意见和是否变更会计师事务所两个角度来看，在 2018～2022 年钱江生化审计方面可信程度并无变化，均为标准无保留意见，说明并购前后对于公司审计信息可信程度并无影响。

（4）量化分析

本案例在权重设定上参考了具有较高权威性的华证评级体系，并综合考虑各指标对每个全球行业分类标准（GICS）三级行业的影响程度和影响时间，按行业属性分别对三级指标设置了权重。截至 2022 年 10 月 31 日，华证指数将并购后的钱江生化所属三级行业分类为化学制品，忽略了其多样化的特点，故根据其并购前后的营业收入占比调整 E、S、G 三个层次的权重比例划分，具体如表 3.6.14、表 3.6.15 所示。

表 3.6.14　　　　　　　　　　并购前权重调整过程及结果　　　　　　　单位：%

行业	并购前营业收入常规占比	按 GICS 划分所属行业类型	环境	社会	治理
生物制品业①	70.00	化工	36.85	21.05	42.10
热电行业②	30.00	电力	34.79	30.43	34.78
加权生物制品业③ = ① × 70%	—	—	25.80	14.74	29.47
加权热电行业④ = ② × 30%	—	—	10.44	9.13	10.43
综合行业⑤ = ③ + ④	100.00	—	36.23	23.86	39.90

资料来源：钱江生化年报、上海华证指数信息服务有限公司网站。

表 3.6.15　　　　　　　　　　并购后权重调整过程及结果　　　　　　　单位：%

行业	并购后营业收入常规占比	按 GICS 划分所属行业类型	环境	社会	治理
生物制品业①	17.00	化工	36.85	21.05	42.10
热电行业②	9.00	电力	34.79	30.43	34.78
污水处理及再生利用③	21.00	水务	36.84	26.31	37.00

续表

行业	并购后营业收入常规占比	按 GICS 划分所属行业类型	环境	社会	治理
水处理及供应④	4.00	水务	36.84	26.31	37.00
工程安装及物资销售⑤	36.00	建材	30.44	34.78	34.78
废弃物清运及处置⑥	13.00	金属、非金属与采矿	36.92	27.69	35.00
加权生物制品业（1）=①×17%	—	—	6.26	3.58	7.16
加权热电行业（2）=②×9%	—	—	3.13	2.74	3.13
加权污水处理及再生利用（3）=③×21%	—	—	7.74	5.53	7.74
加权水处理及供应（4）=④×4%	—	—	1.47	1.05	1.47
加权工程安装及物资销售（5）=⑤×36%	—	—	10.96	12.52	12.52
加权废弃物清运及处置（6）=⑥×13%	—	—	4.80	3.60	4.60
综合行业⑦	100.00	—	34.36	29.02	36.62

资料来源：钱江生化年报、上海华证指数信息服务有限公司网站。

对前面基期指标根据 ESG 表现赋分标准（见表 3.6.16）进行标准化处理，并赋值基础分 60，为了使指标变化趋势更明显，基础单位设定为 10。对于缺失值处理，由于国内尚未建立上市公司 ESG 信息披露制度，底层指标中存在数据缺失，在评价过程中需采用中位数进行补空。钱江生化 ESG 具体赋分情况如表 3.6.17 所示。

表 3.6.16　　　　　　　　　　　ESG 表现赋分标准

变化情况	分值
重大正面变化	40
较大正面变化	20
略有正面变化	10
基本无变化	0

续表

变化情况	分值
略有负面变化	−10
较大负面变化	−20
重大负面变化	−40

资料来源：作者整理。

表 3.6.17　　2018～2022 年 ESG 各实质性议题赋分具体情况

维度	议题	2018 年	2019 年	2020 年	2021 年	2022 年
环境	环境管理	60	60	60	60	50
	废水	60	60	60	40	20
	废气	60	60	60	80	90
	均值	60	60	60	60	53.33
	加权均值 = 均值 × 36.23%/34.36%	21.74	21.74	21.74	20.62	18.32
社会	雇佣	60	60	50	80	100
	职工健康与安全	60	50	50	40	50
	研发与创新	60	50	50	40	50
	社区	60	60	60	50	60
	均值	60	55	52.5	60	65
	加权均值 = 均值 × 23.86%/29.02%	14.32	13.12	12.53	15.33	18.25
治理	ESG 治理	60	60	60	70	80
	董监高	60	60	60	60	60
	股权及股东	60	60	60	60	60
	审计	60	60	60	60	60
	均值	60	60	60	62.5	65
	加权均值 = 均值 × 39.90%/36.62%	23.94	23.94	23.94	22.89	23.80
合计		60.00	58.80	58.20	58.84	62.87

资料来源：作者整理。

6.4　案例讨论与问题

（1）钱江生化的收购动因是什么？为什么选择收购海宁水务？

（2）此次并购对钱江生化的 ESG 有何影响？

（3）如何改进钱江生化 ESG 表现当中的不足之处？

（4）此次并购对生物农药等化工企业有何启示？

6.5　教 学 设 计

本案例要实现的教学目的在于引起学生对近几年热点话题——可持续发展与 ESG 的关注与讨论，在全球大力倡导节能环保的背景下，选取以生物农药、兽药生产为主营业务的钱江生化的并购活动为例，详细介绍了钱江生化收购海宁水务的过程、动因及结果，并构建 ESG 绿色评价指标体系，从 ESG 视角分析此次并购对钱江生化的环境、社会责任、公司治理三个层次的影响，引导学生进一步思考如何改进企业 ESG 表现的不足之处，以及在 ESG 背景下对生物农药等化工企业有何启示等问题。

6.5.1　课时分配

同第 1 章。

6.5.2　讨论方式

同第 1 章。

6.5.3　课堂讨论总结

同第 1 章。

6.6　前沿研究聚焦

6.6.1　ESG 与企业财务绩效

许多学者都在探讨 ESG 表现如何影响企业的业务成果，然而，在具体的研究中，大家的看法各异。根据袁业虎和熊笑涵（2021）的研究结果，ESG 评级较高的企业往往能够取得较好的业务成果；而受到广泛关注的企业也往往能够取得较好的业务成果。杨睿博等（2023）认为，公司对其 ESG 性能的改善能够促进公司财务表现的提高，且 ESG 表现对企业绩效的促进作用在非国有企业、非重污染企业及经济较发达的东部企业和非省会城市中表现更为明显。但部分学者却得出截然不同的研究结果，认为 ESG 表现变好的企业公司价值会变低（Sassen et al.，2016）。而且大多数企业在环境保护方面的投入与公司的主营业务直接联系不大，如果企业将大量的人力、物力投入环境和社会责任中，则会消耗企业资源，这部分支出还可能会侵占企业的投资资金（Bhandari and Javakhadze，2017），给企业核心竞争能力带来不利影响（高杰英等，2021）。目前对 ESG 的研究大多聚焦于其经济后果，而对 ESG 表现的影响因素却研究得较少。随着科技与经济的发展，ESG 涉及的学科会更加广泛，如会计学、金融学、环境科学、大数据与人工智能等，但目前 ESG 跨学科的合作研究较少。再者，绝大多数的 ESG 文献出自纯学术机构，非学术机构等实践性较强的部门较少参与 ESG 研究。这些都是 ESG 研究未来需要关注的问题。

6.6.2　ESG 评级与 ESG 投资

目前，国际上对 ESG 的评级体系还没有一套统一的标准。查特吉等（Chatterji et al.，2016）研究发现，各评级机构之间有着不同的度量方式和侧重点，因此难免会产生 ESG 评级分歧。这也引发了众多学者对 ESG 评级产生差异的影响因素进行研究。伯格等（Berg et al.，2022）发现，不同机构对 E、S、G 的权重占比各异，另外还存在度量差异与范围差异等导致 ESG 评级分歧产生。从后果来看，ESG 评级分歧会显著降低分析师盈余预测的准确性，削弱信息有效性（周泽将等，2023）。因此，企业的 ESG 评级还需从多方机构进行考量。但实际上，ESG 评级更像是一套 ESG 管理的框架，并为企业指明了改善 ESG 表现的方向。这些才是企业真正要从 ESG 评级中获取和利用的精华。随着 ESG 评级的公布，越来越多的投资者已经将 ESG 因素纳入他们的投资组合中，并认为这些因素能够帮助他们更好地管理风险，实现长期的资本增长（Van et al.，2016）。然而，由于中国 ESG 投资仍处于起步阶段，ESG 投资市场存在诸多风险。目前的 ESG 投资市场上，ESG 指数投资已经成为核心方式，但是投资代理人却没有积极实施 ESG 行动，偏离了终端 ESG 投资者的利益偏好，代理成本加大（朱翔宇，2023）。中国 ESG 投资发展仍然面临重重挑战。未来仍需多方政策制度的布局，以完善和规范 ESG 投资市场。

6.7　案例思政结合点

习近平总书记指出，"可持续发展是各方的最大利益契合点和最佳合作切入点"，"是破解当前全球性问题的'金钥匙'"。[①] ESG 作为可持续发展观的具象表现，在国内外逐渐形成共识。ESG 视角下的商业决策强调可持续发展，在经营过程中要注重环境保护和履行社会责任，重视企业内部治理，注重社会效益与经济效益的有机结合。通过搭建 ESG 治理框架，分析企业的经营、投资活动在环境、社会责任与公司治理方三个方面的表现情况，便于企业及时析出问题并加以改进，避免企业为追求短期利益和目标的实现而忽视绿色经济的可持续发展。

上市公司应积极顺应新时期的发展要求，并认识到，在追求经济利益的同时要积极履行社会责任、注重可持续发展和环境保护、重视公司内部治理，才能实现长远发展。企业未来发展方向也应与国家的发展战略和目标相契合，为社会和经济的可持续发展作出贡献。

---

① 科学技术部编写组：《深入学习习近平关于科技创新的重要论述》，人民出版社 2023 年版，第 95 页。

本章参考文献

［1］刘怡，潘红玉，李玉洁，等.ESG 表现、技术创新与制造业企业价值创造［J］.科学决策，2023（9）：23 – 36.

［2］星焱.责任投资的理论构架、国际动向与中国对策［J］.经济学家，2017（9）：44 – 54.

［3］李井林，阳镇，陈劲，等.ESG 促进企业绩效的机制研究：基于企业创新的视角［J］.科学学与科学技术管理，2021，42（9）：71 – 89.

［4］李晓蹊，胡杨璘，史伟.我国 ESG 报告顶层制度设计初探［J］.证券市场导报，2022（4）：35 – 44.

［5］闫立东.我国 ESG 评价体系中环境评价应用的建议［J］.环境保护，2019，47（7）：45 – 48.

［6］朱焱，杨青.企业社会责任活动对负面事件应对策略有效性的跨情境调节效应研究［J］.会计研究，2021（2）：120 – 132.

［7］郭雳，武鸿儒.ESG 趋向下的公司治理现代化［J］.北京大学学报（哲学社会科学版），2023，60（4）：149 – 157.

［8］袁业虎，熊笑涵.上市公司 ESG 表现与企业绩效关系研究：基于媒体关注的调节作用［J］.江西社会科学，2021，41（10）：68 – 77.

［9］杨睿博，邓城涛，侯晓舟.ESG 表现对企业财务绩效的影响研究［J］.技术经济，2023，42（8）：124 – 134.

［10］Sassen R，Hinze A K，Hardeck I. Impact of ESG Factors on Firm Risk in Europe［J］. Journal of Business Economics，2016，86（8）：867 – 904.

［11］Bhandari A，Javakhadze D. Corporate Social Responsibility and Allocation Efficiency［J］. Journal of Corporate Finance，2017（43）：354 – 377.

［12］高杰英，褚冬晓，廉永辉，等.ESG 表现能改善企业投资效率吗？［J］.证券市场导报，2021（11）：24 – 34，72.

［13］Chatterji A K，Durand R，Levine D I，et al. Do Ratings of Firms Converge？Implications for Managers，Investors and Strategy Researchers［J］. Strategic Management Journal，2016，37（8）：1597 – 1614.

［14］Berg F，Kolbel J，Rigobon R. Aggregate Confusion：The Divergence of ESG Ratings［J］. Review of Finance，2022，26（6）：1315 – 1344.

［15］周泽将，谷文菁，伞子瑶.ESG 评级分歧与分析师盈余预测准确性［J］.中国软科学，2023（10）：164 – 176.

［16］Van Duuren E，Plantinga A，Scholtens B. ESG Integration and the Investment Man-agement Process：Fundamental Investing Reinvented ［J］. Journal of Business Ethics，2016 （3）：525 – 533.

［17］朱翔宇 . ESG 投资的代理成本问题与规制路径 ［J］. 南方金融，2023：1 – 13.

第四部分

数字化治理

当前，中国数字经济正在进入快速发展的新阶段，数字化转型已成为多数企业的战略目标。全球政治形势复杂多变、经济处于缓慢复苏阶段，市场竞争加剧，要在当前经济环境下取得竞争优势，企业有必要进行数字化治理。在阅读本部分之前，通过了解战略转型理论、动态能力理论、并购动因理论、协同效应理论等，能更好理解数字化治理给企业带来的影响。

一、战略转型理论

战略学家迈克尔·波特相信，战略是动态的，企业应该在恰当的时机采取行动或放弃现有的策略。战略转变是企业发展的必由之路，也是追求可持续发展的必由之路。企业战略转变的首要目标是寻求新的经济增长点，确保公司的长期发展。在此过程中，企业通过调整现有资源及能力使之适应外部环境变动，同时还需要保持自身核心竞争力不受外界因素干扰。企业战略转型是指把原来的行业或市场，用一个新的行业或市场代替，同时也会对所提供的产品和服务作出相应的调整。

并购作为一种资本运作活动，它所涉及的不仅是企业之间的竞争关系，还包括企业内部资源与能力的重新配置与整合。而这一切的前提是企业必须有一个明确的战略方向。许多并购案例都是从公司自身发展战略出发，以适应公司战略发展需求为最终目标。并购是企业战略转变中的一个重要环节，可以通过横向兼并或纵向兼并，实现企业多元化发展，促进经济增长。因此，并购计划的制订是公司战略的核心，也是企业实现战略转变的关键。

二、动态能力理论

动态能力是指企业利用技术资源、组织资源和管理资源进行维护或改变的能力，是企业战略执行能力的基础能力。当前，数字化经济浪潮席卷全球，技术突破带来了新的产品和服务，市场也随之发生变化，当用户对产品和服务有更多选择机会时，企业也将面临更加激烈的市场竞争。因此，企业要密切关注市场变化，积极进行数字化转型，回应客户的需求，及时加强自身动态能力。从形成动态能力的具体行为来看，企业能够通过引进、消化、吸收利用、学习成长等方式提升自己的动态能力，并在此基础上协同现有能力进行整合与改进，尽可能保证自身在复杂、不确定性程度高的动态竞争市场上，维持或者获取一定的竞争优势。

三、并购动因理论

谋求发展是企业并购的基本动机。开展数字并购形成的规模效应能够提高企业资源的利用、整合效率，进而降低生产、运营成本，促进企业发展。随着生产力不断提高、销售网络逐渐完善，企业的市场份额将会随着企业规模扩大而有较大提升，从而帮助企业在行业中占据领先地位。同时，企业能够通过开展数字收购跨入新的行业，实施多元化发展，扩充企业经营范围，打造以数字化发展为核心的竞争优势，进一步获取更广泛的市场与利润。

四、协同效应理论

协同作用理论认为，通过合作、经营活动和特殊的资源共享，并购后的效益要大于并购前后的总产出，从而达到"1+1>2"的效果。并购后的协同作用体现在财务、管理、经营和人力资源等多个层面。企业通过数字并购，可以将双方在数字技术研发、数字化人才等方面的资源进行整合，提高效率，降低成本，产生协同效应，使业务结构得到改善，实现多元化发展，还能利用被并购数字企业所积累的客户资源与良好声誉，扩大公司在数字化发展领域的影响力。

| 第 7 章 |

数字化并购

【引导案例】

广电运通数字化并购案例

"十四五"规划中明确提出要建设数字经济新优势，加快数字社会建设步伐，构建数字生态环境。而要建立新的数字经济优势，关键在于突破关键技术与应用场景。在数字化转型已成为绝大多数公司战略目标的背景下，以数字技术为核心的并购重组能帮助公司更快、更好地进行数字化改造。广州广电运通集团股份有限公司（以下简称"广电运通"，证券代码：002152）在数字化战略转型背景下，通过并购北京中科江南信息技术股份有限公司（以下简称"中科江南"，证券代码：301153）和深圳市信义科技有限公司（以下简称"信义科技"），获取人工智能、区块链等相关数字技术资源，发挥了协同效应、调整了动态能力、在业务层面和公司整体发展方面均落实了数字化转型战略，是一起典型的数字化并购。

7.1 数字化并购与公司战略转型

7.1.1 数字化并购

本案例参照唐浩丹和蒋殿春（2021）、蒋殿春和唐浩丹（2021）、唐浩丹等（2022）、孙黎和张弛（2023）的研究，将数字化并购定义为：公司构建自身数字化能力而进行的，以获取标的公司数字技术和数字业务为核心要素的，以推进数字化转型战略为主要目标而进行的并购活动。就公司并购的最终目标不同，数字化并购可以在大体上分为技术获取型、服务获取型和市场获取型三类。

值得注意的是，数字化并购不同于传统并购，它不是简单地通过并购向公司插入某个数字业务单元或增加某项数字技术，而是在公司数字化转型战略的框架下，以程序化并购的形式多次发生。这样的并购方式不仅能够帮助公司解决数字化转型所带来的一系列挑战，还有助于公司更好地把握未来市场机会。这种并购方式不需要大规模的收购，可以在很大程度上体现出公司资金使用的灵活性和投资对象的科学性。在快速变化的业务环境下，公司通过数字化并购可以获得较高的股东报酬比率。

7.1.2 数字化转型

数字化转型是基于数字技术和数字能力的提升而进行的一项高水平的转型，它涉及公司经营的核心业务，是一种意在发展出全新业务和商业模式的转型战略。

数字化转型的根本思想是利用数字技术体系改善业务模式与业务流程。通过这种方式，公司可以使经营和运营更加有效率（陈玉罡和李善民，2007）。根据 Forrester 咨询研究显示，行业的数字化转型已经进入以人工智能技术为主的全新阶段。公司的数字化转型，并不只是从"信息化"到"数字化"，更是一种商业模式的转变。在传统行业中，数字化转型主要依靠信息技术来实现。但随着互联网、云计算、大数据等新一代资讯科技的不断发展和运用，移动通信网络、物联网、社交媒体等也在蓬勃发展（陈江宁和周晶，2020）。数字经济的核心是以数据为基础。其中，以智能技术为代表的数字技术是其发展的重要力量。所以，人们认为人工智能技术是推动数字经济转型的重要力量。

公司的数字化转型有三个基本原因。第一是传统经济是转型的主要对象，因为相比于新兴经济体，传统经济体目前所面临的境况更为窘迫。第二是需要帮助公司进行数字化转型的合伙人，因为数字技术在传统工业和经济中的应用存在着一定的障碍，所以将这项工作交给更专业的合作伙伴，往往比亲力亲为更加有效率。当然，公司也可以通过互联网来实现资源的优化配置（高柏和朱兰，2020）。第三是公司需要拥有非常丰富的应用场景，且这些场景必须以数字平台为生态基础，并围绕客户需求进行进化和创新。

7.2 案例资料

7.2.1 并购方——广电运通

广电运通，前身系广州广电运通金融电子有限公司，创立于 1999 年，现隶属于广州无线电集团，由国资委 100.00% 控股。公司从国内银行 ATM 起步，2007 年获证监会批准于深圳证券交易所中小板成功上市，是一家国有控股的高新技术上市公司。

广电运通早年致力于自主研发纸币识别技术，并以 ATM、智能交通自动售票机等自助设备业务为核心，在自主研发、生产、销售和服务方面，已形成了一套完整的体系。在正式确立数字化战略转型前，公司就已经开展了一系列外延式的并购投资，扩张其业务范围。2017 年末，公司正式提出了面向数字化的升级转型战略，开始着手数字化并购，通过获取标的公司的数字技术，加强公司金融、押运、安防等业务板块的能力，支持四大业务转型和长期发展。从转型的第二年，即 2019 年开始，凭借二十余年的技术积累和场景实施优势，广电运通积极参与到国家的人工智能发展战略中来，其业务逐渐向金融科技、公共安全、交通运输等方向发展。2021 年是中国"十四五"规划的第一年，广电运通公司推出了"124"发展战略，以科技创新驱动金融科技和智慧城市两大主线，实现高质量发展。公司数字化转型战略的中长期目标为 2021～2025 年成为领先的人工智能全栈式服务商。

广电运通已成为一家集智能终端、运营服务、大数据服务于一体的公司。经过针对性的资本运作，2020 年公司的人工智能产业布局已初现雏形。

7.2.2 被并购方——信义科技

信义科技成立于 1997 年，专注于影像及大数据的综合运用、治安管理，在智能警务、智能交通等方面有着丰富的应用经验。信义科技在安防行业深耕二十余年，积累了大量的公安数据，拥有二十余个警种实战平台、三百余种战斗方式，人力资源方面有公共安全领域专家人才近百人，并且拥有近百个城市公共安全解决方案经验和案例。

信义科技在平安城市、智慧园区、智慧警务等多个领域均有突出表现。以湛江、中山、福建、湖南为中心形成多个公安大数据指挥中心，在公安工作中具有很强的影响力。这为广电运通在今后的发展中，以其自身的军事押运资源、自主研发技术、大数据等优势，在广东乃至全国范围内，全面推行智能化公共安全系统的建设打下了坚实的基础。信义科技 2018 年新签约逾6.00 亿元，合并后将会是广电运通新的盈利增长点。

7.2.3　被并购方——中科江南

中科江南成立于 2016 年，是一家以财务信息和财务信息安全为核心的大型软件公司，是全球分布式会计领域的领军公司。2018 年，中科江南为中国 60.00% 的财政资金提供了电子支付项目，其电子支付的市场占有率高达 98.00%。中科江南具有国家保密信息体系甲等综合资质，是中国央行、财政部国库资金电子支付标准的重要组成部分。中科江南始终坚持自主创新，已掌握金融信息安全、金融大数据、云技术一体化、区块链等核心技术。

中科江南依托国家财政信息化技术，以财政信息化为基础，为各级财政、金融机构、政府机关提供金融、财务、安全等整体解决方案，在金融信息化建设行业中，充分利用云计算、大数据等技术，发展与金融信息化有关的信息系统。公司主要经营范围包括电子支付解决方案、财务预算管理一体化解决方案、预算单位财务服务平台等。

7.2.4　并购过程

广电运通并购信义科技和中科江南的投资收购事项，均属公司董事会的审批权限内，无须提交股东大会审议，故不构成关联交易事项，也不构成《上市公司重大资产重组管理办法》规定的重大资产重组。两笔收购交易的资金 3.27 亿元和 3.13 亿元分别来自广州银通和广电运通的自有资金。表 4.7.1 为广电运通并购信义科技和中科江南的时间进程。

表 4.7.1　　　　　　　广电运通并购信义科技和中科江南的时间进程

时间	并购事件
2018 年 1 月 4 日	广电运通召开第五届董事会第二次（临时）会议，审议通过了《关于全资子公司广州银通拟收购深圳市信义科技有限公司85.00%股权的议案》
2018 年 2 月 5 日	广州银通取得信义科技 85.00% 的股权，信义科技成为公司的控股孙公司，完成工商变更登记手续
2018 年 2 月 8 日	广电运通召开第五届董事会第三次（临时）会议，审议通过了《关于公司拟收购北京中科江南信息技术股份有限公司46.00%股权的议案》
2018 年 3 月 27 日	广电运通取得中科江南46.00%的股权，中科江南成为公司的控股子公司，完成工商变更登记手续

资料来源：广电运通公告。

　　2018 年，广电运通并购了中科江南、信义科技，并由此开启了人工智能与大数据领域的拓展，推进了公司数字化转型战略的进程。

7.3　案 例 分 析

7.3.1　数字化并购的动因分析

（1）传统业务衰退

　　广电运通在近 20 年来一直是 ATM 行业的领军公司，在 2017 年底正式启动了数字化转型的战略，希望通过 AI 来实现对整个行业的赋能，从而在智能金融、智能通信、智能安全、智能便民四个方面全面发展。公司通过并购加速转型进程，目标是从金融电子制造商转型为人工智能服务商，公司在不同时期的转型预期变化如表 4.7.2 所示。在战略转型布局中，通过并购中科江南，广电运通可以顺利地进入财政信息化这一领域，为转型提供增速。并购完成后，在广电运通的战略转型进程中，智能安全与智慧金融将共同打造成为标杆业务，加速落实战略的同时也为其他业务的后续转型提供思路。因此，这两次并购不仅是广电运通因为传统业务衰退而进行战略转型的开端之作，更是确立转型方向和提供转型增速的关键两步。若这两次的并购后续整合效果表现良好，那么便可以为未来公司的加速转型指明方向。

表4.7.2　　　　　广电运通的经营重点、业务领域和阶段定位转型预期

项目	1998～2018 年			2018 年至今	
经营重点	专注于 ATM	转变服务理念	整体解决方案	人工智能	AI＋应用场景
业务领域	金融领域	金融和智能交通等	智能金融和智能交通	智能金融、智能交通、智能安全	智能便民和海外业务
阶段定位	挖掘模式——开发公司成长能力和利润增长潜力	开拓模式——自主创新技术提高公司服务形象		全新模式——坚持高端制造和高端服务	新一轮快速增长模式——领先的人工智能全栈式服务商
	质量弥补者	差异化竞争者		利润创造者	行业引领者

资料来源：作者整理。

并购前，广电运通经营范围较为单一，并购后，公司将形成四大业务共同发展的趋势，公司定位也将迎来全新模式——"高端制造＋服务"。在未来的战略部署中，广电运通将会把经营重点转移到积累数字技术和推动"AI＋应用场景"落地，成为高端制造和服务的优秀行业龙头。在此过程中，并购中科江南和信义科技这两家人工智能技术出色的高新技术公司，无疑是数字化转型中至关重要的战略部署。广电运通希望通过这两次并购完善战略转型布局，具体如表4.7.3所示。在战略转型的过程中，除了坚持内部自主研发创新技术外，最为关键的就是通过外延式并购扩展现有两大核心业务的版图。

表4.7.3　　　　　　　　广电运通两大核心业务的转型目标

两大核心业务	既有服务	布局	重大动作	短期目标	长期目标
智能金融	金融智能终端设备制造	拓展到智能财政领域	并购中科江南	抓银行网点转型升级	打造金融服务大数据平台
智能安全	现金外包武装押运	切入公共安全领域	并购信义科技	参与城市级智能公共安全建设运营	成为城市智能整体解决方案提供商

资料来源：作者整理。

（2）补充数字技术

数字创新如同源头活水，始终居于首要位置。公司应当适时调整动态能力，打造全新数字核心竞争力。对商业场景的了解和掌握，使得广电运通能够在市场上一帆风顺，而不断完善的数字技术则是广电运通未来的"撒手锏"。虽然自主创新早已植入广电运通的公司基因，公司近年来源源不断地产出了不少数字技术成果，但数字化并购仍旧是公司能够更快更直接补充并强化数字技术核心竞争力的最佳途径。

广电运通收购信义科技后获得了人脸识别和人工智能应用解决方案，以及警务大数据、云计算等数字技术，并购整合后，广电运通向"多模式识别"发展。广电运通并购中科江南也是出于同样的原因。在并购前，公司在金融数据安全技术、财政一体化技术和区块链技术方面相对空白。并购完成后，中科江南的数字技术可以使得广电运通的智能金融业务整体升级拓展。一方面，填补了原有数字技术体系的空白。另一方面，中科江南的分布式账本技术的领先性，也将助力广电运通迎接未来区块链新风口。

（3）寻求协同效应

①智能金融。

广电运通并购了中科江南后，将在智能金融领域成为国内唯一的技术供应商，也是智能财政领域的领军者。一方面，中科江南可以实现金融服务的电子化，并用数字化技术打造智慧财政解决方案。因此，广电运通可以整合双方资源，深入合作，产生研发协同效应。另一方面，中科江南是少数几家全国性的财政信息化建设服务商，此次并购将帮助广电运通切入财政领域电子化业务，为智能金融业务增添收入来源。不仅如此，中科江南的技术团队成员全程参与财政部于 2020 年发布的《预算管理一体化规范》《预算管理一体化系统技术标准》等规范和标准制定，并据此研发出了财政预算管理一体化系统。

②智能安全和智能交通。

信义科技专业从事公安信息化，与华为有多年的智慧城市和公共安全合作经验。广电运通近几年收购了很多武装押运公司，形成了一套安保服务网络。同时，公司拥有的政府、公安机关用户，也为信义科技的发展提供保障。在智能安全方面，公司大力推动信义科技的智能化公共安全解决方案，进而推进各项人工智能技术落地应用，加快打开智能公共安全的巨大市场。在智能交通方面，广电运通能以现有轨道交通客户为基础，在信义科技的生物识别技术加持下，发展智能终端产品和系统软件平台，逐步形成智能化售检票、智慧安检、运营服务等业务体系。

7.3.2　数字化并购的绩效分析

（1）市场绩效

本案例采用事件研究法来考察广电运通在两次收购中的短期股票价格变化。在数据选取上，本案例选取并购公告日为事件日 T0（2018 年 1 月 4 日和2018 年 2 月 8 日）。进一步地，由于两次并购事件时间距离较近，为了避免窗口期存在重合，因此选择了（-10，10）的 20 日窗口期。同时，鉴于广电运通是深圳证券交易所的上市公司，因此选择深证成指（399 001）作为市场收益率的衡量指标，并选取广电运通并购事件窗口期的前 120 个交易日作为清洁期，构建广电运通两次收购事件前的个股收益率与市场收益率的关系模型。结合图 4.7.1 可以得知，广电运通并购信义科技的公告一出，其股票价格就发生了很大的波动，在短期内的超额收益率 AR 和累计超额收益率 CAR 由收购前的稳定趋势转为大幅上涨。尽管在"窗口期"的后半部分，公司的 AR 和 CAR 都有所降低，但是相对于并购发生之前，公司的股价仍然处于高位。从图 4.7.2 可以看出，广电运通在宣布并购中科江南后，股票市场的 AR 暂时停止了下滑，从而达到了一个稳定的水平。而且，在事件发生的第七天，AR 出现了明显的上升，并在窗口的最后一天达到了 4.6860%。

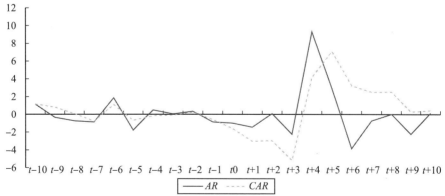

图 4.7.1　广电运通并购信义科技窗口期 [-10，10] 收益率走势

资料来源：作者根据 CSMAR 数据库数据计算得出。

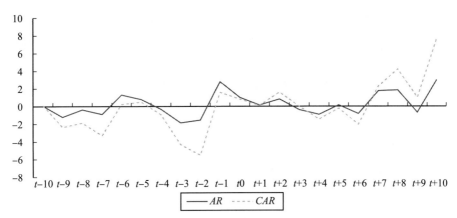

图 4.7.2 广电运通并购中科江南窗口期 [-10, 10] 收益率走势

资料来源：作者根据 CSMAR 数据库数据计算得出。

总体来说，这两次并购都是被市场股东所看好的，并购也在短期内提升了广电运通的市场价值。

（2）KPI 绩效

平衡计分卡是一种从财务、客户、内部运营、学习与成长四方面实现公司战略的可操作性度量和目标的新的绩效管理系统。在本案例中，将以平衡计分卡为工具，从以上四个角度，对广电运通数字化并购的关键绩效指标（KPI）进行综合分析和评价。

①财务维度。

盈利能力与收益质量

根据申万三级行业（2021）分类，将广电运通所处的行业定位在"计算机—计算机设备—其他计算机设备"，将行业平均销售净利率和净资产收益率与公司对应的指标进行对比分析，结果如表 4.7.4 所示。

表 4.7.4　　　　　　2016~2020 年广电运通盈利能力指标比较　　　单位：%

指标	2016 年	2017 年	2018 年	2019 年	2020 年
销售净利率	20.16	21.99	14.36	13.60	13.24
行业平均销售净利率	7.16	6.78	1.49	6.13	5.10
净资产收益率	11.82	10.29	7.48	8.59	7.54
行业平均净资产收益率	13.58	7.36	1.44	8.04	6.43

资料来源：Choice 金融终端。

销售净利率反映了公司整体的获利能力。广电运通 2018 年的销售净利率较上年降低了约 7.50%，降幅达到了 34.00%，主要原因是前期投资并购的武装押运行业子公司当年的经营效益不及预期。此后，公司很快通过信义科技升级了原武装押运业务，随后两年的销售净利率也保持得较为稳定。与同行业相比，公司的获利能力还是处于行业先列队伍中。

净资产收益率反映公司拥有资金净收入的能力。广电运通并购前后的净资产收益率先下降、后上升直至平稳。根据前述分析可知，公司的净利润在 2018 年严重下降影响了当年的净资产收益率。2019 年和 2020 年则是因研发费用的增加影响了净利润，致使公司的净资产收益率没有明显的回升，但保持了相对稳定。与同行业相比，广电运通的净资产收益率一直是较低的，公司的经营管理能力有待加强。

营运能力

从图 4.7.3 可知，广电运通的存货周转率在并购后有明显的提升，主要是创新研发出的金融终端设备符合市场的需求，从而减少存货积压，加快了周转的速度。而公司的应收账款周转率在并购后出现了明显下降。结合表 4.7.5 数据可知，广电运通并购后新增的应收账款绝大多数来自并购新增子公司。并购后，公司的应收账款增长了约 64.00%，增长速度高于营业收入，导致应收账款周转率降低。在总资产周转率方面，公司在并购当年小幅提升，并在之后三年保持在了 0.42 左右。说明公司整体资产的运营效率在并购前后较为稳定。

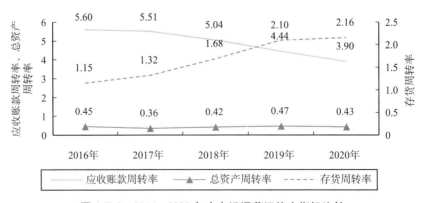

图 4.7.3　2016～2020 年广电运通营运能力指标比较

资料来源：广电运通 2016～2020 年年报。

表 4.7.5   **2016～2020 年广电运通应收账款报表项目比较**   单位：亿元

指标	2016 年	2017 年	2018 年	2019 年	2020 年
合并报表应收账款	7.57	8.00	13.12	15.18	16.58
母公司报表应收账款	5.76	5.35	5.15	5.88	6.66

资料来源：广电运通 2016～2020 年年报。

发展能力

考虑到广电运通转型过程中主营业务的统计口径发生了重大变化，本案例评价公司并购前后发展能力变化时，只将口径一致的 4 年数据纳入研究范围。从图 4.7.4 可知，营业收入方面，广电运通 2017～2019 年的营业收入同比增速为 -0.91%、24.53% 和 19.00%。数字化转型使主营业务收入较快提升。广电运通的投资并购对其总资产的增长是正向影响的，并且在 4 年里都保持了良好的增速，有利于公司的长期发展。由于传统的银行设备市场萎缩，公司 2017 年的经营业绩和净利润都出现了明显的下降。但由于 2018 年公司加快了数字化并购的脚步，其经营业绩有了显著的提高，营业收入比上年同期增加 24.53%。在净利润表现方面，2018 年公司因前期并购的武装押运公司经营不如预期而大量计提减值，致使其净利润跌入低谷。好在 2019 年信义科技与公司武装押运板块在业务上发挥了协同效应，及时扭转了颓势，使公司在扣除非经常性损益后归母净利润实现了 19% 的增长。

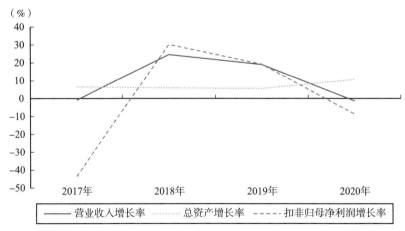

图 4.7.4   2017～2020 年广电运通发展能力指标比较

资料来源：广电运通 2017～2020 年年报。

从图 4.7.5 可知，智能金融业务自 2018 年开始便实现了稳步增长。一方面，是由于公司并购中科江南所扩展的智能金融新板块"智能财政"，为公司在 2018~2020 年分别带来 2.84 亿元、3.93 亿元和 5.87 亿元的营业收入；另一方面，中科江南的金融大数据技术升级了广电运通原有的智能金融终端设备，使其能够不断符合银行业数字化转型需求，从而持续带动了智能金融业务量的增长。而在智能安防业务中，公司通过收购信义科技，进入了新的公共安全领域，不仅收获了智能安全业务中重要的一块版图，而且盘活了传统武装押运业务。智能交通业务并购后显著的增长，则是因为城市轨道交通行业整体保持较快的增速。显而易见，信义科技改善了公司的产品销售结构，并购带来的成效斐然。

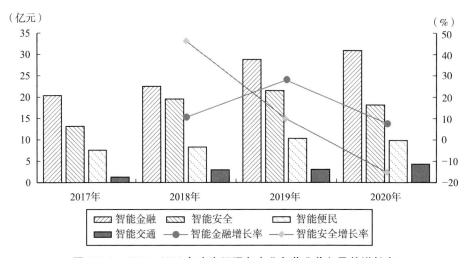

图 4.7.5 2017~2020 年广电运通各大业务营业收入及其增长率

资料来源：广电运通 2017~2020 年年报。

②客户维度。

从表 4.7.6 可知，在并购前，广电运通近一半的营业收入集中在智能金融领域。在并购当年，四大业务都得到了不同程度的收入增长。随着并购整合的加深，中科江南也帮助智能金融业务保持着与其他三大业务同步发展的良好趋势，常年维持在 40.00% 以上。从数据上来看，并购不仅使公司的业务结构得到改善，并且实现了四大业务的协同发展。

表 4.7.6   **2017~2020 年广电运通分行业营业收入占比变化情况**   单位：%

业务类型	并购前	并购后		
	2017 年	2018 年	2019 年	2020 年
智能金融	46.46	41.18	44.24	48.02
智能交通	2.86	5.44	4.70	6.69
智能安全	29.95	35.74	33.06	28.29
智能便民	17.15	15.13	15.85	15.32
其他	2.51	2.51	2.15	1.68

资料来源：广电运通 2017~2020 年年报。

从表 4.7.7 可以得出，并购前广电运通的前五大客户集中度较高，这说明公司业务收入来源仍集中在智能金融领域，面临极大的财务风险。而并购后，公司切入了智能安防和智能财政两个全新业务，为公司带来了新客户的同时也开拓了新的收入渠道。从数据上来看，并购带来的新客户拉低了前五大客户的集中度，财务风险显著降低。

表 4.7.7   **广电运通前五名客户合计销售额及其占年度销售总额比例变化情况**

指标	并购前		并购后		
	2016 年	2017 年	2018 年	2019 年	2020 年
前五名客户合计销售金额（亿元）	17.55	16.33	15.94	19.77	18.20
前五名客户合计销售金额占年度销售总额比（%）	39.66	37.26	29.19	30.43	28.38

资料来源：广电运通 2016~2020 年年报。

③内部运营维度。

由表 4.7.8 可知，并购后，广电运通的产品结构得到改善，内部技术资源利用效率提高，与 2016 年相比，公司的管理费用率在 2020 年降低了近一半。并购后，公司积极地寻求管理协同效应，提高了销售管理的效率，销售成本有效下降，销售费用率也有很大的下降。

表 4.7.8　　　　　2016～2020 年广电运通期间费用率变化情况　　　　单位：%

指标	2016 年	2017 年	2018 年	2019 年	2020 年
管理费用率	12.83	7.44	7.07	6.15	6.24
销售费用率	15.81	14.32	13.09	11.08	10.11

资料来源：广电运通 2016～2020 年年报。

④学习与成长维度。

创新投入

并购前，广电运通的研发投入比已经高于同行业的均值。从表 4.7.9 可知，2019 年公司研发投入达到了 7.23 亿元，其中，研发投入占营业收入的比例为 11.13%。

表 4.7.9　　　　　　2016～2020 年广电运通研发强度变化情况

指标	2016 年	2017 年	2018 年	2019 年	2020 年
研发投入金额（亿元）	3.64	3.69	4.53	7.23	7.25
研发投入占营业收入比例（%）	8.22	8.42	8.31	11.13	11.31

资料来源：广电运通 2016～2020 年年报。

从表 4.7.10 可知，2017～2020 年广电运通的研发人数、研发人员占比、高学历员工占比直线上升，这意味着数字化并购增加了公司的研发人才储备。

表 4.7.10　　　　　2016～2020 年广电运通人力资本水平变化情况

指标	2016 年	2017 年	2018 年	2019 年	2020 年
研发人员数量（人）	1 097	1 109	1 224	1 306	1 652
研发人员占比（%）	5.15	4.57	4.72	5.02	6.25
本科、硕士和博士学位员工占比（%）	58.48	52.49	53.40	52.45	55.73

资料来源：广电运通 2016～2020 年年报。

创新产出

从图 4.7.6 可知，并购前，广电运通主要通过购置增加软件，说明公司虽有一定自主研发能力，但有效产出较少。2018 年，公司通过并购获取了大量数字技术，合并增加额达到 816.00 万元，这说明合并使研发资源得到了整合强化，进而促进了公司自身的创新产出。

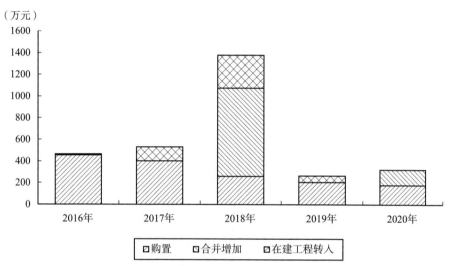

图 4.7.6 2016~2020 年广电运通"无形资产——软件"科目增量变化

资料来源：广电运通 2016~2020 年年报。

由图 4.7.7 可知，广电运通的人均创收从 2017 年的 18.06 万元增加到 2020 年的 25.25 万元，人均创利则从 2017 年的 1.67 万元增加到 2020 年的 2.64 万元。并购后，研发人员比例增加提升了人力资本水平，创造了创新研发环境，带动了整体业务的创新发展和创收能力的持续增强。

从表 4.7.11 可知，在广电运通对合并各方核心资源进行深度整合后，从 2019 年开始公司的创新产出效果就大幅提升，公司的专利授权数在短短两年间新增了 600 多个专利。

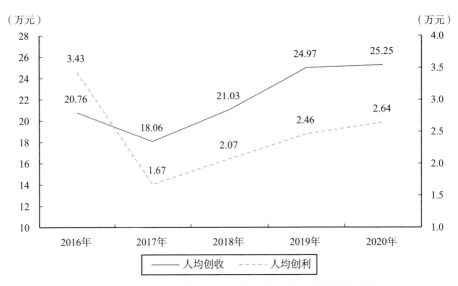

图 4.7.7　2016～2020 年广电运通人均创收及人均创利变化情况

资料来源：作者根据广电运通 2016～2020 年年报数据计算得出。

表 4.7.11　　　　2017～2020 年广电运通专利授权数变化情况

指标	2017 年	2018 年	2019 年	2020 年
专利授权新增数（项）	209	205	255	374

资料来源：广电运通 2017～2020 年年报。

7.3.3　数字化并购对公司战略转型效果的影响

（1）业务层面创新转型效果

本部分将参考《2021 国有公司数字化转型发展指数与方法路径白皮书》中公司数字化转型指标体系的构建，从业务数字化、业务集成融合、业务模式创新和数字业务培育这四个方面，来综合评价广电运通并购前后业务创新转型的效果，并通过构建数字化转型指标评价数字化并购对公司转型效果的影响。

①业务数字化。

业务数字化是指公司在数字技术的驱动下，其主营业务从设备制造（硬件）向数字技术为主的服务（软件）逐步转型，是公司的业务层面数字化转型的重要标志。服务化收入占比是衡量业务数字化的重要指标。从图 4.7.8 可知，2018 年广电运通切入财政信息一体化的服务，并进军智能安防业务。

在并购整合后，公司的技术服务收入稳定在 60.00% 左右。这说明广电运通真正意义上的数字化转型成功，从金融制造商转变为人工智能技术服务商。

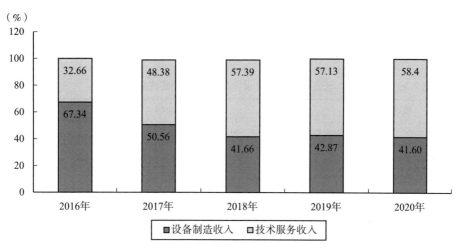

图 4.7.8　2016～2020 年广电运通分产品营业收入结构变化情况

资料来源：广电运通 2016～2020 年年报。

②业务集成融合。

业务集成融合指的是跨部门、跨主体的整合操作与协调优化。如表 4.7.12 所示，广电运通并购了信义科技，将这些技术整合后应用到了安防、交通等行业，提升了产品与服务的整体产出，加快了应用落地。

表 4.7.12　　　　　　　广电运通视觉智能技术积累及产出情况

智能产品	智能算法		场景应用	
智能设备	票据识别	视觉数据智能	智能安全	智能交通
ATM VTM	钞票识别	人脸识别 行人识别	边缘摄像机 行人结构化 智能车牌识别	人脸识别闸机 VIP 客户识别 人证身份核验
人证合一终端 贵宾 VIP 识别	OCR 识别	行为识别 车辆识别	智能金融	智慧便民
柜面身份认证	证件识别	指纹识别 指静脉识别	远程业务视频办理 生物特征识别 异常行为识别	人脸支付认证 商品自动识别 交易信息加密

资料来源：作者整理。

信义科技在视频行业积累了丰富的技术经验。并购后，信义科技成为广电运通的智慧城市建设实施主体。信义科技在广电运通早期的视觉智能基础上，进行了进一步的应用和扩展，将双方业务进行集成融合。目前，广电运通联合信义科技已创设了如表4.7.13所示的智慧城市视觉数据智能产品技术体系。

表4.7.13 广电运通智慧城市视觉数据智能产品技术体系

领域	具体应用
智能应用	智能警务、智能校园、智能交通、智能金融、智慧财政、智慧社区
数据分析治理	行人车辆结构化、人群分析、行为识别、生物特征识别
视觉数据汇聚	存储设备、计算设备、操作系统、数据库
视觉数据感知	车牌识别摄像机、车辆人脸卡口摄像机、视频门禁

资料来源：作者整理。

③业务模式创新。

业务模式创新是以新的能力模块化包装与整合为基础，促进公司核心业务模式的创新，从而建立起贯通公司内外的价值链，并与各利益相关者共同形成新的价值模型。广电运通在2018年确立了数字化转型战略后，已从金融电子制造商转变为人工智能服务商，完成了从ATM到AI的华丽蜕变。并购前后，其业务模式的具体创新变化如表4.7.14所示。

表4.7.14 广电运通业务模式创新变化情况

项目	1998～2018年（并购前）			2018年至今（并购后）				
业务领域	金融领域	金融智能交通	智能金融智能交通	智能金融	智能交通	智能安全	智能便民	海外业务
业务形式	产品出售	产品和服务出售	产品出售提供服务方案	研发	制造	维保服务	出售	—
业务模式	制造	制造为主服务为辅	制造和服务并驾齐驱	人工智能技术研发，打造技术生态成立五大事业群，整合经营				

资料来源：作者整理。

④数字业务培育。

数字业务培育，就是通过数字资源、知识和数字能力的输出，利用大数据、人工智能、区块链等技术，通过数据资产化和平台运营，为用户和利益相关者提供服务。《公司数字化转型蓝皮报告》显示，"新IT"是各个行业转型的数字基座，是数字化转型生产力的核心，能够为各行业的数字化转型和智能化转型提供必要的技术支持。建立"新IT"的数字基础，助力公司数字化转型，正是广电运通数字业务培育的重点。目前，广电运通以加快融入数字经济为导向，通过数字化并购完善补充公司数字技术后，培育出了"新IT"数字业务，取得了显著的成果。

（2）公司层面数字化转型效果

①上市公司数字化转型指标构建。

参考 CSMAR 数据库中"数字经济—上市公司数字化转型指标"的构建，本案例通过文本分析法的方式，对 2016～2020 年制造业上市公司年报进行整理并将其转化为文字，从中抽取公司运营状况分析部分，从人工智能、区块链、云计算、大数据、数字技术等角度，选出符合数字化转型的上市公司，并分别统计其细分指标在每个上市公司报告中出现的频次，加总得出一个总频次，作为反映公司数字化转型程度的指标（万伦等，2020）。

②广电运通数字化转型程度分析。

根据公司信息年报披露的特征词，本案例统计了 2016～2020 年存在数字化转型的制造业上市公司的数量。考虑到广电运通目前的主营业务是硬软件设备制造，所以将行业进一步细分至了设备制造业，以提高评价的准确性，结果如表 4.7.15 所示。

表 4.7.15 2016～2020 年处于数字化转型阶段的上市公司数量变化情况 单位：家

上市公司数量	2016 年	2017 年	2018 年	2019 年	2020 年
制造业	909	1 109	739	1 327	1 660
设备制造业	412	484	347	605	715

资料来源：作者整理。

接着，从上述公司 2016～2020 年的年报披露中，提取与数字化转型有关的五大关键词出现的频次并加总。以整个行业的总频次除以业内公司的总数量，计算出该行业数字化转型指标的均值，以此代表该行业当年的数字化转型程度。随后，将广电运通 2016～2020 年的数字化转型指标与其相关的两个细分行业的均值进行比较，再与科大国创进行比较，从而准确地评价公司并购前后的数字化转型程度。具体计算结果如表 4.7.16 所示。

表 4.7.16　2016～2020 年广电运通与行业的数字化转型指标比较情况

数字化转型指标	2016 年	2017 年	2018 年	2019 年	2020 年
制造业均值	11.61	13.36	16.81	15.83	15.47
设备制造业均值	14.39	17.67	20.74	21.66	21.56
广电运通	24	72	159	171	204

资料来源：作者整理。

从表 4.7.16 可以看出，2016～2020 年，无论是制造业还是其细分领域设备制造业，其数字化转型平均指标都有提高，这意味着整个行业的数字化转型的提升。广电运通的数字化转型指标每年都高于其行业平均值，说明其一直处于行业前列。因为公司以高科技产品发家，早期持续投入创新研发，自主开发了多项数字技术并得以应用落地。2020 年，公司的数字化转型指标达到行业均值的近 10.00 倍。可见，广电运通近 5 年的数字化转型程度相对于整个行业来说都处于领先位置，并且领先幅度越来越大。

科大国创专注于云计算、大数据、人工智能等技术的研究与应用，近几年一直致力于人工智能领域的大数据应用。鉴于两家上市公司都以人工智能技术为其业务发展的主要驱动力，将广电运通与科大国创进行直接对比，具有一定的意义。由图 4.7.9 可知，广电运通和科大国创的数字化转型指标在 2016～2020 年都得到了不同程度的提升，说明这两家上市公司近五年在数字化转型方面均取得了不错的成效。从指标数值上来看，广电运通 2016～2020 年五年间增长了近十倍。广电运通借助并购带来的技术资源和人力资源，研发能力大大提升，迅速完成了对科大国创的超越，并在并购后的三年里继续扩大其领先优势。从数字技术积累的具体种类来看，2016 年广电运通聚焦于金融终端设备制造业务，这是因为当时公司的产品体系较为单一。然而，公司坚定不移走自主创新路线的同时还利用了并购投资等资本运作手段，填补了此前在区块链技术和大数据技术上的空白，完善了数字技术体系，进而更快地推进了数字应用的成功落地。

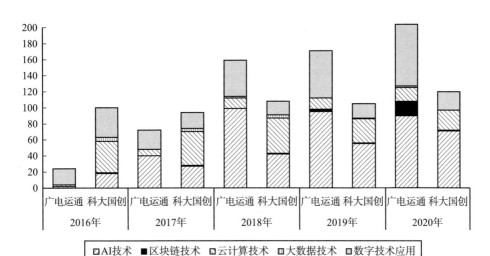

图 4.7.9　2016～2020 年广电运通与科大国创的数字化转型指标的比较情况

资料来源：作者整理。

③广电运通并购转型效果分析。

本案例加入御银股份和恒银科技两家上市公司的数据，与广电运通进行横向比较，以评价并购对广电运通数字化转型的影响。指标的具体计算结果如表 4.7.17 所示。

表 4.7.17 　　　　　2016～2020 年广电运通与御银股份、

恒银科技的数字化转型指标比较

数字化转型指标	2016 年	2017 年	2018 年	2019 年	2020 年
广电运通	24	72	159	171	204
御银股份	20	44	27	46	90
恒银科技	18	38	46	60	65

资料来源：作者整理。

纵向来看，广电运通的数字化转型指标从 2017 年的 72 到 2020 年的 204，说明并购为公司带来了指标的稳定提升，加速了公司的转型进程。横向来看，三家上市公司 2016 年的数字化转型指标近乎相同，说明 2016 年它们的转型程度处在同一水平线。这是因为在 2017 年以前，三家公司各自的核心业务都是以 ATM 为代表的金融终端设备制造，与其相关的数字技术也都集中这一领域，所以它们的数字技术水平差距不大。虽然从指标数据上来看，2017 年广电运通就拉开了和另外两家公司的距离，但也仅是两倍不到。从 2018 年广电运通开展数字化并购起，在数字化转型程度上，公司开始逐渐呈现出了一骑绝尘的态势，远远领先于没有进行相关并购的御银股份和恒银科技。

从以上分析可以看出，数字化并购对数字化转型具有极大的推动作用，在广电运通转型过程中发挥了显著的正向效应。

7.4 案例讨论与问题

（1）数字经济浪潮对高新技术公司带来了什么影响？
（2）广电运通数字化并购的动因是什么？
（3）广电运通数字化转型的效果如何？
（4）这起数字并购给同行业带来何种启示？

7.5 教 学 设 计

本案例要实现的教学目标在于使学生对高新技术公司数字化并购事件产生兴趣，在国家加快推进数字化转型进程的背景下，分析本案例中并购方收购标的的动因，探究其背后的数字化转型战略，再通过分析其并购后的数字化整合效果和公司绩效，进一步研究并购重组对并购方数字化转型效果的影响，为数字化转型并购的相关研究及监管提出启示和建议。基于此，引发同学思考对高新技术公司数字化转型的可借鉴之处，进一步丰富和完善并购的相关理论与具体实践。

7.5.1 课时分配

同第 1 章。

7.5.2 讨论方式

同第 1 章。

7.5.3 课堂讨论总结

同第 1 章。

7.6 前沿研究聚焦

7.6.1 数字并购与公司创新

数字并购能够有效促进并购公司提升创新绩效，且与创新数量相比，对创新质量的促进作用更强；细分并购模式发现，中国境内数字并购能同时促进并购公司创新数量和创新质量的提升，跨境数字并购虽然在当期对创新数量的促进作用并不明显，但其对创新质量的作用强度明显高于中国境内数字并购；进一步检验影响机制发现，数字并购可以通过增加知识存量产生的知识协同效应，与提升融资能力和盈利能力产生的财务协同效应共同提升并购公司创新绩效（方森辉等，2022）。

7.6.2 数字平台并购与反垄断

进行数字平台并购的公司如果滥用自身的影响力和支配力获取不合理利益，就会造成市场竞争秩序混乱、消费者福利降低和中小公司创新活力减弱等消极影响，这也将对中国经济转型造成不利影响。实现对平台垄断行为的有效规制，需要从以下方面展开：第一，避免反垄断规制缺位。堵塞平台公司实施垄断行为的政策漏洞，维护公平有序的市场竞争环境。既要遏制经营者通过不正当手段攫取他人的竞争优势，也要禁止经营者之间的共谋行为，控制公司间的并购活动，提高竞争政策在反垄断法中的地位。第二，结合中国国情制定反垄断政策。中国监管机构要结合平台经济发展特性准确识别其市场势力，应当立足于激发平台公司创新动力而实施有边界的监管规制。第三，构建反垄断制度体系。反垄断监管涉及消费者保护、市场竞争监管、数据安全、国家税收等多方面，需要构建反垄断制度体系，强化多部门协调治理（王坤沂等，2021）。

7.7 案例思政结合点

中国高新技术公司要适应数字时代的发展，必须主动迎接新的发展趋势。现在，各行业都在大力推进数字技术的变革，打破了传统的商业模式和行业界限，加快了创新的速度。在物联网的推动下，高新技术公司的硬科技产品已不再是"摇钱树"，而软件则成为公司的真正特色。通过并购提升软实力实现数字化转型，在提高公司国际竞争力的同时，也是在打造中国的"数字名片"。

本章参考文献

［1］唐浩丹，蒋殿春．数字并购与公司数字化转型：内涵、事实与经验［J］．经济学家，2021（4）：22－29．

［2］蒋殿春，唐浩丹．数字型跨国并购：特征及驱动力［J］．财贸经济，2021，42（9）：129－144．

［3］唐浩丹，方森辉，蒋殿春．数字化转型的市场绩效：数字并购能提升制造业公司市场势力吗？［J］．数量经济技术经济研究，2022，39（12）：90－110．

［4］孙黎，张弛．数字型跨国并购对中国公司全要素生产率的影响［J］．经济管理，2023，45（7）：22－37．

［5］陈玉罡，李善民．并购中主并公司的可预测性：基于交易成本视角的研究［J］．经济研究，2007（4）：90－100．

［6］陈江宁，周晶．数字经济时代并购重组新模式思考［J］．中国工业和信息化，2020（8）：60－65．

［7］高柏，朱兰．从"世界工厂"到工业互联网强国：打造智能制造时代的竞争优势［J］．改革，2020（6）：30－43．

［8］万伦，王顺强，陈希，等．制造业数字化转型评价指标体系构建与应用研究［J］．科技管理研究，2020，40（13）：142－148．

［9］方森辉，唐浩丹，蒋殿春．数字并购与公司创新：来自中国上市公司的经验证据［J］．管理科学，2022，35（6）：83－96．

［10］王坤沂，张永峰，洪银兴．中国互联网平台市场垄断：形成逻辑、行为界定与政府规制［J］．财经科学，2021（10）：56－69．

| 第 8 章 |
数字化转型

【引导案例】

美的集团并购库卡集团案例

伴随着互联网、大数据、人工智能与实体经济的深度融合，数字化转型不仅能使上市公司降本增效，而且能为上市公司发展提供新的技术支撑，更能为未来的高质量发展注入新的动力引擎。在这样的背景下，数字化转型成为企业发展的新机遇。对于传统制造企业而言，它们深受数字技术和平台化商业模式的颠覆式影响，内源式有机增长已经很难满足需求，此时需要企业根据自身发展战略协调并购行为，以外源式无机增长补足这一缺口并释放长期价值。为此，许多制造业企业通过收购与自身数字化转型战略相契合的数字企业，快速且直接获得数字资产，从而实现数字化转型。在这种情况下，美的集团股份有限公司（以下简称"美的集团"，证券代码：000333）对 KUKA Aktiengesellschaft（以下简称"库卡集团"）发起了收购。库卡集团主要服务于工业生产领域，为客户提供先进的全自动化生产解决方案，是全球范围内领先知名的工业机器人制造商。在德国工业 4.0 和当前中德合作交流越来越频繁的大背景下，库卡集团正逐步向中国市场展开战略布局。而作为全球第二大的机器人市场的中国，在家电、汽车等制造行业对机器人的需求尤为迫切，也为美的集团并购库卡集团提供了契机。

8.1 制造业数字化转型

8.1.1 制造业数字化发展内涵与现状

（1）制造业数字化发展内涵

参照黄等（Huang et al.，2017）的研究，将数字化发展定义为借助数字智能技术创新从而实现颠覆性变革和新机遇的战略。一方面，数字化发展会打破传统企业运营的界限，拓宽发展区域，促进传统产业转型升级，并有助于企业流程改革，提高企业运营的效率，从而完成社会转型发展的目标。另一方面，数字化发展对于制造业企业来说也代表着自动化、智能化，智能制造和机器人技术正越来越多地投入到大规模的正式生产中。

数字化转型是数字化发展到现阶段的必经过程，是在数字化的基础之上，利用现代新技术手段完善数据从源头收集、处理、计算、存储及反馈的全流程运用，这个过程有利于企业之间与行业之间的数据流通，改善整个行业的信息流通，提高效率，升级数字经济体系。要培养一个成功的数字公司，其关键并非数字技术的堆叠，而是数字化转型战略的正确实施（Kane et al.，2015）。在当下的时代环境中，数字化转型是传统业务变革的关键所在（单宇等，2021）。数字化并购是指企业为建设自身数字能力，以标的公司的数字技术和数字服务为并购整合目标，为抢占未来业务数字市场做准备而进行的收购活动（唐浩丹和蒋殿，2021）。成熟市场的企业为了应对市场变化会直接通过并购途径提高自身能力以实现转型（Mallette and Goddard，2018）。数字化转型是利用新时代的技术重构商业模式、生产模式，是一个面向未来的过程，它并不只是投入和运用新兴技术，真正完成数字化转型的企业，会大幅改变企业自身的战略、人才、组织形式和商业模式。

（2）制造业数字化发展现状

2012～2022年中国智能制造应用规模和水平进入全球领先行列。110家工厂达到国际智能制造先进水平，建成了近2 000家引领行业发展的高水平数字化车间和智能工厂。中国智能制造装备产业规模已接近3.00万亿元，工业软件产品收入突破2 400.00亿元，主营业务收入超10亿元的智能制造系统解决方案供应商达到近百家，服务范围覆盖90%以上的制造业领域。

大数据分析和知识库在当前的生产环境中扮演着重要的角色，集成化制造和智能制造是工业企业必定会延续的两个趋势。产业数字化转型的价值维度体现在改善产业的生产效率、推动各行业的跨界融合、改变产业组织的竞争模式以及赋能产业数字升级四个方面。企业数字化转型应该是企业组织管理、商业模式、生产方式等在内的全方位变革（肖旭和戚聿东，2019）。

8.1.2 数字化转型对制造业的影响

（1）重塑价值链

数字化转型加速了制造业技术的创新，影响制造企业从产品的设计到售后服务的整体价值链（陈剑等，2020），使独立的制造单元被智能化的生产线所取代。数字化转型通过人与机器的重新分工，产生新的价值创造点，为企业带来商业模式的创新和变革。通过建立集成设计、采购、施工的数字化项目平台，数据积累和互联，实现向客户交付智能项目（如工厂、设施），并帮助客户优化项目投产后的运营维护效率，延展企业的服务价值链，拓展收入来源。制造商、供应商、客户的合作产品、生产流程和自动化生产将在一整套的流程中设计并完成。

（2）产生增值效应

中国正处于数字经济发展的重要时期，数字化转型成为制造升级的关键点，大部分企业在近年来大力投入对产品生产线的改造，用自动化技术替代或者配合人力，以降低成本、提高效率。原材料价格上涨、劳动力红利褪去、内外部经济环境被动、劳动生产率的停滞不前将极大地影响中国制造业的发展。未来，随着生产率水平提高，制造业产值将大幅提升，加之3D打印技术和智能制造对部分昂贵生产资料的替代，原材料的成本也会相应地降低，这为制造业企业尤其是工业制造企业带来更大的利润空间。

（3）商业决策精准

在生产经营方面，数字技术应用能够提高企业的决策速度，迅速响应不断变化的市场需求，改善生产经营状况（Lu and Ramamurthy，2011）。实现企业数字化转型有利于优化人力资本结构，增强创新能力，提升供应链集成程度与可持续性，扩大对外出口（易靖韬和王悦昊，2021）。数字化转型还能提高企业的全要素生产效率与竞争绩效，帮助跨国企业提高危机处理能力，更好地实现多维经营目标（George and Schillebeeckx，2022）。通过数字化转型搭建起涵盖企业内部数据（如项目开发、项目管理、专业工作、企业营运、工厂设施等）和外部数据（如经济宏观环境、供应商等）的大数据应用平台，通过信息整合，从各个维度帮助公司提供商业决策前的数据分析，企业可以通过可量化的分析结果为其商业策略提供更为全面及客观的事实依据，从而作出适合企业发展方向的最佳决策。

（4）加快融入全球数字经济体系

数字经济是未来全球发展的大趋势，其落脚点在于企业的数字化转型（Wu et al.，2019）。数字化转型是企业与世界接轨的重要途径。数字化技术和文化能够提升制造企业在海外市场的知名度、可信度和专业水平，数字化水平也是衡量企业是否可进入更高级别专业市场的重要依据，与世界领先的制造企业同发展共进步，并最终引领整个行业的发展方向。诸如物联网、大数据、人工智能等新兴技术在科技行业的崛起，数字化转型将为遍布全球的制造企业提供前瞻性的思考方式，进而引入新技术为企业管理模式、生产方式、发展战略带来颠覆性的发展动力，为加速制造企业融入数字经济体系提供了原动力。

8.2 案例资料

8.2.1 并购方——美的集团

1968 年，美的集团在广东省顺德市正式成立，发展至今美的已经由原来的白色家电企业转变为全球性的科技集团。其旗下目前有三大主营业务板块：首先是获利最多和最传统的核心业务空调板块，主要有中央空调、暖通空调和家用空调业务；其次是消费电器板块，主要包括厨房家电、冰箱、洗衣机等，而目前流行的很多智能家居如智能洗碗机、智能电饭煲、扫地机器人都属于消费电器板块；最后是机器人与自动化板块业务，主要是对外销售机器人自动化解决方案，或是承包一些智能制造生产业务。迄今为止，美的所拥有的子公司放眼全球已高达 200 家，包含企业员工约 15 万人，旗下建立的几十个研发中心和生产基地分布全球，所生产的产品也销往了世界各地，是名副其实的全球性公司。

表 4.8.1 和表 4.8.2 总结了美的集团近年来所获殊荣和在数字化技术方面所取得的成就。根据 2019 年的世界 500 强榜单，美的集团排名第 312 位，而在中国的 500 强中美的集团更是排名第 36 位。其工业互联网平台则不只服务于美的集团自身，还向超过 200 家其他行业的客户提供产品和服务。

表 4.8.1 美的集团所获殊荣

排行榜	排名
2019 年《财富》世界 500 强	美的集团排名第 312 位
2019 年《财富》中国 500 强	美的集团排名第 36 位
BrandZ™ 2019 最具价值中国品牌 100 强	美的集团排名第 33 位

资料来源：作者整理。

表 4.8.2 美的集团数字化技术的成果

成果	具体内容
以软件、数据驱动的全价值链运营	覆盖研发能力、订单预定、计划能力、柔性制造、采购能力、品质跟踪、物流能力、客服安装等全价值链的各个环节
数字驱动平台	C2M 柔性制造、研发平台化/模块化、数字化工艺及仿真、智慧物流、数字营销、数字客服等已成为现实
美的工业互联网平台"M. IoT"	国内首家集自主工业知识、软件、硬件于一体的完整工业互联网平台供应商，将客户定制 C2M、供应协同、解决方案等服务标准化、平台化、云化

资料来源：作者整理。

美的集团能在短时间内获得成功离不开早期的数字化转型战略。美的集团数字化转型早在 2012 年就开始了，通过实施"632"项目，美的集团开始重新构建整个集团的核心系统。通过三年的时间，美的集团将原有的 100 多个 IT 系统整合成六大系统、三大平台。2016 年，美的集团在工业 4.0 的热潮下，提出了"双智"战略——"智能产品"+"智能制造"，并特别强调要做全价值链的数字化经营。虽然美的集团不是互联网企业，但公司高层认为互联网、科技智能才是未来的出路，才是制造业新的核心竞争力，因此要实施"双智"战略，建立数字化、智能化的美的。在这样的大背景下，美的集团对库卡集团的并购尤为重要，这次并购直接加快了美的集团的数字化转型进程，加速了"双智"战略的落地。纵观美的集团在数字化转型期间的多起并购案件，与库卡集团的并购可以称得上是实现数字化美的最关键的一步，具有很高的分析价值。

8.2.2　被并购方——库卡集团

库卡集团成立于 1898 年，公司一开始并没有从事机器人领域的相关业务，主要负责室内和城市照明业务，后来才开始涉足焊接工具设备、大型容器等其他领域。1973 年，库卡集团成功研发出 FAMULUS，这是全球首个由电机驱动的六轴工业机器人。1996 年以后，库卡集团工业机器人的开发取得了质的飞跃，库卡集团将电脑与机器人结合在一起，开发出了首个利用电脑进行操控的控制系统，随着这种机器人操作系统逐渐投放市场，以电脑控制、软件、机械设备为一体的新时代开启了。

现阶段，库卡集团已逐渐发展成为一家全球性公司，主要服务于工业生产领域，为客户提供先进的全自动化生产解决方案，是全球范围内领先知名的工业机器人制造商。截至 2015 年，库卡集团在全球拥有 100 余家分公司、20 多家子公司、12 300 名员工，其在全球多个国家和地区设立销售和服务中心。库卡集团是机器人领域的翘楚，其核心技术处于世界尖端水平，同时其客户也几乎覆盖所有的汽车生产制造领域。除此之外，库卡集团还致力于研发自动化制造和控制系统，并且在医疗、新能源、航空运输、物流行业等领域有较为广泛的应用。凭借先进的技术和在机器人领域举足轻重的地位，库卡集团在被誉为"德国工业的未来""德国工业 4.0 的典范"。

库卡集团的主营业务包含三大板块，即库卡机器人板块、库卡系统板块、瑞仕格板块。库卡机器人板块主要从事智能制造过程中工业机器人及相关服务和机器人控制器的研发、生产、销售；库存系统板块主要是设计和建立与工厂相匹配的自动化制造系统；瑞仕格板块目标是在多领域提供适应不同行业的自动化解决方案。

并购要约前，库卡集团已发行股份总数 39 775 470 股，其股权结构如表 4.8.3 所示。

表 4.8.3　　　　　　　　库卡集团股东持股比例　　　　　　　单位：%

序号	股东名称	持股比例
1	J. M. Voith GmbH & Co. Beteiligungen KG.	25.10
2	MECCA	13.51
3	SWOCTEM GmbH	10.02
4	其他股东	51.37
合计		100

资料来源：美的集团公告。

在德国工业 4.0 和当前中德合作交流越来越频繁的大背景下，库卡集团计划逐步向中国市场展开战略布局。而中国是全球第二大的机器人市场，在家电、汽车等制造行业对机器人的需求尤为迫切，也为美的集团并购库卡集团提供了契机。

8.2.3　并购过程

2016 年 5 月 18 日，美的集团召开董事会通过议案，拟以 115 欧元/股的价格，通过境外全资子公司 MECCA 全面要约收购库卡集团至少 30.00% 的股权，美的集团并购库卡集团之路正式开始。

2016 年 5 月中旬至 6 月初，美的集团对库卡集团的收购受到了欧盟和德国高级官员的一致反对，他们认为库卡集团掌握尖端的机器人技术，是欧洲数字行业的未来，应由欧洲掌控。库卡集团的中小股东对收购后库卡是否能保持独立性表示担忧。美的集团则明确表示，本次收购，库卡集团不会裁员，不会流失核心技术，美的集团将充分保证库卡集团经营管理的独立性。

2017 年 1 月 6 日，MECCA 以现金支付方式全面要约收购库卡集团的股份，交易对价约为 292.00 亿元人民币，美的集团于当日完成要约收购库卡集团股份的交割工作，并全额支付收购所需的全部款项。自此，美的集团将库卡集团纳入合并报表,收购库卡集团的全部交割工作如期完成。

分析回顾本次美的集团并购库卡集团的整个过程,美的集团首先以境外全资子公司发起并购,接着对库卡集团作出一系列承诺来打消德国政府、民间以及库卡集团管理层的顾虑,与大股东福伊特、库卡集团高层进行谈判,说服最大股东福伊特出售其所持的 25.10% 库卡集团股份,并与库卡集团签订约束性投资协议保证其并购完成后的独立性,使中小股东接受要约,最终成功并购库卡集团。收购前,美的集团通过境外全资子公司 MECCA 持有库卡集团 13.51% 的股权,收购完成后,美的集团通过 MECCA 合计持有 94.55% 库卡集团已发行股票。图 4.8.1 为美的集团并购库卡集团的具体过程。

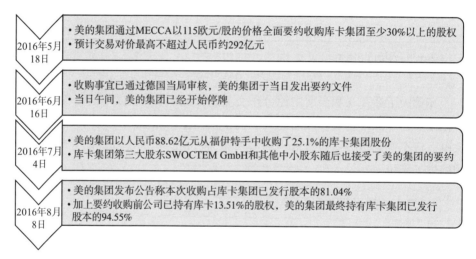

图 4.8.1 美的集团并购库卡集团主要交易过程

资料来源:作者整理。

8.3 案例分析

8.3.1 数字化并购的动因分析

(1)传统家电营收承压,行业低迷急需转型

企业通常因外界环境变化而被迫转型。"穷则思变,富则安稳"是多数

企业遵循的经营法则，因此实际业绩越差、与期望业绩相差越大的企业更有生存动机而被迫实施战略变革（张远飞等，2013）。企业必须通过淘汰落后的组织才能适应数字化转型的要求（李宇和王竣鹤，2022），能快速、不断适应新的战略方向的组织韧性是企业持续推进数字化转型的关键（Vehoef and Broekhuizen，2021）。2015 年，三大白电巨头美的集团、珠海格力电器股份有限公司（以下简称"格力电器"，证券代码：000651）、海尔智家股份有限公司（以下简称"海尔智家"，证券代码：600690）的营业收入出现近三年来首次的集体下滑。欧睿国际数据显示，2015 年全球冰箱、洗衣机、家用空调零售额同比分别下滑 2.00%、4.00%、3.00%。而在国内市场，中怡康数据显示，2015 年空调零售额同比下降 4.80%；2015 年冰箱零售额同比下滑 1.20%；洗衣机零售额同比微增 4.00%。出口形势严峻是造成此局面的主要原因，同时伴随着行业内销市场增长乏力，美的集团主营业务收入及其增长率也出现较大下滑。如表 4.8.4 和图 4.8.2 所示，美的集团在 2015 年营业收入出现较大下滑，虽然 2016 年迅速回升，但增长率仍然不及 2013 年和 2014 年，说明传统的家电销售已经出现瓶颈，业务急需转型。

表 4.8.4　　　　　　**2013～2017 年美的集团营业收入及其增长率对比**

指标	2013 年	2014 年	2015 年	2016 年	2017 年
营业收入（亿元）	1 209.75	1 416.68	1 384.41	1 590.44	2 407.12
主营收入增长率（%）	18.06	17.36	−2.08	14.71	51.35

资料来源：美的集团 2013～2017 年年报。

在这样的背景下，企业纷纷以高端智能破局，通过产品升级打造智能标签，海尔智家更是坚持向互联网转型，拟打造开放平台，为用户提供个性化定制的智能产品与服务。而美的集团则是选择走并购转型的道路，库卡集团拥有世界尖端的机器人智能技术和经验，能够帮助美的集团迅速进行数字赋能和智能转型。

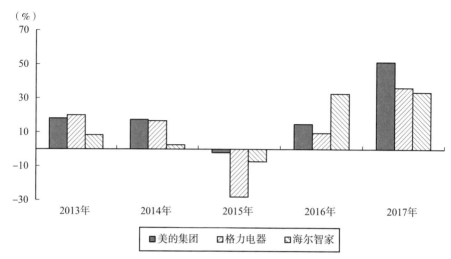

图 4.8.2 2013 ~ 2017 年美的集团同行业主营业务增长率对比

资料来源：美的集团、格力电器、海尔智家 2013 ~ 2017 年年报。

（2）获取高端机器人技术，推进数字智能转型

家电制造企业的数字化转型，是智能技术与企业的生产制造相结合，数字化技术则与销售物流和产品创新等环节相融合，数字智能技术成为制造业的转型升级的重要工具（吴群，2017）。美的集团收购库卡集团之后，可以吸收库卡集团先进的智能机器人技术，同时获取库卡集团的精英研发团队以及开发经验，能以最快的速度跨越美的集团和库卡集团之间的技术鸿沟，提高美的集团在智能家居和智能制造领域的研发水平，加速自身产品的数字化转型。

美的集团一直希望能通过自己内部的技术实现自动化生产以及产业数字化转型升级，但通过企业内部进行技术革新不仅十分困难，而且需要耗费大量的时间。通过并购的方式以低成本获取库卡集团先进的机器人技术、专业人才及管理经验，无疑是更高效的路径，也更有利于提高美的数字化技术水平。借助库卡集团的先进工业自动化技术和智能机器人系统，美的集团可以和库卡集团一起合作建立多所研究中心，提高自身的技术创新能力。2017年，美的集团对外销售的美食机器人 ONEtouch 等一系列智能家居产品，正是其基于库卡集团智能机器人技术研发完成的成果。经过这次并购，美的集团的智能技术和研发能力不断提升，加快了从传统家电制造企业向大型科技集团的数字化转型进程。

（3）推动物联网发展，实现端到端的协同

数字化技术提升企业效率，降低了企业的经营风险。数字化推动企业在智能生产与制造、数字渠道和营销上优化现有的业务流程。基于数字化技术产生的连接，打破了组织的边界，为跨界经营创造了机会。制造企业的数字化转型，除了研发技术的提升和高智能化产品的推出外，还应该有营销模式的变化。

库卡集团不仅掌握先进机器人技术，旗下还有世界著名的仓储物流供应商瑞仕格。美的集团并购库卡集团之后，可以共享其子公司瑞仕格在智能物流方面的核心技术，对内更新升级美的集团的物流体系，大幅提高运输效率和仓储的合理分配，对外输出智能物流一体化解决方案。通过这次并购，美的集团可以借助智能制造、智能物流来加速自身的数字化转型，更好地串联起上下游的供应链，实现端到端的协同，进一步推动了中国智能化大数据物联网的发展。

（4）深入推行"双智"战略，加快中国制造 2025 的步伐

国务院印发的部署全面推进实施制造强国的战略文件《中国制造 2025》中，不仅鼓励制造业进行跨行业、跨领域的协同创新，将一些共性的技术应用到不同的行业之中，还要求企业要对一些先进的数字智能技术进行重点攻克，推动制造业进行数字化、智能化转型，走创新驱动发展的道路。要求实行包括制造业创新中心建设的工程、强化基础的工程、智能制造工程、绿色制造工程和高端装备创新工程五大工程。其中，智能制造工程要求制造企业应逐步将关键工序智能化，把人力的精细工作替换成机器人劳动，全面建设智能工厂和数字化车间，优化传统制造业的生产过程。可以看出，智能制造以及机器人技术在未来的发展中将起到举足轻重的作用，也是国家所大力倡导的方向。

在这样的大背景下，美的集团于 2015 年开始了"智能家居＋智能制造"战略，简称"双智"战略。智能家居旨在将智能系统与传统家居相融合从而实现产品智能化，智能制造的本质其实也包含数字技术，它利用数据将产品的各个流程连接起来，使之从采购生产到销售物流都有数字智能技术支撑和连接，然后将真实的数据进行交换、计算、分析，最后再将数据还原到现有的环节中来实现业务变革，极大地减少了人工的干预。

库卡集团是世界范围内领先的智能机器人销售商和供应商，掌握着尖端的前沿技术，其核心优势与美的集团的"双智"战略十分匹配。通过这次并购，不仅有助于美的集团的数字化转型进程朝着智能化阶段发展，更能夯实

自身在智能制造行业的市场地位。

8.3.2 数字化并购的绩效分析

（1）短期市场绩效

采用累计超额收益率（CAR）指标，分析市场对此并购案件的看法，研究短期内美的集团并购库卡集团所创造的价值的影响。选取 2016 年 5 月 18 日为事件日（第 0 日），选取事件日前后 15 个正常交易日为事件窗口期［－15，15］，选取的清洁期为事件窗口期前 120 个正常的交易日，即［－135，－16］。因为美的集团是深圳证券交易所的挂牌公司，所以选取深证成指作为市场模型法中的市场指数。本案例的研究数据均来自 CSMAR 数据库，并使用 R 语言和 Excel 作为工具处理数据，结果如图 4.8.3 所示。

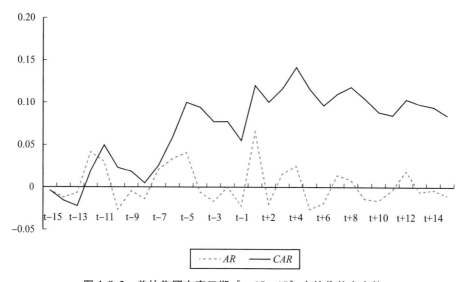

图 4.8.3　美的集团在窗口期［－15，15］内的收益率走势

资料来源：作者根据 CSMAR 数据库数据计算得出。

从图 4.8.3 中可以看出，美的集团 AR 的正负值数量相差不大，极大值出现在美的集团宣布并购库卡集团后开盘的第一天，为 0.0652。而在事件日前 15 天内，AR 值也出现了两次急速的上升，分别为 5 月 5 日和 5 月 11 日，通过查阅公告发现美的集团在该时间段内提示召开临时股东会议且发布了调整股权激励计划的公告，随后 *AR* 便开始回落，所以本案例认为这两次波动并不是并购信息的提前泄露造成的。美的集团的 *CAR* 整体呈上升趋势，在事件日后的第 5 天开始趋向稳定，逐步回落。但是，并购案发生后 *CAR* 的整体水平仍高于事件发生日前的水平，并且在整个窗口期内，美的集团的 *CAR* 为 0.0841。综上所述，市场对美的集团并购库卡集团的事件虽然没有激烈反应，但整体持积极看法。

（2）财务绩效

①盈利能力。

如图 4.8.4 所示，并购前美的集团的大部分盈利指标处于上升趋势，而并购后出现明显下滑。净资产收益率的下滑主要是由于美的集团并购了库卡集团的资产，而并购的整合需要较长时间，利润不会迅速增长。销售毛利率的下降是因为库卡集团机器人板块的毛利率对比当时美的集团主营的空调业务并不算高。2018～2019 年，营业收入和净利润的持续增长是由于美的集团充分利用库卡集团的机器人技术，推出新的家用智能机器人，创造了新的业务收入。从净资产收益率和总资产净利率的回升也可以看出两者的资产整合开始发挥协同效应。

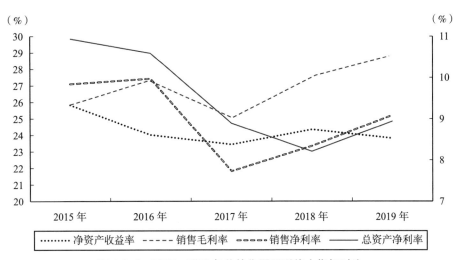

图 4.8.4　2015～2019 年美的集团盈利能力指标对比

资料来源：美的集团 2015～2019 年年报。

下面将选取格力电器和海尔智家与美的集团作同行业对比分析，结果如图 4.8.5 所示，从行业净资产收益率对比分析可以看出，美的和格力得益于空调板块的获利能力，在指标方面全面领先于海尔智家。而且通过图中趋势可以发现，格力电器和海尔智家在经历过 2017 年的收益率上涨后，2018 年和 2019 年开始连续两年下滑，而与此相反的是美的集团的收益率是下滑然后开始回升。说明像空调这类的传统家电盈利空间已经开始收窄，而新型的智能家居、家庭智能机器人，以及联通各种家用电器的智慧家园服务开始备受欢迎。美的集团正是借助了库卡集团的技术和资源，在这场转型的战役中拔得头筹。

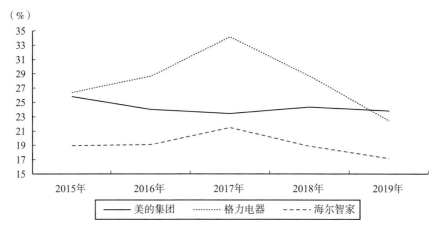

图 4.8.5　2015～2019 年美的集团同行业净资产收益率对比

资料来源：美的集团、格力电器、海尔智家 2015～2019 年年报。

②营运能力。

如图 4.8.6 所示，在并购之前，美的集团的各项营运能力指标都非常好，并购后的营运能力并没有显著提升，流动资产周转率和总资产周转率在并购当年有了短暂的提升后就开始逐渐下滑，主要是由于美的集团在线上线下同时进行降价促销，销量大幅增长，但降价在一定程度上影响了营业收入净额。并购后美的集团的存货周转率下降非常迅速，这是由于大幅提高产量导致的，美的集团如此自信是因为拥有智能物流系统，许多商品可以实现快速出货和运送。应收账款周转率的上涨也是得益于"T+3"订单模式，直接与客户进

行"一对一"的服务，再加上线上销售的资金回笼速度很快，大幅地提高了
应收账款周转率。

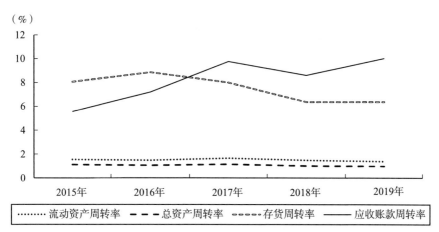

图 4.8.6 2015～2019 年美的集团营运能力指标对比

资料来源：美的集团 2015～2019 年年报。

如图 4.8.7 所示，美的集团对比格力电器和海尔智家，在应收账款周转
率方面更是一直领先，说明美的集团的营运能力在家电行业内还是非常不错
的，在并购后营运能力也进一步提高。

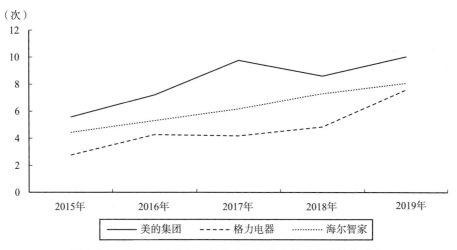

图 4.8.7 2015～2019 年美的集团同行业应收账款周转率对比

资料来源：美的集团、格力电器、海尔智家 2015～2019 年年报。

③成长能力。

借助成长能力的四个主要指标，对美的集团并购前后的成长能力进行对比分析，结果如图 4.8.8 所示，2015～2016 年，美的集团营收增长率一般，这与整个家电行业市场不景气有关。而净资产收益率连续出现大幅下滑，说明美的集团迫切需要转型。这也是美的集团并购库卡集团的主要原因之一。2017 年，美的集团的主营业务收入增长率和总资产增长率都有大幅的提高，这是因为刚并购了一家巨型企业。但从扣除非经常性损益后净利润和净资产收益率增长率来看，并购后确实减缓了 2015 年的颓势，说明此次并购对美的集团未来发展还是有显著影响的。

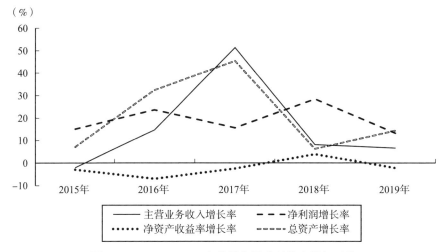

图 4.8.8　2015～2019 年美的集团成长能力指标对比

资料来源：美的集团 2015～2019 年年报。

2018～2019 年，主营业务收入增长率有大幅度的减缓，回归至正常水平。其中也与库卡集团的营收受汽车工业低迷的影响有关，直接影响了美的集团的营业收入。但美的集团依然在加速自己和库卡集团的整合，也在不断拓展库卡集团在国内汽车行业的销售服务和家用智能机器人的产品。净资产收益率增长率在 2018 年首次为正，从中可以看出这次并购对美的集团未来发展所体现出的作用，但目前的整合效果仍然有进一步加强的空间。

如图 4.8.9 所示，从同行业对比可以看出，家电行业在 2015 年普遍营业收入都有大幅度下降，随后逐渐回暖，美的集团和海尔智家都是在 2016 ～ 2017 年大幅度回升，而格力电器则是在 2017 ～ 2018 年有大幅上升。其中与它们实行数字化转型战略的先后有关，美的集团和海尔智家是最早实行数字化、智能化战略的，而格力电器则是在 2016 年才开始进军智能制造、智能设备。从并购后的 2017 ～ 2019 年来看，美的集团的营业收入增长率在同行业可比公司中成长能力属于较为稳定的水平。海尔智家作为靠自主研发实现数字化转型的代表，其营业收入增长率指标要比美的集团更强，说明美的集团这类依靠并购实现自身数字化转型的企业还需要进一步加强与被并企业的整合以及数字赋能、智能覆盖。

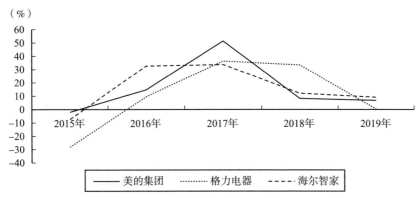

图 4.8.9　2015 ～ 2019 年美的集团同行业主营业务增长率对比

资料来源：美的集团、格力电器、海尔智家 2015 ～ 2019 年年报。

8.3.3　数字化整合效果分析

（1）研发技术水平提高

本案例统计了美的集团及其同行业其他公司 2015 ～ 2019 年企业研发人员的数量，如表 4.8.5 所示。美的集团的研发人员数量在 2017 年后有了大幅度的增加，虽然总人数不及格力电器和海尔智家，但仍远高于行业平均值。从行业数据来看，格力电器、海尔智家的研发人员数量在 2018 年之后也有大幅提高，这与家电行业普遍开始注重数字化转型和智能设备研发有很大关系。

表 4.8.5 美的集团研发人员数量及行业对比

公司名称	2015 年	2016 年	2017 年	2018 年	2019 年
美的集团	8 672	8 741	10 520	12 321	13 727
格力电器	—	—	9 155	11 808	14 251
海尔智家	10 097	10 293	11 301	14 941	16 679

资料来源：美的集团、格力电器、海尔智家 2015～2019 年年报。

本案例还统计了美的集团的研发支出以及历年来的专利数量，如图 4.8.10 所示，美的集团的研发支出总体呈攀升的趋势。美的集团如此重视自主创新能力所带来的回报则是发明专利数量的大幅增长，在家电领域的发明专利数量连续三年位居全球第一，可见美的集团在并购库卡集团之后内部的整体研发水平有了显著的提升。

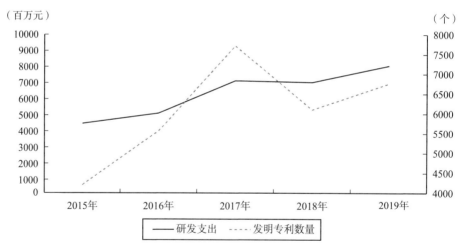

图 4.8.10 美的集团 2015～2019 年发明专利数量和研发支出情况

资料来源：美的集团 2015～2019 年年报。

（2）机器人市场份额扩张

表 4.8.6 为美的 2016～2019 年暖通空调和消费电器的营业收入情况。美的集团 2019 年空调领域的营业收入比并购前的 2016 年有大幅提高。这是因

为美的集团通过对库卡集团的数字化整合，推出的许多新型智能空调和智能家居产品广受消费者欢迎。

表4.8.6 　　　　　　　　　**美的集团空调和电器营业收入情况** 　　　　单位：千元

主营业务	2016 年	2017 年	2018 年	2019 年
暖通空调	68 726 349	95 352 449	109 394 649	119 607 379
消费电器	76 539 889	98 748 018	102 992 803	109 486 791

资料来源：美的集团 2016~2019 年年报。

在智能制造方面，美的集团利用库卡集团的机器人技术全面革新了自动化生产线，打造美的空调广州南沙智慧工厂，使美的空调外观检测精度提升80.00%，检测成本下降55.00%，同时大幅度降低人力成本和减少工人加班的情况。

美的集团充分发挥库卡集团拥有的工业机器人自动化生产技术以及在汽车领域的丰富经验，对外销售一站式服务解决方案。表4.8.7、表4.8.8 总结了 2019 年库卡集团对外销售的解决方案服务和美的集团、格力电器分产品的营业收入情况。格力电器也积极布局智能装备领域，但不同于美的集团，格力电器布局智能装备运用的是自主研发的手段，但在格力电器 2019 年的总营业收入中，智能装备的收入仅占比1.08%，而毛利率更是只有5.94%，远低于其主营产品空调的相关指标。从数据的对比可以看出，格力电器的智能装备无论是收入占比还是毛利率都远低于美的集团，说明格力电器的智能化水平还比较低，数字化进程较慢，导致智能装备收入对企业收入的贡献较低。由此可见，美的集团通过并购库卡集团获得机器人技术，加速自己的数字化进程，比格力电器依靠自主研发更加迅速有效。

表4.8.7 　　　　　　　　　**2019 年库卡集团对外销售的解决方案服务**

合作公司	订单金额	项目简介
一汽大众	千万欧元	用于制造 MEB 平台电池的装配线
上汽大众和韩国东熙	数千万欧元和数百万欧元	用于电动车产线的焊接机器人自动化设备

续表

合作公司	订单金额	项目简介
多家企业	总额高达数千万欧元	电池装配生产线供应合同，将生产用于高端电动汽车的电池系统
广东韶能集团	百万欧元	提供 300 台 KR QUANTEC 系列机器人及机械设备装卸自动化解决方案

资料来源：美的集团 2019 年年报。

表 4.8.8   2019 年美的集团、格力电器分产品营业收入情况

公司名称	分产品	营业收入（万元）	占比（%）	毛利率（%）
美的集团	暖通空调	11 960 737.90	42.99	31.75
	消费电器	10 948 679.10	39.35	31.49
	机器人及自动化系统	2 519 196.40	9.05	20.79
格力电器	空调	1 386 650.50	69.99	37.12
	生活电器	557 591.10	2.81	23.40
	智能装备	214 128.50	1.08	5.94

资料来源：美的集团、格力电器 2019 年年报。

（3）数字化管理水平提高

如图 4.8.11 所示，2017 年并购库卡集团后美的集团管理费用一度飙升，这是因为并购初期两者的整合导致的。而后续通过不断利用库卡集团的智能技术和数字化管理系统，美的集团不断改善内部原本繁杂的流程模式，到 2018～2019 年，美的集团的管理费用开始大幅度下降，说明数字化转型确实为美的集团降低了费用。

除了费用降低以外，美的集团利用智能机器人也提升了企业的存货周转能力，智能物流系统最优质的地方就是快速发货，精准配送，能够快速消化库存商品。从美的集团的存货数据可以看出，并购当年，存货数量由于两家公司整合的原因大幅提高，而 2018～2019 年存货的数量不降反增，这是由于美的集团利用智能制造等技术在节省成本的同时又大幅地扩大了生产线，存

货的增加是美的集团对自己销售能力和仓储能力有十足信心的表现，但这也导致了存货周转率的下降。2019 年存货周转率对比 2018 年有略微的上升，可以看出美的集团与库卡集团的整合效果正在逐渐显现，智能物流系统也在不断扩大使用的范围。

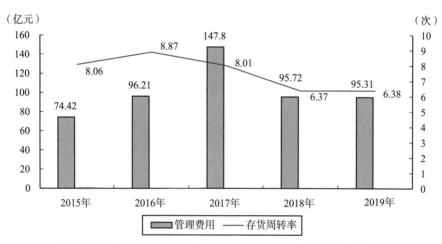

图 4.8.11 美的集团 2015～2019 年管理费用和存货周转率情况

资料来源：美的集团 2015～2019 年年报。

综上所述，美的集团并购库卡集团获得了大量的智能机器人设备资源和丰富的智能技术，大幅提高了美的集团的研发能力。同时两者合作研发的家用服务机器人广受好评，智能制造开始不断投入到智能工厂中使用，减少了很多人力成本和加班情况。而在物流系统方面，引入瑞仕格的数字化解决方案和智能仓储机器人后，大幅减少了仓储爆仓和人工找货的情况，全面提升了用户的体验。可以说这次并购，达到了美的集团最初的战略预期，而后续的整合效果也比较良好，推进了美的集团数字化转型的进程。

8.4 案例讨论与问题

（1）数字化转型对制造业的影响怎样？

（2）美的集团数字化并购库卡集团的动因是什么？

（3）美的集团并购后的整合效果如何？对其转型是否有帮助？

（4）这起数字并购给同行业带来何种启示？

8.5　教　学　设　计

本案例要实现的教学目标在于使学生对家电企业数字化并购事件产生兴趣，在国家加快推进数字化转型进程的背景下，分析本案例中并购方收购标的的动因，探究其背后的数字化转型战略，再通过分析其并购后的数字化整合效果和企业绩效，进一步研究并购重组对并购方数字化转型效果的影响，为数字化转型并购的相关研究及监管提出启示和建议。基于此，引发同学思考对家电企业数字化转型的可借鉴之处，进一步丰富和完善并购的相关理论与具体实践。

8.5.1　课时分配

同第 1 章。

8.5.2　讨论方式

同第 1 章。

8.5.3　课堂讨论总结

同第 1 章。

8.6　前沿研究聚焦

8.6.1　数字化转型与制造业高质量发展

党的二十大报告指出，高质量发展是全面建设社会主义现代化国家的首要任务。而高质量发展离不开数字化的经济环境。企业的高质量发展是中国经济高质量发展的微观基础。新时代背景下，中国制造业面临着巨大的机遇和挑战。中国制造业需要寻求高质量发展的策略，在数字服务贸易中保持竞争力。数字技术与实体经济深度融合，赋能传统产业转型升级，催生出各种新产业、新业态、新模式，为实体企业生产运营模式带来巨大变革，数字化转型或许能成为实体企业有效化解产能过剩的重要抓手（韩国高等，2022）。企业通过数字化转型，利用数字技术，提升产能利用率，加快产品研发、生产流程优化和供应链管理的升级，实现高质量发展。

8.6.2　数字化转型与制造业绿色发展

数字型跨国并购显著提升了中国企业的全要素生产率（刘平峰和张旺，2021），并且这一影响具有持续性和稳健性，这一作用是在"双循环"相互促进的过程中形成的，主要通过促进企业创新来实现，同时人力资本具有显著的正向调节作用。数字赋能能够促进企业绿色化转型，还能够通过产业链对上下游企业绿色化转型产生积极的外溢效应。从具体作用机制看，数字赋能主要通过规模效应和技术效应两个机制促进制造业企业绿色化转型，实现绿色发展（戴翔和杨双至，2022）。

8.7　案例思政结合点

数字科技与数字经济已经被赋予新的战略高度，2019 年党的十九届四中全会更是首次将数据列为与劳动、资本、土地、知识、技术、管理并列的生产要素。立足当下，企业应抓住数字化转型的发展机遇，可通过并购实现数字化赋能，提高国际竞争力，实现高质量发展、绿色发展。

本章参考文献

［1］ Huang J，Henfridsson O，Liu M J，et al. Growing on Steroids：Rapidly Scaling the User Base of Digital Ventures Through Digital Innovaton ［J］. MIS Quarterly，2017，41（1）：301 – 314.

［2］ Kane G C，Palmer D，Phillips A N，et al. Strategy，Not Technology，Drives Digital Transformation ［J］. MIT Sloan Management Review and Deloitte University Press，2015（14）：1 – 25.

［3］单宇，许晖，周连喜，等．数智赋能：危机情境下组织韧性如何形成？：基于林清轩转危为机的探索性案例研究［J］．管理世界，2021，37（3）：7，84－104.

［4］唐浩丹，蒋殿春．数字并购与企业数字化转型：内涵、事实与经验［J］．经济学家，2021（4）：22－29.

［5］Mallette F，Goddard J. Why Companies are Using M&A to Transform Themselves，Not Just to Grow［J］．Harvard Business Review，2018，33：1－3.

［6］肖旭，戚聿东．产业数字化转型的价值维度与理论逻辑［J］．改革，2019（8）：61－70.

［7］陈剑，黄朔，刘运辉．从赋能到使能：数字化环境下的企业运营管理［J］．管理世界，2020，36（2）：117－128.

［8］Lu Y，Ramamurthy K R. Understanding the Link Between Information Technology Capability and Organizational Agility：An Empirical Examination［J］．MIS Quarterly，2011，35（4）：931－954.

［9］易靖韬，王悦昊．数字化转型对企业出口的影响研究［J］．中国软科学，2021（3）：94－104.

［10］George G，Schillebeeckx S J D. Digital Transformation，Sustainability，and Purpose in the Multinational Enterprise［J］．Journal of World Business，2022，57（3）：101326.

［11］Wu L，Lou B，Hitt L. Data Analytics Supports Decentralized Innovation［J］．Management Science，2019，65（10）：4863－4877.

［12］张远飞，贺小刚，连燕玲．"富则思安"吗？：基于中国民营上市公司的实证分析［J］．管理世界，2013，7：130－144.

［13］李宇，王竣鹤．学习和忘却、组织韧性与企业数字化能力获取研究［J］．科研管理，2022，6：74－83.

［14］Verhoef P C，Broekhuizen T，et al. Digital Transformation：A Multidisciplinary Reflection and Research Agenda［J］．Journal of Business Research，2021，122（1）：889－901.

［15］吴群．传统企业互联网化发展的基本思路与路径［J］．经济纵横，2017（1）：57－61.

［16］韩国高，陈庭富，刘田广．数字化转型与企业产能利用率：来自中国制造企业的经验发现［J］．财经研究，2022，48（9）：154－168.

［17］刘平峰，张旺．数字技术如何赋能制造业全要素生产率？［J］．科学学研究，2021，39（8）：1396－1406.

［18］戴翔，杨双至．数字赋能、数字投入来源与制造业绿色化转型［J］．中国工业经济，2022（9）：83－101.

第五部分

中国资本市场改革与公司财务

随着经济全球化的深入发展，资本市场在各个国家的经济体系中扮演着越来越重要的角色。资本市场的发展不仅改变了各国经济的特征，同时对企业的财务运营和战略决策也产生了重要的影响。中国在发展过程中不断改革自身资本市场，这为企业带来了机遇和挑战。因此，理解资本市场与公司财务之间的联系，对于企业管理和股市投资人都至关重要。在阅读本部分之前，通过了解协同效应假说、规模效益理论、信息不对称理论、信号传递理论和优序融资理论等，能够更好地理解资本市场改革对公司财务带来的影响。

一、协同效应假说

协同效应理论认为公司并购对整个社会而言是有益的，这主要通过协同效应体现在效率的改进上。对于并购公司而言，协同效应主要体现在经营协同效应、财务协同效应、管理协同效应等方面，该假说主要为企业间的横向并购提供了理论基础。

第一，经营协同效应主要来源于规模经济和范围经济。通过并购方式可以扩大企业生产规模，达到规模经济的生产范围，从而降低生产成本。该理论的假设前提是，在行业中存在着规模经济，并且在企业并购活动之前，公司的经营水平和经营规模都达不到实现规模经济的潜在要求。范围经济指企业能够利用现有产品的生产销售经验以较低的成本生产相关的附加产品。

第二，财务协同效应的来源主要是可以取得较低成本的内部融资和外部融资。例如，合并公司的举债能力可能大于合并前各个公司之和，从而可带来税收上的节约，或者举债成本的降低，进而可带来财务费用的下降。该理论隐含的假设前提是，企业并购活动产生的税收减免大于并购成本，但是这种情况只有在特定的条件下才会出现。

第三，管理协同效应主要来源于管理能力不同的企业合并所带来效率的改善。假设两个公司的管理效率不同，在高管理效率公司并购低管理效率公司之后，通过资产重组、业务整合，可以改善低效率公司的管理效率以创造价值。

二、规模效益理论

规模效益理论是指在一特定时期内，企业产品绝对量增加时，其单位成本下降，即扩大经营规模可以降低平均成本，从而提高利润水平。并购可以在两个层次上实现企业的规模效益，即产量的提高和单位成本的降低。并购给企业带来的内在规模经济在于通过并购可以对资产进行补充和调整。横向并购可实现产品单一化生产，降低多种经营带来的不适应；纵向并购将各生产流程纳入同一企业，节省交易成本。并购的外在规模经济在于：并购增强了企业整体实力，巩固了市场占有率，能够提供全面的专业化生产服务，更好地满足不同市场的需要。

三、信息不对称理论

信息不对称性是指市场中的交易双方所掌握的信息不匹配，此时掌握信息较少的一方将处于劣势。

信息不对称会导致逆向选择或道德风险。逆向选择是指，当一个市场参与者能够获得更多的市场信息时，他能够最大限度地利用自己所有的信息，从而获得最大的收益，同时也能够通过在事先与对方达成交易，从而使对方付出代价。在这种情况下，缺乏信息的一方往往会因为缺乏足够的信息而无法作出正确的决策和行为，造成供需失衡、价格失衡，影响市场的公平性和有效性。逆向选择还会导致市场秩序混乱，出现劣质产品等不良后果。道德风险是指信息处于弱势的一方不能观察或监视另一方的行为，从而使信息优势方获得最大的利益。可以说，道德风险是造成信息弱势群体利益受损、破坏市场平衡、影响资本市场正常运作的重要因素（Landsman et al.，2023）。

由于信息不对称的存在，投资者在投资决策的过程中会难以获得与企业相关的信息，尤其是还未上市的中小企业，难以评判企业盈利的可持续性、未来的成长性等。因此，厌恶风险的普通投资者也就不会在中小企业身上进行投资，这使得优质的中小企业难以筹集发展资金，资源配置也处于低效率状态，市场也无法达到有效状态。长此以往，既损失了社会福利，也限制了中小企业的发展。

四、信号传递理论

在信息不对称的基础上，不同的市场参与者能够获取到的信息也是不同的，因此，在信息不足的情况下，市场参与者为了避免信息不对称而导致的损失，会通过多种途径获取更多关于上市公司的信息。上市公司按照规定或主动公开有关信息，有利于降低信息不对称性，从而提高公司的价值，在某种程度上防止了股票价格的异常波动，减少投资者的投机行为，有利于提升资本市场的价值发现功能。

上市公司公开披露的信息可以是企业的财务报表、企业公告等，投资者可以根据公司的经营状况、财务表现、投资风险等情况，对公司的价值进行评估，并作出相应的决策。

五、优序融资理论

优序融资理论是指当企业存在融资需求时，首先选择内源融资，其次会选择债务融资，最后选择股权融资。

优序融资是一种以信息不对称理论为基础的资本结构分析方法。所谓的非对称性，就是公司内部的管理者所掌握的有关公司的信息往往要多于外部投资者。在非对称信息条件下，当外部投资者所掌握的有关公司的信息少于企业内部人员所掌握的信息时，往往会导致企业市值的估值出现偏差。在公司股价被低估时，公司会避免增发新股，而采用内部融资或发行公债等方式来筹资，反之会选择增发新股来筹措资金，以减少现有股东的风险。

| 第 9 章 |

科创板改革

【引导案例】

注册制下科创板首单重大资产重组与 IPO 案例

2018 年 11 月 5 日，国家主席习近平出席首届中国国际进口博览会开幕式并发表题为《共建创新包容的开放型世界经济》的主旨演讲，演讲中表示"将在上海证券交易所设立科创板并试点注册制，支持上海国际金融中心和科技创新中心建设，不断完善资本市场基础制度"。[①] 2019 年 7 月 22 日，苏州华兴源创科技股份有限公司（以下简称"华兴源创"，证券代码：688001）正式登陆科创板，成为科创板第一只新股。

苏州欧立通自动化科技有限公司（以下简称"欧立通"）是在中国可穿戴设备市场上有重要地位且独具特色的可穿戴设备供应商，与客户有着长期稳定的合作关系。华兴源创为了提升自身的盈利能力，发挥与欧立通的协同效应，于 2019 年 12 月 6 日公告拟购买欧立通 100.00% 的股权。经过多次交易方案的调整，2020 年 6 月 12 日，证监会发文同意华兴源创收购欧立通。华兴源创成为"科创板第一股"后，又拿下了科创板首单上市公司重大资产重组项目，这也成为中国资本市场的一个标志性事件。

---

① 中共中央党史和文献研究院：《十九大以来重要文献选编（上）》，中央文献出版社 2019 年版，第 689 页。

9.1 注 册 制

中国股票发行注册制改革遵循试点先行、先增量后存量、逐步推开的改革路径（陈运森等，2023），提出推进股票发行注册制改革后，中国先后在科创板、创业板和北京证券交易所开展注册制试点。

中国股票发行注册制改革的主要历程为：2018 年 11 月 5 日，国家主席习近平在首届中国国际进口博览会上宣布设立科创板并试点注册制，标志注册制改革进入启动实施阶段；2019 年 7 月 22 日首批科创板公司上市交易；2020 年 8 月深圳证券交易所创业板改革并试点注册制正式落地；2021 年 9 月 2 日，国家主席习近平在 2021 年中国国际服务贸易交易会全球服务贸易峰会的致辞中宣布设立北京证券交易所，并同步试点注册制，同年 11 月北京证券交易所首批公司上市；2023 年 2 月 1 日，证监会就全面实行股票发行注册制涉及的《首次公开发行股票注册管理办法》等主要制度规则草案公开征求意见；2023 年 2 月 17 日，证监会发布全面实行股票发行注册制相关制度规则，股票发行注册制将正式在全市场推开，向着"打造一个规范、透明、开放、有活力、有韧性的资本市场"的总目标加速迈进。2023 年 4 月 10 日，主板首批注册制新股正式上市交易，首批 10 家企业中有 5 家企业登陆沪市主板，分别是中重科技、中信金属、常青科技、江盐集团、柏诚股份，首发募资合计 162.41 亿元；另外 5 家登陆深市主板，分别为登康口腔、中电港、海森药业、陕西能源、南矿集团，首发募资合计 118.88 亿元。

9.1.1 注册制的定义与特点

注册制是指证券发行申请人依法将注册信息公开，主管机构只负责审查发行申请人是否履行了信息披露义务的一种制度。换句话说，注册制下，主管机构会设立发行上市标准，企业只要达到标准都可以上市，并由投资者根据证券发行申请人披露的信息自行作出价值判断和投资选择，真正把选择权交给市场。

9.1.2　注册制与核准制的区别

核准制经过近20年的发展，其局限性日益凸显，监管对新股发行价格、规模的严格管控，抑制了市场主体的风险判断与市场选择能力，导致市场配置资源的作用始终不能得到真正体现。

当前，中国经济进入高质量发展阶段，科技创新是推动经济高质量发展必不可少的部分，因此必须为科技创新企业创造良好的资本市场环境。2018年，习近平总书记宣布在上海证券交易所设立科创板并试点注册制，这标志着注册制改革进入启动实施的阶段。

注册制下，政府部门推行宽进严出的"形式性审核"，要求发行企业及时、充分、准确地披露信息，以供投资者客观决策。相反，核准制遵循"实质管理原则"，由证监会判断拟上市公司的质量，确定其是否符合发行要求（赖黎等，2022）。注册制与核准制的具体区别如表5.9.1所示。

表5.9.1　　　　　　　　　　注册制与核准制的区别

具体环节	注册制	核准制
审核原则	信息公开原则	实质性管理原则
审查内容	仅形式审查，不进行实质判断	必须进行实质审查
审核方式	形式审查	实质审查
审核效率	较高	较低
监管重点	事中和事后监管	事前监管
市场化程度	较高	较低
代表市场	美国、日本	英国、德国

资料来源：《上海证券交易所上市公司重大资产重组审核规则》。

9.1.3　注册制下科创板并购重组新规

（1）《上海证券交易所科创板上市公司重大资产重组审核规则》主要内容

①界定：《上市公司重大资产重组管理办法》第十二条规定：上市公司

及其控股或者控制的公司购买、出售资产，达到下列标准之一的，构成重大资产重组：一是购买、出售的资产总额占上市公司最近一个会计年度经审计的合并财务会计报告期末资产总额的比例达到 50.00% 以上；二是购买、出售的资产在最近一个会计年度所产生的营业收入占上市公司同期经审计的合并财务会计报告营业收入的比例达到 50.00% 以上；三是购买、出售的资产净额占上市公司最近一个会计年度经审计的合并财务会计报告期末净资产额的比例达到 50.00% 以上，且超过 5 000.00 万元人民币。

②要求：《上海证券交易所上市公司重大资产重组审核规则》第八条规定，科创板上市公司实施重大资产重组的，拟购买资产应当符合科创板定位，所属行业应当与科创板上市公司处于同行业或者上下游，且与科创板上市公司主营业务具有协同效应。

（2）《科创板上市公司重大资产重组特别规定》主要内容

①界定：《科创板上市公司重大资产重组特别规定》第四条规定，科创公司实施重大资产重组，按照《上市公司重大资产重组管理办法》第十二条予以认定，但其中营业收入指标执行下列标准：购买、出售的资产在最近一个会计年度所产生的营业收入占科创公司同期经审计的合并财务会计报告营业收入的比例达到 50.00% 以上，且超过 5 000.00 万元人民币。

②要求：《科创板上市公司重大资产重组特别规定》第六条规定，科创公司发行股份的价格不得低于市场参考价的 80.00%。市场参考价为本次发行股份购买资产的董事会决议公告日前 20 个交易日、60 个交易日或者 120 个交易日的公司股票交易均价之一。

9.1.4 注册制下科创板并购重组审核流程

注册制下科创板并购重组审核流程如图 5.9.1 所示，可以看到上海证券交易所自受理发行股份购买资产申请至出具审核意见不超过 45 天，公司回复总时限 2 个月，审核中止等特殊情形的时间从中扣除。加上《科创板上市公司重大资产重组特别规定》5 个工作日注册生效的安排，整体形成时间更短、预期更明确的审核制度安排。科创公司符合规定的重组方案，有望于 1 个月左右完成审核及注册程序。从交易所受理开始，一般 2 个月内决定是否批准通过。

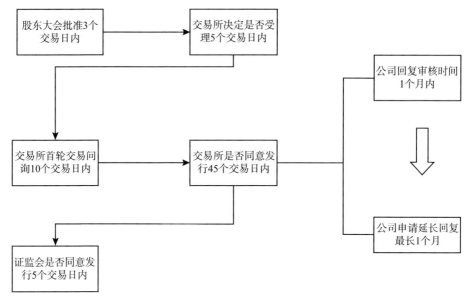

图 5.9.1　科创板重大资产重组流程

资料来源：作者根据《上海证券交易所上市公司重大资产重组审核规则》《科创板上市公司重大资产重组特别规定》整理。

9.2　案例资料

9.2.1　并购方——华兴源创

华兴源创成立于 2005 年，主要从事平板显示及集成电路的检测设备研发、生产和销售。自成立以来，华兴源创不断研发创新，在各项核心技术上突破了国外的长期垄断，用自主研发的 Mura 补偿技术在 OLED 关键检测技术上弥补了国产空白。华兴源创股权结构如图 5.9.2 所示。

2019 年 3 月 27 日，上海证券交易所受理了华兴源创的 IPO 申请。经历两轮问询和回复后，华兴源创的申请在当年 6 月 11 日通过审查，6 月 18 日，上海证券交易所披露华兴源创"注册生效"，并在第二天启动招股。华兴源创也正式成为科创板第一只新股，从受理至招股全程用时仅 84 天，远低于 A 股其他板块动辄两三年甚至更长的发行周期。表 5.9.2 是华兴源创的发行概况。

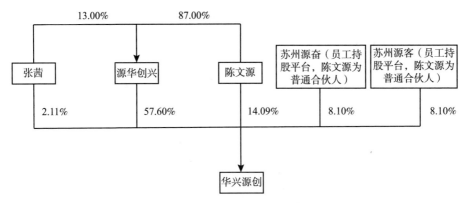

图 5.9.2 华兴源创股权结构

资料来源：华兴源创首次公开发行股票并在科创板上市招股说明书。

表 5.9.2 　　　　　　　　　华兴源创 IPO 上市发行概况

发行概况	
发行股票类型	A 股
发行股数	不超过 4 010.00 万股，不低于发行后总股本的 10.00%
每股面值	人民币 1.00 元
每股发行价格	24.26 元
发行日期	2019 年 6 月 27 日
拟上市证券交易所和板块	上交所科创板
发行市盈率	41.08 倍
发行后总股本	不超过 40 100.00 万股

资料来源：华兴源创首次公开发行股票并在科创板上市招股说明书。

9.2.2　被并购方——欧立通

欧立通于 2015 年成立，其前身是于 2009 年成立的福岛自动化设备有限公司。2016 年，欧立通成功开发屏幕组装测试设备产品线，2018 年收入规模突破亿元大关，2019 年无线耳机、智能音箱、无线充电设备产品线研发成功。

欧立通主要产品为无线耳机等可穿戴设备，可穿戴设备也是当前最受追捧的产品之一，目前中国可穿戴设备市场依然保持着高速增长的趋势。欧立通也已成为行业内有重要地位且独具特色的可穿戴设备供应商，并与客户形成了长期稳定的合作关系。李齐花和陆国初夫妇二人共同为欧立通的实际控制人，其股权结构如图 5.9.3 所示。

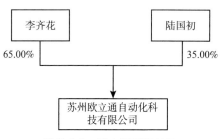

图 5.9.3　欧立通股权结构

资料来源：华兴源创重大资产重组备考审阅报告。

9.2.3　并购过程

2019 年 12 月 6 日，华兴源创公告拟购买欧立通 100.00% 的股权，交易各方初步商定标的资产的交易金额为 11.50 亿元。消息发出后的 12 月 9 日即第二个交易日，华兴源创开盘上涨 12.60% 随后涨停，并于 12 月 10 日再次涨停，成为科创板首只两连板标的。华兴源创也于当晚发布股价异动公告，表示交易方案可能还会进一步调整。

直到 2020 年 3 月 8 日，华兴源创才又发布重大资产重组草案。两次公告的最大不同在于交易金额的缩水和业绩承诺的下调。交易金额从 11.50 亿元下调至 10.40 亿元，承诺净利润从不低于 3.30 亿元下调至不低于 3.00 亿元，二者下调幅度均超过 9.00%。本次重组溢价率 393.34%，表 5.9.3 是本次交易的概况。

表 5.9.3　　　　　　　　　　交易概况

上市公司	华兴源创
标的公司	欧立通
并购方式	发行股份及支付现金

续表

评估方法	收益法
交易金额	10.40 亿元
支付方式	发行股份（70.00%）及支付现金（30.00%）
标的类型	股权
股权转让比例	100.00%
控制权是否变更	是
是否构成重大资产重组	是
是否有业绩承诺	是

资料来源：华兴源创：重大资产重组备考审阅报告。

9.3 案 例 分 析

9.3.1 并购动机

（1）发挥并购协同效应

华兴源创与欧立通同属专用设备制造业及智能装备行业。交易完成后，双方能够在采购渠道、技术开发、客户资源等各方面产生协同效应，华兴源创能够进一步拓展产品种类、获得新的利润增长点。

在产品结构方面，华兴源创能够在原有的平板显示检测设备、集成电路测试设备产品线基础上，深入拓展应用于可穿戴设备等消费电子终端整机的组装、测试设备，丰富现有华兴源创智能装备产品线。

在客户营销方面，华兴源创与欧立通最终产品均应用于全球知名消费电子品牌厂商，本次收购完成后，华兴源创能够向苹果公司等品牌厂商提供更加丰富的智能设备。华兴源创有望借助本次交易提高对客户的整体方案解决能力，并通过交叉营销、相互导入等营销策略提高市场占有率。

在应用场景方面，华兴源创平板显示检测设备最终应用于智能手机、平板电脑等消费电子产品的屏幕检测，而欧立通智能组装测试设备主要应用于智能手表、无线耳机等可穿戴电子产品。在目前智能手机出货量有所波动的情况下，以智能手表、无线耳机为代表的可穿戴电子产品仍然保持比较稳定的消费需求。收购欧立通有助于华兴源创一定程度分散对于智能手机屏幕检测领域的业务风险，进入可穿戴产品智能组装测试设备市场。

（2）提高自身盈利能力

欧立通作为消费电子行业智能组装测试设备行业的优秀企业，在智能手表、无线耳机等可穿戴电子产品组装测试设备领域具有丰富的行业经验和客户资源。通过本次收购，其可以取得标的公司在可穿戴电子产品等消费电子终端组装测试领域的产业基础、技术储备及销售渠道等资源优势，进一步拓展自身智能设备的产品线及应用领域，完善自身在消费电子行业智能装备的战略布局，增强自身的抗风险能力，打造新的利润增长点。

作为业内领先的智能设备供应商，欧立通深耕消费电子行业，尤其在可穿戴设备智能检测领域积累了雄厚的技术储备，凭借优秀的产品质量、过硬的技术实力及快速的响应机制与国际知名消费电子品牌客户建立起稳定的合作关系。随着我国制造业产业升级与可穿戴设备需求的不断发展，欧立通所处行业需求将保持持续增长，欧立通所处行业市场具有良好的发展前景。

本次交易通过发行股份及支付现金相结合的方式收购欧立通100.00%股权。交易对方李齐花、陆国初承诺欧立通2019~2022年累计实现净利润不低于4.19亿元，如上述承诺净利润顺利完成，华兴源创将产生新的利润增长点，盈利能力将明显提高，进一步促进公司可持续发展。

9.3.2 注册制下科创板并购重组规则的要求

（1）《上海证券交易所科创板上市公司重大资产重组审核规则》的要求

《上海证券交易所科创板上市公司重大资产重组审核规则》要求并购重组的标的资产应符合科创板定位并与科创公司具有协同效应。"标的资产应当符合科创板定位，所属行业应当与科创公司处于同行业或者上下游，且与科创公司主营业务具有协同效应"的科创板重组规则中的原则和要义，在本次交易中得到充分体现。

根据交易报告书，欧立通所处智能装备制造行业，属于高新技术和战略性新兴产业，为高端智能装备制造领域的科技创新型公司，符合科创板定位。同时，欧立通与华兴源创主营业务必须具有协同效应，根据交易报告书，协同效应主要表现在：

①增加定价权。欧立通与华兴源创同属于智能装备制造业，主要采购的原材料具备较高重合度。本次交易完成后，华兴源创可以建立集约采购平台，与欧立通通过集中采购等方式降低采购成本，增加对于上游供应商的定价权，从而进一步提升利润空间。

②降低成本。首先，通过交叉营销、集中采购、建立研发平台、统一内控系统等方式，可以在各环节降低双方的经营成本。其次，由于不同设备产品的交货期限、结算周期等存在差别，可使公司资金安排更加灵活，提高公司资金利用效率，降低财务成本。最后，欧立通能够借助华兴源创的资本市场平台进行融资，降低资金成本。

③加速产品迭代。通过本次交易，华兴源创设备种类有望从平板、芯片等消费终端模组、零部件延伸至消费电子终端整机产品，并通过与欧立通的技术融合、共同开发，加速迭代出能够适应消费电子产品组装测试需要的智能装备解决方案，从而进一步构建更为完整的消费电子智能设备应用链和产品图谱，完善战略布局。

④产品或服务能够进入新的市场。通过本次交易，华兴源创能够进入可穿戴产品等消费电子终端整机产品的细分市场，分享可穿戴设备的增长红利，并分散智能手机屏幕检测领域的业务风险。

⑤提高对客户的整体方案解决能力。虽然欧立通主要终端客户与华兴源创主要终端客户均为苹果公司，但本次交易后华兴源创可切入可穿戴电子产品智能装备市场等新的细分市场，这将增加华兴源创对苹果公司单一客户的依赖水平。在智能手机出货量增速下滑的背景下，以智能手表、无线耳机为代表的可穿戴电子产品仍然保持比较稳定的消费需求，华兴源创受终端客户经营情况影响不会进一步增大。收购欧立通有助于华兴源创一定程度分散在智能手机屏幕检测领域的业务风险，提升公司的抗风险能力。

（2）《科创板上市公司重大资产重组特别规定》的要求

这次交易的股票发行价格最初定为 26.05 元/股，几乎是按照最低发行价的标准制定的，与华兴源创 IPO 发行价的 24.26 元/股相比，仅高出 7.38%。这一价格符合"科创公司发行股份的价格不得低于市场参考价的 80.00%"的要求。市场参考价为本次发行股份购买资产的董事会决议公告日前 20 个交易日、60 个交易日或者 120 个交易日的公司股票交易均价之一。本次购买资产发行股份的定价基准日为华兴源创第一届董事会第十三次会议决议公告日

（2019 年 12 月 6 日）。华兴源创股票在公告日前的交易均价如表 5.9.4 所示。

表 5.9.4   华兴源创股票在公告日前的交易均价   单位：元/股

交易日	交易均价的 100%	交易均价的 80%
前 20 个交易日	32.56	26.04
前 60 个交易日	44.57	35.65
前 120 个交易日	56.49	45.19

资料来源：作者根据巨潮资讯网数据计算得出。

最终，交易双方选择发行价格不低于定价基准日前 20 个交易日公司股票交易均价的 80.00%，即 26.04 元/股。后因华兴源创实施 2019 年度权益分派方案并经交易双方协商，本次发行股份购买资产的发股价格调整为 25.92 元/股。

9.3.3 并购后短期市场绩效

短期市场绩效通常使用累计超额收益率 CAR 来衡量，主要是用于判断某一事件的披露或发生是否会对该公司的股价产生影响。选取 2020 年 1 月 2 日至 2020 年 5 月 20 日为估计期，2020 年 5 月 25 日上海证券交易所通过华兴源创申请当天为事件发生日，2020 年 5 月 25 日前后十个交易日为窗口期。2020 年 5 月 25 日，本次交易获得上海证券交易所审核通过后，华兴源创股价在短期有小幅度上升，并在 2020 年 5 月 27 日达到自 3 月份以来的最高点 48.66 元。经过计算华兴源创股价的超额收益率 AR 和累计超额收益率 CAR，可以得出上海证券交易所宣布通过该重大资产重组对华兴源创股价的影响，如图 5.9.4 所示。

由图 5.9.4 可以看出，在整个事件期内，AR 值上下波动较大，但是大多数时间位于 0 轴上方，华兴源创个股表现较为良好；在 5 月 25 日事件公告日前，CAR 值有较小的波动，但稳步上升，在事件公告后，CAR 值在大幅增长后急剧下降。这可以说明，本次交易通过证监会审核对华兴源创的股价产生了非常积极的作用，股价短时期内暴涨，刺激了大量市场投资者的投资热情。也可以看出，市场对华兴源创此次的收购行为抱有较高期望，充满信心，在证券市场上作出了积极反应。

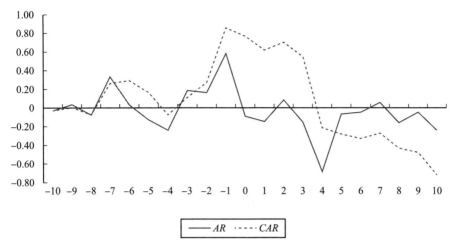

图 5.9.4　事件发生日前后十天华兴源创 *CAR*、*AR* 值

资料来源：巨潮资讯网。

9.3.4　财务绩效分析

2020 年 6 月底，华兴源创完成了对欧立通的收购工作，在收购欧立通后，华兴源创的总资产等财务指标均有大幅增长（见表 5.9.5）。

表 5.9.5　　　　　　　　　华兴源创 2018~2020 年部分财务数据

指标	2018 年 12 月 31 日	2019 年 12 月 31 日	2020 年 12 月 31 日
无形资产（万元）	3 067.00	3 260.00	27 700
商誉（亿元）	0.00	0.00	6.02
资产负债率（%）	26.70	11.19	13.10
总资产（亿元）	12.43	21.37	36.45
经营活动产生的现金流量净额（亿元）	1.84	-1.07	3.33
基本每股收益（元）	0.67	0.47	0.64

资料来源：巨潮资讯网。

欧立通财务数据在 2020 年第三季度开始纳入华兴源创合并范围，2020 年末，其无形资产较年初增加 2.44 亿元，增长 749.69%，主要是华兴源创收购欧立通后，将欧立通的稳定客户关系、各项专利技术确认为无形资产所致。同时，2020 年商誉较年初增加 6.02 亿元，主要为华兴源创高溢价收购欧立通所产生的。

此外，2020 年，华兴源创总资产较 2019 年增长 70.60%，在保持较低资产负债率的同时实现了资产规模的大幅增长。这主要是因为 2020 年华兴源创完成了对欧立通的收购并发行股票，增加了公司的资产。同时，基本每股收益由 0.47 元/股增长至 0.64 元/股，增幅 36.17%，这主要是因为华兴源创在 2020 年实现了净利润的大幅增长，且收购欧立通使得发行股数增加。

另外，2020 年华兴源创经营活动产生的现金净流量较上年同期增加 4.40 亿元，主要由于公司加强了应收账款的催收、回款工作，同时完成了对欧立通的收购，欧立通纳入公司的合并报表范围，销售规模、种类的扩大使得经营活动现金净流量增加。

由图 5.9.5 可知，自 2018 年以来，华兴源创营业收入逐年上升，2020 年度较 2019 年度增长 33.37%，主要原因是 2020 年度自动化检测设备产品的需求进一步扩大，同时华兴源创新增全资子公司欧立通，成功布局智能穿戴领域，扩大了销售业务规模。

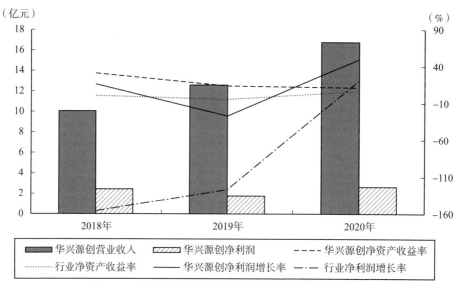

图 5.9.5　2018～2020 年华兴源创盈利能力与行业对比

资料来源：巨潮资讯网。

此外，2020 年华兴源创净利润为 2.65 亿元，较 2019 年的 1.77 亿元增长 49.72%，主要为报告期内欧立通纳入合并报表范围及公司收入规模扩大共同所致，对比行业净利润增长率均值，华兴源创也始终遥遥领先。同样，华兴源创的净资产收益率也始终高于行业平均净资产收益率。华兴源创在 2020 年的净资产收益率为 11.23%，而行业均值只有 6.43%，说明华兴源创在并购欧立通后盈利水平还是比较乐观的。

因此，华兴源创收购欧立通在短期看来是有利于公司发展的。当然，华兴源创也必须要警惕将近 400% 溢价率的并购重组方案带来的商誉减值风险。

9.3.5 非财务绩效分析

（1）专利数量增多

如表 5.9.6 所示，2020 年华兴源创研发投入较上年增长了 30.93%，主要是由于 2020 年公司完成了对欧立通的收购工作，欧立通成为公司的全资子公司，于 2020 年 7 月纳入公司的合并报告范围，欧立通是一家以研发驱动的可穿戴智能制造设备企业，研发投入较大。

表 5.9.6　　华兴源创 2019 年、2020 年研发投入和专利数量

指标	2019 年	2020 年	变化幅度
研发投入	1.93 亿元	5.53 亿元	30.93%
研发投入占营业收入的比例	15.34%	15.06%	−0.28%
年度新增专利数量	44 个	173 个	293.18%

资料来源：华兴源创 2019 年、2020 年年报。

华兴源创研发投入占营业收入的比例在 2020 年有轻微的下降，但总体来看，自 2016 年起，华兴源创的年研发投入复合增长率为 39.50%，远超营业收入及净利润的增长水平，可见研发驱动特征明显。

2020 年度，华兴源创及控股子公司共计申请境内外知识产权 343 个，新增已获得审批知识产权 173 个，而 2019 年仅新增 44 个，同比增长 293.18%，华兴源创通过自身不懈努力和并购高新技术企业，研究成果显著。

（2）市场竞争力增强

华兴源创并购后在行业内竞争力有一定的提高，下面将基于波特五力模型对华兴源创并购后的竞争力进行分析，波特五力模型如图5.9.6所示。

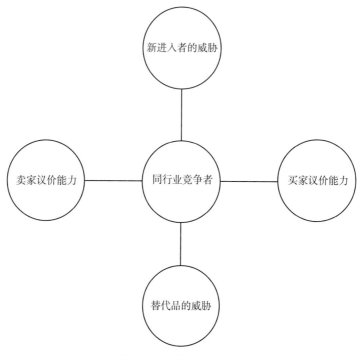

图 5.9.6　波特五力模型

资料来源：作者整理。

①买方的议价能力与替代品的威胁。

华兴源创在各项核心技术上突破了国外的长期垄断，用自主研发的 Mura 补偿技术在 OLED 关键检测技术上弥补了国产空白。同时，华兴源创还是越南三星和京东方 OLED 产线的唯一国产化设备供应商，可见买方的议价能力与替代品的威胁都较低。在并购欧立通后，华兴源创有了新的利润增长点，更有能力投入研发费用，以进一步构建更完整的产品图谱，降低买方的议价能力和提升产品的不可替代性。

②卖方的议价能力。

华兴源创并购欧立通后，由于二者大量采购的传感器等原材料相近，可以建立集约采购平台进行集中采购，也可以将类似的加工需求集中定制、开模，进一步降低原材料采购成本及定制加工成本，增加对于上游供应商的定价权，提高与供应商的议价能力。

③新进入者的威胁。

华兴源创所属证监会行业为专用设备制造业，该行业企业需要大批开发平板检测产品的高素质、高技能以及跨学科的专业研发人员，且行业内企业需要始终保持较高的研发投入，需要有雄厚的经济实力和研发技术，行业进入门槛较高，新进入者的威胁较小。并购欧立通后，华兴源创更是顺利进入了可穿戴设备领域，在专用设备制造业地位更加稳固。

④同行业竞争者的竞争能力。

如表 5.9.7 所示，从东方财富提供的 2020 年专用设备制造行业排名可以看出，华兴源创在并购欧立通后主要指标在行业的排名总体靠前，竞争能力较强。

表 5.9.7   华兴源创 2020 年主要指标行业排名

项目	指标	华兴源创	行业均值	行业排名
公司规模	总市值（亿元）	154.20	87.97	21｜175
估值	市盈率	58.16	49.94	44｜175
成长性	基本每股收益增长率（%）	36.17	27.60	32｜175
	营业收入增长率（%）	33.37	18.63	

资料来源：CSMAR 数据库。

9.3.6 注册制对华兴源创 IPO 上市的影响

注册制对科创企业 IPO 上市有诸多影响，如上市条件更加多元、仅进行形式审查、采用市场询价机制、放开涨跌幅限制、适用更严格的退市制度等，下面通过华兴源创 IPO 的例子详细说明。

（1）上市条件更加多元

在核准制背景下，发行上市条件包容性不够，审核周期长、程序烦琐，资源配置长期处于低效率状态。在科创板设立之前，为了尽快获得融资，许多新兴的互联网企业选择远赴境外，导致 A 股遗憾错过了"互联网革命"。

而在境内上市的可能不是行业中的"最优企业"，且上市公司仍以传统行业企业为主。这种资源错配将会导致市场资源处于低效率状态，造成社会福利损失。

注册制下的科创板在上市条件上更具有包容性。科创板中大多是新兴科技创新型企业，考虑到这些企业"暂未实现盈利""研发费用较高""发展空间较大"等特点，科创板设立多元的上市条件，以包容的姿态设置了5套差异化的上市标准，分别是"市值＋净利润"标准、"市值＋收入＋研发投入"标准、"市值＋收入＋现金流"标准、"市值＋收入"标准，还有一条是"自主招生"标准（陈松等，2023），如表5.9.8所示。不仅如此，科创板还允许特殊股权结构企业和红筹企业上市，以满足不同情况的科创企业上市需求。

表5.9.8　　　　　　　　　科创板上市条件

指标	标准一	标准二	标准三	标准四	标准五
预计市值	≥10亿元	≥15亿元	≥20亿元	≥30亿元	≥40亿元
净利润	近两年净利润＞0且累计净利润≥5 000万元				主要业务或产品已取得阶段性成果，医药企业获准开展二期临床试验
营业收入	或者近一年净利润＞0且营业收入≥1亿元	近一年≥2亿元	近一年≥3亿元	近一年≥3亿元	
研发投入占比		（近三年研发投入/近三年营业收入）≥15%			
经营性现金流			近一年≥1亿元		

资料来源：《上海证券交易所科创板股票上市规则》。

华兴源创在满足科创板的行业要求和科创属性后，选择的上市标准是标准一。多元的、包容的上市条件提高了境内资本市场的吸引力，有助于科创板发挥助力科技创新的功能，进一步提升资本市场服务实体经济的能力。此外，企业上市门槛的降低和所需时间的缩短，也可以使资源在投资者看好的企业中流通。

（2）仅进行形式审核

核准制下，政府需要对企业上市进行实质性审核，但政府对企业价值的评估并不完全准确，导致上市公司质量良莠不齐，这导致资源错配进而使投资者利益受到损害。然而，在注册制下，证券监管部门只对注册信息进行审核，摆脱了以往主管部门对证券发行价格、规模、方式等方面的严格管控；在注册制下，企业只要不损害国家和公众的利益、满足上市标准，都可以通过资本市场筹资，以何种价格何种方式均由自己决定。

上海证券交易所仅对华兴源创披露的信息的真实性、全面性进行审核，通过提高信息披露质量、落实中介机构职责来降低投资者和市场的信息不对称，降低交易成本和寻租空间，有助于提高市场效率，强化市场博弈和有效竞争。只进行形式审核的原则也缩短了华兴源创的 IPO 时间，虽经历两轮问询，但华兴源创的 IPO 申请从上海证券交易所受理至招股全程用时仅 84 天，远低于 A 股其他板块动辄两三年甚至更长的发行周期。

（3）采用市场询价机制

科创板新股发行取消了直接定价的方式，转而采用市场化的询价定价方式，且通过保荐机构子公司跟投来保证定价的合理性和公允性。

华兴源创新股发行也采用询价定价方式，初步询价阶段为 2019 年 6 月 21～24 日，询价对象限定为七类专业机构投资者[①]，不包括个人投资者。据发行公告，华兴源创最终的有效报价配售对象为 148 家网下投资者管理的 1 285 个配售对象，对应的有效申报拟申购数量为 75.81 亿股。

按照规定，发行人和主承销商应当按规定披露"四数"[②] 的信息，如果新股发行价超过其中孰低值，则需要进行风险揭示。华兴源创询价的"四数"孰低值为 25.26 元/股，而华兴源创新股的最终发行价为 24.26 元/股，低于"四数"孰低值 1.00 元。

根据规定，跟投主体不能参与定价，只能被动接受询价确定的价格，且保荐机构跟投的比例需要占发行数量的 2.00%～5.00%。因此，华兴源创

---

① 细则明确科创板网下投资者包括证券公司、基金管理公司、信托公司、财务公司、保险公司、合格境外机构投资者以及符合一定条件的私募基金管理人七类专业机构投资者。

② "四数"指的是网下投资者剔除最高报价部分后有效报价的中位数和加权平均数，以及公募产品、全国社保基金和养老金报价的中位数和加权平均数。

IPO 的保荐机构跟投的价格为 24.26 元/股, 跟投的股份数量占发行总量的 4.11%。科创板的询价机制提高了专业机构投资者在资本市场的话语权, 有利于促进我国机构投资者的发展。

（4）放开涨跌幅限制

科创板企业上市后的前 5 个交易日不受涨跌幅限制, 从上市第 6 天开始设限 20.00%。首先, 目前的 A 股市场有 23 倍市盈率的限制, 而且新股上市第一天的涨跌幅限制在 44.00% 以内, 所以经常会出现新股上市连续十几个涨停的现象。其次, 股价每日 10.00% 涨跌幅的限制固然可以降低市场波动率、阻断投资者的恐慌或狂热情绪, 也可以在一定程度上防止大资本操纵市场的情况, 保护投资者利益, 但是这也可能成为限制市场正常波动规律的桎梏。

2019 年 7 月 22 日上市首日, 华兴源创开盘涨 128.00%, 并在以后多次涨跌幅超过 10.00% 但并未触发涨停板。有条件地放开涨跌幅限制能够在一定程度上限制短期投机行为, 提升资本市场价格发现、树立价值投资理念的功能, 优化 A 股市场的流动性。

（5）适用更严格的退市制度

注册制下的科创板构建了全新且严格的退市制度。核准制下的退市流程长、可操作余地大, 且退市流程中还包括"退市风险警示""暂停上市"等环节。这导致很多失去了经营能力的劣质企业在被 ST 后仍能通过各种手段"脱星摘帽", 真正退市的企业少之又少, 造成许多上市企业其实已经"金玉其外, 败絮其中", 却仍然占用着大量市场资源, 损害了众多投资者的利益。

华兴源创上市后将适用更加多元的退市标准。注册制下, 可以对交易量、股价、股东人数等不符合条件或者丧失持续经营能力的企业依法终止上市, 不再适用单一的关于连续亏损终止上市的标准, 并取消了以往的"暂停上市""重新上市"等缓冲期, 触发退市条件就直接退市。重新规范退市类型, 形成长期有效监管惩处机制。此外, 注册制下上市企业不再稀有, 因此壳公司也不再具备投资价值, 加上被称为"史上最严"的退市制度, 劣质企业最终将会被市场淘汰。完善的退市制度标准有助于市场优胜劣汰, 避免劣币驱逐良币现象的发生。

9.3.7 注册制对华兴源创并购重组的影响

除了 IPO 外，科创板并购重组的审核也施行注册制，即上海证券交易所进行申请受理、审核问询，将审核意见报送至证监会进行注册。下面将阐述注册制新规对华兴源创并购重组带来的影响，包括审核时间的缩短、发行价下限的下调和对协同性原则和信息披露的重视。

（1）缩短审核时间

在核准制下，IPO 上市或重大资产重组的审核时间长、程序多，注册制的实施极大地缩短了审核周期。根据规定，上海证券交易所须在 5 个工作日内决定是否受理证券发行人的申请，出具审核意见不超过 45 天，公司回复总时限最长不超过 2 个月。此外，《重组特别规定》还明确规定，证监会须在 5 个交易日内明确作出是否同意注册的决定。整体来说，注册制下的企业申请 IPO 上市或资产重组的审核流程时间更短，预期更明确。

在注册制背景下，本次交易从华兴源创发布重大资产重组公告算起到证监会同意注册用时仅半年，如图 5.9.7 所示。其中，从上海证券交易所受理到同意此次交易历时 60 天，其间曾对华兴源创发布问询函。而从上海证券交易所 6 月 8 日晚提请证监会注册到证监会同意注册仅用时 4 个交易日。注册制下的重大资产重组审核时间短、流程简单、时限清晰，有利于科技创新企业通过并购重组做强做大。

（2）对发行价下限的规定

随着我国资本市场的不断成熟，并购重组市场也在快速升温。然而，并购中时常发生的高估值、高商誉、高业绩承诺现象也警示着我们，我国并购重组依旧伴随着较高风险（王艳和许烨琪，2022）。

《重组审核规则》涉及交易方案最重要的修改是：允许上市公司在重组中的新股发行价格下限由原先的基准日均价的 90.00% 下调到 80.00%。这一调整通过允许上市公司以更低的价格发行股票，实现上市公司发股价与标的估值的"双降"，有助于缓解高溢价收购和计提巨额商誉减值现象，遏制忽悠式重组、盲目跨界重组现象。

此次华兴源创的发股价为 26.05 元/股，该股价选取华兴源创第一届董事会第十三次会议决议公告日（2019 年 12 月 6 日）前 20 个交易日均价的 80.00%——26.04 元/股为参考指标，如表 5.9.9 所示。由此可以看出本次发股价几乎是按照最低发行价的标准制定的。这甚至比华兴源创上市以来的最低价 29.91 元/股还要低 13.00% 左右。而欧立通的估值为 10.40 亿元,欧立通 2019 年 1～11 月已实现净利润达到 1.17 亿元,按照 2019 年全年实现净利润计算,市盈率不足 10 倍。这样一来,商誉就能控制在最小限度。

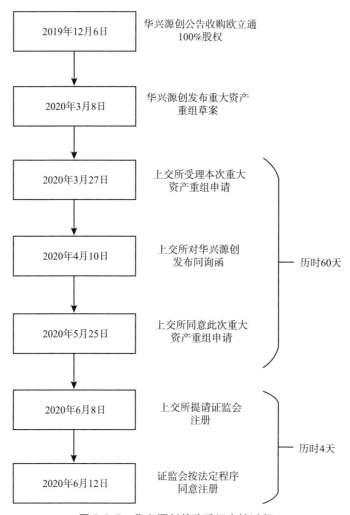

图 5.9.7　华兴源创并购重组审核过程

资料来源:作者整理。

表 5.9.9 华兴源创股票在公告日前的交易均价 单位：元/股

交易日	交易均价的 100%	交易均价的 80%
前 20 个交易日	32.56	26.04
前 60 个交易日	44.57	35.65
前 120 个交易日	56.49	45.19

资料来源：巨潮资讯网。

然而，由于欧立通净资产经评估仅有 2.11 亿元，而交易金额高达 10.40 亿元，根据备考财务报表，此次收购完成后，华兴源创预计将确认商誉超过 6.00 亿元。因此，上海证券交易所曾就本次高溢价并购形成的高商誉问题向华兴源创发布了问询函。

针对欧立通估值的合理性，华兴源创在回复中列举了赛腾股份（证券代码：603283）、天准科技（证券代码：688001）、科瑞技术（证券代码：002957）及自己的滚动市盈率 TTM 和静态市盈率 LYR，称同行业且主营业务相似的四家上市公司的 TTM 平均值为 73.39，LYR 平均值为 45.10。而本次交易中，欧立通 100.00% 股权作价为 104 000.00 万元，欧立通承诺平均年度净利润为 10 475.00 万元，由此计算的平均交易市盈率为 9.93 倍，静态市盈率为 12.63 倍，低于行业平均值。同行业企业的市盈率对比如表 5.9.10 所示。因此，华兴源创认为本次交易的评估定价具备公允性。

表 5.9.10 同行业企业的市盈率对比

上市公司	滚动市盈率（TTM）	静态市盈率（LYR）
赛腾股份	31.21	35.03
华兴源创	66.43	52.58
天准科技	149.08	51.03
科瑞技术	46.83	41.78
中位数	56.63	46.40
平均值	73.39	45.10
欧立通承诺利润市盈率	9.93	
欧立通静态市盈率	12.63	

注：滚动市盈率 TTM = 当前市值/前 12 个月的总净利润；静态市盈率 LYR = 当前市值/上年净利润。
资料来源：CSMAR 数据库。

由本次问询也可以看出，注册制下，证监会不仅将新股发行价格下限由原先的基准日均价的 90.00% 下调到 80.00%，同时在审核中对高溢价估值保持警惕，严防市场炒作、内幕交易、操纵市场等行为，保护投资者的利益。

（3）对协同性原则和信息披露的重视

注册制背景下，投资者主要根据证券发行申请人披露的信息来作出投资选择，而且科创企业大多是处于新兴产业的公司，这种高新技术产业对于许多普通投资者来说较为陌生。因此，市场对注册制下科创公司信息披露的充分性、全面性、可理解性提出了更高的要求。《上海证券交易所科创板股票上市规则》及《科创板公司招股说明书》对拟上市公司信息披露作了全面的规定，相比核准制下的信息披露要求更加真实、客观、严格，其要求不可同日而语。

根据《上海证券交易所科创板上市公司重大资产重组审核规则》，上海证券交易所在审核时会重点审核"标的资产是否符合科创板定位、与科创公司主营业务是否具有协同效应"等，鼓励基于产业逻辑的协同性重组。因此，在华兴源创的重组报告书中，第一节即说明了标的资产——欧立通是高端智能装备制造领域的科技创新型公司，具有科创属性，并指出华兴源创与欧立通在采购渠道、产品结构、客户营销、应用场景等方面都具有协同效应。

同时，华兴源创依法披露了其他各项对投资者作出价值判断和投资决策所必需的信息，如重组交易是否必要、业绩承诺是否切实可行等方面，证监会、交易所等部门还将对重组审核中的信息披露的落实情况进行持续跟踪。

9.4 案例讨论与问题

（1）注册制下科创板 IPO 上市的要求与流程有哪些？

（2）注册制下科创板重大资产重组的界定、要求与流程有哪些？

（3）华兴源创并购欧立通的动因是什么？

（4）对注册制的发展有何建议？

9.5 教 学 设 计

本章通过介绍华兴源创的 IPO 和并购过程，来向读者介绍注册制对科创板企业 IPO 上市和并购重组的影响。本章要实现的教学目标在于让学生熟悉注册制，掌握它的特点和与核准制的区别，同时了解注册制对资本市场的影响，包括对重大资产重组的影响。

9.5.1 课时分配

同第 1 章。

9.5.2 讨论方式

同第 1 章。

9.5.3 课堂讨论总结

同第 1 章。

9.6 前沿研究聚焦

9.6.1 注册制下的信息披露与审核问询

注册制下，投资者主要根据证券发行申请人披露的信息来作出投资选择。因此，市场对注册制下公司信息披露的充分性、全面性、可理解性提出了更高的要求。注册制下的 IPO 审核问询过程中，交易所会公开披露拟上市企业的问询回复函文件，投资者、分析师等可以直接获取问询和回复的全部信息来研判公司质量（于晓红等，2022）。研究发行人哪些信息披露质量问题会引发交易所问询、交易所在审核问询中更加注重哪方面的信息披露以及相关因素如何影响问询函数量、频率等这一系列问题，能更好地发挥"以信息披露为核心"的关键作用，也能为深入推进注册制改革提供参考（俞红海等，2022）。

9.6.2 注册制改革的溢出效应

溢出效应即为由个体的变化带来的局部或整体的改变。注册制改革下，强调发行人真实、准确、完整地披露公司信息，尤其是创新方面的信息，进而提升发行人的信息披露质量发行（巫岑等，2022）。上市公司所披露的信息会为投资者提供增量信息，或者影响同行公司的信息披露决策。由信息理论和竞争理论，同行业公司可能通过对科创板公司信息的获取，降低投资不确定性，提高了研发投入比例。此外，同行业公司也可能因为科创板公司带来了竞争压力而提高研发投入比例（刘瑞琳和李丹，2022）。那么，注册上市的过程中更加完善的信息披露会对同行其他已上市公司的信息环境产生哪些积极影响？上市公司的信息披露是如何影响到其他已上市公司的信息环境的？对这些问题探讨对完善注册制下的信息披露监管具有借鉴意义。

9.7　案例思政结合点

注册制改革的本质是处理好政府与市场的关系，把选择权交给市场，审核全过程公开透明，接受社会监督，加强市场约束和法治约束。注册制的内涵并不是监管部门放松对发行人的审查，而是充分考虑中国国情、诚信环境和资本市场所处的发展阶段，尽可能少地干预对其价值的判断，严把上市公司质量关（张晓燕，2023）。为此，要坚持市场化、法治化的改革方向，适应实体经济特别是科技创新的需要，提升发行上市制度的包容性和投融资的便利性。全面实行注册制将使交易所板块架构更加清晰、特色更加突出。注册制有机联系各板块，提升资本市场对实体经济特别是科技创新的服务功能，有力支持实体经济高质量发展。全面实行股票发行注册制后，将在完善多层次资本市场体系方面迈出新的步伐。

注册制改革一定程度上降低了企业 IPO 的门槛，但也更强调公司对社会公众的信息披露责任。公司所披露发行信息必须真实、准确和完整，充分保障社会公众投资者的合法权益。这实际上对 IPO 发行人提出了更高的诚信要求。不仅为人要诚信，公司经营同样也要诚信。

本章参考文献

[1] Landsman W R, Li C K, Donny Zhao J. CDS Trading Initiation, Information Asymmetry, and Dividend Payout [J]. Management Science, 2023, 69 (1): 684 – 701.

[2] 陈运森, 王林, 姜彤, 等. 全面注册制: 制度背景、典型特征与研究机会 [J]. 财务研究, 2023 (3): 38 – 49.

[3] 赖黎, 蓝春丹, 秦明春. 市场化改革提升了定价效率吗?: 来自注册制的证据 [J]. 管理世界, 2022, 38 (4): 172 – 184, 199, 185 – 190.

[4] 陈松, 张科, 王红建. 科创板 IPO、企业审计师选择与首发抑价 [J]. 审计研究, 2023 (5): 107 – 119.

[5] 王艳, 许烨琪. 高溢价并购可以带来高市场回报吗? [J]. 证券市场导报, 2022 (1): 52 – 61.

[6] 于晓红, 石志远, 邬瑜骏. 注册制下 IPO 审核问询、信息披露改善与审计收费 [J]. 审计研究, 2022 (6): 80 – 93.

[7] 俞红海, 范思妤, 良钰, 等. 科创板注册制下的审核问询与 IPO 信息披露: 基于 LDA 主题模型的文本分析 [J]. 管理科学学报, 2022, 25 (8): 45 – 62.

[8] 巫岑, 饶品贵, 岳衡. 注册制的溢出效应: 基于股价同步性的研究 [J]. 管理世界, 2022, 38 (12): 177 – 198.

[9] 刘瑞琳, 李丹. 注册制改革会产生溢出效应吗?: 基于企业投资行为的视角 [J]. 金融研究, 2022 (10): 170 – 188.

[10] 张晓燕. 全面注册制改革的国内外实践及对中小企业影响 [J]. 人民论坛, 2023 (7): 81 – 85.

第 10 章

新三板改革

【引导案例】

新三板改革下贝特瑞北交所上市案例

2019 年 10 月 25 日，证监会宣布启动全面深化新三板改革，补齐资本市场服务中小企业的短板，更好发挥新三板的功能作用。2021 年 7 月，中央政治局会议提出，要开展"补链强链"专项行动，发展"专精特新"中小企业。同年 9 月，习近平主席在中国国际服务贸易交易会全球服务贸易峰会上宣布中国将深化新三板改革，设立北京证券交易所，赋能中小企业，助力高质量发展。在全面深化新三板改革的推动下，精选层和北京证券交易所顺利设立，有利于中国多层次资本市场形成互联互通的有机整体，为专精特新中小企业建立了一条畅通的资本市场成长道路。新三板企业通过晋级精选层后又平移北京证券交易所上市，获得了更大的发展机会、更好的发展平台和更畅通的融资渠道，贝特瑞新材料集团股份有限公司（以下简称"贝特瑞"，证券代码：835185）便是其中之一。在新三板市场一系列"组合拳"的助推下，贝特瑞取得了飞跃式成长。贝特瑞 2015 年进入新三板，2020 年 7 月成功晋级精选层，并于 2021 年 11 月平移北京证券交易所上市。

10.1 新三板市场

10.1.1 新三板市场

2013 年 1 月 16 日，新三板（全国中小企业股份转让系统）正式揭牌运营，意味着多层次资本市场的建设迈进了新的一步（周茂清和尹中立，2011）。中小企业是促进中国经济发展的根基所在。然而，由于自身条件不足、银行和企业信息不对称、银行信贷配给、中国资本市场层次不够完善等问题的客观存在，融资难已经成为现阶段制约中小企业发展的最大瓶颈。如何改善中小企业的融资现状、拓宽中小企业的融资渠道并提高中小企业的融资效率，成为中国中小企业发展过程中最亟须解决的问题（方先明和吴越洋，2015）。2019 年 10 月 25 日，为了重新激发新三板市场的活力，更好地发挥其对中小企业的支持作用，证监会决定提速新三板改革，设立精选层等。设立精选层后，新三板形成了"精选层—创新层—基础层"的正金字塔形市场结构和升层降层机制，有利于公司的优胜劣汰。图 5.10.1 是新三板发展的重要事件。

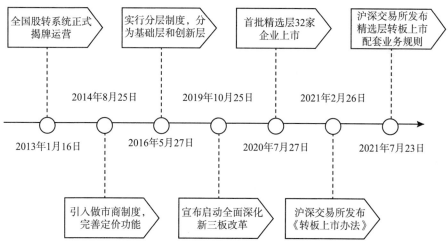

图 5.10.1 新三板发展大事记

资料来源：作者整理。

10.1.2　精选层与北交所

2020 年 7 月，首批精选层企业正式上市。这是新三板发展的里程碑，也是进一步深化新三板改革的起点（潘红波等，2020）。在新三板挂牌后，科技型中小企业可以通过定向增发、股权质押融资、发行私募债等方式拓展融资渠道、增强融资能力（王伟和董登新，2020）。

2021 年 9 月 2 日，国家主席习近平在中国国际服务贸易交易会全球服务贸易峰会上发表视频致辞称"我们将继续支持中小企业创新发展，深化新三板改革，设立北京证券交易所，打造服务创新型中小企业主阵地"。[①] 北京证券交易所是中国资本市场设立的第三家证券交易所，其整体制度设计承接精选层。2021 年 11 月 15 日，北京证券交易所正式开市，这也代表着精选层结束了自己的历史使命。北京证券交易所只用了两个多月的时间就完成了从宣布成立到企业挂牌上市，充分显示了国家对中小企业创新发展的大力支持。开设北京证券交易所的主要目的就是为"专精特新"中小企业连通直接融资渠道，让众多的投资者参与投资，共享"专精特新"中小企业成长收益，补齐多层次资本市场重要一环（陈洁，2019）。

10.1.3　专精特新中小企业

2011 年 7 月，《中国产业发展和产业政策报告（2011）》中首次提出"专精特新"概念。同年 9 月，《"十二五"中小企业成长规划》首次将"专精特新"作为促进中小企业成长和培育的重要方向（曹虹剑等，2022），"专精特新"的概念被定义为专业化、精细化、特色化、新颖化四个部分，并强调产业集群和集聚发展的重要性。2013 年，《关于促进中小企业"专精特新"发展的指导意见》中则对专精特新企业的发展目标与政策扶持思路作出进一步解释。

"专精特新"中小企业就是指专注于某个细分行业的中小企业，创新能力强、掌握关键核心技术、质量效益优的排头兵企业，具体含义如表 5.10.1 所示。专精特新"小巨人"指的是在专精特新的范围内，工信部进一步开展对"小巨人"企业的认定。

[①] 《习近平外交演讲集》（第二卷），中央文献出版社 2022 年版，第 366 页。

表 5.10.1   "专精特新"含义

简称	释义	生产技术	产品
专	专业化	专项技术活工艺通过专业化生产制造	专用性强、专业特点明显的产品
精	精细化	采用先进技术或工艺，建立精细高效的管理制度和流程	精良产品
特	特色化	采用独特的工艺、技术、配方或特殊原料研制生产	具有地域特点或特殊功能的产品
新	新颖化	依靠自主创新、转化科技成果、联合创新等方式研制生产	具有自主知识产权的高新技术产品

资料来源：作者整理。

10.2 案 例 资 料

10.2.1 贝特瑞概况

（1）贝特瑞简介

贝特瑞成立于 2000 年，是专注并深耕于锂离子二次电池用正、负极材料的专业化生产制造商，控股股东是中国宝安集团股份有限公司（以下简称"中国宝安"，证券代码：000009）。

自成立以来，贝特瑞始终坚持自主创新，不断发展前行，在细分行业取得了优异的成绩。2000 年以前，日本公司垄断了负极材料，贝特瑞研发了高性能的天然石墨复合负极材料，从而突破了日本公司的垄断地位。2000 年，贝特瑞率先掌握了天然石墨球化技术，使天然石墨国产化成为可能。2003 年，负极材料进入国外市场，2006 年贝特瑞负极市场份额居中国首位，2010 年负极产品销量超越日本，居全球首位。2022 年 1 月 1 日，贝特瑞以 718 亿元市值荣列中国上市企业市值 500 强榜单的 289 位，排名较上年同期上升 686 位。

截至 2021 年第三季度，中国宝安直接和间接持有贝特瑞 68.36% 股份，是贝特瑞的控股股东，贝特瑞股权结构如图 5.10.2 所示，公司无实际控制人。

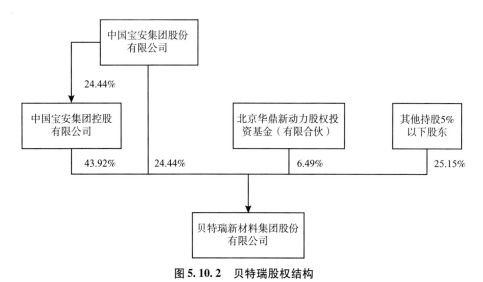

图 5.10.2　贝特瑞股权结构

资料来源：贝特瑞公告。

（2）贝特瑞的专精特新属性

贝特瑞始终坚持"专精特新"发展，于2020年7月被广东省工业和信息化厅遴选为2020年广东省专精特新中小企业，贝特瑞"专精特新"属性明显，公司实力强劲，未来有望冲击认证国家专精特新"小巨人"企业。

第一，在专业化上，贝特瑞专注并深耕于锂电池正负极材料，从事锂电池材料细分市场时间在十年以上。2020年，贝特瑞与龙蟠科技签订转让磷酸铁锂资产协议，2021年，贝特瑞完成磷酸铁锂资产及业务转让，集中精力发展高镍正极和负极，通过优化资产结构，集中资源聚焦核心业务，增强公司核心竞争力。如图5.10.3和图5.10.4所示，贝特瑞聚焦主业，深耕细分领域，主营业务收入即锂电池正负极材料收入占营业收入的比重多年来在95.00%以上，占利润的比重也在85%以上，其专业化水平可见一斑。

第二，在精细化上，贝特瑞管理规范、信誉良好、社会责任感强。贝特瑞成功建设 SAP ERP 项目，用信息化手段推动公司向着规范化、精细化和集约化发展。同时，贝特瑞成功跻身国家认可实验室行列，并且启动了精益标杆项目，继续推行高质量管理。

第三，在特色化上，贝特瑞多年来不断研发新工艺和新技术，采取优化生产工艺来降低生产成本，并通过节能降耗来减低碳排放量。

年份

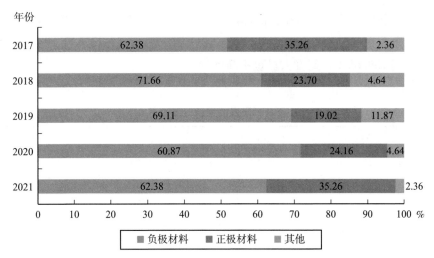

图 5.10.3　贝特瑞主营业务收入占营业收入的比重

资料来源：贝特瑞 2017~2021 年年报。

年份

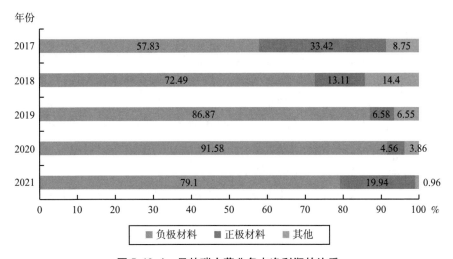

图 5.10.4　贝特瑞主营业务占净利润的比重

资料来源：贝特瑞 2017~2021 年年报。

　　第四，在新颖化上，如表 5.10.2 所示，贝特瑞一直秉承着创新的精神，以创新作为企业重要的经营理念，不断加大研发力度，形成了强大的研发实力。根据 2021 年年报，贝特瑞拥有 327 项国内、国际专利权，并且主导及参与编制多项新能源新材料相关的国际标准、国家标准和行业标准。贝特瑞始终将研发放在首要位置，多年来，其研发费用不断提高，2021 年研发费用增长率达到 136.66%，研发人员也不断增加。

表 5.10.2 贝特瑞研发费用和研发人数

指标	2017 年	2018 年	2019 年	2020 年	2021 年
研发费用（万元）	12 838.71	18 418.05	23 870.91	24 991.14	59 144.79
研发费用增长率（%）	—	43.46	29.61	4.69	136.66
研发费用占营业收入的比重（%）	4.33	4.59	5.44	5.61	5.64
研发人数（人）	164	350	392	489	619

资料来源：贝特瑞 2017~2021 年年报。

10.2.2 贝特瑞北京证券交易所上市路径

（1）挂牌新三板进入创新层

2015 年之前，贝特瑞一直不为公众所熟知，可以说是深圳市和锂电池细分行业的"隐形冠军"。20 世纪 90 年代，上海证券交易所和深圳证券交易所相继成立，为许多成熟企业带来了巨大的发展机会。但是，绝大多数中小企业无法上市，壳公司也价值不菲，大量中小企业长期受到"融资难、融资贵"问题的困扰，贝特瑞便是其中之一，无法从资本市场获得融资的贝特瑞的发展受到了严重限制（王哞，2015）。

2015 年底，新三板正式揭牌运营，聚集了一批优质的、有成长潜力的中小企业，成为场外市场的核心（宋晓刚，2015）。2015 年 12 月 28 日，为了降低交易成本，同时树立自己的品牌，提高影响力，贝特瑞在新三板挂牌。

2016 年，新三板实施了分层制度，根据公司的规模、盈利能力、股本等指标将挂牌企业划分为两个层次，即创新层和基础层，这有利于让投资者能够按照自己的需求选择合适的投资目标。同时，将不同发展阶段、实力差异较大的公司按不同的层次进行分级，也有利于在信息披露和交易制度等方面作出不同的安排，从而达到更加规范的管理（胡海峰等，2014）。2016 年 5 月，贝特瑞以其强大的实力跻身于创新层，成为第一批创新层公司。

但是，贝特瑞在 2015 年底挂牌后的三年期间，股价不涨反跌了 7.37%，新三板的融资功能不足以满足贝特瑞的需求，资金问题也成为贝特瑞发展壮大的掣肘。众多问题的出现使深化新三板改革成为当务之急，在新三板逐渐无人问津之际，精选层应声而出，为贝特瑞带来"新生"。

（2）晋级精选层

贝特瑞选择在精选层挂牌的动因主要有以下两个方面。

第一，母公司中国宝安不满足分拆上市条件。贝特瑞本身的市值及财务状况完全达到转板的标准，转板后在主板科创板、创业板上市可以为贝特瑞带来更高的流动性和估值，但贝特瑞却迟迟没有转板申请，这是因为，根据《上市公司分拆所属子公司境内上市试点若干规定》，上市公司分拆需满足"拟分拆子公司的净利润不得超过归属于上市公司股东的净利润的 50.00%"等条件。

如表 5.10.3 所示，2017～2019 年贝特瑞的净利润远远超过中国宝安，因此中国宝安难以分拆贝特瑞至科创板或者创业板上市，贝特瑞只能继续在新三板发展。对于不满足分拆上市要求的贝特瑞，申请在精选层"小 IPO"继续留在新三板，也可以公开发行股票，实行连续竞价机制，提高股票流动性，是比较合理的选择。

表 5.10.3	2017～2019 年贝特瑞和中国宝安净利润		单位：亿元
公司	2017 年	2018 年	2019 年
贝特瑞	3.36	4.81	6.66
中国宝安	1.33	2.14	3.01

资料来源：贝特瑞、中国宝安 2017～2019 年年报。

第二，晋级精选层可以提高公司估值，提升股票流动性（侯智杰等，2023）。多年来，在新三板的贝特瑞盈利水平虽然较高，但是其总市值和市盈率却远低于其他 A 股同行业企业，估值处于较低水平，有很大的上涨空间。新三板精选层引入与现行 A 股基本一致的连续竞价制度，且涨跌幅限制放宽至 30.00%，大大增加了精选层股票的流动性。此外，精选层投资者门槛也大幅降低，贝特瑞也会吸引更多投资者的关注，进一步提升股票流动性，提升公司估值。总而言之，借助精选层，贝特瑞能够通过资本市场来做强做大，彰显资本市场的定价融资功能，打通中小企业和资本市场的畅通之路。

出于以上两个动因，贝特瑞于 2020 年 4 月 29 日向全国股转公司提交在精选层挂牌并公开发行股票的材料，并于同年 6 月 16 日成功通过。贝特瑞成功向不特定合格投资者公开发行人民币普通股 4 000 万股，融资 167 200.00 万元，发行概况如表 5.10.4 所示。2020 年 7 月 27 日，精选层正式开市交易，贝特瑞市值一路上升，在 2020 年 9 月首次突破 600.00 亿元。

表 5.10.4　　　　　　　贝特瑞在精选层公开发行股票概况

发行股数	4 000 万股
每股面值	1.00 元
每股发行价格	41.80 元
发行后总股本	47 956.99 万股
募集资金总额	167 200.00 万元

资料来源：贝特瑞公开发行说明书。

（3）平移北京证券交易所市场

2021 年 9 月，北京证券交易所成立，规定精选层企业直接平移实现北京证券交易所上市，北京证券交易所的上市条件有四套标准，具有较好的包容性，部分非营利企业只要符合条件，也可以登陆北京证券交易所。

贝特瑞在三板市场的滋润下迅速发展，而北京证券交易所的成立也为国内"专精特新"企业提供了一个更好的发展机会。2021 年 11 月 15 日，作为首批在精选层挂牌的贝特瑞顺利平移北京证券交易所上市，首日市值高达 955.00 亿元，成交额 6.93 亿元，位列北京证券交易所首批上市企业第一名。进入北京证券交易所标志着公司向更高层次资本市场迈进，贝特瑞将在北京证券交易所这个新平台上进一步吸纳人才、坚持创新、为顾客提供优质的服务，使公司的发展步入一个新篇章。

如图 5.10.5 所示，新三板基础层、创新层与北京证券交易所是层层递进的结构，已经完成在北京证券交易所上市的贝特瑞未来也可以根据自身需求，选择转板上海证券交易所或者深圳证券交易所，为企业发展带来新的成长机遇。

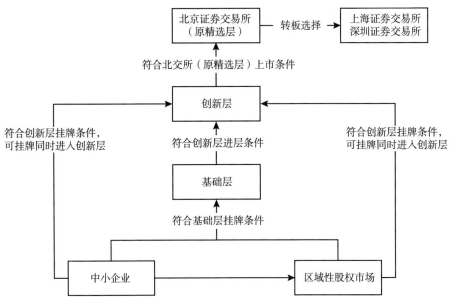

图 5.10.5　新三板与北京证券交易所的层层递进结构

资料来源：作者整理。

10.3　案　例　分　析

10.3.1　基于资本市场角度的上市效果分析

（1）股票流动性分析

从 2015 年底在新三板挂牌后，贝特瑞的股票流动性一直较差，成交金额和成交量低迷，融资功能较弱。2020 年 7 月精选层开板后，由于市场投资者的看好和交易门槛的降低，首日新三板全市场成交 45.16 亿元，环比涨幅达到 650.00% 左右，精选层带动效应十分明显。精选层的个股首日也都迎来大涨，成交金额高达 36.23 亿元，占整个新三板市场成交金额的 80.21%。其中，贝特瑞成交金额达 8.46 亿元，占精选层成交金额的 23.30%。

如图 5.10.6 和图 5.10.7 所示，2020 年 7 月贝特瑞成交金额达到 213 857.07 万元，较停牌前的 4 月份上涨了 459.00%，换手率也从 9.80% 上涨到 33.78%，股票流动性有了明显的提高。但随着市场各方充分博弈，价格发现功能逐步发挥，市场将逐渐走向稳定，贝特瑞的成交金额和成交量又有明显下降。

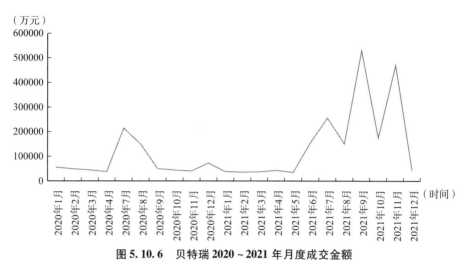

图 5.10.6 贝特瑞 2020～2021 年月度成交金额

注：2020 年 5 月、6 月贝特瑞处于停牌，因此缺少交易数据。

资料来源：Choice 数据。

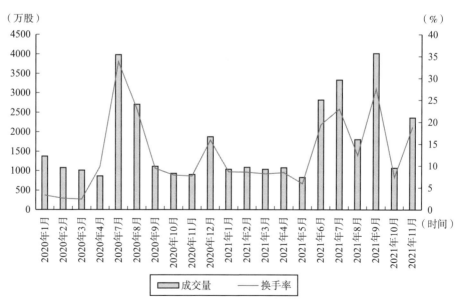

图 5.10.7 贝特瑞 2020～2021 年月度成交量和换手率

注：2020 年 5 月、6 月贝特瑞处于停牌，因此缺少交易数据。

资料来源：Choice 数据。

2021 年 9 月，北京证券交易所的成立和精选层企业平移北京证券交易所上市消息的公布，再度将贝特瑞的成交金额和成交量推上顶峰。2021 年 9 月，贝特瑞的成交金额和成交量又达到峰值，成交金额为 529 843.28 万元，成交量为 4 016.23 万股，但在 10 月又有明显下降，但仍高于以往水平。

2021 年 11 月 15 日，北京证券交易所正式开市交易。数据显示，北京证券交易所开市以来至 2022 年 1 月 7 日，平均日成交量比之前的精选层增长了 3.04 倍，年化换手率也超过了 400.00%，与中小企业股票流动性特征较为相符。投资者的热情再度高涨，贝特瑞的成交量和成交金额也再迎高峰。2021 年 11 月，贝特瑞的成交金额达 470 111.14 万元，比上月增长 169.78%，换手率达 18.86%。总体来说，进入了精选层后，由于投资者门槛的降低和转板制度等的建立健全，贝特瑞的流动性水平达到了一个小巅峰，在平移北京证券交易所上市后，资本市场更是给予了良好的反馈，再度大幅提升了贝特瑞的流动性水平。

本章选取的对比公司为在上海证券交易所上市的璞泰来（证券代码：603659）和杉杉股份（证券代码：600884），以及在深圳证券交易所上市的中科电气（证券代码：300035），它们都是锂电池负极材料行业的龙头企业。贝特瑞、杉杉股份以及璞泰来，在 2020 年成为中国锂电池负极材料销售的三大企业，合计销售占比达 57.00%。而中科电气 2020 年的发货量为 24 000.00 吨，占到全国发货量的 6.49%，在全国排名第 5。

由图 5.10.8 可知，贝特瑞在新三板期间的流动性不足，多年以来的换手率一直远低于 A 股公司璞泰来、中科电气和杉杉股份，在 2020 年 7 月精选层开板后，四家公司的换手率均有较大增长，且贝特瑞的换手率逐渐向 A 股公司靠近，并在 2021 年 9 月证监会宣布成立北京证券交易所时超过了璞泰来，市场流动性不断加强，但距离杉杉股份和中科电气仍有一定距离。

（2）估值水平分析

企业估值水平采用动态市盈率 PE、市净率 PB、滚动市盈率 TTM 和总市值来衡量。如图 5.10.9 所示，贝特瑞在新三板挂牌期间的动态市盈率 PE 和滚动市盈率 TTM 只有 30.00 左右，总市值也在 200.00 亿元上下浮动，远低于在主板相同利润水平的锂电池行业公司。2020 年 7 月，贝特瑞进入精选层后，在再融资政策、转板政策、投资者门槛降低等利好消息下，动态市盈率 PE 和滚动市盈率 TTM 达到 40.00 以上，市净率上涨到 6.82，总市值也接近 300.00 亿元，但随后又下降到以前水平，说明市场对刚设立精选层时有较大的投资热情，但随后又回归冷静，对精选层企业的估值也回归以前水平。

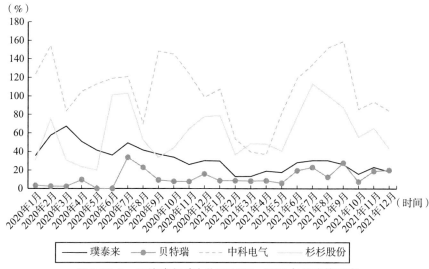

图 5.10.8　贝特瑞和对比公司 2020～2021 年月度换手率

资料来源：Choice 数据。

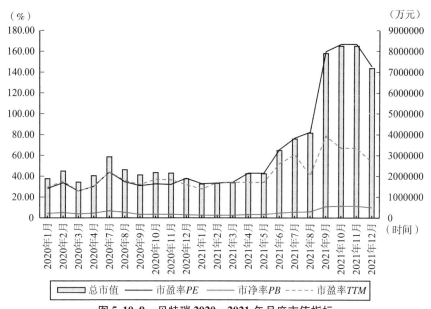

图 5.10.9　贝特瑞 2020～2021 年月度市值指标

注：2020 年 5 月、6 月贝特瑞处于停牌，因此缺少交易数据。
资料来源：Choice 数据。

2021 年 9 月，随着北京证券交易所的成立，证监会宣布精选层企业直接平移北京证券交易所上市，贝特瑞的市盈率、市净率、滚动市盈率和总市值都急剧飙升，市盈率达到 159 倍，滚动市盈率达到 78 倍，市净率也翻了一番，总市值首次突破 800.00 亿元，甚至高于沪深 A 股很多公司。2021 年 11 月，北京证券交易所正式开市交易，贝特瑞的估值水平持续上升，领跑北京证券交易所榜首，2021 年 12 月有所下降，但仍大幅高于北京证券交易所成立和开市前。这说明在北京证券交易所成立后，贝特瑞的估值被市场投资者所看好，极大缓解了企业的估值与融资困境。

如图 5.10.10 所示，贝特瑞的总市值在 2020 年 7 月进入精选层后接近 300.00 亿元，与杉杉股份和中科电气拉开了一定差距，与璞泰来的差距有所缩小。但 7 月以后，贝特瑞的总市值就呈现平稳下降的趋势，并在 11 月低于杉杉股份，接近中科电气。

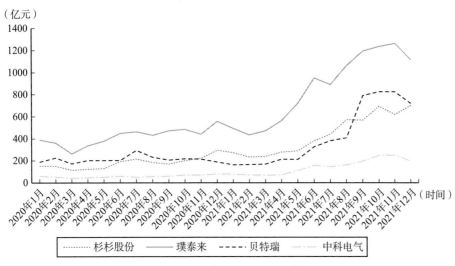

图 5.10.10 贝特瑞和行业公司总市值对比

资料来源：Choice 数据。

2021 年 9 月，习近平总书记宣布成立北京证券交易所，贝特瑞的市值接近 800.00 亿元，最高时超过了 900.00 亿元，大幅超过了杉杉股份，逐渐向璞泰来靠近。2021 年 11 月，北京证券交易所正式成立，贝特瑞的市值也是一直居高不下。总体来说，进入精选层在短时间提升了贝特瑞的总市值，但随后很快下降，直到北京证券交易所的成立再度使贝特瑞的市值达到顶峰。

（3）短期市场反应

本部分主要研究在披露公告日前后贝特瑞的股价变化情况，考核该事件对股票的影响程度，并以此来衡量资本市场对该事件的反应。自全面深化新三板改革以来，贝特瑞和证监会发布的有关公告如表5.10.5所示，通过事件研究法分析以下公告对股价的影响，可以看出市场投资者对贝特瑞或证监会举措的反应。本部分选取了贝特瑞公告称拟向不特定合格投资者公开发行股票并在全国中小企业股份转让系统精选层挂牌，和证监会表示精选层挂牌公司全部转为北京证券交易所上市公司这两个事件作为本次研究的事件日，定为事件一和事件二，分别对应全面深化新三板的两个重要举措——设立精选层和成立北交所。

表5.10.5　　　　　　全面深化新三板改革以来的重要公告日

公告时间	具体内容	是否定义为本次事件研究的事件日
2019年10月25日	证监会宣布全面深化新三板改革	否
2020年1月13日	贝特瑞召开董事会，通过了《关于启动股票公开发行并进入精选层准备工作的议案》	否
2020年2月4日	贝特瑞公告称拟向不特定合格投资者公开发行股票并在全国中小企业股份转让系统精选层挂牌，表示已经进入精选层挂牌辅导备案	是（事件一）
2020年4月29日	贝特瑞向全国股转公司提交公开发行股票并在精选层挂牌的申报材料	否
2020年5月6日	贝特瑞发布公告，称申请获得全国中小企业股份转让系统有限公司受理	否
2020年6月16日	贝特瑞发布公告，称申请通过全国中小企业股份转让系统有限公司挂牌审核	否

续表

公告时间	具体内容	是否定义为本次事件研究的事件日
2020 年 7 月 1 日	新三板精选层公开发行启动申购	否
2021 年 9 月 3 日	证监会表示，北京证券交易所设立后，精选层挂牌公司全部转为北京证券交易所上市公司	是（事件二）
2021 年 11 月 15 日	北京证券交易所正式开市交易	否

资料来源：贝特瑞公告和证监会公告。

　　新三板改革的启动对新三板乃至整个资本市场产生了重大影响。贝特瑞是精选层首批上市公司，新三板的制度环境、股票流动性、投资者行为和信息透明度也必然会影响贝特瑞的股价，尤其是短期股价变化。通过对新三板市场交易、定价和退出机制的改进，一定程度上提高了交易的活跃程度和市场的定价能力，促进资金流向优质企业。如此一来，会给二级市场注入大量的流动性资金，而二级市场的估值水平的提升又会进一步提高市场的活跃度。

　　在新三板市场，投资者的心理状态会对股价产生一定的影响，而股价的波动则是对三板市场投资者的期望的反映。另外，修改后的上市公司信息透明度有所提高，从而降低公司和投资者的信息不对称性，这也会对股票价格的波动产生一定的影响，促使公司的资金分配达到最优。

　　①贝特瑞公告拟挂牌精选层的市场反应。

　　2020 年 2 月 4 日，贝特瑞公告称拟向不特定合格投资者公开发行股票并在全国中小企业股份转让系统精选层挂牌，因此，将该日定为"事件一"的事件日。选取 2019 年 4 月 22 日至 2019 年 11 月 29 日，共 150 个交易日为估计期。

　　如图 5.10.11 所示，从事件一的累计超额收益率 CAR 值可以看出，市场对贝特瑞拟在精选层挂牌表现出了良好的预期，公布当日个股回报率达到 13.33%，CAR 值也一直稳定在 0 以上，说明市场投资者对进入精选层有十分良好的预期。

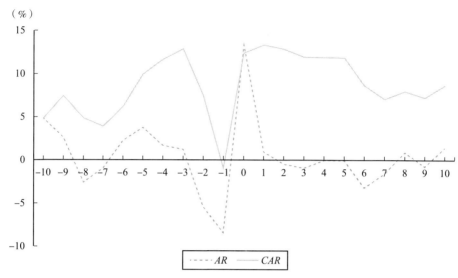

（%）

图 5.10.11　事件一的 *AR* 值和 *CAR* 值

资料来源：作者根据 Choice 数据计算得出。

②证监会宣布精选层公司平移北京证券交易所上市的市场反应。

2021 年 9 月 3 日，证监会表示，北京证券交易所设立后，精选层挂牌公司全部转为北京证券交易所上市公司，后续北京证券交易所上市公司从符合条件的新三板基础层、创新层挂牌公司产生。该消息宣布后，在精选层挂牌的贝特瑞股价一路飙升。本部分将该日定为"事件二"的事件日，选择贝特瑞在新三板精选层挂牌期间的 235 个交易日，2020 年 8 月 27 日至 2021 年 8 月 13 日为估计期。

北京证券交易所的设立在一定程度上缓解了中小企业的融资难题，畅通了企业的融资渠道，有助于企业更好地发展壮大，因此市场对宣布设立北京证券交易所的反应十分积极。如图 5.10.12 所示，从事件二的 *CAR* 值可以看出，市场对成立北京证券交易所表现出了良好的预期，并积极地反映在精选层个股的股价上，贝特瑞的涨跌幅自宣布成立北京证券交易所以后连续几个交易日涨幅都在 10.00% 以上。*AR* 值和 *CAR* 值也在宣布北交所成立后有明显的上升，并在 10 个交易日内都居高不下，说明市场投资者对即将平移北京证券交易所上市的贝特瑞也同样期待。

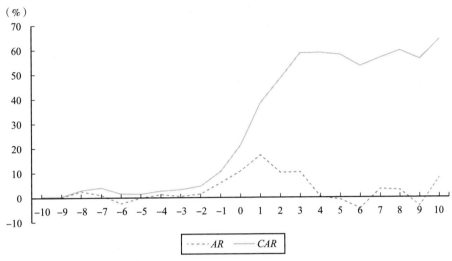

图 5.10.12　事件二的 _AR_ 值和 _CAR_ 值

资料来源：作者根据 Choice 数据计算得出。

10.3.2　基于公司角度的效果分析

（1）融资规模分析

新三板市场自诞生就担负着为广大中小企业解决融资困难的责任，新三板企业主要通过股权或者债务的方式融得资金，其中，股权融资以定向增发为主，债务融资主要通过股权质押或者发行私募债实现。

由表 5.10.6 可知，2015 年以来，在新三板挂牌期间，贝特瑞一共定向增发了 6 次，共融资 102 044.00 万元，主要用于项目投资和补充流动资金。精选层的投资门槛相比之前大幅降低，吸引了众多投资者。2020 年 7 月，贝特瑞向不特定合格投资者共发行 4 000.00 万股，融资 167 200.00 万元，比2015 年以来所有定向增发所筹集到的总金额还要大，融资规模大幅增加，促进了项目的发展，补充了流动资金的不足。

表 5.10.6　　　　　　　　　　贝特瑞历年融资概况

公告日	融资类型	发行价格（元）	发行数量（万股）	融资金额（万元）
2020 年 7 月 22 日	公开发行股票	41.80	4 000.00	167 200.00

公告日	融资类型	发行价格（元）	发行数量（万股）	融资金额（万元）
2019 年 9 月 12 日	定向增发	6.67	432.00	2 880.00
2019 年 4 月 16 日	定向增发	6.67	455.63	3 037.50
2018 年 9 月 11 日	定向增发	6.67	169.88	1 132.50
2018 年 3 月 23 日	定向增发	10.00	249.45	2 494.50
2017 年 10 月 24 日	定向增发	33.33	2 250.21	74 999.50
2015 年 12 月 27 日	定向增发	35.00	5 000.00	17 500.00

资料来源：贝特瑞 2015~2020 年公告。

如表 5.10.7 所示，贝特瑞 2020 年筹资活动现金流入同比上涨 114.80%，吸收投资收到的现金达 164 631.34 万元，这得益于 2020 年贝特瑞进入精选层并公开发行股票，为公司带来了巨额的融资，极大地缓解了现金流压力。同时，2020 年贝特瑞取得借款收到的现金有明显下降，这是因为贝特瑞公开发行股票筹集 16.00 亿元后，很大程度上解决了公司扩产和流动资金不足的问题，向金融机构借款也随之减少。

表 5.10.7 　　　　　　　贝特瑞 2016~2020 年筹资活动现金流量 　　　　　　　单位：万元

指标	2017 年	2018 年	2019 年	2020 年	2021 年
吸收投资收到的现金	78 227.00	3 811.50	6 317.50	164 631.34	6 350.00
取得借款收到的现金	129 100.00	232 070.08	99 620.79	62 913.91	247 383.74
筹资活动现金流入小计	207 327.00	235 881.58	105 938.29	227 545.25	118 714.91

资料来源：贝特瑞 2016~2020 年公告。

（2）融资结构分析

融资结构也称广义上的资本结构，它指的是企业从不同渠道取得资金的比重。融资结构主要从资产负债率和带息债务、流动负债以及非流动负债的占比来衡量。如图 5.10.13 所示，2017~2019 年，贝特瑞的资产负债率一直在 50.00% 上下浮动，2020 年在精选层公开发行股票后资产负债率明显下降到 40.00% 左右，企业更加倾向于股权融资，融资结构有较大幅度的变化。

同时，由于股东权益的增加，贝特瑞带息债务/全部投入资本的比例也有明显的下降。但 2021 年，资产负债率又有明显的上升，原因是由于发展需要，贝特瑞借入了许多短期借款，带息债务/全部投入资本的比例也随之上升，但仍小于进入精选层之前。

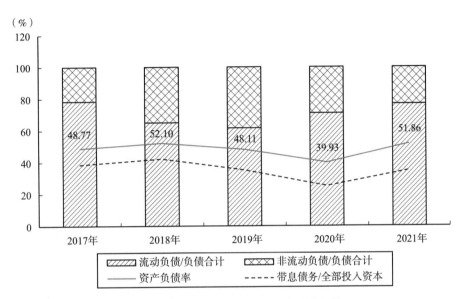

图 5. 10. 13　贝特瑞 2017～2021 年融资结构

资料来源：贝特瑞 2017～2021 年年报。

此外，由于贝特瑞 2020 年在精选层公开发行股票，2021 年又成功平移北京证券交易所上市，企业的声誉也有了明显的提高，信息披露也更加完备和全面，通过银行等金融机构取得间接融资也比以往更加简单。因此，2020年在精选层上市以来，贝特瑞的流动负债占比有了明显的提高。与此相对的则是贝特瑞非流动负债占比的降低，这也说明了贝特瑞在融资方式选择上，更愿意采用流动负债，在北京证券交易所上市之后，公司的到期流动负债支付能力更强。

如图 5. 10. 14 所示，在股东结构上，由于 2020 年 7 月于精选层公开发行股票，加上精选层个人投资者门槛的降低，贝特瑞的股东人数急剧上升，由在新三板挂牌以来的几百人上升到两万人以上，融资渠道拓宽。但随着投资者逐渐冷静，贝特瑞的股东户数开始逐渐下降。2021 年 12 月底，贝特瑞的股东户数稳定在 1.40 万左右，仍远远高于在新三板创新层时的户数，这也非常有利于提高贝特瑞的股票流动性。

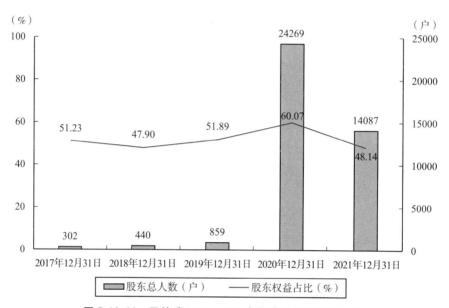

图 5. 10. 14　贝特瑞 2017～2021 年股东结构和股东人数

资料来源：Choice 数据。

在新三板挂牌的多年来，贝特瑞的十大股东占比一直在 90.00% 以上。通常来说，如果股权过于集中，不利于发挥股东之间的监督制衡作用，容易损害小股东利益，甚至有可能进行不正当的利益输送。公开发行股票后，贝特瑞前十大股东降到 83.47%，进入北京证券交易所后，继续下降到 82.34%，财务风险有所降低。

（3）抗风险能力分析

抗风险能力是指在宏观环境、宏观经济政策、不可抗力因素、产业发展周期等因素不断恶化时，公司仍能持续经营，保持长期发展的能力。本部分选择了多变量预警模型中的 Z-Score 模型来分析抗风险能力，该模型在 1986 年由著名金融经济学家爱德华·阿特曼提出。本部分对抗风险能力的分析是从财务风险的角度出发，分析贝特瑞进入精选层和北京证券交易所后抗风险能力的变化。

Z 值通常可以通过计算企业的连续几年的 Z-Score 模型综合得分来研究和预测公司发生金融危机的可能性。Z 值越低，企业破产的可能性就越大，其计算公式是：

$$Z = 1.2X1 + 1.4X2 + 3.3X3 + 0.6X4 + 0.999X5$$

判断准则：$Z < 1.81$，破产区；$1.81 \leqslant Z < 2.67$，灰色区；$2.67 < Z$，安全区。

公式中变量的具体含义如表 5.10.8 所示。

表 5.10.8 Z-Score 模型自变量含义及计算公式

自变量名称	含义	计算公式
X1	营运资金÷总资产	（流动资产－流动负债）÷总资产
X2	留存收益÷总资产	（未分配利润＋盈余公积）÷总资产
X3	息税前利润÷总资产	（利润总额＋财务费用）÷总资产
X4	优先股和普通股市值÷总负债	（股票市值×股票总数）÷总负债
X5	营业收入÷总资产	营业收入÷总资产

经过计算，贝特瑞 2016～2021 年的 Z 值如表 5.10.9 所示。

表 5.10.9 贝特瑞 Z-Score 模型计算结果

指标	2016 年	2017 年	2018 年	2019 年	2020 年	2021 年
X1	0.07	0.23	0.22	0.23	0.29	0.16
X2	0.35	0.28	0.28	0.37	0.34	0.33
X3	0.30	0.27	0.31	0.35	0.21	0.36
X4	1.57	1.63	0.77	0.98	2.94	4.31
X5	0.58	0.50	0.53	0.53	0.42	0.64
Z 值	2.87	2.90	2.11	2.46	4.20	5.80
Z 值增长率	—	1.40%	−27.24%	16.11%	71.02%	38.13%

资料来源：作者根据贝特瑞财务报表计算得出。

由表 5.10.9 可知，2016～2017 年贝特瑞的 Z 值有上升趋势，且都大于 2.67，处于安全区，但在 2018 年和 2019 年的 Z 值却都处于 1.81≤Z<2.67 灰色区，即很难简单得出企业是否会破产的结论，此时贝特瑞有一定的财务风险。

2020 年，贝特瑞的 Z 值大幅上涨至 4.20，远远超过了 2.67，说明企业的财务状况良好，破产可能性极小。这主要是因为 2020 年 7 月，贝特瑞进入了新三板精选层并公开发行股票，市值大幅上升，因此 X4 值也随之上升至 2.94。营运资金的增加也提高了 X1，这都极大地促进了当年 Z 值的提高，2020 年 Z 值增长率也达到了 71.02%。

2021 年，贝特瑞的 Z 值达到了 5.80。2021 年，营运资金的减少导致了 X1 有所下降，但由于 2021 年贝特瑞营业收入、净利润和总市值的上升，所以其他指标都有明显的上升，尤其是进入北京证券交易所使贝特瑞市值大幅上涨，X4 有了明显的提高，Z 值总体也有了明显的上升。

可见，进入精选层和北京证券交易所以后，贝特瑞营运资金增加，市值大幅提高，因此抗风险能力也有了很大提升。这说明贝特瑞在面对危机事件或者经济衰退时，具有较强的应对能力以持续经营，并且能够保持长期发展。

（4）财务绩效分析

①偿债能力指标分析。

由表 5.10.10 所示，贝特瑞的偿债能力指标在 2020 年都出现了明显的拐点，偿债能力指标显著提升，流动比率和速动比率都有明显的上升，原因是 2020 年贝特瑞进入了精选层并公开发行股票后，持有的现金更加充裕，流动比率和速动比率较报告期初大幅提高，抗风险能力增强。产权比率由于股东权益的提高有了明显的下降，说明企业的资金来源中负债占比下降，企业的财务风险下降。贝特瑞的已获利息倍数在 2020 年出现小幅度下降，这是因为 2020 年人民币对美元汇率呈上升趋势，汇兑损失增加，财务费用较期初增长了 35.53%。

表 5.10.10　　　　　　　贝特瑞 2017～2021 年偿债能力指标

指标	2017 年	2018 年	2019 年	2020 年	2021 年
流动比率	1.49	1.55	1.63	1.87	1.34

续表

指标	2017 年	2018 年	2019 年	2020 年	2021 年
速动比率	1.16	1.21	1.26	1.47	1.00
产权比率	1.01	1.16	0.97	0.69	1.11
已获利息倍数	8.52	10.28	11.32	9.65	24.49

资料来源：贝特瑞 2017~2021 年年报。

2021 年，随着经营规模扩大，业务大幅增长，贝特瑞借入了大量的短期借款，使得流动比率和速动比率都有所下降，产权比率提高。2021 年已获利息倍数有较大涨幅，这得益于 2021 年贝特瑞净利润的大幅增长。

综上所述，在进入精选层后，贝特瑞的偿债能力有所提高，但在进入北京证券交易所后，除了已获利息倍数有明显提高外，其他指标有所下降。

本部分选取的对比公司为在上海证券交易所上市的璞泰来和杉杉股份，以及在深圳证券交易所上市的中科电气，它们都是锂电池负极材料行业的龙头企业。行业均值选用东财行业分类中的电池材料行业的行业均值。

从图 5.10.15 可以看出，贝特瑞在 2020 年以前的流动比率一直低于行业均值，在 2020 年时差距缩小，并在 2021 年第三季度与行业齐平。与另外三家企业相比，贝特瑞在偿债能力上表现良好，走势平稳上升，总体上，贝特瑞在进入精选层后偿债能力稳中有升。

②营运能力指标分析。

营运资金对企业的重要性不言而喻，拥有适量的营运资金是企业正常运转的必要条件。贝特瑞在 2020 年晋级精选层并公开发行了 4 000.00 万股，募集了资金 167 200.00 万元，根据其年报披露，募集资金有约 1/3 用于补充流动资金。此外，2020 年 12 月，贝特瑞向满足行权条件的 56 名激励对象办理行权，共募集了资金 3 819.34 万元，用于补充企业日常的流动资金。因此，如表 5.10.11 所示，2020 年和 2021 年营运资金有明显提高。

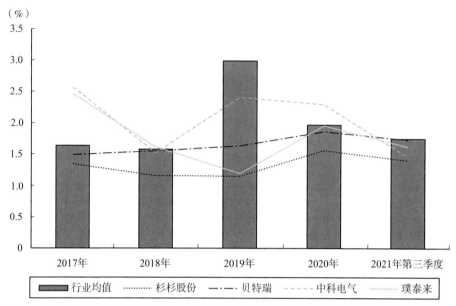

图 5.10.15　贝特瑞与同行业公司 2017～2021 年第三季度的流动比率

资料来源：Choice 数据。

表 5.10.11　　　　　　　　贝特瑞 2017～2021 年营运能力指标

指标	2017 年	2018 年	2019 年	2020 年	2021 年
营运资金（万元）	110 591.64	141 488.35	156 270.55	261 430.82	224 012.25
存货周转率（次）	3.66	3.55	3.43	3.02	4.59
应收账款周转率（次）	2.96	2.74	2.91	3.15	4.90
流动资产周转率（次）	1.18	1.09	1.10	0.92	1.45
总资产周转率（次）	0.62	0.60	0.55	0.47	0.77

资料来源：贝特瑞 2017～2021 年财务报告、Choice 数据。

　　一直以来，贝特瑞的应收账款余额较大，占营业收入的比例较高。2017～2019 年，贝特瑞对下游企业议价能力较低，运营能力较弱，资金回收较慢，应收账款周转率一直低于行业均值水平。2020～2021 年，贝特瑞建立了比较良好的回款制度，而且营业收入增加了很多，所以应收账款周转率有了比较明显的提高，2021 年达到了 4.9。此外，2021 年由于贝特瑞产销量都有大幅增长，带动了营业收入、营业成本也大幅提升，所以存货周转率、流动资产周转率和总资产周转率都有所提高。总体来说，贝特瑞在进入精选层和北京证券交易所后营运能力有所提高。

贝特瑞应收账款余额较大，占营业收入的比例较高。从图 5.10.16 可以看出，贝特瑞在 2020 年前应收账款周转率一直远低于行业均值和璞泰来，2020 年贝特瑞的应收账款增长率有所上升，且缩小了与璞泰来和行业均值的差距，进一步拉大了与杉杉股份的差距。2021 年第三季度，贝特瑞应收账款周转率达到 4.15，自 2017 年以来首次超过行业均值和璞泰来。总体看来，进入精选层以后，贝特瑞的应收账款周转率有明显提高，营运能力有所加强。

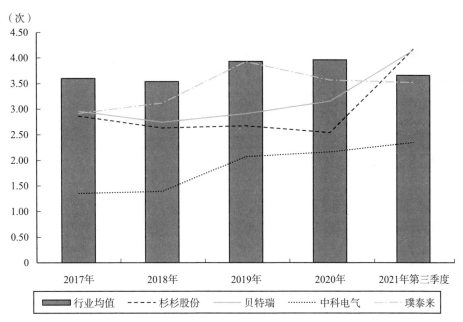

图 5.10.16　贝特瑞与同行业公司 2017 年至 2021 年第三季度的应收账款周转率
资料来源：Choice 数据。

③盈利能力指标分析。

如表 5.10.12 所示，2020 年贝特瑞实现营业收入 44.51 亿元，同比上涨

1.41%，实现利润总额和净利润分别为 5.64 亿元和 4.98 亿元，同比分别下降 30.13% 和 27.33%，实现归母净利润 4.95 亿元，同比下降 25.79%。2021年，贝特瑞的营业收入更是呈爆发式增长，这是因为 2021 年新能源汽车市场持续扩大，新能源汽车的配件锂电池行业也快速发展，贝特瑞的产销量在这一年有了很大突破，营业收入更是大幅上涨，销售情况良好。并且，2021年9月，国家主席习近平宣布设立北京证券交易所且新三板精选层公司直接平移北京证券交易所上市。随着 11 月贝特瑞进入北京证券交易所，上市后，其声誉也有了极大提高，对营业收入、净利润和基本每股收益等盈利能力指标的增长有正向的促进作用。

表 5.10.12　　　　　　　　贝特瑞 2017～2021 年盈利能力指标

指标	2017 年	2018 年	2019 年	2020 年	2021 年
营业收入（万元）	296 723.27	400 870.00	439 005.94	445 175.29	1 049 135.01
净利润（万元）	35 098.19	53 972.74	68 469.56	49 754.23	144 022.68
销售净利率（%）	11.83	13.46	15.60	11.18	13.73
基本每股收益（元）	0.84	1.12	1.53	1.08	2.97
净资产收益率（%）	15.70	15.39	17.78	9.82	20.71

资料来源：贝特瑞 2017～2021 年年报、Choice 数据。

每股收益越高，表明企业创造的利润越多，获利能力越强，股东的收益越多。如图 5.10.17 所示，2017 年以来，贝特瑞的每股收益一直处于行业较高水平，2020 年贝特瑞进入精选层后当年，由于受新冠疫情影响，基本每股收益有所降低，但仍高于行业均值，甚至高于在主板上市的杉杉股份和中科电气，这是因为 2020 年下半年贝特瑞进入精选层，加之锂电池市场需求回暖，所以贝特瑞下半年的营业收入有了较大提高。2021 年，贝特瑞的基本每股收益更是达到 2.25 元，远高于行业均值，也是首次超过一直领先的璞泰来，说明贝特瑞在进入精选层后盈利能力不断加强。

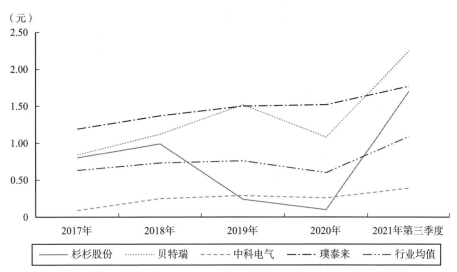

图 5.10.17　贝特瑞与同行业公司 2017 年至 2021 年第三季度基本每股收益

资料来源：Choice 数据。

④成长能力指标分析。

从表 5.10.13 可以看出，贝特瑞的各项成长能力指标在 2020 年都出现了明显的转折。贝特瑞在 2020 年进入精选层，市场流动性有了较大的提高，但是因为受新冠疫情影响，新能源汽车市场萧条，因此当年贝特瑞的营收情况也较差，所以 2020 年的成长能力指标表现较差，其中，归母净利润同比增长率和净资产收益率同比增长率出现了负值。

表 5.10.13　　　　　　　贝特瑞 2017～2021 年成长能力指标　　　　　　单位：%

指标	2017 年	2018 年	2019 年	2020 年	2021 年
营业收入增长率	38.94	35.10	9.51	1.41	138.02
归母净利润增长率	28.83	43.17	38.42	-25.79	189.47
净资产收益率增长率	-3.15	-1.97	17.78	-44.43	110.90
总资产增长率	59.60	28.29	9.93	28.34	54.39

资料来源：贝特瑞 2017～2021 年年报、Choice 数据。

但自 2021 年以来，贝特瑞各项成长能力指标都有大幅度的上升。贝特瑞在北京证券交易所上市后，随着新能源汽车市场回暖，其营业收入同比增长率达到 138.02%，归母净利润同比增长率更是达到 187.47%，净资产收益率和总资产的增长率也有不同程度的上升，说明贝特瑞在北京证券交易所上市后有巨大的发展空间和发展潜力巨大。

由图 5.10.18 可以看出，2017 ~ 2020 年，贝特瑞的营业收入增长率一直低于行业均值、璞泰来和中科电气且呈下降趋势。2020 年，受新冠疫情影响，很多企业的营业收入增长率都出现下滑，甚至出现负增长。但贝特瑞上半年的营业收入出现了逆增长，而下半年市场的回暖和贝特瑞进入精选层并公开发行股票，使得全年营业收入仍能实现 1.41% 的正增长。

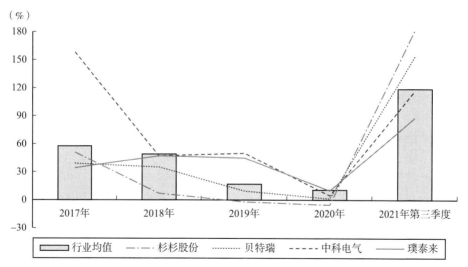

图 5.10.18　贝特瑞与同行业公司 2017 年至 2021 年第三季度营业收入增长率
资料来源：Choice 数据。

2021 年第三季度，贝特瑞营业收入同比增长了 154.18%，超过了行业均值、中科电气和璞泰来。说明贝特瑞在 2021 年的成长能力有较大的提高，在未来也有较大的发展空间。

10.4　案例讨论与问题

（1）如何定义专精特新企业？贝特瑞的专精特新属性体现在哪里？

（2）贝特瑞在北京证券交易所上市的路径是什么？

（3）如何从资本市场角度分析贝特瑞在北京证券交易所上市后的效果？

（4）本案例对"专精特新"中小企业有哪些启示？

10.5 教学设计

本章通过选取首批进入精选层和平移北京证券交易所上市的企业贝特瑞作为案例进行分析，向读者介绍新三板改革背景下企业的股票流动性、估值水平、市场反应、财务绩效等的变化，本章要实现的教学目标在于让学生熟悉我国新三板改革情况，以及新三板改革对"专精特新"中小企业的影响。

10.5.1 课时分配

同第 1 章。

10.5.2 讨论方式

同第 1 章。

10.5.3 课堂讨论总结

同第 1 章。

10.6 前沿研究聚焦

10.6.1 金融监督与中小企业技术创新

在建设创新型国家的过程中，中小企业作为至关重要的角色来推动科技的创新和技术的进步。但由于自身条件不足、银行和企业信息不对称、银行信贷配给等问题的客观存在，融资难已经成为现阶段制约中小企业发展的最大瓶颈。如何建立完善金融监督体系，使得资金更多流入有技术创新需求的中小企业，是研究的重要方向（李廷瑞和张昭，2022）。合理的金融监管能够构建稳定的金融市场，过度的金融监管可能会适得其反，遏制金融创新。而金融监管强度指标受哪些因素影响，如何量化，对于进一步研究金融监管对中小企业创新影响有着重要意义。

10.6.2　新三板财务信息披露与财务困境预测

新三板市场的融资环境持续改善，投资者入市热情高涨。但新三板企业大多是中小企业，存在较大的经营不确定性，抗风险能力较弱，其中出现财务困境的企业数量逐年增加，投资者面临的投资风险不断加大（吕喜梅等，2022），这也增强了投资者对新三板企业更多财务信息披露和准确预测新三板企业财务困境的需求。当前全国股转公司依据《全国中小企业股权转让制度中上市公司信息披露规则》，并积极利用智能监管系统针对会计信息披露等问题履行审查和监管职能，对相关申请进行问询监管。但在实际运行过程中，挂牌审查的企业会计信息披露并不规范，需要对新三板市场信息披露进行更多规范。那么，企业应该充分披露哪些财务信息？如何利用新三板企业特征来准确预测新三板企业财务困境？哪些因素影响财务困境预测准确性？对这些问题的探讨能够更好地满足投资者需求，推动新三板企业繁荣发展。

10.7　案例思政结合点

2020 年 3 月施行的《中华人民共和国证券法》（2019 年修订），明确了新三板作为国务院批准的其他全国性证券交易场所的法律地位。2021 年 9 月，国家主席习近平在全球服务贸易峰会上宣布，设立北京证券交易所。同日，证监会表示，设立北京证券交易所是资本市场更好支持中小企业发展壮大的内在需要，是落实国家创新驱动发展战略的必然要求，是新形势下全面深化资本市场改革的重要举措。通过进一步深化新三板改革，以现有的新三板精选层为基础组建北京证券交易所，进一步提升了服务中小企业的能力，打造了服务创新型中小企业主阵地。

政策背景的支持为新三板企业提供了 IPO 路径。但是打铁还需自身硬，最终企业 IPO 是否成功还取决于发行人产品和技术是否先进、公司治理机制是否完善以及财务会计信息是否真实和可靠等因素。

本章参考文献

［1］周茂清，尹中立．"新三板"市场的形成、功能及其发展趋势［J］．当代经济管理，2011，33（2）：75 - 77．

［2］方先明，吴越洋．中小企业在新三板市场融资效率研究［J］．经济管理，2015，37（10）：42 - 51．

［3］潘红波，汪涛，周颖．新三板分层制度、市场环境与盈余管理［J］．中南大学学报（社会科学版），2020，26（5）：119 - 132．

［4］王伟，董登新．科技型中小企业新三板市场融资效率分析：基于湖北省企业面板数据的实证研究［J］．证券市场导报，2020（2）：45 - 51．

［5］陈洁．北交所注册制的实施机制与风险防范［J］．法学，2019（1）：148 - 161．

［6］曹虹剑，张帅，欧阳峣，等．创新政策与"专精特新"中小企业创新质量［J］．中国工业经济，2022（11）：135 - 154．

［7］王啸．美国"注册制"的四大难题与中国资本市场改革的思考［J］．证券市场导报，2015（1）：4 - 12．

［8］宋晓刚．新三板市场发展的特征、动因及启示［J］．证券市场导报，2015（11）：4 - 12．

［9］胡海峰，罗惠良，孙丹．多层次资本市场中企业融资与转板决策研究：理论模型与统计分析［J］．中国经济问题，2014（1）：39 - 48．

［10］侯智杰，蒋宇翔，杨粲，等．流动性视角下新三板改革对价格有效性与低流动性折价的影响研究［J］．证券市场导报，2023（5）：68 - 79．

［11］李廷瑞，张昭．金融监管与中小企业技术创新：来自新三板企业的证据［J］．贵州财经大学学报，2022（5）：53 - 62．

［12］吕喜梅，蒋翠清，丁勇，等．融合临时报告软信息的新三板企业财务困境预测研究［J］．中国管理科学，2023（11）：1 - 13．

附 录

一、三一重工并购整合普茨迈斯特案例说明

1　案例讨论的准备工作

为实现本案例的教学目标，学员应在案例讨论前通过预发材料了解以下相关知识背景。

2008 年以来，我国企业跨国并购的规模和数量整体呈现上涨趋势。据汤森路透、投资中国和普华永道联合给出的数据显示，从 2008 ~ 2014 年，交易数量从 126 起上升至 272 起，涨幅达 116.00%，交易规模从 104 亿美元上涨至 569 亿美元，涨幅达 447.00%（孟凡臣，2019）。

在并购过程中，能否成功地将目标企业的资源整合吸收并化为己用是跨国并购的核心问题。从并购的背景来看，由于不同国家的文化、社会环境等方面的差异，导致很多并购存在很大的不确定性，最终无法实现预期的并购目标。

从并购的类型来看，以获取有形资源或无形资源，特别是以获取技术知识资源为目的的跨国并购呈现上升的趋势。企业通过对跨国公司进行技术并购所释放的协同效应对企业发展具有重大意义，除了在管理、经营、财务三个层面形成协同效应以外，技术并购还能带来技术协同效应，而技术协同可以促进企业创新，带来规模效应，为企业降本增效（冷鑫，2021）。但由于知识的隐含性和路径依赖性等特征的影响，以获取知识资源为导向的跨国并购往往因难以将所获取的知识资源成功整合而失败（温成玉和刘志新，2011）。因此，在技术型跨国并购过程中，并购完成并不能与并购成功画等号。中国企业要解决的问题不仅是"走出去"，还要"站得稳"，企业需要

加强知识与技术的整合能力，吸收先进的经验与技术，重视创新，提高并购后自身研发创新的动力与绩效，只有这样才能走得更远，在越来越激烈的国际竞争环境中获得立足之地。

在政策层面，双循环新发展格局的提出为企业跨国并购提供了新的实践思路和政策指导。双循环新发展格局要求"以国内大循环为主体、国内国际双循环相互促进的新发展格局"。立足于"内循环"，可以有效应对逆全球化带来的影响与冲击，使我国在"外循环"中更为灵活主动地开展高水平对外开放，更加积极地参与全球价值链条和全球治理格局的重塑优化（贺宏基和蒯海涛，2022）。

企业跨国并购作为国内国际双循环的重要联结点，不仅可以为企业谋求更大的发展空间，也可以扩大国内产业链相关企业的增长空间（袁铂宗和祁欣，2021）。三一重工对德国"大象"普茨迈斯特发起的收购，正是中国企业早期对于国内国际双循环的尝试与实践。

2　案例分析要点

2.1　需要识别的关键问题

本案例需要学员识别的关键问题包括：

（1）三一重工并购普茨迈斯特的动因有哪些？

（2）如何从不同角度评价本次跨国并购的绩效？

（3）本次并购整合中出现的主要问题和原因有哪些？

（4）本案例对中国制造业企业跨国并购的启示是什么？

2.2　解决问题的可供选择方案及评价

2.2.1　三一重工并购普茨迈斯特的动因有哪些？

本案例基于跨国并购动因相关理论，分别从主并购方（三一重工）和被并购方（普茨迈斯特）两个角度出发，将双方的并购动因作出较为清晰的划分，具体情况参照表1.1并结合案例正文进行具体分析。

表 1.1 三一重工与普茨迈斯特双方并购动因

并购双方	并购动机理论		本案例并购动因分析
三一重工方面	市场力量理论	宏观	全球经济一体化，使得国际贸易与国际投资的热情进一步高涨
			外向型经济发展趋势
			国家政策鼓励
		中观	国内机械行业环境恶化
			跨国并购成为全球工程机械企业发展的战略之一
	效率动因理论	微观	国内市场竞争大，开阔海外市场输出产能
			可获得被并购方优质资源，实现市场份额互补
			便于打通上下游供应链
普茨迈斯特方面	市场力量理论		生存压力明显
			主并购方主动承诺
	壁垒动因		并购双方互相认同企业文化
	机会成本理论		家族企业无人接管

资料来源：作者整理。

2.2.2 如何从不同角度评价本次跨国并购的绩效？

（1）财务分析

选取成本、偿债压力和存货三方面对应的财务指标评估并购完成后三一重工的财务状况。

由表 1.2 可知，在成本方面，成本费用利润率于并购后出现了大幅下降情形，且降幅远大于销售毛利率和营业毛利率，即成本费用的上升是利润下降的主要原因。而在资产负债情况方面，三一重工的资产负债率在收购前后保持稳定，但在 2012 年第二季度出现了小幅上升。这源于三一重工在完成对普茨迈斯特的收购后，双方的财务报表进行了合并，而三一重工承担了普茨迈斯特的所有债务，使得该指标出现了上升。在存货周转方面，三一重工在并购完成后的存货周转率出现了明显下降的趋势。这是因为尽管并购促成了双方的销售渠道和已开拓市场的共享，加快了原有的存货周转速度，但受到国内经济持续下行压力的影响，需求不断减少导致存货周转变慢。

表 1.2   2011～2014 年三一重工财务报表主要项目及指标变动情况

指标	2011 年		2012 年		2013 年		2014 年	
	国内	国际	国内	国际	国内	国际	国内	国际
主营营业收入（亿元）	456.41	34.25	362.77	87.40	254.66	108.74	198.82	98.22
主营业务成本（亿元）	283.90	24.00	234.09	68.68	181.19	85.25	141.94	78.09
主营业务毛利（亿元）	172.51	10.25	128.68	18.72	73.47	23.49	56.88	20.13
净利润（亿元）	93.62		56.86		29.04		7.09	
净资产收益率 ROE（%）	55.96		26.24		12.19		2.95	
基本每股收益 EPS（元/股）	1.14		0.75		0.38		0.09	
销售毛利率（%）	36.48		31.75		26.19		25.93	
营业毛利率（%）	35.97		23.39		26.19		25.77	
成本费用利润率（%）	26.75		19.95		10.19		3.37	
资产负债率（%）	59.55		61.82		60.84		60.73	
存货周转率（%）	4.67		3.43		2.77		2.70	

资料来源：Wind 数据库。

如表 1.3 所示，随着三一重工资产规模逐渐扩大，企业负债也相应提高，导致权益乘数变大，给企业带来了一定的财务风险，总资产利润率、主营业务利润率、总资产周转率基本呈现类似趋势。总体来看，三一重工盈利能力不断下降，收购普茨迈斯特对公司盈利能力产生了一定影响。

表 1.3   2009～2013 年三一重工重要财务指标变动情况

指标	2009 年	2010 年	2011 年	2012 年	2013 年
权益收益率（%）	26.07	49.47	43.99	24.7	12.16
总资产净利率（%）	15.9	26.13	22.65	10.38	4.82
主营业务利润率（%）	32.04	36.47	35.97	31.39	25.26

续表

指标	2009 年	2010 年	2011 年	2012 年	2013 年
总资产周转率	1.11	1.44	1.23	0.81	0.58
权益乘数	1.91	2.63	2.47	2.62	2.55

资料来源：Wind 数据库。

（2）技术分析

通过收购普茨迈斯特，三一重工一方面坐实了其在全球混凝土行业头把交椅，另一方面通过与普茨迈斯特进行技术合作，推动了整个行业的技术升级。2013 年，三一重工推出主机新产品 96 款、部件新产品 5 款、研发新技术 58 项。

除了产品技术含量大幅提高，并购完成后，三一重工的产品质量有了明显提高。2012 年，三一重工成为行业内唯一一家获得"全国质量奖"的企业，并于 2013 年再次获得；2014 年 11 月 23 日，三一重工获得亚太质量组织颁发的"全球卓越绩效奖"，这标志着三一重工"提高国际社会对'中国制造'认可程度"的目标已取得阶段性的胜利。

（3）品牌分析

三一重工的品牌知名度发展历程如表 1.4 所示。

表 1.4 **三一重工品牌知名度发展历程**

时间	事件	备注
2012 年 9 月	三一重工位居世界品牌实验室和世界经理人集团共同编制的《亚洲品牌 500 强》排行榜第 36 位	较 2011 年上升 12 位，名列中国工程机械行业第一，并被评为"亚洲十大影响力品牌"；董事长梁稳根入选"亚洲品牌年度人物"
2012 年 9 月	财富中文网发布"2012 最受赞赏的中国公司"排行榜，三一重工跻身前五强	这是三一重工首次入榜，也居制造业榜首
2012 年 12 月	董事长梁稳根当选"CCTV2012 中国经济年度人物"	此为梁稳根获评"CCTV2005 中国经济年度人物"后第二次获此殊荣

时间	事件	备注
2013 年 4 月	国际权威媒体 International Construction 发布全球工程机械行业排名，三一重工位列第五	三一重工蝉联中国工程机械企业第一，全球排名由第六位上升至第五位，行业竞争地位进一步提升
2014 年 9 月	三一重工获得亚太质量组织颁发的"全球卓越绩效奖"，这标志着三一重工"提高国际社会对'中国制造'认可程度"的目标已取得阶段性的胜利	三一重工为当年唯一一家入选榜单 50 强的中国工程机械企业

资料来源：作者整理。

2.2.3 本次并购整合中出现的主要问题和原因有哪些？

（1）财务方面

三一重工在并购完成后，进行了一系列的财务整合。通过财务指标对三一重工并购后的财务整合结果进行分析可以发现：三一重工在并购整合中，在资金、资产负债等方面依然面临负债激增、运营能力下降、盈利能力下降和未来发展受阻的四大问题。

要想达到财务方面的"$1+1>2$"的协同效应，整合就不能以单纯的独立运营来带动，而是应该在财务方面进行逐步的融合。统一并购企业与目标公司的财务导向，达到财务管理目标的一致性、财务管理制度的一致性是财务整合中非常重要和迫切的一环。

（2）技术方面

在整合中，虽然三一重工的市场和产品定位没有问题，但双方在技术融合方面面临阻碍。2014 年底，三一重工陆续推出了四款独立研发的产品，虽然三一重工在整体技术上有所突破，但几乎都是依靠自身技术独立研发，与普茨迈斯特合作研发的产品迟迟难见成效。由此可以看出，三一重工并未完全获得普茨迈斯特的核心技术，而且技术融合的结果也不甚理想。

三一重工并购普茨迈斯特后宣布，保持普茨迈斯特的独立运营。为保证普茨迈斯特独立运营的发展，德方不会将自己的研发队伍单独拆分给三一重工。虽然三一重工完成并购后其技术研发水平有一定程度的提升，但仍旧无法真正获得普茨迈斯特的核心技术，更不能将其研发团队完全为己所用。

2.2.4　本案例对中国制造业企业跨国并购的启示是什么？

正确选择战略时机，适时出手。外媒称此次并购为"really a bargain"，意指本次并购中三一重工联合中信基金出资的 3.60 亿欧元低于外界评估机构给出的 5.00 亿欧元估值，更低于三一重工"即使 200 亿元人民币也要拿下"的决心。三一重工选择在金融危机和欧债危机之后果断出手，成功降低了财务压力和风险，为明智之举。

应更注重目标企业带来的长远战略价值。收购普茨迈斯特，是三一重工全球化战略的合理布局。三一重工在发布公告时即称，此次并购并不是财务上的并购，而是战略性的并购，是市场寻求与技术寻求的并购，也证实了三一重工在此次并购过程中目标明确的特点。此外，三一重工选择普茨迈斯特，一方面，二者核心业务接近，其他业务互补，不会分散企业原有资源，而且能扩展产业链；另一方面，能从范围经济和规模经济中受益，从而提升核心竞争力，而非只是扩大企业规模。

尊重被并方文化和管理。普茨迈斯特的创始人在接受三一重工收购邀约时，曾重点提及三一重工方面对其企业文化的认同和尊重，而三一重工保留普茨迈斯特原有管理团队和不裁员的承诺也证实了这一点。不得不说，这样的优惠条件在促成此次半月达成的"闪电并购"中起到了至关重要的作用。而这样的尊重，为日后的文化整合也奠定了基础。

参 考 文 献

[1] 孟凡臣，刘博文. 跨文化吸收能力：跨国并购背景下知识转移过程的探索 [J]. 管理工程学报，2019，33（2）：50 - 60.

[2] 冷鑫. 海外技术并购协同效应研究 [D]. 北京：北京交通大学，2021.

[3] 温成玉，刘志新. 技术并购对高技术上市公司创新绩效的影响 [J]. 科研管理，2011，32（5）：1 - 7.

[4] 贺宏基，蒯海涛."双循环"背景下并购定位新方向 [J]. 现代商业银行，2022（22）：48 - 52.

[5] 袁铂宗，祁欣. 对外投资合作促进"双循环"新发展格局的实践路径及优化对策 [J]. 国际贸易，2021（9）：52 - 60.

二、继峰股份要约收购 Grammer AG 案例说明

1　案例讨论的准备工作

为实现本案例的教学目标，学员应在案例讨论前通过预发材料了解以下相关知识背景。

并购重组是实现优质资产和业务整合、发挥协同效应的有效战略。近年来，国务院及相关部委先后出台《关于进一步优化企业兼并重组市场环境的意见》《关于进一步促进资本市场健康发展的若干意见》《关于鼓励上市公司兼并重组、现金分红及回购股份的通知》等多项文件为企业并购重组提供便利，鼓励市场化并购重组，充分发挥资本市场在企业并购重组过程中的主渠道作用。另外，自 2016 年以来，国家陆续出台多项政策引导和规范中国企业的境外投资行为，鼓励符合条件的中国企业进行理性的跨境并购交易。

2017 年 8 月，国家发改委、商务部、中国人民银行及外交部发布的《关于进一步引导和规范境外投资方向的指导意见》指出，支持有能力、有条件的企业积极稳妥开展境外投资活动，推进"一带一路"建设，深化国际产能合作，带动国内优势产能、优质装备、适用技术输出，提升我国技术研发和生产制造能力，弥补我国能源资源短缺，推动我国相关产业提质升级，并明确将有利于"一带一路"建设、与境外高新技术和先进制造业的投资合作等列为鼓励开展的境外投资。

2017 年 9 月，浙江省人民政府发布《浙江省推进企业上市和并购重组"凤凰行动"计划》，提出着力推动海外并购。把握全球并购浪潮大趋势，推动上市公司开展以高端技术、高端人才和高端品牌为重点的跨境并购，鼓励引入顶尖技术、管理团队、商业模式、营销渠道等资源，形成一批技术含量高、发展质量好、产业带动强的全球行业龙头企业。

一系列鼓励兼并重组和理性境外投资的政策为 2018 年中国企业进行跨境并购创造了良好的市场环境，为部分有条件、有能力的优质企业实施境外并购、获取成熟的海外资产、增强上市公司竞争力提供有力支撑。

2 案例分析要点

2.1 需要识别的关键问题

本案例需要学员识别的关键问题包括：

（1）我国现阶段跨国并购常用的支付手段和期望实现的并购目的是什么？

（2）国内常见的控制权防御机制有哪些？

（3）本案例中，继峰股份作为"白衣骑士"是如何帮助 Grammer AG 摆脱控制权危机的？

（4）本案例中使用的控制权防御机制实施效果如何？

（5）继峰股份要约收购 Grammer AG 后带来了哪些影响？

2.2 解决问题的可供选择方案及评价

2.2.1 我国现阶段跨国并购常用的支付手段和期望实现的并购目的是什么？

（1）支付手段

目前，股份支付是我国境内并购重组交易中最主要的支付手段，相较而言，上市公司跨国并购采用的支付方式主要为现金支付。究其原因，除了现金支付本身具有简单而迅速的特点外，主要是跨国换股存在外国投资者需要经过商务部严格审批程序后方可成为上市公司股东和我国资本市场发展不完善导致外国投资者不愿接受两方面限制因素。此外，境外买方股票估值、支付手段的流动性、税收等问题也降低了跨国换股的可实施性。

继峰股份此次"蛇吞象"并购 Grammer AG 过程中需要的资金量较大，为保持资金的稳定性，在第一阶段并购中，继峰股份通过旗下子公司认购 Grammer AG 的可转换债券拥有其一定的股份后，为了进一步股权收购，又重新引入新的战略投资者；在第二阶段并购中，使用了现金、股份和定向可转债的支付方式。

（2）并购目的

①获得国外品牌知名度和先进技术。

相比于欧美资本主义国家，我国民营企业起步晚，技术资源相对匮乏，从某种程度上来说品牌的创新能力也相对较弱，短期内还远远达不到与国际领先企业一决高下的水平。跨国并购可显著驱动企业创新规模和创新质量提升，且该影响具有递增的动态效应；知识基础、研发效率、企业生产率和海外业务使跨国并购通过内外兼修的途径提升企业创新；技术互补性正向促进跨国并购技术协同创新效应（林发勤和吕雨桐，2022）。

跨国并购可以帮助国内民营企业在短时间内迅速购买境外优质标的资产，同时获得被并购企业的研发中心、生产基地、相关产品的设计以及专利等技术资源，从而达到提高企业的生产效率，降低生产成本，使企业整体效益得到大幅度提升，从而缩短了向国际性企业转换的时间的目的。

另外，国内企业也可以通过并购进一步提升自身的品牌知名度。总体来说我国民营企业在发达国家市场的品牌形象并不理想，民营企业选择跨国并购的方式进入目标国家市场并获得目标企业的品牌在很大程度上既避免了在当地建立新品牌的风险，也节约了新品牌推广的财务与时间成本（王草，2017）。

②利用国际金融平台，开辟企业融资渠道。

我国的民营企业规模相对较小、起步较晚，普遍存在自有资金不能够满足企业扩大生产需求的问题，又由于我国现有金融体制尚不完善，金融管制和商业贷款门槛普遍偏高，民营企业在国内融资相对较困难。相比于国内较为严格的证券监管市场，国外的金融市场起步较早，相关融资政策相对宽松，国内民营企业纷纷转向境外市场寻求帮助。

从另一个角度来看，对于一些小规模的民营企业来说，通过并购境外优质已上市标的可以达到借壳上市的目的，从经济成本和时间成本两方面来看都要比在国内排队 IPO 划算。因此跨国并购是民营企业解决融资问题并借壳上市的重要手段。

③满足自身发展战略需求，形成国际战略联盟。

部分民营企业在国内拥有良好的口碑和市场占有率，但在国际市场的市场占有率可能不尽如人意。想要迅速在国际市场中取得一席地位并树立品牌知名度，中国民营企业可以通过跨国并购收购国外企业一部分业务的方式，实现与国外企业的战略联盟。

2.2.2　国内常见的控制权防御机制有哪些？

敌意收购通常会伴随着反收购机制的出现。反收购机制也叫控制权防御机制，是目标公司管理层为了防止公司控制权转移而采取的旨在预防或挫败收购者收购本公司的行为。控制权防御机制一般具有以下特征：实施控制权防御机制的主体是目标公司；反收购的核心在于防止公司控制权的转移。帕特里克（Patrick）在 2010 年依照控制权防御机制发生的时点对目标公司的反收购措施作出以下区分：预防收购者收购的事前措施（预防型控制权防御机制）和为阻止收购者收购成功的事后措施（主动型控制权防御机制）。

其中，预防型控制权防御机制包括在公司章程内设立绝对多数条款、分级董事、累积投票制等规定，毒丸计划，员工交叉持股等；主动型控制权防御机制则包括停牌，舆论造势，"白衣骑士"，焦土战术等。

2.2.3　本案例中，继峰股份作为"白衣骑士"是如何帮助 Grammer AG 摆脱控制权危机的？

（1）购买强制可转换债券

作为"白衣骑士"，继峰股份实施"救援"的第一步就是认购可转换债券。具体由继峰股份实际控制人之一邬碧峰间接控制的子公司 JAP GmbH 认购 Grammer AG 发行的价值 6 000 万欧元强制性可转换债券（最迟一年内转换成股票），该部分可转换债券对应的普通股股数为 1 062 447 股（约合 56.47 元/股），约占 Grammer AG 转股前总股本的 9.2%。可转换债券是债券和转股看涨期权的混合体，具有债券性和期权性，买入后继峰股份后期可按照一定的比例或价格自主选择是否转换成 Grammer AG 的普通股。

（2）继续在二级市场增持 Grammer AG 股票

2017 年 5 月，JAP GmbH 将强制性可转换债转为普通股，随后多次在二级市场增持 Grammer AG 股份。截至 2017 年 10 月，JAP GmbH 累计持有 Grammer AG 25.56% 股份，成功超越 Hastor 家族成为 Grammer AG 第一大股东。

（3）Grammer AG 发起要约收购

成为 Grammer AG 第一大股东后，继峰股份与 Grammer AG 达成了进一步的合作协议，继峰股份通过下设的子公司德国继烨进一步收购 Grammer 股份，取得其控制权。作为 Grammer 管理层引入的"白衣骑士"，继峰股份也承诺继弘投资及继弘投资的一致行动人 Wing Sing 将不会越权干预上市公司经营管理活动，不会侵占上市公司利益；不改变 Grammer 现有的员工结构、不

主导其战略规划、维持其上市地位、保持融资和股利政策不发生改变、Gram-
mer 保留知识产权等。

　　2018 年 5 月，Grammer 发布公告称与德国继烨签订商业合作协议形成未
来商业联盟，同时，德国继烨准备要约收购 Grammer AG 全部股份，要约收
购价为 60.00 欧元/股，较前一日停牌价溢价 19.00%，对应的 PE 倍数为 23
倍；拟收购股数 9 054 110 股（排除 Grammer AG 的库存股和继峰股份已持有
股数，详情请参照图 2.1），德国继烨需要为此支付共 5.43 亿欧元（约合
41.83 亿元人民币）。6 月 25 日，继峰股份要约收购主体德国继烨发布正式要
约公告，要约期间为 6 月 25 日至 7 月 23 日，最低接受要约股份门槛为 50% +1
股（包括继峰股份此前实际持有的 25.56% 股份）；但 7 月 18 日，继峰股份
要约收购主体德国继烨对要约方案进行了更改，将要约期间延长到 8 月 6 日，
同时降低最低要约股份门槛（包括继峰股份此前实际持有的 25.56% 股份）
至 36% +1 股。同时，按照德国收购法，要约成功后，需要额外延长两周的
要约期。要约收购期间，继峰股份采用搭建并购基金的方式锁定目标，构建
三层基金主体结合股权、债权两种方式进行融资，最终通过子公司德国继烨
完成对 Grammer AG 的跨国收购（要约收购路径及并购基金结构请参照图 2.2
和图 2.3）。

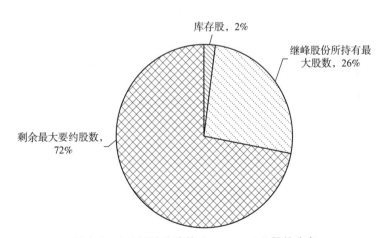

图 2.1　本次要约收购前 Grammer AG 股份分布
资料来源：作者根据继峰股份公告整理。

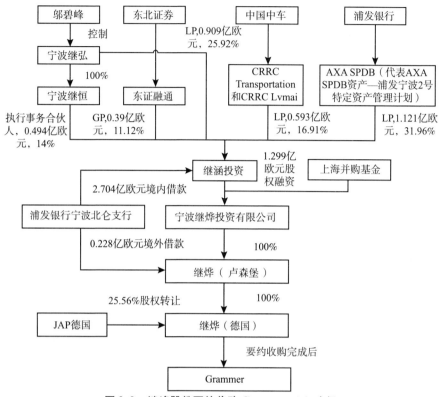

图 2.2　继峰股份要约收购 Grammer AG 路径

资料来源：作者根据继峰股份公告整理。

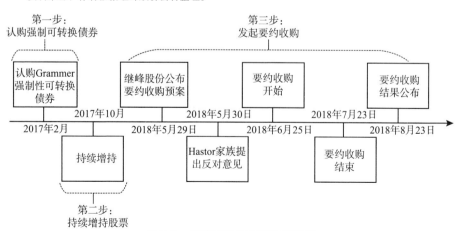

图 2.3　继峰股份反敌意收购路径

资料来源：作者根据继峰股份公告整理。

　　德国继烨完成对 Grammer AG 的要约收购后，其母公司继峰股份顺理成章地实施了最后一步操作：发行股份购买资产，将德国继烨对于 Grammer AG 的控制权归于手中，进一步完成其"白衣骑士"的承诺。具体步骤为以每股面值人民币 1 元发行普通股（A 股）股票购买资产，发行方式为非公开发行，发行对象为已持有 Grammer AG 股份的继涵投资、上海并购基金、润信格峰、固信君瀛、绿脉程锦、力鼎凯得。本次交易共发行 299 803 727 股，发行价格采用公司第三届董事会第十一次会议决议公告日前 120 个交易日公司股票交易均价（除权除息调整后）的 90%，即 10.19 元/股。本次交易完成后，继峰股份总股本变更为 937 522 927 股，交易完成前后的股权结构参见表 2.1。本次交易完成后，王义平、邬碧峰、王继民通过其所控制的继弘投资、Wing Sing、继涵投资合计持有上市公司股份 643 494 602 股，占继峰股份总股本的 68.64%，仍为继峰股份实际控制人，至此"白衣骑士"继峰股份正式入主 Grammer AG，代替 Hastor 家族成为 Grammer AG 第一大股东。

表 2.1　　　　本次要约收购完成前后继峰股份股权结构变动情况

股东名称	本次交易前		本次交易完成后	
	持股数量（股）	持股比例（%）	持股数量（股）	持股比例（%）
继弘投资	312 120 000	48.94	312 120 000	33.29
Wing Sing	146 880 000	23.03	146 880 000	15.67
继涵投资	—	—	184 494 602	19.68
其他交易对方	—	—	115 309 125	12.30
其他股东	178 719 200	28.03	178 719 200	19.06
合计	637 719 200	100.00	937 522 927	100.00

资料来源：作者整理。

2.2.4　本案例使用的控制权防御机制实施效果如何？

　　2017 年 2 月，继峰股份开始实行第一步操作：认购 Grammer AG 的可转换债券。一方面，可转债票面利率水平较低，使继峰股份能够以优惠的价格将债券转换成公司普通股，并且当可转换债券换为普通股时，Grammer AG 无须另外支付筹资费用，公司财务费用减少，缓解了 Grammer AG 财务方面的压力。另一方面，可转债转换为股票时会受到诸如时间、股价以及市场预期等多因素的影响，同时利用可转债融资能够减缓 Grammer AG 因股本扩张而带来的股本收益下降和股东控制权稀释，所以继峰股份一开始选择持有 Grammer AG 的可转换债券而不是直接持有 Grammer AG 股份，可能就是为了防止公司控制权一次性稀释过多。早在 2016 年底，Hastor 家族就已取得 Grammer AG 20.22% 股权，位列第一大股东的席位且 Hastor 家族表示有继续增持意向，而 Grammer AG 管理层并不希望公司的控制权被 Hastor 家族取得。发行可转换债券还可以起到稳定股价的作用，在继峰股份与 Grammer AG 的交易过程中，利用债券替代股票能够减少对每股收益的稀释，并且不会降低 Grammer AG 的正常股价，能够维持 Hastor 家族取得 Grammer AG 股份的交易对价成本不变，在一定程度上保证了 Grammer AG 控制权不易被取得。而对于"白衣骑士"继峰股份来说，购买可转换债券保障了原有本金安全，可转换债券的期权性又保证了股票价格上涨时其持有者可以同步分享收益。

5 月份开始，继峰股份开始实施"救援"的第二步——债转股，再增持。继峰股份将之前持有 Grammer AG 的债券转换为公司股票，该部分债券转换为股票后对应 Grammer AG 9.20% 的股份，紧接着继峰股份直接从二级市场大量买入 Grammer AG 股份，其持有的 Grammer AG 的股权直接增长到 25.56%，经过以上一系列增持操作，继峰股份成功将"野蛮人"Hastor 家族赶下第一大股东的位置，暂时保护了 Grammer AG 的控制权。最终目的都是为了取得 Grammer AG 股权，为什么不直接从二级市场一次性买入，而是选择"债转股 + 二级市场增持"两步走呢？这一方面可能是为了防止公司控制权一次性稀释过多，另一方面可以让继峰股份"悄悄"分步取得公司控制权而不被"野蛮人"Hastor 家族过快察觉，起到延缓敌意收购方收购进程的作用。

为了实现取得控制权的最终目标，购买可转换债券和增持股票仅仅是这场跨国并购的前期工作，重头戏还是 5 月份发起的要约收购。继峰股份对 Grammer AG 发起要约收购后，敌意收购方 Hastor 家族即在 Grammer AG 发布公告次日提出反对意见，其认为 60.00 欧元/股的价格不合理，Grammer AG 合理的收购价格应该是 100.00 欧元/股，企图以要约收购价过低为由阻止本次收购。但实际上 Hastor 家族此举并未给继峰股份的收购带来太大影响，要约收购结束后，继峰股份于 9 月 3 日发布的公告称此次接受要约股份合计

84.23%，超过了最低接受门槛 36% +1 股的要求，至此继峰股份作为"白衣骑士"完美完成了它的使命。

2.2.5　继峰股份要约收购 Grammer AG 后带来了哪些影响？

（1）成长效应

对于技术密集型企业来说，持续的创新产出是其赖以生存的必要条件，因此大部分技术密集型企业进行跨国并购的战略目标是进行技术吸收，提高创新绩效（杜晓荣等，2021）。本次交易完成后，继峰股份将进一步实现对于 Grammer AG 的有效控制及资源整合。继峰股份是国内领先的优质汽车内饰供应商，继峰头枕在中国市占率第一、欧洲市占率第三。收购标的 Grammer AG 创立于 1880 年，是德国汽车内饰及座椅重要供应商，在多个细分领域处于行业龙头地位。Grammer AG 在座舱系统领域布局完善，商用车座椅在欧洲市场份额超 90.00%，市场占有率稳居第一。业内人士指出，继峰股份通过整合 Grammer AG 的全球资源，提升自身技术和市场竞争力，有望实现从座椅配件领域进入价值量更高的商用车座椅总成领域，逐渐成为座舱系统集成商，进一步打开成长空间①。本次并购成功后使得更多优质主机厂成为继峰股份的核心客户，有利于增强继峰股份业务纵深和布局广度。收购的顺利完成使得继峰股份成为全球最大座椅零部件公司，通过整合 Grammer AG 实现产品和技术的互补，可以打开更大的成长空间。

（2）规模效应

产业集聚的基础是外部性，并将劳动力池、投入产出关联以及知识溢出作为驱动产业集聚的主要因素，劳动力池的形成和分享提高了劳动要素的配置效率，加快了行业内部与行业间的交流频率，通过降低企业成本推动企业生产规模扩大，进而实现规模经济（王西贝和王群勇，2023）。

Grammer AG 于 2018 年 5 月在境外发布公告，称其拟收购美国汽车零部件制造厂商 Toledo Molding&Die，以期进一步扩展北美市场。此次并购完成后，Grammer AG 不仅可以通过扩大产品组合及工艺技术实现盈利，还能够增强其在北美的市场地位。

这就意味着继峰股份能够通过 Grammer AG 间接占有北美汽车零部件市场，迅速扩大其市场版图与业务能力。对于 Grammer AG 来说，并购成功将

---

①　同花顺财经。

更有利于其在中国业务的扩张，也有利于增进继峰股份于德系车、美系车零部件领域的市场份额，形成规模协同效应。

（3）产业协同

产业集群的协同效应，就是集群系统能产生促进集群系统本身、集群子系统以及集群系统环境提高效率、良性发展的有利影响（李辉和张旭明，2006）。集群内的企业通过集群的形式结合在一起，不但可以充分利用产业内专业化和劳动分工所带来的高效率和灵活性，而且可以享有大企业的规模优势，还能加快知识的流动和创新的频率，产生知识的溢出效应，从而降低交易成本（魏世红和谭开明，2007）。

通过本次交易，继峰股份成功打通境内和境外两个平台，形成境内和境外的良性互动，进一步向成为全球领先的汽车内饰供应商之愿景迈进。Grammer AG 作为领先的车辆座椅内饰细分行业供应商，技术理念及企业定位均占据行业高点。继峰股份并购 Grammer AG 符合"一带一路"大背景下经济大融合、发展大联动的战略思想，也是中国上市公司实现"走出去"，拓展新型合作模式，与世界共谋发展机遇的有力举措。借助 Grammer AG 先进的生产技术、广阔的海外渠道、现代化的管理理念、优良的研发水平，继峰股份可以进一步改进生产技术、降低生产成本，Grammer AG 的营销网络也有助于进一步提升继峰股份产品在全球范围内的品牌知名度。继峰股份与 Grammer AG 同属汽车零部件制造行业，本次整合可以推动双方充分发挥各自比较优势，相得益彰。整合后的继峰股份可以与 Grammer AG 产生境内外协同效应，在成本端、销售端、企业战略、技术储备等诸多领域发挥协同优势，有利于增强继峰股份持续经营能力及核心竞争力。

参 考 文 献

［1］林发勤，吕雨桐．跨国并购能否驱动企业创新？基于技术和资源互补性的理论和实证研究［J］．世界经济研究，2022（10）：102 – 117，137.

［2］王草．我国民营企业跨国并购的动因及发展路径研究［J］．当代经济，2017（14）：82 – 83.

［3］Patrick A G. Mergers Acquisitions and Corporate Restructurings［M］. John Wiley & Son，Inc，2010.

［4］杜晓荣，赵嘉雯，新夫．技术密集型企业跨国并购对创新绩效的影响：基于中

国 A 股上市公司的经验研究［J］．科技管理研究，2021，41（7）：148－154.

　　［5］王西贝，王群勇．产业协同集聚对区域经济增长的影响研究：基于规模效应与拥堵效应视角［J］．经济评论，2023（2）：43－58.

　　［6］李辉，张旭明．产业集群的协同效应研究［J］．吉林大学社会科学学报，2006（3）：43－50.

　　［7］魏世红，谭开明．高新技术产业集群协同效应分析［J］．中国科技论坛，2007（5）：71－74.

三、海科金入主金一文化案例说明

1 案例讨论的准备工作

为了有效实现本案例目标，学生应该了解下列相关知识背景。

混合所有制改革是指在中国经济体制改革过程中，将国有企业引入非国有资本，实现国有企业与非国有企业的混合所有制形式。混合所有制改革的背景如下。

经济发展需要。中国经济改革开放以来取得了巨大的成就，但也面临一些问题和挑战。传统的国有企业体制在一定程度上制约了经济的发展和竞争力的提升。引入非国有资本可以为国有企业注入市场化的经营理念和活力，促进企业的创新和竞争力的提升。

资本市场发展需要。混合所有制改革可以促进资本市场的发展。通过引入非国有资本，可以增加上市公司的数量和质量，提升市场的活力和吸引力，进一步完善资本市场的机制和规则。

国有企业改革的需要。国有企业是中国经济的重要组成部分，但在改革开放初期，由于体制和机制的限制，一些国有企业面临着效益低下、管理不善等问题。混合所有制改革可以引入市场化的管理方式和激励机制，提升国有企业的竞争力和效益。

政策导向。中国政府提出了混合所有制改革的目标，并出台了一系列政策和措施来推动这一改革。政府希望通过混合所有制改革，推动国有企业经济结构的优化和转型升级。

2013年11月，党的十八届三中全会通过的《中共中央关于全面深化改革若干重大问题的决定》提出，积极发展混合所有制经济，允许更多国有经济和其他所有制经济发展成为混合所有制经济。国有资本投资项目允许非国有资本参股。允许混合所有制经济实行企业员工持股，形成资本所有者和劳动者利益共同体。

为进一步落实国有企业改革的指导意见，全国各省、市地方政府也积极响应，适时出台了深化国有企业改革的方案和措施。2015年中央出台《中共中央、国务院关于深化国有企业改革的指导意见》和《国务院关于改革和完善国有资产管理体制的若干意见》，提出改组组建国有资本投资、运营两类公司要求，2018年国务院正式发布《关于推进国有资本投资、运营公司改革试点的实施意见》，"两类公司"的改组进程有了具体的方向以及操作规范。其中，"两类公司"指国有资本投资公司、国有资本运营公司。自2014年起，共有21家央企分三批参与国有资本投资、运营公司试点，在功能定位、组建方式、授权模式、治理结构、运行模式和监督约束机制等方面进行规范改组。2019年发布的《改革国有资本授权经营体制方案》，强调国资监管体制不断完善的重要性，经营性国有资产集中统一监管积极稳妥推进，国资授权经营管理正式进入全面实施阶段。中央层面选取了6家中央党政机关和事业单位开展试点，省级国资委监管经营性国有资产比例超过90.00%，有16个地方超过了95.00%。国有资本更加重视的是国家的"资本投入"，而不是具体的"资产"，重点不是资产规模，而是资本的质量。

2019年国有企业混合所有制改革进入了加速落地期，而诸多上市公司为促进业务发展，引进更多的战略以及业务资源，选择引入国有资本成为股东，其中一部分公司的实际控制人也转为国资委等的下属企业，掀起了"国资入主潮"。国有企业混合所有制改革领域的研究文献越来越丰富，拓展了混合所有制改革研究的深度和广度（武占江等，2021）。

混合所有制改革使得国有企业不断发展壮大，公司的治理效果及经营机制明显改善，提升了国有资本运营的效率，健全了国有企业的市场化竞争机制，推动了国有经济的高质量发展（罗润东等，2021）。

金一文化成立于2007年，主营贵金属工艺品、珠宝首饰的研发设计、生产及销售，公司成立7年后便在深圳证券交易所上市。2014年金一文化上市后，钟葱带领公司迅速扩张。在主业珠宝业务上，由自营模式为主转向加盟模式。截至2017年12月31日，金一文化已拥有1158家加盟连锁店，而自营连锁店萎缩至60家，同时金一文化开始多元化发展之路，通过一系列并购，开展金融、地产、智能穿戴、大数据等众多项目。然而就在急速扩张中，一场"灭顶之灾"突然降临，资金链一直紧张的金一文化遇到股价断崖式的下跌，控股股东和实控人面临股票质押平仓的压力，公司也面临一系列债务危机。正是因为这场资金链危机，金一文化才不得不求助于海科金。因此，

2018 年 8 月 22 日，海科金以 1 元收购碧空龙翔 73.32% 股权，成为金一文化控股股东，海科金背后实际控制人北京市海淀区国资委成为金一文化的实际控制人。

2 案例分析要点

2.1 需要识别的关键问题

本案例需要学员识别的关键问题包括：

（1）驱动国资收购上市公司的动因有哪些？

（2）国资入主上市公司的形式有哪些？

（3）国资纾困上市公司常见方式有哪些？

（4）国资能给上市公司带来什么收益？

2.2 解决问题的可供选择方案及评价

2.2.1 驱动国资收购上市公司的动因有哪些？

政策方面：2018 年以来，政府出台了多项纾困上市公司政策，希望地方国资能够抓住发展机遇，在资本市场上及时出手或者并购一些上市公司，使之在日后成为引领地方经济发展的引擎和资本化运作的平台。而很多上市公司隶属于新兴产业，本身具有较好的发展前景。但是上市公司原控股股东或实际控制人由于各种原因，在经营和资金链等方面出现了问题，在通过自身努力不能扭转现状的情况下，最终只能选择易主。而地方国资、国有企业所具有的资金、资源等优势，成为一些上市公司易主时的首选买家。

市场环境方面：2018 年以来资本市场不断出现上市公司股权质押和债务违约等问题。为了降低市场的流动性风险，缓解上市公司由于股权质押而面临爆仓和平仓的风险，在监管的鼓励下，国资频频出手纾困民营上市公司，为其注资解难。本案例中，面对经营乏力、债台高筑且出现大股东股份质押爆仓危机的金一文化，海淀区国资委充当"白衣骑士"，以海科金入主金一文化，为其提供资金支持，帮助其走出困境。

同时，国资入主上市公司有三大优势，一是借助本地产业优势帮助上市公司优化产业结构，国有资本收购上市公司的一个重要目的是推动国有企业的产业升级和转型。通过引入先进的管理理念、技术和市场经验，国有企业可以改善自身的经营状况，提高产品质量和服务水平，实现产业结构的优化和升级，且国有企业经过混合所有制改革后，企业的产能利用率能得到显著提升（白雪洁和张哲，2022）。二是完善国资产业布局，实现国有资产保值增值；国有资本收购上市公司也可以促进资本市场的发展和改革（陈人江，2021）。通过引入国有资本，可以增加上市公司的数量和质量，提升市场的活力和吸引力，进一步完善资本市场的机制和规则。三是以上市公司为平台进一步整合当地行业资源。通过收购上市公司，国有资本可以获取被收购公司的资源，如技术、品牌、市场渠道等，实现资源的整合和优化配置，这有助于提升企业的综合实力和核心竞争力，推动企业的发展和增长（李艳和杨汝岱，2018）。

2.2.2 国资入主上市公司的形式有哪些？

（1）国资委旗下投资类公司

国有资本投资公司是国家授权经营国有资本的公司制企业。这类投资公司是国家深化"两类公司"试点政策的产物。政策抓住了国资改革的主要矛盾，并有针对性地加以突破。通过将经营权交给企业，以"两类公司"作为改革的载体，加速资产证券化、资本运作进程。因此投资类公司是国资入主上市公司浪潮中的主力军。

（2）国资实业公司

国资实业公司属于国有资本运营公司的范畴，在所投资企业中可以采取相对集中持股，发挥战略投资者角色，除了获取资本增值外，还对投资企业的业务发展起到一定促进作用，关注企业的长期发展，采用纯粹控股模式，通过股东大会或董事会的表决权来参与投资企业的重大决策。

（3）国资产业基金

国资产业基金的出现主要是为了解决国有资本的配置问题。基金的侧重点更多地在于产业创新、价值提升以及资源整合，是国有资本运营平台实现市场化的最佳载体。公司更类似于一种混合体，集合民营、国资和团队的资金及各方主体的优秀基因。通过市场化、规范化、专业化的运行模式来实现增量混改的意义。

2.2.3 国资纾困上市公司常见方式有哪些？

国资纾困上市公司有以下五种常见方式。

（1）国资协议受让上市公司股份

国资协议受让上市公司股份是指国有资本与上市公司签订协议，通过协议方式购买上市公司的股份，从而获得相应的股权。这种方式是一种非公开的交易方式，双方通过协商达成一致，并在协议中明确规定受让的股份比例、价格、支付方式、交割条件等具体条款。国有资本可以通过与上市公司签订股权转让协议、股份认购协议、增资扩股协议或股权收购协议等形式，来受让上市公司的股份。

（2）国资认购上市公司非公开发行股份

国资认购上市公司非公开发行股份是指国有资本以认购的方式参与上市公司进行非公开发行股份的行为。非公开发行是指上市公司向特定投资者（包括国有资本）非公开发行股份，而非通过公开市场进行发行。在这种情况下，上市公司会根据需要筹集资金的金额和用途，与国有资本进行协商，并达成认购协议。国有资本将以约定的价格和数量认购上市公司发行的股份，以获得相应的股权。

非公开发行股份通常是为了满足上市公司的资本需求，例如进行扩张、投资项目、债务偿还等。相比于公开市场发行股份，非公开发行股份具有较低的发行成本和较少的市场波动风险，同时也能够更精准地选择投资者。需要注意的是，非公开发行股份需要符合相关法律法规和监管要求，例如上市公司需要获得证券监管机构的批准，并遵守相关的信息披露和投资者保护规定。

（3）国资入股或重组上市公司控股股东

国资入股或重组上市公司控股股东是指国有资本通过购买上市公司的股份或进行资产重组的方式，获得上市公司的控股权。

当国有资本入股上市公司时，它通过购买上市公司的股份，使其持有上市公司的股权比例达到或超过50.00%，从而成为上市公司的控股股东。作为控股股东，国有资本将拥有对上市公司的控制权，可以参与公司的战略决策、人事安排、财务管理等重要事项。通过资产重组来实现国资控股上市公司，在资产重组中，国有资本可能将自身的资产或业务与上市公司进行整合，形成一个新的实体，国有资本持有该实体的股权比例达到或超过50.00%。这样，国有资本就成为重组后实体的控股股东。

国资入股或重组上市公司的目的通常是加强国有资本对相关行业或企业

的控制力，推动企业的发展和改革。这种行为可以帮助国有资本实现资源整合、提升企业竞争力，并对国家经济发展产生积极影响。

（4）国资为上市公司控股股东提供股票质押融资支持

国资为上市公司控股股东提供股票质押融资是指国有资本以上市公司控股股东所持有的股份作为质押物，向金融机构借款或获得融资支持的一种方式。国有资本与上市公司控股股东签订协议，将其持有的上市公司股份质押给金融机构，作为借款的担保物。这意味着控股股东将股份的所有权暂时转移给金融机构，以换取融资。

股票质押融资对于上市公司控股股东而言，可以提供一种灵活的融资方式，充分利用其持有的股权价值。同时，对国有资本而言，通过股票质押融资可以增加对上市公司的控制力和影响力，促进企业的发展与改革。然而，需要注意的是，股票质押融资涉及一定的风险，需要各方充分评估和管理风险。

（5）其他纾困方式

融资借款：上市公司可能通过向金融机构申请借款来解决资金需求。在这种情况下，通常需要提供担保物或者签订借款合同，并按照约定的条件和期限偿还借款。

授信担保：国有资本或其他机构可以为上市公司提供授信担保支持，即为上市公司在向金融机构申请融资时提供信用担保。这种方式可以增加上市公司的信用度，提高其融资能力。

债转股：债转股是指将债务转换为股权的一种方式。当上市公司面临债务问题时，债权人可能同意将一部分或全部债务转换为上市公司的股份。这样可以减轻上市公司的债务负担，并使债权人成为上市公司的股东。

债权债务重组：上市公司和债权人可以通过债权债务重组来重新安排债务结构和偿还方式。这可能涉及延长债务期限、减免债务本金或利息、调整偿还计划等。债权债务重组的目的是减轻上市公司的债务负担，提供更可持续的偿还方式。

2.2.4　国资能给上市公司带来什么收益？

首先，国资能够有效地降低上市公司的融资成本（李建，2021）。2018年上半年，受宏观因素等影响，金一文化融资渠道一度受阻，海科金入主后，海淀区国资中心、海科金以及海科金的成员企业通过提供借款、融资担保等方式向金一文化提供流动性支持，使其业务发展得到保障。2018 年 8 月 31 日起，海科金多次向金一文化提供借款、为公司及下属子公司综合授信提供担保等资金支持。金一文化有了具备国资背景的海科金作为支撑，其信用得到提升，融资渠道得到扩宽。在缓解资金流动性的同时，在银行授信方面获得了更多的便利。

其次，国资能够帮助上市公司提高业务能力。海科金入主之后，金一文化的业务线条更加清晰，重点关注珠宝首饰的研发设计、生产及销售。从新架构的布局来看，加强零售及运营业务的管理和发展，有利于金一文化的业绩保障。

最后，国资能够为民营企业引入规范的公司治理。大股东持股高的民营上市公司往往在管理上更多地体现大股东个人意志，存在管理层集体决策缺失，财务风险大，经营杠杆过高等情况。国资通过增资入股、股权转让等方式改变控股股东股权结构，继而提高控股股东资产质量，间接改善上市公司流动性及控制权稳定性。被纾困上市公司随着国资入主的完成，公司治理结构也会发生改变。本案例中海科金入主金一文化后，通过调整组织架构、修订规章制度等来改善公司的治理环境，加强合规运营。

参 考 文 献

[1] 武占江，韩曾丽，赵蕾霞，等. 京津冀协同发展研究态势和热点分析 [J]. 经济与管理，2021 (3)：31 - 38.

[2] 罗润东，李琼琼，谢香杰. 2020 年中国经济学研究热点分析 [J]. 经济学动态，2021 (3)：38 - 57.

[3] 白雪洁，张哲. 混合所有制改革能有效化解国有企业产能过剩吗 [J]. 经济理论与经济管理，2022，42 (9)：21 - 37.

[4] 陈人江. 论"国民共进"混合所有制改革背景下的中小企业纾困新路径 [J]. 当代经济研究，2021 (8)：61 - 69.

[5] 李艳，杨汝岱. 地方国企依赖、资源配置效率改善与供给侧改革 [J]. 经济研究，2018，53 (2)：80 - 94.

[6] 李建. 浅析混合所有制改革对资本市场的影响 [J]. 商业经济，2021 (5)：77 - 78，136.

四、美亚柏科反向混改案例说明

1　案例讨论的准备工作

为了有效实现本案例目标，学生应该了解下列相关知识背景。

反向混改是指民营企业引入国有战略投资者的现象，国有战略投资者既可以是国有资本运营公司，也可以是业务范围相同或相似的国有企业。正向混改是指国有企业引入非国有资本的改革，民营企业引入国资的改革与通常的混改是反方向的。目前，理论界与实务界对混改的关注主要集中于国有企业引入非国有资本的正向混改。国有企业存在一些固有的治理问题，因此急需通过混改引入非国有资本，以建立多元化的股权结构和市场化的治理机制，推动国有企业管理去行政化、透明化及规范化，让国有企业稳定发展（谭小芬和张文婧，2021）。然而，混改并不局限于国有企业引入民营资本的正向混改，还包括民营企业引入国有战略投资者的反向混改。2020 年 10 月，国资委表态支持国企与民企相互兼并重组，不设界限。随着"国民融合"和"国民共进"的混改目标逐渐成为共识，资本市场逐渐掀起"国资入主潮"（何瑛和杨琳，2021）。

为加快数字中国建设，全面贯彻新发展理念，党的十九大五中全会通过《中共中央关于制定国民经济和社会发展第十四个五年规划和二〇三五年远景目标的建议》，明确提出"加快数字化发展。发展数字经济，推进数字产业化和产业数字化，推动数字经济和实体经济深度融合，打造具有国际竞争力的数字产业集群"。中国的数字产业虽然起步较晚，但发展的速度较快，主要是由于市场需求大。政府不断加大数字经济政策扶持和产业投入力度，再加上移动互联网的高速发展和普及，使得数据产生的速度加快且数据规模庞大，这就需要通过大数据的手段来对这些数据进行提取分析，才能将其处理成人们需要的有效信息。如图 4.1 所示，中国数字经济规模由 2005 年的2.6 万亿元增长到 2020 年的 39.2 万亿元，每年保持蓬勃增长态势。即使是在受到新冠疫情严重影响的 2020 年，中国的数字经济规模仍然逆势崛起，同比增长 9.5%。随着新一轮科技革命和产业变革，数字经济已成为当前推动产业发展最具创新活力的经济形态，成为国民经济增长的关键要素之一。

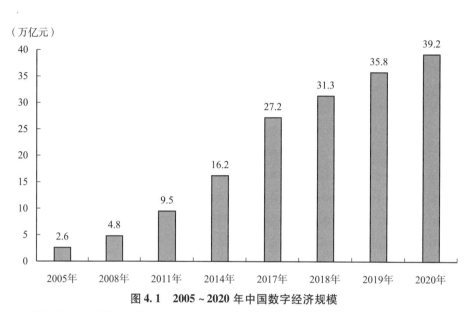

（万亿元）

图 4.1　2005～2020 年中国数字经济规模

资料来源：《中国数字经济发展白皮书（2021）》、中国信息通信研究院。

随着计算机技术和互联网技术的迅速发展，各类网络服务不断涌现，诸如基于大数据的电子政务、基于互联网的各种线上教育等。大数据在为人们的生产生活带来便利的同时，相关的各类纠纷和案件也随之产生。因此，在处理这些纠纷和案件的过程中，电子数据成为一种极其重要的证据，这对于电子取证行业来说既是机遇也是挑战。机遇在于电子取证市场具有庞大的需求，对于企业来说是难得的发展机会，而挑战则在于电子取证的专业性较强，同时基于数据的敏感性，公众对于数据的安全性具有极高的要求。

为进一步规范电子数据在刑事案件审理中的应用，国家不断完善电子数据法律，通过设立电子数据相关法律法规，确立了电子数据的法律地位，同时对电子取证的程序进行细化，为开展电子取证业务的企业提供法律支撑，电子数据法律的完善过程如图 4.2 所示。

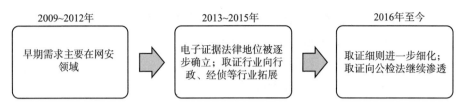

图 4.2　电子数据法律地位被逐步确立的过程

资料来源：作者根据网络公开资料整理。

中国电子取证行业起步较晚，目前来看市场的饱和度是偏低的。从图 4.3 可以看出，2017 年中国电子取证行业市场规模为 15.36 亿元，发展到 2020 年的市场规模为 22.09 亿元，近年来保持稳步增长态势。随着数字经济和大数据产业的迅猛发展，中国的电子取证行业具有广阔的发展前景。

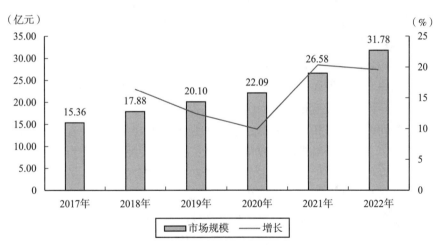

图 4.3　2017～2022 年中国电子取证行业市场规模及增长情况

资料来源：华经情报网。

2　案例分析要点

2.1　需要识别的关键问题

本案例需要学员识别的关键问题包括：

（1）驱动美亚柏科引进国有战略投资者的动因有哪些？

（2）民营企业反向混改的主要方式有哪些？

（3）国投智能给美亚柏科带来了什么收益？

（4）反向混改对国家战略的影响是什么？

2.2　解决问题的可供选择方案及评价

2.2.1　驱动美亚柏科引进国有战略投资者的动因有哪些？

一般来说，民营企业相比国有企业更加具有市场活力，特别是在日常经营管理中会比较灵活，其目标通常为追求企业利益的最大化。而国有资本相较民营企业来说，其最大的优势在于融资方面的便利，同时还具有规模大、综合实力强等特点。因此，民营企业如果能够引入国有股东，将为其带来强大的竞争优势，还能进一步优化董事会结构，在经营上给予客观的决策，更好地参与和监督企业的经营管理。美亚柏科面向的客户群体主要是国内各级司法机关及政府行政执法部门，2018 年国务院机构改革、监察委组织架构重设、国地税合并等变化，对公司的业务市场产生了一定的影响，特别是新的组织机构在产品功能、技术性能等方面有新的要求，这对公司来说既是机遇也是挑战。因此，美亚柏科引入国有战略投资者一是希望通过国有股东的加入，为公司带来业务拓展的同时，能够加强公司的规范管理，提升公司的经营管理水平，以便应对市场或政策的变化。二是通过借助国有资本的规模优势加大研发投入，借助国有资本的制度优势吸引更多的优秀人才，更好地发挥企业的成长潜力，帮助企业适应外界环境的变化，迎接新的挑战，提高企业市场竞争力，帮助企业获得更加长远高效的发展前景。

2.2.2　民营企业反向混改的主要方式有哪些？

逆向混改的方式主要有以下三种。

（1）增资扩股

增资扩股通常指企业增加注册资本、增发股权。新投资人以投资前对该公司的估值为依据，而支付相应的股权认购款项，将其对应的注册资本与溢价部分，分别计入该公司的实收资本与资本公积。

首先，通过反向混改的方法，能使公司的经营范围更大，增加企业资金，提高企业资本总量。其次，在增资扩股时，民营企业并不是公司的股东，公司获得的资金是其自身拥有的，不需要支付任何费用，因此，公司的财务压力并不会加大。最后，在通过增资扩股进行反向混改之后，民营企业的股权结构和股东持股比例都会发生变化，从而对原来股东的持股比例进行一定程度的稀释，进而减少企业内部因为"一股独大"而产生的不利因素，给企业注入新鲜的血液，这对于改善公司的治理结构有很大帮助。与此同时，通过非公开发行股票的方式向国有企业发行股票，也会给投资者传递出一些积极信号，这对于提升投资者的信心非常有利。

（2）股权转让

股权转让是以股票转让的方式来完成的，具体来说，就是股权所有方将其所拥有的股权转让给股权受让方，使得股权受让方变成公司的股东。在反向混改的过程中，国有企业和上市公司的某些股东就股权转让的条件、价格、期限等相关问题进行约定，然后，公司股东将股权转让给国有企业，国有企业为其出资。如果有投票权，也会签署投票权合同，从而实现反向混改。在这种情况下，一些进行反向混改的民营企业，在完成股权转让和表决权委托后，其实际控制人也随之发生变化，最终使国有企业变成民营企业的实际控制人。

（3）发行优先股

相对于普通股，优先股具有优先对公司盈利和剩余资产进行分配的权利。由于优先股在公司中拥有分红权利，因此持有公司优先股可以获得一定的红利，但是红利是固定的。当公司面临破产时，优先股可以获得一定的清偿，以确保优先股股东的利益不受损失。此外，公司解体时，优先股可以获得一定的补偿，以弥补企业损失。优先股通常不具有表决权或被表决权，对于公司的重要管理事项也没有表决权，与普通股票相比，优先股的权力很少，这种方式不但能够使民营企业获得更多资金投入，从而减轻其财务负担，而且还不会使其失去对公司的控制权。

2.2.3　国投智能给美亚柏科带来了什么收益？

美亚柏科通过反向混改引入国有股东国投智能后，依托国有资本优势，在资源配置和公司治理及企业价值提升方面都有了较大的优化和改变。在公司治理方面，无论是由于异质性股东带来的股权制衡，还是董事会成员和职能的丰富，抑或是党建与治理的充分结合，都在一定程度上给美亚柏科带来了新的治理理念和治理效果。

在资源配置方面，首先，美亚柏科横向和纵向开拓市场，抓住机遇发展新型智慧城市，提升企业的经营水平与竞争实力。其次，国有资本的加持为公司技术研发提供了强有力的资金支持。再次，美亚柏科注重上下游供应链管理，与客户和供应商保持良好关系，提升了客户的信任。最后，从全要素生产率指标来看，美亚柏科在国有资本进入后，资源利用效率得到提升，这主要得益于其在反向混改过程中的资源配置改善、制度完善、技术进步等因素。

反映到企业价值上，可以看出反向混改整体上提升了美亚柏科的市场价值，无论是从短期市场反应还是长期市场反应来看，都对其企业价值发挥出积极的促进作用。同时，使得投资者总体上获得了更高的购买持有超额收益，为股东创造更多了的财富。因此，美亚柏科反向混改的影响效应整体向好，增强了其在市场中的竞争力，巩固了行业地位，并且与国有股东的协同作用进一步释放，为其谋求更多的发展机会。

2.2.4 反向混改对国家战略的影响是什么？

随着互联网的快速发展，各种新兴产业诸如智能制造、智慧城市、金融服务等异军突起，面对大数据智能化带来的机遇和挑战，民营资本与国有资本应当相辅相成，双方的融合发展更是大势所趋。为更好地服务国家战略，实现国有资本的增值保值，国务院国资委于 2014 年对其监管的包括国投集团在内的 6 家中央企业开展了改革试点，建立了国有资本市场化、专业化的运作平台。近几年来，国有资本加大投资战略性新兴产业，分享民营经济快速发展成果，推动实施国家战略，这也给民营企业实现混改提供了更多的机会。从中国逆混改的实践来看，非国有经济体主要以民营经济为主，混改涉及的领域包括环保、机械、金融、医药、集成电路等行业领域。这些领域同时也是我国国有资本运营模式变革后国有资本重点布局的领域。因此，逆混改不仅是非国有资本在市场中求变和发展的策略，也同时契合了我国国有资本在服务国家产业布局优化、实现国有资本保值增值的资本运营战略。

参 考 文 献

[1] 谭小芬，张文婧. 财政分权、地方政府行为与企业杠杆率分化 [J]. 经济研究，2021，56 (6)：76 - 92.

[2] 何瑛，杨琳. 改革开放以来国有企业混合所有制改革：历程、成效与展望 [J]. 管理世界，2021 (7)：4，44 - 60.

五、中国核电收购中核汇能案例说明

1　案例讨论的准备工作

为实现本案例的教学目标，学员应在案例讨论前通过预发材料了解以下相关知识背景。

作为全球最大的温室气体排放国，中国的节能减排对全球"双碳"目标的实现具有重要影响。2007 年，国务院印发《国家环境保护"十一五"规划》，把能源消耗强度降低和主要污染物排放总量减少确定为国民经济和社会发展的约束性指标。2016 年，国家发展改革委明确了我国水能、风能、太阳能、生物质能、地热能等可再生能源的发展战略目标，强调在可再生能源开发过程中的环境保护和生态恢复，确保项目建设不对生态环境造成负面影响。鼓励能源存储技术等绿色技术的研发和应用，推出一系列政策支持措施，如电价政策、财政支持、税收优惠等，以吸引更多的投资和促进企业技术创新。

此后，中国关于新能源行业出台的国家层面的政策文件逐年增多，陆续出台了《中华人民共和国可再生能源法》《关于促进非水可再生能源发电健康发展的若干意见》等多项规定，主要涉及新能源发电等相关规定，增加使用新能源的补贴收入，进一步拓宽了新能源的发展渠道。中国政府为应对气候变化和实现"双碳"目标而采取了一系列措施，也意味着推动低碳技术和清洁能源的发展为企业提供了创新和市场机会。

在低碳经济背景下，绿色资源成为企业的战略财富和竞争优势的主要源泉。因此，许多重污染企业会倾向于选择绿色并购来获取环保企业的绿色技术和资源，助力企业实现转型升级。绿色并购是指将绿色理念引入公司并购决策，以实现可持续发展为目的的并购，其主要特征是将绿色理念贯穿于目标企业选择、并购交易决策及并购后管理整合的全过程，以实现经济效益和生态效益的统一（潘爱玲等，2019）。尽管重污染企业的绿色并购在短期内不会增加实质性绿色创新成果，但能显著提高企业经济绩效（高汉和胡超颖，2019），提升企业价值（杨融等，2023）。除了能够快速获得绿色资源技术，优化资源配置之外，绿色并购还能带来企业绿色创新水平的显著提升以及环境绩效的改善（吴烨伟等，2023）。

2 案例分析要点

2.1 需要识别的关键问题

本案例需要学生识别的关键问题包括：

（1）为什么要从经济指标与非经济指标两个方面评价并购后的企业绩效？如何选取指标进行评价？

（2）中国核电并购中核汇能后，对其非经济绩效有何影响？

（3）结合本案例，可以对中国核电并购中核汇能之后的发展提出什么建议？

（4）本案例对"双碳"政策和目标下的重污染企业的并购活动有哪些启示？

2.2 解决问题的可供选择方案及评价

2.2.1 为什么要从经济指标与非经济指标两个方面评价并购后的企业绩效？如何选取指标进行评价？

评价并购后企业绩效是企业管理和决策中至关重要的一环。绩效评价最初的评估重点在财务指标上，比如杜邦财务分析系统。然而，随着企业运营环境日益复杂，财务指标局限于反映历史数据的缺陷越发凸显。为了弥补这一缺陷，非财务指标开始被纳入绩效评价体系（Norreklit，2000），从经济指标和非经济指标两个方面评价并购后的企业绩效有助于提供全方位、多角度的视角，更好地理解合并对企业的影响，使管理者对企业发展的方向和策略作出明智的决策。

一方面，经济指标是评估并购成功与否的重要指标之一。经济指标主要关注企业的财务状况和经营绩效，如收入增长、利润率、市场份额等，这些指标直接反映了企业在财务层面的表现。对于投资者、股东和财务分析师来说，这些指标是判断并购效果的重要依据。并购后的企业是否实现了预期的收入增长、利润提升、市场份额扩大等，决定了企业未来的发展空间和潜力。

另一方面，非经济指标也同样重要。非经济指标更多关注企业的战略、组织和文化、社会责任等方面的变化，如员工满意度、客户满意度、创新能力、品牌价值、环保指标等，反映了企业文化、品牌形象、客户关系以及绿色发展等方面的情况。这些指标虽不直接反映在财务数据上，但对企业的长期发展和稳健性具有深远的影响。例如，合并后员工的满意度会直接影响到企业的稳定性和创新力，品牌价值的提升会为企业带来更多的市场认可和忠诚度，客户满意度的改善会促进业务的稳健增长。

在选取指标进行评价时，可以考虑以下几个因素。

第一，指标的选取要与企业的战略目标紧密相关。评价指标必须直接契合并购前后企业的战略方向和目标，确保所选指标是企业关注的核心内容。第二，评价指标应具备可衡量性。这意味着所选指标必须能够被量化和衡量，以便进行定量分析。例如，员工满意度可以通过调查问卷和反馈数据进行量化分析，客户满意度可以通过客户调研和反馈来衡量。第三，评价指标的选择需要考虑时间范围。有些指标可能会在短期内表现良好，而在长期内可能呈现出不同的趋势。因此，需要明确定义评价指标的时间范围，可能需要考虑长期效应和短期效应。第四，可比较性也是指标选择的一个重要考量因素。比较并购前后的数据可以更清晰地分析变化和效果，例如并购后的市场份额、员工流失率等与并购前相比的变化情况。第五，综合性是评价指标选取的重要原则。不同类型的指标相互结合，可以提供更全面、客观的评估。经济指标和非经济指标的结合，可以帮助管理者更好地了解企业并购后的绩效表现，从而作出更为全面的决策。

综合而言，评价并购后企业绩效需要考虑经济指标和非经济指标，选取合适的指标进行评价是需要与企业战略目标紧密对接、具有可衡量性、考虑时间范围和比较性、综合多个指标等方面综合考量的结果。这种全面的评价方法有助于企业更好地理解并购对自身的全方位影响，有利于制定更科学合理的未来发展策略。

2.2.2　中国核电并购中核汇能后，对其非经济绩效有何影响？

非经济绩效评价又指非财务指标评价，即从财务指标之外的角度进行评价企业绩效，本案例主要从环境绩效及社会绩效两个层次，结合中国核电公布的发电量报告以及社会责任报告中披露的碳绩效相关数据展开，具体如表5.1所示。

表5.1 中国核电非经济绩效指标评价

一级指标	二级指标	注释
环境绩效	新能源发电量	分业务年度发电量
		同行业发电量比较
	绿色产业发展	新能源装机量对比
		中核汇能战略合作
	节能减排成果	减少污染物排放量
社会绩效	社会影响力	产业扶贫
		绿色电力交易
		碳交易

资料来源：作者根据中国核电公布的发电量报告以及社会责任报告中披露内容整理。

（1）环境绩效

①新能源发电量。

从环境绩效的角度分析，清洁能源发电量的增多反映了能源行业对非化石能源消耗量的减少，同时相应地降低对二氧化碳等温室气体的排放量，更有利于能源行业完成减污降碳的目标，发展绿色经济，兼顾环境效益与经济效益。而对中国核电新能源发电量的研究可以从分业务年度发电量和同行业发电量的比较来展开。

从中国核电不同业务各年度的发电量进行分析（见表5.2）可以看出，风电和光伏发电业务占比在并购当年得到较大幅度的提高，风电和光伏的发电量之和占公司发电量的比重由2019年的不到1.00%，增长至2020年的3.67%，2022年则进一步增加至7.05%。收购后，风力发电量由原先的25 483万千瓦时增长至2022年的653 788万千瓦时，增幅30倍；光伏发电量由原来的33 203万千瓦时增长至超过751 011万千瓦时，增幅22倍。

表 5.2　　　　　　　2018～2022 年中国核电分业务板块发电量及占比

项目	2018 年	2019 年	2020 年	2021 年	2022 年
核电（万千瓦时）	11 778 800	13 621 400	14 830 000	17 312 300	18 523 900
风电（万千瓦时）	4 466	25 483	327 300	454 900	653 788
光伏（万千瓦时）	1 462	33 203	236 700	496 500	751 011
总计（万千瓦时）	11 784 728	13 680 086	15 394 000	18 263 700	19 928 700
核电占比（%）	99.95	99.57	96.34	94.79	92.95
新能源占比（%）	0.05	0.43	3.67	5.21	7.05

资料来源：中国核电 2018～2022 年年报。

对比同行业发电量，如图 5.1 所示，中国核电在并购前风电和光伏能源总发电量远远低于国电电力、华能国际和大唐发电这三家公司。但在并购当年，中国核电的新能源发电站占比就已经出现明显提升，自此，中国核电新能源发电占比一路攀升，占比仅次于排名第一的华能国际。这一变化的主要原因是收购后，中国核电在新能源机组产能上增速明显，多个自建及收购的风电、光伏项目陆续投产，从而新能源领域的发电量大幅增加。这说明，本次收购在一定程度上扩大了中国核电在非核清洁能源领域的发展，有利于其进一步扩大业务规模，提升盈利能力。

②绿色产业发展。

绿色并购在经营上的协同效应也表现为企业生产过程中，对已有营运资产的利用相较于并购前能更充分发挥资产的效益，对于该行业的固定资产投入逐渐增加，同时也体现企业的绿色发展能力不断提升。以下将从新能源装机量对比和中核汇能战略合作进行分析。

首先是新能源装机量对比。由表 5.3 可以看出，并购后中国核电的新能源装机在运数比 2019 年有较为明显的增加，投产在运的装机数量也进一步增多。风能和光伏作为清洁能源，具有生产过程排碳量小、能量密度高等优点，可强有力地替代化石能源，助力能源系统转型。中国核电新能源组装机容量的增多，为其未来发展非核清洁能源项目提供了保障。

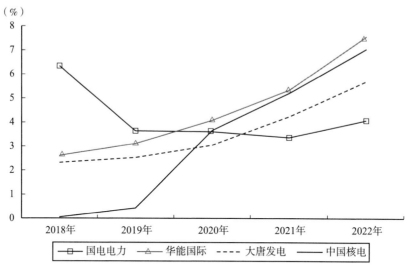

图 5.1　2018~2022 年中国核电同行业风电和光伏能源发电量占比变化

资料来源：国电电力、华能国际、大唐发电、中国核电 2018~2022 年年报。

表 5.3　　　　　　　　　2018~2022 年中国核电新能源装机量　　　　　　　单位：万千瓦

项目	2018 年	2019 年	2020 年	2021 年	2022 年
新能源装机在运	16.41	101.16	705	887.33	1 253.07
风电	—	—	221.7	263.47	420.74
光伏	—	—	483.3	623.86	832.33
新能源装机在建	—	—	233.2	206.50	572.6

资料来源：中国核电 2018~2022 年年报。

　　其次是中核汇能战略合作。中核汇能结合宁夏回族自治区中卫市的清洁能源资源和自身雄厚的产业发展实力，着力推进宁夏区域"九大特色产业"战略布局，推动宁夏清洁能源高效利用，2021 年 2 月 3 日，中核汇能与中卫市就清洁能源产业配套一体化发展达成共识，并签署战略投资协议。2021 年10 月 28 日，为贯彻落实国家"双碳"目标，助力中国核电新能源产业高质量发展，中核汇能同其他公司积极签署战略合作协议，全面加强产融结合、产业协同能力，发挥各自领域资源优势，在新能源市场开发、金融服务、运维管理、技术开发等领域开展全方位业务合作。未来，中核汇能将结合金融服务和科技创新，打造新型"双碳"经济模式，助力中国核电实现"十四五"发展目标。

③节能减排成果。

2021 年 10 月中核汇能进入新疆光伏区域，新疆首个并网的平价光伏项目成功并网发电。2021 年 12 月，中核汇能与新疆当地政府签订第二个并网的平价光伏项目并结合当地发展特点，开发建设多批新能源项目。2021 年 12 月，中核汇能与甘肃省肃南县签订的首个光伏发电项目成功并网，这是肃南县首个并网的新能源项目，同时也是甘肃省首批并网发电的新能源项目。中核汇能项目投运后，在一定程度上促进了当地对于标准煤消耗量的减少，相应地也减少了二氧化碳等污染性物质的排放量（见表 5.4）。中国核电在主要发展核能业务的基础上，积极推动风电、太阳能等清洁能源的开发和利用，已建成国内首个核电厂非核心区域新能源发电项目，新能源以光伏和风电项目为主，形成巨大的经济和环境效益。在有力改善当地能源结构的同时，减少了污染性气体的排放，体现出对当地发展的积极促进作用。中核汇能主打业务的并购，未来将进一步助力中国核电在新能源行业建造更多的发电项目，在更大程度上实现减污降碳效益。

表 5.4　　　　　　　2021 年中核汇能项目节能减排效果　　　　　　单位：吨

指标	新疆地区	甘肃地区	宁夏地区
相当于减少一氧化碳	16.84	—	—
相当于减少标准煤消耗	64 000	123 200	64 000
相当于减少排放二氧化碳	192 600	15 400	160 000
相当于减少排放二氧化硫	4 309	3 237	5 525
相当于减少排放氮氧化合物	2 154	—	2 762
相当于减少烟尘排放量	866	1 350	50 000

资料来源：作者整理。

（2）社会绩效——社会影响力

①产业扶贫。

中核汇能被收购后，坚决贯彻落实中国核电对贫困产业的扶持任务，发挥新能源产业资源分布广、建设周期短、效益回收快的优势。宁夏回族自治区同心县是中核集团的定点扶贫县，中核汇能在同心县投入帮扶资金支持中核扶贫产业园二期建设，积极引进劳动密集型企业进驻，带动就业，促进已脱贫地区未来经济的发展。截止到 2022 年，中核扶贫产业园一期累计实现近 600 人就业，极大地促进了当地招商引资，有效缓解了困难户就业与居住难题；同时带动当地物流、旅游等产业的发展，投资额达到 22.5 亿元，收购后新增新能源项目的社会效益、经济效益和生态效应逐渐显著。另外，中核汇能还在产业扶贫上取得了"中核集团脱贫攻坚先进集体"的荣誉称号，其产业扶贫课题还获得"中国核工业政研会 2020 年度课题研究成果一等奖"等，这些都从侧面反映了中核汇能被收购所带来的正向影响。

如表 5.5 所示，中国核电在"十三五"规划期间不断加大对于扶贫项目帮扶资金，尤其是产业扶贫资金的投入力度，对外捐赠的金额也在逐年增加。中国核电在 2020 年各项金额支出增多的主要原因：一是收购中核汇能后将其原有的扶贫项目并入中国核电，2019～2020 年中核汇能完成扶贫项目投资 12.58 亿元，直接帮扶困户近 6 000 户。二是 2020 年作为脱贫攻坚的决胜之年，公司积极履行社会责任。

表 5.5 2018～2022 年中国核电扶贫项目

指标	2018 年	2019 年	2020 年	2021 年	2022 年
产业扶贫项目投入金额（万元）	70.00	452.00	2 441.00	68 100.00	—
生态保护扶贫投入金额（万元）	—	—	110.00	435.00	—
总扶贫投入金额（万元）	309.00	1 451.00	3 411.00		112 189.10
帮助建档立卡贫困人口脱贫数（人）	511	383	6 867		
所获得的扶贫奖项（个）	—	11	16		
对外捐赠额（万元）	245.21	725.44	2 703.60	2 135.24	1 841.94

资料来源：中国核电 2018～2022 年年报。

②参与绿色电力交易。

2021 年 9 月，全国绿色电力交易试点工作正式启动。绿色电力交易是以风电、光伏等绿色电力产品为标的物的交易，可以全面体现绿色发电的电能价值和环境价值。数据显示，浙江省 2021 年需求电量近 10 亿千瓦时，有绿色电力需求的大企业近百家。在中国首次绿色电力交易中，浙江省成交电量 3 亿千瓦时，占据总需求量的 30.00%，其中包括 32 家风光发电企业和 30 家电力用户，共成交 50 笔交易。浙江省本次交易的绿色电力产品可增加新能源发电企业的收入达到 300 万元，同时相当于可减少排放的二氧化碳达到 22.5 万吨。中核汇能以其自身主营业务优势，代表中国核电，作为浙江省内第一批符合试点的新能源发电企业之一，积极参与了首次线上绿色电力交易，售出绿色电力 5 345 万千瓦时，排在浙江省第二位。

③参与全国碳排放权交易市场。

2021 年 7 月，全国碳排放权交易市场正式开始线上交易，这是落实"双碳"目标的核心政策工具之一。碳交易是指将二氧化碳的排放权作为一种商品，买方以购买的方式获取卖方的温室气体减排额，以此形成二氧化碳排放权的交易，买方通过该种方式取得的减排额用于自身实现减排的目标任务，最终变现为减缓温室效应。2022 年 1 月，中核汇能代表中国核电完成公司的首笔碳交易，收获当年首笔碳收益。本次交易作为全国碳排放权交易市场开启以来中国核电的首笔碳交易，不仅成功试水碳交易市场，也推动了中国核电探索新路径、创造新经验，实现高质量发展。在本次碳交易中，中核汇能旗下的可再生能源发电项目通过签订碳交易合同，累计减排量约 333.55 万吨二氧化碳，其中国家核证自愿减排量交易占 10.00% 左右。根据交易保底价格估计，本次交易将在未来为中核汇能创造巨大的环境效益。

2.2.3 结合本案例，可以对中国核电并购中核汇能之后的发展提出什么建议？

（1）加大新能源技术研发投入

新能源发电企业的发展历程是不断专业化和规范化的过程，需要持续创新的产业技术促进硬件设备的迭代更新，保证设备在运行过程中安全、可靠、易维护。本次并购对于中国核电来说属于第二主营业务的扩展，收购后研发费用和研发人员都在一定程度上有所增加，但对于并入的新能源发电，公司在这一方面的核心技术仍需要加大研发投入力度，提高对该领域核心技术的自主创新能力。对风电、光伏产业中国核电应加大对装机的研发，不断优化发电设备的运行性能，逐渐提升材料的性能水平。同时，风电、光伏发电在运营过程中易受天气等自然因素的影响，需要技术人员通过对设备的改进来实现更高效的利用。因此中国核电还应加大对"新能源+储能"领域的技术投入，同步提升发电端、电网端及用电端储能能力，全面提高多项能源发电协调互补的技术水平。2022年，国家发展改革委、国家能源局发布《关于促进新时代新能源高质量发展的实施方案》，明确提出加快推进以沙漠、戈壁、荒漠地区为重点的大型风电光伏基地建设，这意味着包括中国核电在内的电力企业更应加大对储能电站的研发投入力度。

此外，专业人才缺口较大也是制约风电、光伏产业发展的最主要因素。技术知识如何转移到实操上并做到创新，必然需要技术人员的努力，应充分发挥研发技术人员的创造潜能，不断提升行业人才培养能力与水平。中国核电并购后公司研发人员数量虽有较为明显的增加，但双方研发人员的融合、员工的整体满意度都是公司能否强化创新能力的关键。对于中国核电来说，应当坚持以科技驱动产业发展，建立科学合理的产业人才培养机制，鼓励双方企业研发人员进行风电、光伏产品专利申请，通过提供良好的科研环境与生活保障不断激励人才创新。

（2）积极参与绿色电力交易

"双碳"目标背景下新的电力交易方式，绿色电力交易应运而生。绿色电力交易的买卖品种是包括风电、光伏在内的绿色电力产品，购买方即用电企业可以直接联系售电方即新能源发电企业，购买其生产的绿色电能，由此购买方获得相应的绿色电力消费认证（朱炳成和欧家新，2023）。此外，绿色电力交易运用了区块链技术，从而保证绿电从生产、交易到消费整个过程的可溯源，很大程度上提高了绿色电力消费认证的权威性。对于用电企业来说，可借助绿色电力交易方式所包含的环境价值，加速企业绿色转型，提高企业竞争力、提升企业品牌形象。对于新能源发电企业来说，可通过售卖绿色电力获取额外的增值效益，拓宽电力消纳渠道，有效回收发电成本（魏庆坡等，2023）。2021年9月国家发展改革委明确，绿色电力交易在中国电力市场交易中享有优先组织、安排、执行和结算的条件。

对于中国核电来说，中核汇能已代表其参与首次绿色线上交易，风电、光伏产业在收购后的几个季度内也呈现较为显著的业务增长良好发展趋势。中国核电应抓住新型电力交易方式的转变时机，积极参与绿色电力交易，借助与用电企业的协商撮合或参与挂牌集中竞价等途径，提高新能源发电的消纳方式，满足用电企业对绿色电力的诉求，引导社会主动消纳绿色电力。绿色电力交易的参与将更有利于中国核电促进风电、光伏等新能源的资源优化配置，进一步助力"双碳"目标的加快实现。

（3）加强新能源领域战略合作

新能源发电一方面可以满足工农业及城镇居民的日常生活用电；另一方面也可以极大地提高对自然资源的利用率，促进清洁能源的生产，促进区域经济发展。风电、光伏产业的基地选择取决于当地的地理位置，中国陆地太阳能总辐射资源丰富，西部地区高原山脉的地理优势为风电、光伏行业的发展提供了良好的自然条件。就中国太阳能分布情况来看，西藏的总辐射量位居全国首位，新疆、青海、甘肃、宁夏也均位于太阳能丰富地区。但就当地经济发展来说，风电、光伏产业的发展与当地经济有效结合的程度仍有待提高，相较于传统能源产业的促进作用，新能源生产环节对当地经济的推动作用以及带动就业的程度还有提升空间。

中国核电应提高在新能源领域的市场占有率，结合选取基地的经济发展形势，与当地签订互利互惠的战略合作合同；充分利用当地优越的地理位置建设风电、光伏行业装机，加大对新能源项目的投资力度。新能源行业受相关项目开发经验逐渐丰富、主要设备购买价格降低等因素的驱动，陆上风力和光伏发电的成本已稳步降低，加之与互联网技术的结合，逐渐形成了清洁能源多元化利用的新业态。同时，新项目基地的开发与建设将有效促进当地人员就业，促进建筑、物流、餐饮、旅游等产业的发展，进一步体现了中国核电的使命担当和积极履行央企社会责任。因此，在多项政策支持下，中国核电应不断深化新能源行业战略合作，在国内各地开展适应当地发展需求并具备更好环境和生态效益的风电、光伏发电投资合作项目，积极推进公司战略布局，助力国家"双碳"目标的实现。

2.2.4　本案例对双碳政策和目标下的重污染企业的并购活动有哪些启示？

（1）注重绿色转型与可持续发展

中国核电成功并购中核汇能并实现并购目标，很大一部分原因在于中国核电对并购目标的选取。随着"双碳"政策的深入推进，政府对环保和减排的要求越来越高。作为国内核电行业的"领头羊"企业，中国核电积极寻求绿色企业进行并购，响应国家政策推进企业绿色发展。而中核汇能主要从事风力发电项目开发，太阳能发电站的投资与开发，拥有丰富的光伏项目资源，因此并购中核汇能不仅能给中国核电带来稀缺的绿色资源和专业技术，推进企业实现绿色转型，还能利用中核汇能的品牌优势，拓宽业务范围与筹融资渠道，提升企业竞争力。因此，重污染企业若要进行并购活动，需要思考如何将其转型为绿色、低碳的企业，使企业业务更加环保、符合未来发展方向，以避免因环境问题受到限制或处罚，促进企业可持续发展。通过绿色技术和资源的引入，重污染企业可以加速向清洁能源和环保技术领域转型。

（2）注重并购后的绿色产业整合

企业能否通过并购实现协同效应，扩大产业规模，提升企业价值，还取决于并购后的整合情况。合理的财务整合是企业对各类资源进行有效配置的关键。此外，就绿色并购而言，还应当注重非财务方面的整合，诸如绿色技术，环境保护力度，以及社会影响力等方面的产业整合。收购中核汇能后，中国核电借助并购标的自身的业务优势，大力发展新能源业务。从并购后的经济绩效分析可以看出，公司盈利能力和成长能力有较为显著的提升，与同行业企业相比也体现出了新业务扩张带来的优势。此外，并购协同效应的体现离不开业务间与产业间的有效整合，成功的整合能够更大程度提升企业的经济价值。并购中核汇能也扩大了中国核电的产业涉足领域，新能源项目助推绿色产业发展。中国核电明确未来将继续扩大新能源项目的投入额，加大研发力度，提升中国核电的研发水平。

绿色产业整合还需要充分考虑企业生产经营的方式对当地环境产生的影响，新项目的投入是否能够在保证业务规模扩大的同时，带来更多的附加效益，如促进当地的招商引资，带动区域其他行业的经济发展，创造更多就业机会。对绿色产业的整合最终也反映为企业经营各项指标的提升，从更宏观的层面提高企业的绿色竞争力，更有助于企业发挥核心技术优势，制定未来长远的发展战略。

（3）深化企业的绿色发展理念

三重绩效理论从经济、环境和社会三方面对企业并购后的绩效进行评价（Elkington and Rowlands，1999），企业并购重组也要将绿色发展理念贯穿始终，包括对于收购方的选择和并购后整合的全过程。中国核电的绿色发展理念引导企业在并购时选择更有助于公司绿色发展的风电和光伏新能源业务，在战略合作和产业整合上选择更有利于保护环境和节能减排的项目。同时绿色发展理念引导中国核电积极参与绿色线上交易和碳交易，除完成国家规定应达到的减排污染性气体量目标外，中国核电也自愿参与二氧化碳减排量的交易。

　　对于能源央企乃至各行各业的企业来说，深化绿色发展理念更能促使企业在经营的过程中发展绿色生产力，加强对绿色创新的推进工作，重视生产绿色、低碳、环保的产品，主张高质量的发展方式。通过研发技术水平的提升来促使企业提高对有限资源的利用效率，做到增产提质的同时兼顾节能减排。此外，绿色发展理念的深化也引导企业在提升公司经济价值时，不忘履行社会责任，积极主动投身于各类公益事业，扩大企业的社会影响力，做到回报社会，兼顾经济、环境和社会效益的统一。

　　（4）注重政策合规与风险管控

　　在"双碳"政策下，政策合规和风险管控是企业并购中不可忽视的重要环节。政府对企业的环保要求越来越严格，企业需了解并遵守相关环保政策和法规，避免因违规行为而带来的风险和损失。并购活动中，需谨慎评估目标企业的环保状况，充分考虑其潜在的环境风险和影响，以及未来可能面临的政策风险。

参 考 文 献

　　[1] 潘爱玲，刘昕，邱金龙，等. 媒体压力下的绿色并购能否促使重污染企业实现实质性转型 [J]. 中国工业经济，2019（2）：174-192.

　　[2] 高汉，胡超颖. 绿色并购对中国高耗能行业上市企业绩效的影响 [J]. 华东师范大学学报（哲学社会科学版），2019，51（6）：162-172，180.

　　[3] 杨融，陈效林，夏雨晴. 双碳背景下 CEO 开放性与重污染企业绿色并购 [J]. 北京工商大学学报（社会科学版），2023，38（5）：111-124.

　　[4] 吴烨伟，周霖钰，刘宁. 环境规制、绿色并购与环境绩效 [J]. 系统工程理论与实践，2023，43（5）：1267-1286.

　　[5] Norreklit H. The Balance on the Balanced Scorecard A Critical Analysis of Some of Its Assumptions [J]. Management Accounting Research，2000，11（1）：65-88.

　　[6] 朱炳成，欧家新. "双碳"目标下我国绿色电力证书交易制度的规范建构 [J]. 江苏大学学报（社会科学版），2023，25（5）：29-45.

　　[7] 魏庆坡，安岗，涂永前. 碳交易市场与绿色电力政策的互动机理与实证研究 [J]. 中国软科学，2023（5）：198-206.

　　[8] Elkington J，Rowlands I H. Cannibals with Forks：The Triple Bottom Line of 21st Century Business [J]. Alternatives Journal，1999，25（4），42.

六、ESG 视角下钱江生化收购
海宁水务案例说明

1 案例讨论的准备工作

为了有效实现本案例目标，学员应该了解下列相关知识背景。

随着经济社会的发展，人类在享受现代化生产方式和科技进步带来的巨大便利的同时，日益面临能源和资源短缺、生态和环境胁迫、社会问题突出等多重压力。因此，在经济高质量发展与经济可持续发展导向下，如何实现企业层面的各方面协调发展成为近来学术界关注的重要议题。

传统的企业绩效评价方法较多地考虑了财务因素，较少考虑环境、社会、公司治理等因素，尤其是缺少对环境因素的考量，导致传统评价方法不能够全面衡量企业的可持续发展能力。在此背景下，综合评估企业环境、社会、治理方面表现的 ESG 企业评级方法应运而生。ESG 为企业和投资者提供了一个涵盖环境、社会和公司治理的综合视角，传递了全面衡量企业经济价值与社会价值的重要理念（严伟祥等，2023），高度契合时代背景下经济高质量发展与和企业可持续发展的要求。ESG 概念最早由联合国环境规划署在 2004 年首次提出，多年来在多个权威机构及组织的共同努力下，ESG 概念及其代表的可持续发展理念逐渐为大众所熟知。同时随着中国环保理念的增强，ESG 逐渐在政策上受到重视。2018 年，证监会修订《上市公司治理准则》确立了中国 ESG 信息披露基本框架。此后的 2020 年，国务院印发《关于构建现代环境治理体系的指导意见》，明确要建立健全环境治理的企业责任体系，对企业公开环境治理信息提出了新的要求。

企业 ESG 表现的具象体现为 ESG 评级，ESG 评级也成为投资者作出投资决策不可缺少的重要参考（李瑾，2021）。ESG 测量框架要从所收集到的繁杂信息落实到具体的可量化的子类：首先要将收集到的信息归为 E、S、G 三种大类，其次根据公司所属的具体行业与经营的具体业务对三个方面赋予不同的权重，最终将三个方面所得分数进行加总，就可以得到具象化的 ESG 表现评分。而在中国应用较为广泛的是华证指数。

2 案例分析要点

2.1 需要识别的关键问题

本案例需要学生识别的关键问题包括：

（1）钱江生化的收购动因是什么？为什么选择收购海宁水务？

（2）此次并购对钱江生化的 ESG 有何影响？

（3）如何改进钱江生化 ESG 表现当中的不足之处？

（4）此次并购对生物农药等化工行业有何启示？

2.2 解决问题的可供选择方案及评价

2.2.1 钱江生化的收购动因是什么？为什么选择收购海宁水务？

（1）提升盈利能力

自 2019 年以来，全球农化市场需求减弱，在这种原材料价格上升、生产成本提高、主要产品销售竞争加剧等情况下，主打生物农药产品的钱江生化盈利能力状况不佳，2018～2020 年更是连续三年扣除非经常性损益净利润亏损（见图 6.1）。而海宁水务旗下的四家标的公司都有较强、较稳定的盈利能力，能较好地弥补钱江生化在营业收入方面缺乏的稳定性，提升业绩规模。而且该公司已研发出多种先进的水处理技术和产品，如反渗透技术、纳滤技术、超滤技术等，可为钱江生化提供其不具有的行业技术或产品解决方案，提高其竞争力。

另外，海宁水务作为海宁市国资委旗下的国有独资企业，享有良好的品牌声誉和市场知名度，这种声誉可以帮助钱江生化提升其在消费者心目中的绿色低碳形象，并为其赢得了更多信任和认可（李延喜等，2010）。通过收购海宁水务，钱江生化有机会借助对方的品牌形象和市场认知度，加速提升自身在行业中的知名度，吸引更多客户和业务机会。这将有助于推动钱江生化的发展，并实现更广泛的市场覆盖和市场份额扩展。

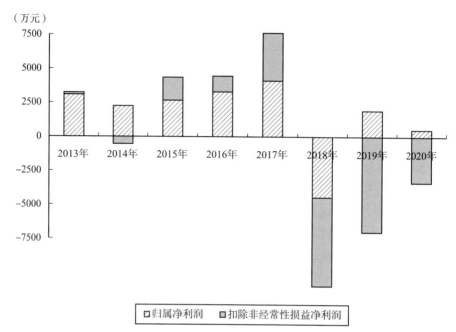

（万元）

图 6.1　2013～2020 年钱江生化净利润情况

资料来源：钱江生化 2013～2020 年年报。

（2）政策推动

在环保、可持续发展理念盛行的时代背景下，企业应该积极转变经营模式，追求商业利益与社会利益的共进。中国大力推行绿色环保，近年来，各类环保补贴政策层出不穷，环保投资额不断增加，对于废水处理、固废处理与垃圾焚烧等环保业务也给予了高度关注。以其中的固废行业为例，2020 年为推动固废治理行业发展，全国治理固体项目投资额为 17.31 亿元，2021 全年投资金额超过 18.00 亿元。从图 6.2 中可以看出，中国的工业固废处理需求量也逐渐上涨。因此钱江生化及时抓住机遇，积极响应绿色发展策略，选择并购拥有处理大宗固体废弃物、垃圾焚烧、水污染处理等绿色业务的海宁水务，在提升资源使用效率的同时还能够改善环境，对企业的可持续发展具有重要意义。

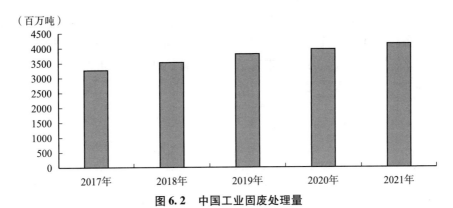

图 6.2 中国工业固废处理量

资料来源：中华人民共和国生态环境部。

（3）多元战略分散风险

钱江生化在并购前，其自身农药、兽药制药业务拥有多项国家专利，并获得了国家高新技术企业的认可，但该行业的发展已由成熟期转入衰退期，此时转入其他行业以求重获新生不失为一个正确的决定。而海宁水务主要从事城乡饮用水资源开发以及供排水设施建设，并且旗下多家公司还涉及固废处理、垃圾焚烧、污水处理、环保工程等业务，同时拥有成熟的业务管理模式。与钱江生化的战略发展方向相契合，还能够有效弥补钱江生化的环保业务短板，为钱江生化未来的可持续发展打下良好的基础。因此并购海宁水务不仅能增加钱江生化的主营业务板块，还能利用其管理能力提高资源整合效率，减少在资源调度的过程中造成的资源浪费。

综上所述，钱江生化基于提升企业盈利能力、可持续发展能力、多元化扩大业务板块、分散风险等因素的考虑，最终选择了拥有庞大市场份额、先进技术、成熟的经营经验以及品牌优势的海宁水务作为并购的标的方。钱江生化希望通过收购海宁水务，实现战略布局的拓展，进一步巩固其市场地位，并提升企业整体的 ESG 绩效。

2.2.2 此次并购对钱江生化的 ESG 有何影响？

（1）环境方面

钱江生化并购前后的环境管理制度较为稳定，并购后的 2021 年只对新并入的子公司的具体情况进行补充解释，母公司的防污设施建设并未变更。即只在细节上有所调整，并购并未给钱江生化的环境管理制度带来明显正面影响。在废气排放量方面，钱江生化新并购的业务板块相比之前的生物制药及热电业务更为环保，且主要产生废气的生物制药板块占营业收入比例减少。但在废水污染物排放量方面却带来了负面影响。如表 6.1 和表 6.2 所示，并购后新并入较多污水处理子公司，废水排放量进一步增加、废水污染物排放种类明显增多、每收入单位排放量增幅较大。

表6.1　　　　　　　　2018～2022 年钱江生化废气排放量

污染物种类	具体指标	单位	2018 年	2019 年	2020 年	2021 年	2022 年
二氧化硫	核定排放总量	吨	348.43	348.43	348.43	377.85	69.82
	每收入单位的二氧化硫排放量	吨/百万元	0.79	0.92	0.81	0.52	0.04
氮氧化物	核定排放总量	吨	370.73	370.73	370.73	415.01	141.52
	每收入单位的氮氧化物排放量	吨/百万元	0.84	0.98	0.86	0.20	0.07

资料来源：钱江生化 2018～2022 年年报。

表6.2　　　　　　　2018～2022 年钱江生化废水污染物排放指标数据

污染物种类	指标	单位	2018 年	2019 年	2020 年	2021 年	2022 年
COD	核定排放总量	吨	33.68	33.68	33.68	5 510.33	7 424.61
	每收入单位的 COD 排放量	吨/百万元	0.076	0.089	0.078	2.713	3.700
氨氮	核定排放总量	吨	3.37	3.37	3.37	588.75	730.14
	每收入单位的氨氮化物排放量	吨/百万元	0.008	0.009	0.008	0.290	0.363

资料来源：钱江生化 2018～2022 年年报。

（2）社会责任方面

社会责任方面选取了雇佣、职工健康与安全、研发与创新、社区四个指标。并购后随着公司体量的扩大，钱江生化的雇佣数量进一步增多，所承担的社会责任也更多，同时用于职工的社会保险费金额有较大幅度的增长（见表6.3、表6.4）。在研发投入方面，由于新并入污水处理业务环保研发创新空间较少，因此并购后虽然公司研发投入增幅较大，但其所占营业收入比例并未提高，同时，研发人员占公司总人数比例在并购后下降较为明显（见表6.5），此次并购对钱江生化的研发创新方面没有明显的提升作用。在社区贡献方面，钱江生化积极投身于社区服务，加大公益捐款力度（见表6.6）。

表 6.3　　　　　　　　**2018～2022 年钱江生化员工指标数据**　　　　　　单位：人

具体指标	2018 年	2019 年	2020 年	2021 年	2022 年
员工总数	606	596	545	1 532	3 385
母公司及主要子公司需承担费用的离退休职工人数	335	352	369	383	22
合计	941	948	914	1 915	3 407

资料来源：钱江生化 2018～2022 年年报。

表 6.4　　　　　　　**2018～2022 年度钱江生化社会保险指标数据**

具体指标	2018 年	2019 年	2020 年	2021 年	2022 年
当年度交付社会保险费（万元）	323.85	244.92	269.08	1 032.34	1 215.91
社会保险费所占营业收入比例（%）	0.73	0.64	0.63	0.51	0.61

资料来源：钱江生化 2018～2022 年年报。

表 6.5　　　　　　　**2018～2022 年钱江生化研发与创新指标数据**

具体指标	2018 年	2019 年	2020 年	2021 年	2022 年
研发投入（万元）	1 609.52	1 320.32	1 115.36	3 244.42	3 145.16
研发投入总额占营业收入比例（%）	3.64	3.47	2.60	1.60	1.57
研发人员数量占公司总人数的比例（%）	13.20	13.93	10.64	9.33	3.52

资料来源：钱江生化 2018～2022 年年报。

表 6. 6   2018~2022 年钱江生化社会公益捐款指标数据

具体指标	2018 年	2019 年	2020 年	2021 年	2022 年
社会公益捐款（万元）	51. 90	51. 93	40. 30	22. 80	82. 95
社会公益捐款占营业收入比例（%）	0. 12	0. 14	0. 09	0. 01	0. 04

资料来源：钱江生化 2018~2022 年年报。

（3）公司治理方面

在 ESG 治理框架和信息披露方面，并购前后的钱江生化治理框架较为稳定，但下属的多个直属部门的设置与 ESG 或可持续发展的职能部门重合，ESG 治理架构仍有待提升。同时，钱江生化在并购后才开始针对环境与社会责任进行单独章节的披露，并且并购的第二年对此披露更为细致，说明本次并购对 ESG 报告披露有促进作用，但未对此进行外部鉴证。在治理方面，并购并未给公司治理层稳定性带来不利影响，并购促进了关联方交易金额上升，但向关联方交易金额占营业收入比例也属于正常范围。同时，在审计报告信息披露方面保持着良好的可信度。具体如表 6. 7、表 6. 8 所示。

表 6. 7   2020~2022 年关联交易相关情况

关联交易	2020 年	2021 年	2022 年
交易金额（万元）	8 588. 63	49 928. 77	43 160. 35
交易金额占营业收入比例（%）	19. 99	24. 85	21. 48

资料来源：钱江生化 2020~2022 年年报。

表 6. 8   2018~2022 年审计指标相关数据

审计指标	2018 年	2019 年	2020 年	2021 年	2022 年
是否出具标准无保留意见	是	是	是	是	是
是否变更会计师事务所	否	否	否	否	否

资料来源：钱江生化 2018~2022 年年报。

（4）ESG 量化分析

钱江生化并购前 ESG 评分稳定在 60 分左右，并购前一年度评分降至

58.20，并购后有回升趋势，2022 年回升至 62.87（见表 6.9），短期来看带来了一定正面影响。

表 6.9 ESG 各实质性议题赋分具体情况

维度	议题	2018 年	2019 年	2020 年	2021 年	2022 年
环境	环境管理	60	60	60	60	50
	废水	60	60	60	40	20
	废气	60	60	60	80	90
	均值	60	60	60	60	53.33
	加权均值 = 均值 ×36.23%/34.36%	21.74	21.74	21.74	20.62	18.32
社会	雇佣	60	60	50	80	100
	职工健康与安全	60	50	50	40	50
	研发与创新	60	50	50	40	50
	社区	60	60	60	50	60
	均值	60	55	52.5	60	65
	加权均值 = 均值 ×23.86%/29.02%	14.32	13.12	12.53	15.33	18.25
治理	ESG 治理	60	60	60	70	80
	董监高	60	60	60	60	60
	股权及股东	60	60	60	60	60
	审计	60	60	60	60	60
	均值	60	60	60	62.5	65
	加权均值 = 均值 ×39.90%/36.62%	23.94	23.94	23.94	22.89	23.80
	合计	60.00	58.80	58.20	58.84	62.87

资料来源：作者整理。

2.2.3 如何改进钱江生化 ESG 表现当中的不足之处?

（1）建立良好的 ESG 治理架构

ESG 的权威性社会组织 TCFD（Task Force Climate-Related Financial Disclosures）强调，建立良好的治理结构对于确保气候相关风险和机遇的有效监督非常重要。钱江生化总经理下属职能部门与 ESG 或可持续发展委员的部门存在交叉，在 ESG 治理架构方面存在较大不足，而这样的 ESG 治理架构体系也削弱了公司 ESG 表现。因此，钱江生化应尽快建立 ESG 治理架构体系。但搭建 ESG 治理架构并不意味着放弃传统的公司治理架构，而是将 ESG 治理架构作为传统公司治理架构的有益补充，甚至是重要组成部分。

从具体层面而言，钱江生化可以在集团层面设立独立于董事会和专业委员会的 ESG 委员会，委员会下设秘书处或工作小组。该设置能够推动集团内部各个单位开展 ESG 实践，对企业 ESG 治理起到监督管理作用。同时，需要注意的是，在 ESG 治理架构中，钱江生化董事会应当积极参与，充分发挥其在决策、监督、指导、引导等方面的作用，以确保 ESG 理念和战略的有效实施。此外，董事会直接参与 ESG 治理可以促使 ESG 决策更符合业务发展需要，一定程度上避免 ESG 表现与企业绩效冲突（张莉艳和张春钢，2023）。

（2）着重提高工业排放方面表现

工业生产过程中会不可避免地产生各种废气、废水、废渣，这些工业生产废物排放到自然环境中无疑会对环境造成危害。其中工业废气因为气体所具有的流动性特点，有害物质会随着大气流动扩散，威胁着人们的健康。其次工业废水里面含有大量有机氧物、有毒物质，流入河流湖泊中，易造成水生动植物大面积死亡，处理不当还会渗透到地下水，甚至污染土壤资源。因此，工业排放是 ESG 表现考核的重要参考议题。而钱江生化在并购后，废气与废水排放总量上升、废水单位收入排放量大幅增长，这也是钱江生化并购后 ESG 表现横向赋分分数降低的重要原因。

具体而言，污水处理厂是削减水中污染物最主要的环节，它不仅可以降低其所含的污染物，还可以降低其所带来的碳排放。因此，实施节约型的污水处理，以及实施先进的机械、化学、热力等多种控制手段，都应该作为可持续的可再利用研究的重点领域（田园宏和王欢明，2017）。国际上，美国积极推广先进的机械、电子、自动化技术，以及对整个工业生产流程的有序管理；欧盟着力于实施有效的药物投加；而日本则采取最先进的技术，以降低生产成本，并有效抑制一氧化二氮的排放。钱江生化对于废气排放问题，可以考虑在资金宽裕的情况下，充分利用可再生能源替代燃料燃烧，同时采用更为先进的过滤设备，并积极提升能效，提高废料回收利用。

（3）加强企业研发与创新能力

创新就是企业的立身之本、活力之源。当今时代，科技进步是经济增长的源泉和动力，研发创新是企业经久不衰的核心武器和后续生命力的象征。在市场竞争日益激烈的情况下，企业必须牢牢掌握科技创新的主动权，才能立足行业，走向市场，谋求生存和发展。此外，研发与创新对于企业的可持续发展也有重要的社会意义（张雪和韦鸿，2021）。钱江生化 2020～2022 年投入研发创新经费占营业收入比例和研发人员人数占比连续下滑，虽然在 2021 年完成了 1 项国家发明专利及 2 项省级新产品申报，获得发明专利授权 2 项，通过国家高新技术企业复审认定，但其所申报的国家发明专利及省级新产品申报是在上一年度申报，其成果具有滞后性，并非 2021 年度成果。综合以上分析可知，钱江生化的研发创新投入有待加强。

具体而言，根据钱江生化 2021 年度首次披露的研究人员具体学历构成中，博士研究生占比为 0，硕士研究生占比 6.29%，可以针对此方面通过人才落户政策、绩效奖励等手段加紧对于高学历技术人才的吸引。此外，钱江生化应利用与高校长期合作的传统平台，进一步发扬企业本身的技术优势，包括但不限于生物制药，以期在核心工艺上取得进一步突破。

2.2.4　此次并购对生物农药等化工企业有何启示？

（1）审慎关注被收购方 ESG 表现

从可持续发展角度来看，ESG 是绕不开的评价标准。ESG 是一种重要的评估工具，它可以帮助企业评估其在应对气候变化和实现碳排放减少目标方面的能力，并为其提供基础信息。此外，ESG 表现优秀的企业可以赢得更多利益相关者的信任，并通过提高信用水平来扩大融资渠道和降低融资成本，从而为实现碳排放减少目标提供更多资金支持（Avramov et al.，2022；Chen et al.，2023）。因此，如果企业以可持续发展为目的，被收购方 ESG 表现应当成为重要的参考因素。

相比财务指标的"滞后性"而言，ESG 表现对于企业长期发展状况具有"预指标"的作用，相比财务指标而言，ESG 更能帮助公众了解企业的长期发展情况，并且可以帮助公众更好地评估企业在中长期内如何创造价值。同样值得注意的是，收购环保行业资产不等同于提升 ESG 表现，以钱江生化收购的以海宁水务为代表的环保资产为例，由于被收购资产的工业排放特点，导致钱江生化评分略微下滑，如果钱江生化能加强废气排放方面处理，在其他方面维持稳定的情况下，其 ESG 评分将会取得明显的进步。

（2）合理平衡 ESG 表现与企业绩效关系

尽管社会各界对于 ESG 呼声日渐高涨，但企业提高自身 ESG 表现和可持续发展能力能否实现社会价值与经营发展的"双赢"值得进一步商榷。ESG 表现与企业绩效关系在不同行业差距较大，ESG 表现与财务绩效的敏感性也不一致，对于部分工业排放较大的行业 ESG 表现甚至与企业绩效呈现负相关的关系（杨睿博等，2023）。但企业绩效与 ESG 表现对企业未来发展来说都至关重要，如何平衡好二者关系是一个难题，对此可以参考双重重要性概念。

2022 年 1 月，欧洲财政部门（EFRAG）出台《双重重要性概念指引》，以此来评估一个公司的可持续发展能力，以及其所涉及的资源、技术、管理等因素的价值。双重重要性是一个综合考量其经济价值与社会价值的指标，当一个具体指标被认为具有双重重要的意义，则意味着它不仅能够为公司带来经济上的收益，也能够为公司的 ESG 表现提供有力的支撑，使公司能够更加有效地实现其盈利目标与可持续发展目标。

参 考 文 献

［1］严伟祥，赵誉，孟德锋. ESG 评级对上市公司财务绩效影响研究 ［J］. 南京审计大学学报，2023：1 - 10.

［2］李瑾. 我国 A 股市场 ESG 风险溢价与额外收益研究 ［J］. 证券市场导报，2021（6）：24 - 33.

［3］李延喜，吴笛，肖峰雷，等. 声誉理论研究述评 ［J］. 管理评论，2010，22（10）：3 - 11.

［4］张莉艳，张春钢. 企业董事会结构性权力与 ESG 表现 ［J］. 软科学，2023：1 - 15.

［5］田园宏，王欢明. 城市污水治理绩效评价研究：现状与展望 ［J］. 同济大学学报（社会科学版），2017，28（1）：94 - 103.

［6］张雪，韦鸿. 企业社会责任、技术创新与企业绩效 ［J］. 统计与决策，2021（5）：157 - 161.

［7］Avramov D，Cheng S，Lioui A，et al. Sustainable Investing with ESC Rating Uncertainty ［J］. Journal of Financial Economics，2022，145（2）：642 - 664.

［8］Chen Y，Li T，Zeng Q，et al. Effect of ESC Performance on the Cost of Equity Capital：Evidence from China ［J］. International Review of Economics & Finance，2023，83：348 - 364.

［9］杨睿博，邓城涛，侯晓舟. ESG 表现对企业财务绩效的影响研究 ［J］. 技术经济，2023，42（8）：124 - 134.

七、广电运通数字化并购案例说明

1　案例讨论的准备工作

为实现本章的教学目标，学员应在案例讨论前通过预发材料了解以下相关知识背景。

1.1　金融终端设备

金融终端是一种使用范围很广、拥有大量用户的自助终端设备，它主要由 ATM、存取机和远程虚拟柜员机组成。早在 2008 年，广电运通就已凭借自主研发的"ATM 芯"的核心技术，成为国内该行业的领先者。广电运通在国内银行设备的市场常年占有率第一。显然，在传统现金交易的时代，广电运通经营得相当稳定。

然而，以便捷著称的移动支付的出现开始改变支付"江湖"的竞争格局。从 2015 年开始，中国移动支付的规模进入爆发式增长，2017 年的规模相较于 2014 年增长了近 10.00 倍。这一现象直接导致对现金存取的需求不断下滑，进而影响了各大银行 ATM 等金融终端设备的配备量，也导致设备的价格持续下跌。可见，整个行业逐渐陷入低谷。所处行业的日渐式微，无疑使广电运通的正常经营和后续发展受到了很大的影响。因此，在生根已久的金融终端设备制造行业受到移动支付的强烈冲击下，广电运通的战略转型迫在眉睫。

1.2　智能金融

智能金融指人工智能技术与金融服务和产品的动态融合。在数字技术快速发展的今天，银行业发展和转型升级必然会朝着融合人工智能、大数据和云计算、生物识别等前沿科技元素的智能金融方向发展。通过人工智能技术，智能金融可以实现对传统金融产品和服务模式的创新，提高客户体验和服务效率。其参与者不仅包括传统金融机构、新兴金融业态，也包括如广电运通这类为金融机构提供人工智能技术服务的公司。

智慧银行是智能金融的重要分支，而银行业的 IT 投资规模则是衡量智慧银行发展的重要指标。智能财政基于分布式记账的区块链技术而生，是智能金融中的一个重要分支领域，主要包括国库支付电子化和财政信息化建设。国库支付电子化是指财政部门、国库、预算单位、代理银行按照统一标准、统一接口、统一协议、统一操作的统一管理系统。在中国财政电子化的同时，还将进一步完善中国的政府采购、财务档案的电子化，使整个财政的信息化由支付电子的视角向外拓展，形成一个完整的、闭环的财政管理系统。随着新一轮信息技术的应用和自主可控的发展，中国的金融信息化工作急需适应和作出调整。因此，未来市场上存在着巨大的置换空间。

1.3 智慧城市

智慧城市是建设数字经济、建设数字中国的重要内容和手段，是中国城市建设和发展的先进阶段。智慧城市建设主要包括三个行业：智能安防、智能交通和智能社区。其中，与本研究直接相关的行业领域是智能安防和智能交通。

智能安防领域。从安全智能化的相关技术研究起步，到目前为止已有十多年的历史。而智能安防也是目前智能安全体系中最为重要的一环。人脸识别、大数据分析等数字技术的不断完善，使得传统的安防产品功能逐渐走向多元化，安防从原始的人员安防和物理安防发展到了现在的智能安防。2012～2017 年，智能安全市场呈现出高速发展的态势，其发展空间也在不断扩大。同时，在新技术不断更新的今天，智能化已经成为整个社会的主流，平安城市、智慧城市、智能交通等一系列重要项目的推进，也有力促进了安防产业的发展。

相较于传统的安防，智能安防的技术要求更高，复杂度也更高。大数据、云计算、深度学习、人工智能等数字化技术将成为未来安全发展的核心技术。因此，在企业中，安全智能化的建设不仅需要大量的专业知识，而且需要具备一定的综合实力，这就给安保公司的技术发展带来了巨大的挑战。其中，传统的安保公司凭借多年的技术积累和庞大的资源积累，快速走上了智能化的道路。而那些想要进入这个领域的公司，由于它们对这个领域的了解还不够透彻，因此必须找到一个合适的切入点。

智能交通领域。近几年，中国的交通智能化程度及网络与运输的结合速度不断提高，在中国，智能交通已经是一个重要的发展方向。中国智能交通行业的企业利润表现出了明显的两极分化。这主要是因为在智能交通管理的需求下，少数公司拥有自己的核心技术和知识产权，凭借高质量的产品和技术服务，在市场上取得很好的发展前景，这些公司的利润会不断增加，所占的市场份额也会不断扩大。而大多数公司是以开发和集成低端产品为基础的，无法继续保持原有的利润水平。

截至 2017 年，广电运通虽然通过自主创新研发出了不少数字技术，但其中的大多数仍集中在智能金融领域。在智慧城市建设中智能安防和智能交通两大核心领域，公司的研发经验和技术储备都相对较少，严重阻碍了其整体业务的转型升级道路。

2　案例分析要点

2.1　需要识别的关键问题

（1）数字经济浪潮对高新技术企业带来了什么影响？
（2）广电运通数字化并购的动因是什么？
（3）广电运通数字化转型的效果如何？
（4）这起数字并购给同行业带来何种启示？

2.2　解决问题的可供选择方案及评价

2.2.1　数字经济浪潮对高新技术企业带来了什么影响？

数字经济是以数字技术创新为核心，以现代信息技术为载体，以数字技术与实体经济的融合，加速传统工业的数字化和智能化。数字经济是中国经济发展的新引擎（何帆和刘红霞，2019）。

中国高新技术企业要适应数字时代的发展，必须主动适应新的发展趋势。现在，各行业都在大力推进数字技术的变革，打破了传统的商业模式和行业的界限，加快了创新的速度（何帆和秦愿，2019）。在这些行业中，高新技术企业由于其自身的特点，成为数字经济的主要参与者，同时也是整个数字经济的支柱。因为数字技术的兼容性，它可以帮助企业升级其网络、事务、装备和消费性产品。并且，高新技术公司能够将软件嵌入几乎每一项科技产品中，以提供不同的功能，并通过这种方式来获取利润，从而使传统的硬件系统逐步被软件取代。随着中国数字经济的高速发展，高新技术公司将发挥其特殊作用。它们不仅是数字转变的推动力量，也是各个产业的潜在颠覆者（黄群慧，2018）。

目前，高新技术公司都在努力探索新的商业模式。新的商业模式降低了对硬件的依赖性，更多地关注于解决方案。具体体现为：①在销售方面，以成果为导向的产品，开拓新的收入渠道；比如，利盟公司的经营模式从硬件厂商向服务供应商转型。②在生产模式上，从20世纪80年代开始的外包模式发展为互联网供应商、增值经销商和贸易伙伴。利用这个网络，可以缩短产品的交货期，增强对顾客的反应能力。③从企业规模的扩张到协同双赢，再到目前的平台经营模式。在平台商业模式中，公司能够通过伙伴和开发者的生态系统来提供新的产品和服务。例如，谷歌已经从纯粹的搜索引擎变成了一个平台。

当前，中国实行数字化转型战略的上市公司中不乏领军者，这些企业的战略转型思路具有如下特征。首先，领军者的眼光是长远的，通常会用成长的思维来看待企业数字化的转变。公司转型后一到两年的发展战略重心将是推动公司主要业务的成长和提升，并以此为基础，创造优秀的经营业绩，以支持公司的发展。在接下来的五年里，他们将重点放在企业创新和推动新老企业之间的合作上。与此形成鲜明对比的是，其他公司把数字化改造当作一种"改进和优化经营"的手段。其次，领军者们更加注重颠覆式的创新和数字化的发展。在评估数字化转型项目的收益时，他们更多地考虑到了未来，更看重的是产业颠覆性、创新性和发展潜力。而其他企业首先关注的是直接的财务收益。在评估数字化改造计划的预期成果时，最主要的是改变行业价值链的可能性和提高市场占有率。在数字化转型中，领军者更强调动态调整、允许试错、快速迭代。因此，评价结果的时间较短，12.00%的企业评价周期在6个月以内，59.00%的企业在1年以内，其他公司的评价速度相对较慢。变革管理的灵活，使领军者能够及时掌握数字化技术，更快地适应企业的业务创新和战略实施，能够有效地调动人力、技术、反映市场的变化（王春英和陈宏民，2021）。

因此，对于已确立数字化转型战略企业来说，树立领军者思维非常重要，当前亟待解决的问题是对其转型的需要进行梳理，弥补数字技术如5G、云计算和 AI 等技术鸿沟，从而加速数字化转型（王子阳等，2020）。广电运通抓住了高新技术企业转型的要点，以主营业务升级增长为目标，更关注创新性，通过数字化并购创新了业务模式、改善了业务流程、优化了产品结构、积累了研发资源，正走在成为行业领军者的道路上（荆浩和尹薇，2019）。

2.2.2 广电运通数字化并购的动因是什么？

（1）传统业务衰退

广电运通在近20年来一直是 ATM 行业的领军企业，在中国 ATM 市场上已连续11年位居第一。2015~2016年，公司定位于"高端制造＋高端服务"双轮驱动，大量并购安保押运公司，准备向金融服务商转型。2016年，广电运通的业务高度聚焦于银行体系内信息化的软硬件服务及传统的武装押运服务。然而，随着无现金社会的加速到来，随着手机支付的迅猛发展，现金使用率的下降，以及 ATM 数量的下降，传统 ATM 市场的变化严重影响了广电运通的主要业务。同时，移动支付的深入也逐渐影响了并购安保押运公司的效果，业绩下滑非常明显。广电运通在2017年也计提了西安和海南押运公司的商誉减值准备。对于安保押运这块业务而言，行业也开始进入下滑通道。

传统现金业务和安保押运业务的衰退，助推了广电运通快速确立新的战略转型方向。更换管理层后，公司在2017年底正式启动了数字化转型的战略，希望通过 AI 来实现对整个行业的赋能，从而在智能金融、智能通信、智能安全、智能便民四个方面全面发展。公司通过并购加速转型进程，目标是从金融电子制造商转型为人工智能服务商。

在战略转型布局中，智能金融作为广电运通的主要业务领域，在此次转型中必然是重中之重。通过并购中科江南，广电运通可以顺利地进入财政信息化这一重要业务领域，为转型增速。智能安防是智能安全领域中的核心业务，也是公司并购信义科技后能够迅速得以成长的业务领域。并购完成后，在广电运通的战略转型进程中，智能安全与智慧金融将共同打造成为标杆业务，加速落实战略的同时也为其他业务的后续转型提供思路。因此，这两次并购不仅是广电运通因为传统业务衰退而进行战略转型的开端之作，更是确立转型方向和加快转型进度的关键两步。若这两次的并购后续整合效果表现良好，那么便可以为未来公司的加速转型指明方向。

广电运通战略转型的过程中，除了坚持内部自主研发创新技术外，最为关键的就是通过外延式并购扩展现有两大核心业务的版图。在并购完成后，广电运通的业务范围包括智能金融、智能交通、智能安全、智能便民和海外运营。同时，公司希望借助并购巩固新一轮的快速增长模式，使其能够成为领先的人工智能全栈式服务商，进一步巩固自身行业领军者的地位。

综上所述，广电运通将中科江南和信义科技这两家以数字技术闻名的高新技术公司收之麾下，以摆脱传统 ATM 业务衰退和安保押运业务整合不利带来的负面影响，逐步将业务重心转移至未来发展前景良好的智能金融和智能安全板块，加快完成从"金融制造"到"金融科技"的进化，落实公司数字化转型战略，开启经营的新篇章。

（2）补充数字技术

在数字经济蓬勃发展的背景下，对于企业而言，场景落地离不开技术的驱动，数字创新如同源头活水，始终居于首要位置。数字创新可以在总体上提升组织的运营效率和绩效（刘洋等，2020）。企业通过数字化技术进行业务变革可以大幅度提升企业资源配置的效率（陈冬梅等，2020）。在数字经济发展初期，技术外溢和技术碰撞能够帮助传统经济更好地达到数字化转型升级目的（许恒等，2020）。企业应当适时调整动态能力，打造全新数字核心竞争力。动态能力主要指企业能够将旧流程更新转化为新流程的能力（Prange et al.，2018）。凭借商业场景的了解，广电运通能够在市场上一帆风顺，而不断完善的数字技术则是广电运通未来的"撒手锏"。虽然自主创新早已植入广电运通的企业基因，公司近年来源源不断地产出不少数字技术成果，但数字化并购仍旧是公司能够更快更直接补充并强化数字技术核心竞争力的最佳途径（Huang et al.，2017）。

广电运通收购信义科技，最直接的原因是信义科技拥有人脸识别和人工智能应用解决方案，以及警务大数据、云计算等数字技术，从而可以针对场景布局调整动态能力，增强自身数字核心竞争力。并购整合后，经过对 AI 算法、大数据等核心数字技术重点布局，广电运通的核心算法包括图像识别、人脸识别、指静脉识别、掌静脉识别和行为分析等，从"钞票识别"向"多模式识别"发展。更重要的是，在获得了信义科技成熟的人脸识别技术后，广电运通有望在全国范围内实现所有生物技术主流国家标准的布局。它可以在多个领域，建立一个完整的生物识别系统，并与原有金融、交通、安全领域业务相整合，驱动公司业务层面的战略转型，打开业务新"蓝海"。另外，广电运通作为一个二十多年的以视觉智能计算为主导的公司，在视频行为分析、钞票视频识别、票据图像识别、移动目标跟踪和生物识别等领域均是国际知名企业，其技术与信义科技在安全领域的视频处理技术是互补的。

总体而言，在中国数字经济蓬勃发展、数字技术对企业长期发展越发重要的情况下，广电运通希望在自主技术创新的基础上，借助数字化并购，实现双轮驱动的转型模式，补充完善可供企业战略转型的数字技术体系，增强自身核心竞争力。

（3）寻求协同效应

①智能金融。

广电运通并购中科江南后，将在智能金融领域成为国内唯一的技术供应商，也是智能财政领域的领军者。一方面，中科江南可以实现金融服务的电子化，并利用信息安全、云计算、大数据和区块链等数字化技术打造智慧财政解决方案。因此，广电运通可以在收购之后，将双方的研发、渠道等资源进行有效的整合，在技术研发、分布式账本等方面进行深入的合作，产生研发协同效应。另一方面，考虑到财政是利用信息技术稍晚的领域，而中科江南恰恰是少数几家全国性的财政信息化建设服务商，此次并购将帮助广电运通切入财政领域电子化业务，为智能金融业务增添收入来源。广电运通并购中科江南，不仅收获了广阔的财政支付电子化应用市场，更是得到了基于云技术的财政一体化的核心技术、甲级涉密信息系统集成资质和经验丰富的研发技术团队。

②智能安全和智能交通。

并购后，在智能安全方面，广电运通可以将前期投入和收购的武装押运公司作为平台，在全国范围内扩展业务，大力推动信义科技的智能化公共安全解决方案，努力发挥联动效应，进而推进各项人工智能技术落地应用，加快打开智能公共安全的巨大市场。此外，广电运通在人力资源组织的协调上，其智能安全研究所的成员可与信义科技的核心研发团队进行交流合作，充分发挥协同效应，将研发的方向集中在更强的核心技术和产品以及大规模的系统集成上。在智能交通方面，广电运通能以现有轨道交通客户为基础，在信义科技的生物识别技术加持下，驱动传统业务变革，推进应用场景创新，发展智能终端产品和系统软件平台，逐步形成智能化售检票、智慧安检、运营服务等业务体系。

综上所述，中科江南和信义科技将为广电运通从设备延伸到软件、从前端延伸到业务后端、从产品落地到研发技术等方面带来积极变化，这对于未来实现公司四大业务的多元化发展具有重大的战略意义。

2.2.3 广电运通数字化转型的效果如何？

2017 年以前，广电运通、御银股份和恒银科技三家高新技术上市公司，在 ATM 领域发展得如鱼得水。但随着 2017 年移动支付的兴起，御银股份、广电运通和恒银科技在当年的年报中均明确提出数字化转型战略。并购为广电运通带来了指标的稳定提升，也加速了公司的转型进程。在数字化转型程度上，广电运通开始逐渐呈现出一骑绝尘的态势，远远领先于没有进行相关并购的御银股份和恒银科技。在业务层面，广电运通实现业务数字化、业务集成融合、业务模式创新，还培育了新的数字业务，如智感安防大脑。因此，可以认为，数字化并购对数字化转型的极大推动作用，在广电运通转型过程中发挥了显著的正向效应。

2.2.4 这起数字并购给同行业带来何种启示？

首先，明确数字化并购的概念和目标。

唐浩丹和蒋殿春（2021）将数字化并购定义为，企业为建设自身数字能力，以标的公司的数字技术和数字服务为并购整合目标，为抢占未来业务数字市场做准备而进行的收购活动。数字化并购区别于传统意义上的并购，它并非通过单次并购即可完成，而是在管理层缜密的战略规划下，进行一系列针对加速数字化转型过程的并购。明确数字化并购的目标，不只是单一地为主并公司带来全新的数字技术或者增加某领域的数字业务，还需要提前规划好并购双方的未来合作方向以及能够集成融合的核心资源，比如市场资源、研发资源和人力资源等，这样才能在并购整合中为双方的合作创造更大价值的同时，带来业务层面和整体发展层面的数字化转型成效。

其次，明确数字化转型战略的重点。

要培养一个成功的数字公司，其关键并非数字技术的堆叠，而是数字化转型战略的正确实施（Kane et al.，2015）。在当下的时代环境中，数字化转型是传统业务变革的关键所在（单宇等，2021）。第一，在转型战略的整体布局中，将数字化技术驱动的理念、方法、机制深深扎根，围绕转型战略提出的远景、目标、业务生态蓝图等战略大方向，系统性地设计数字化转型战略，提出数字化转型的目标、方向、举措和资源需求等，方能有的放矢。第二，在实施数字化转型的过程中，企业应着眼于未来，以成长的思维引导数字化转型，将转型后的业务定位在具备高速增长前景的行业。第三，在企业管理层评估阶段性转型成果时，应更注重数字化转型给业务带来的创新和增长潜力，而非把获取财务回报的速度与数额放在评判转型效果的第一位。企业管理层作为经营决策者必须明确，业务层面的创新转型和保证可持续发展的数字能力构建才是数字化转型战略的重点。

最后，数字化并购有助于数字化转型。

在完成数字化并购后，企业要利用新的数字化能力，加快业务系统与业务模式的创新，推动传统业务的转型，培育和发展新的数字化服务，并以此为基础，建立一个开放的、协作的价值模型，以适应市场新变化新需求，深化数字化转型效果。

数字化并购能够在转型速度与转型质量上，对企业数字化转型起到双重的正向影响。所以，对于已经拥有良好数字技术储备的高新技术企业来说，采用数字化并购的方式，能够助推企业更快更顺利地转移到数字行业赛道上，落实数字化转型战略，有利于企业未来的可持续发展。

参 考 文 献

［1］何帆，刘红霞．数字经济视角下实体公司数字化变革的业绩提升效应评估［J］．改革，2019（4）：137 - 148.

［2］何帆，秦愿．创新驱动下实体公司数字化转型经济后果研究［J］．东北财经大学学报，2019（5）：45 - 52.

［3］黄群慧．改革开放四十年中国公司管理学的发展：情境、历程、经验与使命［J］．管理世界，2018，34（10）：86 - 94.

［4］王春英，陈宏民．数字经济背景下公司数字化转型的问题研究［J］．管理现代化，2021，41（2）：29 - 31.

［5］王子阳，魏炜，朱武祥，等．商业模式视角下的天虹数字化转型路径探索［J］．管理学报，2020，17（12）：1739 - 1750.

［6］荆浩，尹薇．数字经济下制造公司数字化创新模式分析［J］．辽宁工业大学学报（社会科学版），2019，21（6）：51 - 53.

［7］刘洋，董久钰，魏江．数字创新管理：理论框架与未来研究［J］．管理世界，2020，36（7）：198 - 217，219.

［8］陈冬梅，王俐珍，陈安霓．数字化与战略管理理论：回顾、挑战与展望［J］．管

理世界，2020，36（5）：220 – 236，20.

[9] 许恒，张一林，曹雨佳. 数字经济、技术溢出与动态竞合政策 [J]. 管理世界，2020，36（11）：63 – 84.

[10] Prange C，Bruyaka O，Marmenout K. Investigating the Transformation and Transition Processes between Dynamic Capabilities：Evidence from DHL [J]. Organization Studies，2018，39（11）：1547 – 1573.

[11] Huang J，Henfridsson O，Liu M J，et al. Growing on Steroids：Rapidly Scaling the User Base of Digital Ventures Through Digital Innovaton [J]. MIS Quarterly，2017，41（1）：301 – 314.

[12] 唐浩丹，蒋殿春. 数字并购与企业数字化转型：内涵、事实与经验 [J]. 经济学家，2021（4）：22 – 29.

[13] Kane G C，Palmer D，Phillips A N，et al. Strategy，not Technology，Drives Digital Transformation [J]. MIT Sloan Management Review and Deloitte University Press，2015，(14)：1 – 25.

[14] 单宇，许晖，周连喜，等. 数智赋能：危机情境下组织韧性如何形成?：基于林清轩转危为机的探索性案例研究 [J]. 管理世界，2021，37（3）：84 – 104，7.

八、美的集团并购库卡集团案例说明

1　案例讨论的准备工作

为了有效实现本案例目标，学生应该了解下列相关知识背景。

针对当前复杂的经济环境，家电行业应该努力进行智能化、数字化的转型升级，先从企业内部进行变革。未来，工业互联网对家电行业将产生翻天覆地的影响，随着各种数字智能技术的高速发展，带来的绝不只是科技上的创新，而是整个社会乃至人们的生活都将逐渐变得智能化。营销和服务的数字化、产品和制造的智能化是家电行业转型的方向，家电企业若不积极行动起来，抓住转型变革的机遇，将被时代所淘汰。

家电产品也在逐步变革升级，以往的产品卖点是个体的独特优势，但随着科技发展，用户更喜欢多设备的互联互通，智能家电之间可以进行跨品种、多场景的联动，打造最舒适的室内环境体验以及提供最便捷的用户操作。下一步，智慧家居还可能走出室内，与汽车、社区等进行联通，给消费者带来更宽广的智能体验。

因此，家电企业纷纷开始加大对数字化、智能化的研发投入，首先是在智能制造和智慧物流两方面开展实践。美的集团、格力电器等龙头企业搭建了工业互联网平台，它们以用户需求为基础打造大规模的定制生产，搭配多个智能工厂以实现客户需求的实时响应，极大提高自身资源的利用率，无缝对接客户的需求，同时这些平台还可以向其他同行业公司输出智能制造解决方案。而数字技术则更多地投入到物流方面，通过大数据对比，企业可以对采购、生产进行更精细化的管理，同时可以为线上销售、仓储等提供最合理的安排，极大地降低了客户的等待时间，用数字技术联通企业的上下游各个环节，成为家电行业发展新的趋势。

在这样的大背景下，研究家电行业数字化转型的方式及其效果就显得尤为重要。本案例以东方财富家电板块的 53 家上市公司为基数，通过网络搜索及年报阅读，以该企业有无进行数字化、智能化转型，以及有无实现智能制造和推出智能设备为标准，发现美的集团等44家公司较好地进行了数字化转型，而 ST 狮头等 9 家公司还未进行有效的数字化转型。

美的集团早在 2012 年就开始推动数字化，经历了数字化 1.0 与数字化 2.0 时代，现在已进入数字化 3.0 时代，于 2022 年发布"数字美的"的 2025 规划，而其他大部分家电企业转型的起步时间都比较迟。2018~2020 年是家电企业数字化转型的爆发期，44 家转型的企业中有 34 家是在这个时期完成的转型，而这 3 年也是国家开始重视工业互联网、人工智能和数字化转型的时期。家电行业作为中国制造业的一个重要分支，也在努力践行"中国制造2025"战略，纷纷通过自己的数字化转型之路，实现销售、管理数字化，产品、制造智能化。

2　案例分析要点

2.1　需要识别的关键问题

本案例需要学员识别的关键问题包括：
（1）数字化转型对制造业的影响怎样？
（2）美的集团数字化并购库卡集团的动因是什么？
（3）美的集团并购后的整合效果如何？对其转型是否有帮助？
（4）这起数字并购给同行业带来何种启示？

2.2　解决问题的可供选择方案及评价

2.2.1　数字化转型对制造业的影响怎样？

（1）重塑制造业价值链

数字化转型加速了制造业技术的创新，影响制造企业从产品的设计到售后服务的整体价值链（陈剑等，2020），使独立的制造单元被智能化的生产线所取代。数字化转型通过人与机器的重新分工，产生新的价值创造点，为企业带来商业模式的创新和变革。通过建立集成设计、采购、施工的数字化项目平台，数据积累和互联，实现向客户交付智能项目（如工厂、设施），并帮助客户优化项目投产后的运营维护效率，延展企业的服务价值链，拓展收入来源。制造商、供应商、客户的合作产品、生产流程和自动化生产将在一整套的流程中设计并完成。

（2）产生显著的增值效应

中国正处于数字经济发展的重要时期，数字化转型成为制造升级的关键点，大部分企业在近两年大力投入对产品生产线的改造，用自动化技术替代或者配合人力，以降低成本、提高效率。原材料价格上涨、劳动力红利褪去、内外部经济环境被动、劳动生产率的停滞不前将极大地影响中国制造业的发展。数字化转型，如业务流程的自动化、专业工作的智能化，能够极大地减少不必要的低效率项目管理和专业工作，优化产能，实现降本增效的目标。未来，随着生产率水平的提高，制造业产值将大幅提升，加之 3D 打印技术和智能制造对部分昂贵生产资料的替代，原材料的成本也会相应地降低，这为制造业尤其是工业制造企业带来更大的利润空间。

（3）企业的商业决策更加精准

在生产经营方面，数字技术应用能够提高企业的决策速度，迅速响应不断变化的市场需求，改善生产经营状况（Lu and Ramamurthy，2011）。实现企业数字化转型有利于优化人力资本结构，增强创新能力，提升供应链集成程度与可持续性，扩大对外出口（易靖韬和王悦昊，2021），还能提高企业的全要素生产效率与竞争绩效（赵宸宇等，2021），帮助跨国企业提高危机处理能力，更好地实现多维经营目标（George and Schillebeeckx，2022）。通过数字化转型搭建起涵盖企业内部数据（如项目开发、项目管理、专业工作、企业营运、工厂设施等）和外部数据（如经济宏观环境、供应商等）的大数据应用平台，信息整合后，可以从各个维度帮助公司提供商业决策前的数据分析，企业可以通过可量化的分析结果为其商业策略提供更为全面及客观的事实依据，从而作出适合企业发展方向的最佳决策。

（4）企业加速融入全球数字经济体系

数字经济是未来全球发展的大趋势，其落脚点在于企业的数字化转型（Wu et al.，2019）。数字化转型是企业与世界接轨的重要途径。数字化技术和文化能够提升制造企业在海外市场的知名度、可信度和专业水平，数字化水平也是衡量企业是否可进入更高级别专业市场的重要依据，与世界领先的制造企业同发展共进步，并最终引领整个行业的发展方向。诸如物联网、大数据，人工智能等新兴技术在科技行业的崛起，数字化转型将为遍布全球的业主和制造企业提供前瞻性的思考方式，进而引入新技术为企业管理模式、生产方式、发展战略带来颠覆性的发展动力，为加速制造企业融入数字经济体系提供原动力。

2.2.2 美的集团数字化并购库卡集团的动因是什么？

（1）传统家电营业收入承压，行业低迷急需转型

企业通常因外界环境变化而被迫进行转型。企业会遵循"穷则思变，富则安稳"的经营法则，因此实际业绩越差、与期望业绩相差越大的企业更有生存动机而被迫实施战略变革（张远飞等，2013）。企业必须通过淘汰落后的组织才能适应数字化转型的要求（李宇和王竣鹤，2022），能快速、不断适应新的战略方向的组织韧性是企业持续推进数字化转型的关键（Verhoef and Broekhuizen，2021）。2015 年，三大白电巨头美的集团、格力电器、海尔智家的营业收入出现近三年来首次的集体下滑。欧睿国际数据显示，2015 年全球冰箱、洗衣机、家用空调零售额分别同比下滑 2%、4%、3%。而在国内市场，中怡康数据显示，2015 年空调零售额同比下降 4.8%，冰箱零售额同比下滑 1.2%，洗衣机零售额同比微增 4%。出口形势严峻是造成此下滑的主要原因，同时伴随着行业内销市场增长乏力，美的集团主营业务的收入以及营收增长率也出现较大下滑，虽然 2016 年有迅速回升，但增长率仍然不及 2013 年和 2014 年，说明传统的家电销售已经出现瓶颈，业务急需转型。

（2）获取高端机器人技术，推进数字智能转型

家电制造企业的数字化转型，是智能技术与企业的生产制造相结合，数字化技术则与销售物流和产品创新等环节相融合，数字智能技术成为制造业转型升级的重要工具（吴群，2017）。美的集团通过并购库卡集团，可以吸收其先进的技术专利和研发团队，有效提升自身在智能家居和高端制造领域的研发水平，加速自身产品的数字化转型。

凭借着库卡集团的机器人系统集成和工业自动化先进技术，美的集团可以修建研究中心，逐步增强自身的系统解决能力，进行技术革新。2017 年，美的集团在德国销售的美食机器人 ONEtouch、扫地机器人 i3 探行者等一系列智能家居产品，正是美的集团基于库卡集团智能机器人技术自行研发的成果。

（3）推动物联网发展，实现端到端的协同

库卡集团旗下有世界著名仓储物流供应商瑞仕格，它能为企业提供完备的智能物流解决方案。美的集团通过并购库卡集团，可以获得库卡集团子公司瑞仕格关于智能物流解决方案的核心技术，极大强化美的集团物流板块的

管理质量，使运输效率得到提高，完善价值链，还有利于海外公司实现产品线和运作体系的端到端协同。

（4）深入推行双智战略，加快"中国制造2025"的步伐

在"中国制造2025"提出的大背景下，美的集团于2015年提出"智能家居+智能制造"战略，简称"双智战略"。智能家居旨在将智能系统与传统家居相融合从而实现产品智能化，智能制造的本质是以数据为核心，将产品从采购、销售到物流配送等各个环节连接起来，然后将真实的数据进行交换、计算、分析，最后再将数据还原到现有的环节中来实现业务变革，极大地减少人工干预。

2.2.3　美的集团并购后的整合效果如何？对其转型是否有帮助？

（1）美的集团研发技术水平提高

数字化转型的特点是变革和转型，这些变革和转型是推动和建立在技术基础之上的。在数字经济时代下，企业数字化转型必须依靠技术，引领制造业转型升级向智能化发展的新动力是创新驱动。美的集团在并购库卡集团之后，进一步加大了科研经费的投入，利用库卡集团的核心芯片和技术团队，不断扩大机器人研发类型以及家用电器的技术创新，持续推动自身的数字化转型。2019年美的集团主导开展的包含"房间空气调节器人体感知与交互关键技术研究及产业化""智能洗衣机视觉感知及衣物洗涤的关键技术研究与应用""智能家电语音交互技术的研究与应用"在内的25项科技成果，通过权威技术鉴定，均被认定为"国际领先"。

（2）机器人市场份额扩张，双智战略初见成效

通过本次并购，美的集团与库卡集团强强联手，将机器人服务深化到家用电器产品的方方面面，合作研发家用机器人，提高家电智能化水平，为消费者的日常生活提供更多便利条件。2019年3月，美的互联网品牌布谷发布，秉承"科技美学，智趣生活"的品牌理念，其产品设计持续获得行业认可，布谷智能IH电饭煲、智能扫拖机器人均荣获2020德国iF设计奖，"6·18"期间布谷智能机械洗碗机进入京东洗碗机类排名前十。美的集团正逐渐将手机、家电、智能机器人结合在一起，不断创造着新的智能家居产品。

在智能制造方面，美的集团利用库卡集团的机器人技术全面革新了自身的自动化生产线。打造美的空调广州南沙智慧工厂，这是首个引入美的工业互联网Midea M. IoT的工厂，大量前沿技术进驻生产现场，领先的智能网关

技术打通工业互联网中各个关节，让多台型号作用千差万别的机器人、自动化设备实现无缝连接。这样的智慧工厂使得美的集团生产的空调外观检测精度提升80%，检测成本下降55%，同时大幅度地削减人力成本和降低工人加班的情况。

智能制造技术的发展并不仅仅提升自己内部的生产效率，美的集团充分发挥库卡集团拥有的工业机器人自动化生产技术以及在汽车领域的丰富经验，对外销售一站式服务解决方案，为其获得更大的利润空间，也是数字化转型所开辟出来的新领域。2019年，库卡集团从一汽大众获得了千万欧元级别的订单，该项目涉及用于制造 MEB 平台电池的装配线，并且是库卡集团在中国市场的首个电池整线业务的合作项目；库卡集团还从上汽大众和韩国东熙集团获得用于电动车产线的焊接机器人自动化设备订单，金额分别达到数千万欧元和数百万欧元；库卡集团还向广东韶能集团提供 300 台 KR QUANTEC 系列机器人及机械设备装卸自动化解决方案，该订单达上百万欧元。

（3）引入数字化管理，智能物流体系全面升级

除拓展机器人业务外，本次并购也使美的集团的智能物流体系获得了升级和进步。库卡集团的子公司瑞仕格，是一家专注于物流和自动化解决方案的企业，而美的集团拥有子公司安得智联作为物流保障，二者的强强联合有助于美的集团布局智慧物流体系。安得智联和瑞仕格的合作主要覆盖三方面：一是将双方的物流体系进行整合，实现了智能物流、智能配送的运行模式，致力于为客户提供全方位、多场景的物流服务；二是设计物流自动化处理方案，以满足中国客户的多样化需求；三是进行数据和资源深度共享，利用大数据、云计算等网络技术，精准了解不同客户的偏好，深化物流业务的交流。

综上所述，此次美的集团并购库卡集团获得了大量的智能机器人设备资源和丰富的智能技术，大幅提高了美的集团的研发能力。同时两者合作研发的家用服务机器人广受好评，智能制造开始不断投入到智能工厂中使用，减少了很多人力成本和加班情况。而在物流系统方面，引入瑞仕格的数字化解决方案和智能仓储机器人后，大幅减少了仓储爆仓和人工找货的情况，全面提升了用户的体验。可以说这次并购，达到了美的集团最初的战略预期，而后续的整合效果也比较良好，推进了美的集团数字化转型的进程。

2.2.4 这起数字并购给同行业带来何种启示？

（1）加速推进数字化转型和强化创新驱动

家电企业应该加快推进数字化转型，促进实体企业与数字经济的深度融合。迎合当前数字经济时代政策，抓住数字技术赋能制造企业健康发展的机遇，在不破坏产业发展规律的前提下，强化转型政策引导，充分调动实体企业数字化转型积极性，推动移动物联网、大数据与智能化数字经济深度交融，以政策引导促进企业转型发展，以转型促进企业价值最大化。

（2）结合企业数字化转型，选择合适的并购目标

中国家电企业在实施并购活动前，可以向美的集团学习，先明确企业的发展战略和转型目标，然后对目标企业的战略和优劣进行全面考察，最后结合宏观环境，作出正确的选择。在并购活动中一味追求规模大或是名声高的企业，而不考虑双方在未来发展上的协同，很容易因为短视而选择错误的并购对象，导致整个并购活动失败。并购方在选择被并购企业时可以考虑科技企业或是互联网企业，前者有助于实现智能化的生产，而后者则可以帮助家电企业实现数字化内部管理以及更好的线上营销。

（3）重点关注整合过程，加快提升企业的价值

对家电企业来说，在进行并购活动时，应重点关注并购后的整合过程，向美的集团学习成功的整合经验，建立科学的整合体系。在战略上，结合双方的发展意向和企业所在的产业环境等，制订出能使双方共赢的战略计划；在人力上，注重沟通，多了解目标企业的人才体系和员工资质，尽量使每个员工的效用达到最大化，同时努力引进和留住优秀员工；在文化上，做到彼此尊重，互相交流和学习，与此同时，通过对比分析双方的文化背景更深入地认识整个并购后的企业，保证企业文化的顺利整合；在技术上，可以共同进行研发创新，引入其他企业的技术和设备，如果是并购互联网企业还可以改善自己的线上营销策略和物流系统，利用大数据对客户进行精准推送和个性化定制。成功的整合会为企业发展核心竞争力提供燃料，并购完成后，应该重点关注企业的整合过程，尽量发挥并购的协同作用，才能使企业更好地转型，更好地做到双方的数字赋能，最终使企业价值达最大化。

参 考 文 献

［1］陈剑，黄朔，刘运辉. 从赋能到使能：数字化环境下的企业运营管理［J］. 管理

世界，2020，36（2）：117-128.

［2］Lu Y, Ramamurthy K R. Understanding the Link between Information Technology Capability and Organizational Agility：An Empirical Examination［J］. MIS Quarterly, 2011, 35（4）：931-954.

［3］易靖韬，王悦昊. 数字化转型对企业出口的影响研究［J］. 中国软科学，2021（3）：94-104.

［4］George G, Schillebeeckx S J D. Digital Transformation, Sustainability, and Purpose in the Multinational Enterprise［J］. Journal of World Business, 2022, 57（3）：101326.

［5］Wu L, Lou B, Hitt L. Data Analytics Supports Decentralized Innovation［J］. Management Science, 2019, 65（10）：4863-4877.

［6］张远飞，贺小刚，连燕玲. "富则思安" 吗?：基于中国民营上市公司的实证分析［J］. 管理世界，2013，7：130-144.

［7］李宇，王竣鹤. 学习和忘却、组织韧性与企业数字化能力获取研究［J］. 科研管理，2022，6：74-83.

［8］Verhoef P C, Broekhuizen T, et al. Digital Transformation：A Multidisciplinary Reflection and Research Agenda［J］. Journal of Business Research, 2021, 122（1）：889-901.

［9］吴群. 传统企业互联网化发展的基本思路与路径［J］. 经济纵横，2017（1）：57-61.

九、注册制下科创板首单重大
资产重组与 IPO 案例说明

1　案例讨论的准备工作

为实现本案例的教学目标，学员应在案例讨论前通过预发材料了解以下相关知识背景。

中国新股发行制度经历过多次变革，主要经历了三个阶段：一是审批制阶段，二是核准制和询价制阶段，三是核准制向全面注册制转型的阶段（钱宗鑫，2023）。1990～2000 年，我国资本市场处于发展初期，市场配套条件不完善，股票发行制采取行政审批制，即企业需要向证监会申请在中国资本市场公开发行股票募资的许可，由证监会决定其募资规模及是否具备发行资格（张晓燕，2023），体现出行政化、计划性、严监管的特点。审批制在一定程度上保证了资本市场初创期的有序运行，也为后续改革奠定了基础，积累了宝贵的经验。

2001 年后，中国资本市场迈上新的台阶，介于注册制和审批制之间的核准制应运而生，中国证券发行转为由公司自行提出申请，保荐机构向证监会推荐，监管在进行合规性初审后，提交发审委审核，最终经证监会核准后发行。其核心就是监管部门进行合规性审核，加大市场参与各方的行为约束，在一定程度上减少了新股发行中的行政干预。核准制可以说是中国资本市场证券发行制度由行政主导向市场化运行的关键过渡。一方面，这一制度放宽了股票发行的限制，进一步提高了资本市场定价效率（周孝华等，2006）；另一方面，证券发行审核机构对上市公司资质进行审核，有效降低了企业与投资者之间的信息不对称，审核意见可以提供丰富的信息价值（张光利等，2021），保护了投资经验不足的广大中小投资者，为资本市场平稳健康发展提供了制度上的保障。但在实际操作中，核准制具有典型"工业化"特征，对盈利和股权结构要求较高，与创新企业发展特征不匹配；而严格的实质性审核则降低了发行上市效率，提高了上市资源的稀缺性，催生了过高的"壳价值"（杨宗杭，2019）。监管对新股发行"管价格、调节奏、控规模"，抑制了市场主体的风险判断与市场选择能力，导致市场配置资源的作用始终不能得到真正体现。

当前，中国资本市场已进入建设中国特色现代资本市场的新阶段，核准制已经完成了它的历史使命，全面注册制的到来正当其时。把选择权交给市场——这是注册制改革的实质。科创板新股发行价格、规模、节奏主要通过市场化方式决定，强化市场约束，加强对定价承销的事中事后监管，约束非理性定价，践行"把新股定价权真正交给市场"的承诺。2013年党的十八届三中全会提出推进股票发行注册制改革，2019年证监会颁布《关于在上海证券交易所设立科创板并试点注册制的实施意见》，正式拉开了我国股票发行注册制的序幕（吕成龙和曾瑞，2023）。2023年2月中国证券监督管理委员会宣布全面实行股票发行注册制改革正式启动（时昊天等，2021），标志着我国证券发行监管由审核制向注册制转变实现了实质性飞跃。

2 案例分析要点

2.1 需要识别的关键问题

本案例需要学生识别的关键问题包括：
（1）注册制下科创板IPO上市的要求与流程有哪些？
（2）注册制下科创板重大资产重组的界定、要求与流程有哪些？
（3）华兴源创并购欧立通的动因是什么？
（4）对注册制的发展有何建议？

2.2 解决问题的可供选择方案及评价

2.2.1 注册制下科创板IPO上市的要求与流程有哪些？
科创板上市要求包括行业要求、科创属性、市值与财务指标。
（1）行业要求
《上海证券交易所科创板企业发行上市申报及推荐暂行规定》第三条要求，申报科创板发行上市的发行人，应当属于表9.1所示行业领域的高新技术产业和战略性新兴产业。

表 9.1　　　　　　　　　　　　**科创板行业要求**

领域	具体行业
新一代信息技术	半导体和集成电路、电子信息、下一代信息网络、人工智能、大数据、云计算、软件、互联网、物联网和智能硬件等
高端装备	智能制造、航空航天、先进轨道交通、海洋工程装备及相关服务等
新材料	先进钢铁材料、先进有色金属材料、先进石化化工新材料、先进无机非金属材料、高性能复合材料、前沿新材料及相关服务等
新能源	先进核电、大型风电、高效光电光热、高效储能及相关服务等
节能环保	高效节能产品及设备、先进环保技术装备、先进环保产品、资源循环利用、新能源汽车整车、新能源汽车关键零部件、动力电池及相关服务等
生物医药	生物制品、高端化学药、高端医疗设备与器械及相关服务等
其他	符合科创板定位的

资料来源：作者整理。

（2）科创属性

2021 年 4 月，证监会发布关于修改《科创属性评价指引（试行）》的决定，"门槛"指标增加为 4 项，且需同时满足，如表 9.2 所示。

表 9.2　　　　　　　　　　　　**科创板科创属性要求之一**

序号	具体要求
1	最近三年研发投入占营业收入比例 5.00% 以上，或最近三年研发投入金额累计在 6 000.00 万元以上
2	形成主营业务收入的发明专利 5 项以上
3	最近三年营业收入复合增长率达到 20.00%，或最近一年营业收入金额达到 3.00 亿元
4	研发人员占当年员工总数的比例不低于 10.00%（新增）

资料来源：《科创属性评价指引（试行）》。

或者满足 5 项例外条款中的任意 1 项，也可认为具有科创属性。这 5 项例外条款如表 9.3 所示。

表9.3 科创板科创属性要求之二

序号	具体要求
1	发行人拥有的核心技术经国家主管部门认定具有国际领先、引领作用或者对于国家战略具有重大意义
2	发行人作为主要参与单位或者发行人的核心技术人员作为主要参与人员，获得国家科技进步奖、国家自然科学奖、国家技术发明奖，并将相关技术运用于公司主营业务
3	发行人独立或者牵头承担与主营业务和核心技术相关的国家重大科技专项项目
4	发行人依靠核心技术形成的主要产品（服务），属于国家鼓励、支持和推动的关键设备、关键产品、关键零部件、关键材料等，并实现了进口替代
5	形成核心技术和主营业务收入的发明专利（含国防专利）合计50项以上

资料来源：《科创属性评价指引（试行）》。

（3）市值与财务指标

科创板的五套差异化上市标准如表9.4所示。

表9.4 科创板上市市值和财务指标标准

指标	标准一	标准二	标准三	标准四	标准五
预计市值	≥10亿元	≥15亿元	≥20亿元	≥30亿元	≥40亿元
净利润	近两年净利润>0且累计净利润≥5 000万元				主要业务或产品已取得阶段性成果，医药企业获准开展二期临床试验
营业收入	或者近一年净利润>0且营业收入≥1亿元	近一年≥2亿元	近一年≥3亿元	近一年≥3亿元	
研发投入占比		（近三年研发投入/近三年营业收入）≥15%			
经营性现金流			近一年≥1亿元		

资料来源：《科创属性评价指引（试行）》。

（4）流程

①受理。

科创板股票发行上市审核工作实行全程电子化，申请、受理、问询、回复等事项均通过上海证券交易所发行上市审核系统办理。发行人应当通过保荐人以电子文档形式向交易所提交发行上市申请文件，上海证券交易所收到发行上市申请文件后 5 个工作日内作出是否予以受理的决定。

②审核。

上海证券交易所审核机构自受理之日起 20 个工作日内发出审核问询，发行人及保荐人应及时、逐项回复交易所问询。审核问询可多轮进行。首轮问询发出前，发行人及其保荐人、证券服务机构及其相关人员不得与审核人员接触，不得以任何形式干扰审核工作。首轮问询发出后，发行人及其保荐人如确需当面沟通的，可通过发行上市审核系统预约。审核机构认为不需要进一步问询的，将出具审核报告提交上市委员会。交易所审核时限为三个月，发行人及其保荐人、证券服务机构回复交易所审核问询的时间不计算在内。

③上市委员会会议。

上市委员会召开会议对交易所审核机构出具的审核报告及发行人上市申请文件进行审议，与会委员就审核机构提出的初步审核意见，提出审议意见。上市委员会可以要求对发行人代表及其保荐人进行现场问询。上市委员会通过合议形成同意或者不同意发行上市的审议意见。

④报送证监会。

上海证券交易所结合上市委员会审议意见，出具同意或不同意发行上市的审核意见。如果同意，应将审核意见、相关审核资料和发行人的发行上市申请文件报送证监会履行注册程序。证监会认为存在需要进一步说明或者落实事项的，可以要求上海证券交易所进一步问询。如果不同意，作出终止发行上市审核的决定。

⑤证监会注册。

证监会在 20 个工作日内对发行人的注册申请作出同意注册或者不予注册的决定。

⑥发行上市。

证监会同意注册的决定自作出之日起 1 年内有效，发行人应当按照规定在注册决定有效期内发行股票，发行时点由发行人自主选择。

结合本案例来看，华兴源创符合科创板上市要求。

第一，华兴源创属于高端装备领域，符合科创板上市行业要求。

第二，华兴源创具有科创属性，同时满足表 9.2 的四个要求，具体见表 9.5。

表 9.5   **华兴源创的科创属性**

要求	科创属性
要求 1	2016 年、2017 年、2018 年研发投入分别占营业收入 9.25%、6.83%、13.78%
要求 2	截至招股说明书签署日已取得了 20 项发明专利、50 项实用新型专利及 2 项外观设计专利等知识产权成果
要求 3	最近三年营业收入复合增长率超过 20.00%
要求 4	2018 年研发人员为 400 人，占员工总数 41.88%

资料来源：作者整理。

第三，华兴源创满足市值和财务指标的标准一，即预计市值不低于人民币 10.00 亿元，最近两年净利润均为正且累计净利润不低于人民币 5 000.00 万元，或者预计市值不低于人民币 10.00 亿元，最近一年净利润为正且营业收入不低于人民币 1.00 亿元。

流程上，华兴源创的 IPO 申请于 2019 年 3 月 27 日获上海证券交易所受理，经历两轮问询和回复后于 6 月 11 日通过上市委员会审议，于 6 月 14 日公告注册生效，紧接着 6 月 19 日启动招股，成为科创板第一只新股，从受理至招股全程用时仅 84 天，远低于 A 股其他板块发行周期。

2.2.2　注册制下科创板重大资产重组的界定、要求与流程有哪些？

（1）界定

《上市公司重大资产重组管理办法》第十二条规定：上市公司及其控股或者控制的公司购买、出售资产，达到下列标准之一的，构成重大资产重组：

①购买、出售的资产总额占上市公司最近一个会计年度经审计的合并财务会计报告期末资产总额的比例达到 50.00% 以上；

②购买、出售的资产在最近一个会计年度所产生的营业收入占上市公司同期经审计的合并财务会计报告营业收入的比例达到 50.00% 以上；

③购买、出售的资产净额占上市公司最近一个会计年度经审计的合并财

务会计报告期末净资产额的比例达到 50.00% 以上，且超过 5 000.00 万元人民币。

《科创板上市公司重大资产重组特别规定》第四条规定：科创公司实施重大资产重组，按照《上市公司重大资产重组管理办法》第十二条予以认定，但其中营业收入指标执行的标准为：购买、出售的资产在最近一个会计年度所产生的营业收入占科创公司同期经审计的合并财务会计报告营业收入的比例达到 50.00% 以上，且超过 5 000.00 万元人民币。

（2）要求

如表 9.6 所示，《上海证券交易所科创板上市公司重大资产重组审核规则》《科创板上市公司重大资产重组特别规定》《上市公司重大资产重组管理办法》共同构成科创板并购重组监管框架，包括公司资质、资产特性、价格限制三个方面的要求，其中对于资产的科创板定位、协同效应审核关注较多。

表 9.6　　　　　　　　　　科创板重大资产重组要求

重组要求	重要文件	具体内容
公司资质	《上市公司重大资产重组管理办法》	①充分说明并披露本次交易对上市公司有利作用 ②最近一年及一期财务会计报告出具无保留意见审计报告；非标意见的，重大影响需被消除 ③董事高管不存在违法犯罪行为，或已满 3 年影响消除 ④所购买的资产产权清晰 ⑤中国证监会规定的其他条件
资产特性	《上海证券交易所科创板上市公司重大资产重组审核规则》	购买标的资产应当符合科创板定位，所属行业应当与科创公司处于同行业或上下游，且与科创公司主营业务具有协同效应
价格限制	《科创板上市公司重大资产重组特别规定》	科创公司发行股份的价格不得低于市场参考价的 80.00%。市场参考价为本次发行股份购买资产的董事会决议公告日前的 20 个交易日、60 个交易日、120 个交易日的公司股票交易均价之一

资料来源：作者根据公开资料整理。

（3）流程

如图 9.1 所示，上海证券交易所自受理发行股份购买资产申请至出具审核意见不超过 45 天，公司回复总时限两个月，审核中止等特殊情形的时间从中扣除。加上《科创板上市公司重大资产重组特别规定》5 个工作日注册生效的安排，整体形成时间更短、预期更明确的审核制度安排。科创公司符合规定的重组方案，有望于1个月左右完成审核及注册程序。从上海证券交易所接受受理开始，一般两个月内会决定是否批准通过。

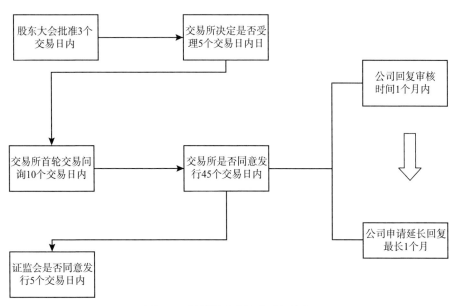

图 9.1 科创板重大资产重组流程

资料来源：作者根据公开资料整理。

结合本案例：

界定：欧立通经审计的最近一期资产总额、资产净额占华兴源创最近一个会计年度经审计的合并财务报告相关指标的比例超过 50.00%，根据《上市公司重大资产重组管理办法》《科创板上市公司重大资产重组特别规定》的规定，此次交易构成证监会规定的上市公司重大资产重组行为。此次交易涉及科创板上市公司发行股份购买资产，因此需经上海证券交易所审核，并经证监会注册后方可实施。

要求：

第一，《科创板上市公司重大资产重组特别规定》对价格限制的要求。这次交易的股票发行价格最初定为 26.05 元/股，几乎是按照最低发行价的标准制定的，与华兴源创 IPO 发行价的 24.26 元/股相比，仅高出 7.38%。这一价格符合"科创公司发行股份的价格不得低于市场参考价的 80.00%"的要求。市场参考价为本次发行股份购买资产的董事会决议公告日前 20 个交易日、60 个交易日或者 120 个交易日的公司股票交易均价之一（见表 9.7）。本次购买资产发行股份的定价基准日为华兴源创第一届董事会第十三次会议决议公告日（2019 年 12 月 6 日）。

表 9.7　　　　　　　华兴源创在公告日前的交易均价　　　　　单位：元/股

交易日	交易均价的 100%	交易均价的 80%
前 20 个交易日	32.56	26.04
前 60 个交易日	44.57	35.65
前 120 个交易日	56.49	45.19

资料来源：华兴源创公告。

最终，交易双方选择发行价格不低于定价基准日前 20 个交易日公司股票交易均价的 80.00%，即 26.04 元/股。后因华兴源创实施 2019 年度权益分派方案并经交易双方协商，本次发行股份购买资产的发股价格调整为 25.92 元/股。

第二，《上海证券交易所科创板上市公司重大资产重组审核规则》要求标的资产应符合科创板定位并与科创公司具有协同效应。"标的资产应当符合科创板定位，所属行业应当与科创公司处于同行业或者上下游，且与科创公司主营业务具有协同效应"——这一在科创板重组规则中的突出原则和要义，在本次交易中得到充分体现。

根据交易报告书，欧立通所处智能装备制造行业，属于高新技术和战略性新兴产业，为高端智能装备制造领域的科技创新型公司，符合科创板定位。

同时，欧立通与华兴源创主营业务必须具有协同效应，根据交易报告书，协同效应主要表现在以下几个方面。

A. 增加定价权。欧立通与华兴源创同属于智能装备制造业，主要采购的原材料具备较高重合度。本次交易完成后，华兴源创可以建立集约采购平台，与欧立通通过集中采购等方式降低采购成本，增加对于上游供应商的定价权，从而进一步提升利润空间。

B. 降低成本。首先,通过交叉营销、集中采购、建立研发平台、统一内控系统等方式,可以各环节降低双方的经营成本。其次,由于不同设备产品的交货期限、结算周期等存在差别,可使公司资金安排更加灵活,提高公司资金利用效率,降低财务成本。最后,欧立通能够借助华兴源创的资本市场平台进行融资,降低资金成本。

C. 加速产品迭代。通过本次交易,华兴源创设备种类有望从平板、芯片等消费终端模组、零部件延伸至消费电子终端整机产品,并通过与欧立通的技术融合、共同开发,加速迭代出能够适应消费电子产品组装测试需要的智能装备解决方案,从而进一步构建更为完整的消费电子智能设备应用链和产品图谱,完善战略布局。

D. 产品或服务能够进入新的市场。通过本次交易,华兴源创能够进入可穿戴产品等消费电子终端整机产品的细分市场,分享可穿戴设备的增长红利,并分散智能手机屏幕检测的业务风险,提高公司的抗风险能力。

E. 提高对客户的整体方案解决能力。虽然欧立通主要终端客户与华兴源创主要终端客户均为苹果公司,但本次交易后华兴源创可切入可穿戴电子产品智能装备市场等新的细分市场,这将增加华兴源创对苹果公司单一客户的依赖水平。在智能手机出货量增速下滑的背景下,以智能手表、无线耳机为代表的可穿戴电子产品仍然保持比较稳定的消费需求,华兴源创受终端客户经营情况影响不会进一步增大。

流程:在注册制背景下,本次交易从华兴源创发布重大资产重组公告算起用时仅半年,其中,从上海证券交易所受理本次交易到同意此次交易历时60天,其间上海证券交易所曾对华兴源创发布问询函。而从上海证券交易所6月8日晚提请证监会注册到证监会同意注册仅用时4个交易日(见图9.2)。注册制简化了重大资产重组审核程序安排,明确并缩短审核时间,除去了不必要的烦琐流程及报告,有利于企业及时获得融资,为科创板上市公司便捷和高效地实施并购重组、做大做强创造了条件。

2.2.3 华兴源创并购欧立通的动因是什么?

(1) 发挥与欧立通的协同效应

华兴源创与欧立通同属专用设备制造业及智能装备行业。交易完成后,双方能够在采购渠道、技术开发、客户资源等各方面产生协同效应,华兴源创能够进一步拓展产品种类、获得新的利润增长点。

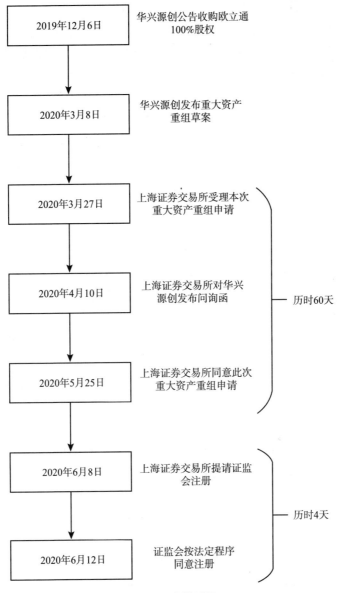

图 9.2　审核过程

资料来源：作者整理。

　　在产品结构方面，华兴源创能够在原有的平板显示检测设备、集成电路测试设备产品线的基础上，深入拓展应用于可穿戴设备等消费电子终端整机的组装、测试设备，丰富现有华兴源创智能装备产品线。

在客户营销方面，华兴源创与欧立通最终产品均应用于全球知名消费电子品牌厂商，本次收购完成后，华兴源创能够向苹果公司等品牌厂商提供更加丰富的智能设备。华兴源创有望借助本次交易提高对客户的整体方案解决能力，并通过交叉营销、相互导入等营销策略提高市场占有率。

在应用场景方面，华兴源创平板显示检测设备最终应用于智能手机、平板电脑等消费电子产品的屏幕检测，而欧立通智能组装测试设备主要应用于智能手表、无线耳机等可穿戴电子产品。在目前智能手机出货量有所波动的情况下，以智能手表、无线耳机为代表的可穿戴电子产品仍然保持比较稳定的消费需求。收购欧立通有助于华兴源创一定程度分散对智能手机屏幕检测的业务风险，进入可穿戴产品智能组装测试设备市场。

（2）拓宽上市公司产品线，增强抗风险能力

欧立通作为消费电子行业智能组装测试设备行业的优秀企业，在智能手表、无线耳机等可穿戴电子产品组装测试设备领域具有丰富的行业经验和客户资源。通过本次收购，上市公司可以取得标的公司在可穿戴电子产品等消费电子终端组装测试领域的产业基础、技术储备及销售渠道等资源优势，进一步拓展上市公司智能设备的产品线及应用领域，完善上市公司在消费电子行业智能装备的战略布局，增强上市公司的抗风险能力，打造新的利润增长点。

（3）提升华兴源创盈利能力

作为业内领先的智能设备供应商，欧立通深耕消费电子行业，尤其在可穿戴设备智能检测领域积累雄厚的技术储备，凭借优秀的产品质量、过硬的技术实力及快速的响应速度与国际知名消费电子品牌客户建立起稳定的合作关系。随着中国制造业产业升级与可穿戴设备需求的不断发展，欧立通所处行业需求预计将保持持续增长，欧立通所处行业市场具有良好的发展前景。

本次交易通过发行股份及支付现金相结合的方式收购欧立通 100.00% 股权。交易对方李齐花、陆国初承诺欧立通 2019～2022 年累计实现净利润不低于 4.19 亿元，如上述承诺净利润顺利完成，华兴源创将增加新的利润增长点，盈利能力将明显提高，进一步促进公司可持续发展。

2.2.4　对注册制的发展有何建议？

第一，注重投资者导向，提高信息披露质量。信息披露的根本目的要以

投资者为导向，以便于投资者理解为原则。在满足招股说明书合规性要求的同时，还需要在规范格式、术语数据上进行简化，提高可理解性。同时，以相关性、重大性等原则为指导，考虑将控股股东和实际控制人等非财务信息纳入信息披露的范畴，更好地帮助投资者全面考察上市公司，以便作出合理的价值判断和投资选择。

第二，增强中介机构独立性，落实中介机构职责。中介机构需要保持独立性，出具客观真实的意见和报告，降低审核风险，提高上市企业质量。同时，需要落实、明确中介机构职责，一旦出现虚假的意见或报告，除了赔偿损失，还将对中介机构的声誉造成严重影响，以此来激励中介机构勤勉尽责，减少欺诈舞弊现象的发生。

第三，落实投资者集体诉讼和索偿机制，切实保护中小投资者利益。目前中国对资本市场的违法行为没有实施严格的处罚，集体诉讼制度可以大幅提高违法成本，对违法行为形成震慑。应加快推出集体诉讼相关法律法规，为投资者提供有力的维权工具或手段。

参 考 文 献

[1] 钱宗鑫. 全面注册制与深化资本市场改革研究：必要性、难点性及深远影响 [J]. 人民论坛，2023（7）：76 - 80.

[2] 张晓燕. 全面注册制改革的国内外实践及对中小企业影响 [J]. 人民论坛，2023（7）：81 - 85.

[3] 周孝华，赵炜科，刘星. 我国股票发行审批制与核准制下 IPO 定价效率的比较研究 [J]. 管理世界，2006（11）：13 - 18.

[4] 张光利，薛慧丽，高皓. 企业 IPO 价值审核与股票市场表现 [J]. 经济研究，2021，56（10）：155 - 171.

[5] 杨宗杭. 以试行注册制为起点 推进资本市场基础性制度变革 [J]. 证券市场导报，2019（1）：1.

[6] 吕成龙，曾瑞. 全面注册制下股票欺诈发行的行政法律责任构造 [J]. 证券市场导报，2023（7）：26 - 34.

[7] 时昊天，石佳然，肖潇. 注册制改革、壳公司估值与盈余管理 [J]. 会计研究，2021（8）：54 - 67.

十、新三板改革下贝特瑞北交所上市案例说明

1 案例讨论的准备工作

为实现本章的教学目标，学员应在案例讨论前通过预发材料了解以下相关知识背景。

资本市场是进行一年及以上资金（或资产）借贷融通活动的平台。根据所服务企业的成长阶段、企业性质、规模大小、盈利水平的不同可以划分为多层次资本市场（胡海峰和罗惠良，2010）。中国资本市场发展时间较短，对发展多层次资本市场的认识经历了一个曲折的过程。

1990 年 12 月上海证券交易所正式成立，标志着中国证券市场的创立。2003 年党的十六届三中全会召开，确定了"建立多层次资本市场体系"的理念。2004 年 6 月，深圳证券交易所正式推出中小企业板，为民营企业提供了 IPO 专用通道，这成为中国证券市场发展过程中的一个重要节点。2009 年 10 月，深圳证券交易所正式推出创业板，赋予了"双创"高科技中小企业 IPO 专用通道，创业板企业的特点是小市值、高成长，它极大地激励了"大众创业、万众创新"的积极性。中小板和创业板进一步细分与合理定位了中国资本市场，它们基本上是纯粹的民营企业，极大地契合了中国民营经济快速发展的现实要求（冯燕妮和沈沛龙，2020）。新三板是经国务院批准成立的全国性证券交易场所。2012 年 7 月，新三板正式设立。同年 9 月，新三板正式在国家工商总局完成登记注册。2013 年 1 月，新三板正式揭牌运营。2016 年 5 月起，新三板开始分层制度改革，为中小企业和小微企业提供了更好的服务。2019 年 6 月 13 日上海证券交易所推出科创板，这是国家创新驱动发展战略的具体实施，标志着我国证券市场体系进一步完善，具有里程碑式的意义。

目前，我国有上海证券交易所、深圳证券交易所、北京证券交易所三家

证券交易所。中国证券市场体系可划分为主板、创业板、科创板组成的场内市场与新三板、区域性股票交易市场和券商交易市场组成的场外市场。2021年9月成立北京证券交易所后，承接新三板的精选层，为"专精特新"中小企业连通直接融资方式，让众多的投资者投资并共享"专精特新"中小企业成长的收益，补齐了多层次资本市场的重要一环（陈洁，2019），充分显示了国家对中小企业创新发展的大力支持。北京证券交易所与上海证券交易所、深圳证券交易所形成功能互补、错位发展、互联互通的资本市场新体系和新格局。

2　案例分析要点

2.1　需要识别的关键问题

本部分需要学生识别的关键问题包括：

（1）如何定义专精特新企业？贝特瑞的专精特新属性体现在哪里？

（2）贝特瑞在北京证券交易所上市的路径是什么？

（3）如何从公司角度分析贝特瑞在北京证券交易所上市后的效果？

（4）本案例对"专精特新"中小企业有哪些启示？

2.2　解决问题的可供选择方案及评价

2.2.1　如何定义专精特新企业？贝特瑞的专精特新属性体现在哪里？

2011年7月，《中国产业发展和产业政策报告（2011）》中首次提出"专精特新"概念。同年9月，《"十二五"中小企业成长规划》首次把"专精特新"作为促进中小企业成长和培育的重要方向（曹虹剑等，2022），将"专精特新"定义为专业化、精细化、特色化、新颖化四个部分（见表10.1），并强调产业集群和集聚发展的重要性。

2013年，《关于促进中小企业"专精特新"发展的指导意见》中则对"专精特新"企业的发展目标与政策扶持思路作出进一步解释。"专精特新"中小企业就是指专注于某个细分行业的中小企业，创新能力强、掌握关键核心技术、质量效益优的排头兵企业。专精特新"小巨人"指的是在专精特新的范围里，工信部进一步开展对"小巨人"企业的认定。

表10.1   **"专精特新"含义**

简称	释义	生产技术	产品
专	专业化	专项技术活工艺通过专业化生产制造	专用性强、专业特点明显的产品
精	精细化	采用先进技术或工艺，建立精细高效的管理制度和流程	精良产品
特	特色化	采用独特的工艺、技术、配方或特殊原料研制生产	具有地域特点或特殊功能的产品
新	新颖化	依靠自主创新、转化科技成果、联合创新等方式研制生产	具有自主知识产权的高新技术产品

资料来源：作者整理。

贝特瑞始终坚持"专精特新"发展，于2020年7月被广东省工业和信息化厅遴选为2020年广东省专精特新中小企业，贝特瑞"专精特新"属性明显，公司实力强劲，未来有望冲击认证国家专精特新"小巨人"企业。

第一，在专业化上，贝特瑞专注并深耕于锂电池正负极材料，从事锂电池材料细分市场时间在十年以上。2020年，贝特瑞与龙蟠科技签订转让磷酸铁锂资产协议，2021年，贝特瑞完成磷酸铁锂资产及业务转让，集中精力发展高镍正极和负极，通过优化资产结构，集中资源聚焦核心业务，增强公司核心竞争力。如图10.1和图10.2所示，贝特瑞聚焦主业，深耕细分领域，主营业务收入即锂电池正负极材料收入占营业收入的比重多年来在95.00%以上，占利润的比重也在85.00%以上，其专业化水平可见一斑。

第二，在精细化上，贝特瑞管理规范、信誉良好、社会责任感强。贝特瑞成功建设 SAP ERP 项目，用信息化手段推动公司向着规范化、精细化和集约化发展。同时，贝特瑞成功跻身国家认可实验室行列，并且启动了精益标杆项目，继续推行高质量管理。

第三，在特色化上，贝特瑞多年来不断研发新工艺和新技术，采取优化生产工艺来降低生产成本，并通过节能降耗来减低碳排放量。

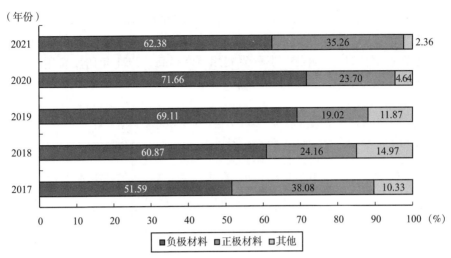

图 10.1　贝特瑞 2017 ~ 2021 年主营业务收入占营业收入的比重

资料来源：贝特瑞 2017 ~ 2021 年年报。

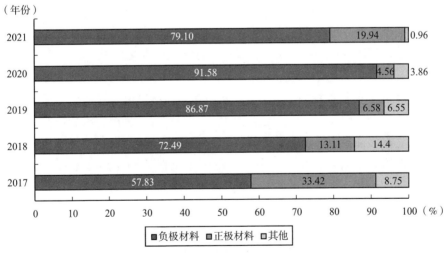

图 10.2　贝特瑞 2017 ~ 2021 年主营业务占净利润的比重

资料来源：贝特瑞 2017 ~ 2021 年年报。

　　第四，在新颖化上，如表 10.2 所示，贝特瑞一直秉承着创新的精神，以创新作为企业重要的经营理念，不断加大研发力度，形成了强大的研发实力。

根据 2021 年年报，贝特瑞拥有 327 项国内、国际专利权，并且主导及参与编制多项新能源新材料相关的国际标准、国家标准和行业标准。贝特瑞始终将研发放在首要位置，多年来，其研发费用不断提高，2021 年研发费用增长率达到 136.66%，研发人员也不断增加。

表 10.2 贝特瑞 2017～2021 年研发费用和研发人数

指标	2017 年	2018 年	2019 年	2020 年	2021 年
研发费用（万元）	12 838.71	18 418.05	23 870.91	24 991.14	59 144.79
研发费用增长率（%）	—	43.46	29.61	4.69	136.66
研发费用占营业收入的比重（%）	4.33	4.59	5.44	5.61	5.64
研发人数（人）	164	350	392	489	619

资料来源：贝特瑞 2017～2021 年年报。

2.2.2 贝特瑞在北京证券交易所上市的路径是什么？

贝特瑞在北京证券交易所上市的路径分为三个部分，首先挂牌新三板进入创新层，其次申请晋级精选层，最后平移北京证券交易所市场。

（1）挂牌新三板进入创新层

2015 年之前，贝特瑞一直不为公众所熟知，可以说是深圳市和锂电池细分行业的"隐形冠军"。20 世纪 90 年代，上海证券交易所和深圳证券交易所相继成立，为许多成熟企业带来了巨大的发展机会。但是，绝大多数中小企业无法上市，壳公司也价值不菲，大量中小企业长期受到"融资难、融资贵"问题的困扰，贝特瑞便是其中之一，无法从资本市场获得融资的贝特瑞的发展受到了严重限制（王哗，2015）。

2015 年底，新三板正式揭牌运营，聚集了一批优质的、有成长潜力的中小企业，成为场外市场的核心（宋晓刚，2015）。2015 年 12 月 28 日，为了降低交易成本，同时树立自己的品牌，提高影响力，贝特瑞在新三板挂牌。

2016 年，新三板实施了分层制度，根据公司的规模、盈利能力、股本等指标将挂牌企业分为两个层次，即创新层和基础层，这有利于让投资者能够按照自己的需求选择合适的投资目标。同时，将不同发展阶段、实力差异较大的公司按不同的层次进行分级，也有利于在信息披露和交易制度等方面作出不同的安排，从而达到更加规范的管理（胡海峰等，2014）。2016 年 5 月，贝特瑞以其强大的实力跻身于创新层，成为第一批创新层公司。

但是，贝特瑞在 2015 年底挂牌后的三年期间，股价不涨反跌了 7.37%，新三板的融资功能不足以满足贝特瑞的需求，资金问题也成为贝特瑞发展壮大的掣肘。众多问题的出现使深化新三板改革成为当务之急，在新三板逐渐无人问津之际，精选层应声而出，为贝特瑞带来"新生"。

（2）晋级精选层

贝特瑞选择在精选层挂牌的动因主要有以下两个方面。

第一，母公司中国宝安不满足分拆上市条件。贝特瑞本身的市值及财务状况完全达到转板的标准，转板后在主板科创板、创业板上市可以为贝特瑞带来更高的流动性和估值，但贝特瑞却迟迟没有转板申请，这是因为，根据《上市公司分拆所属子公司境内上市试点若干规定》，上市公司分拆需满足"拟分拆子公司的净利润不得超过归属于上市公司股东的净利润的 50.00%"等条件。

如表 10.3 所示，2017～2019 年贝特瑞的净利润远远超过中国宝安，因此中国宝安难以分拆贝特瑞至科创板或者创业板上市，贝特瑞只能继续在新三板发展。对于不满足分拆上市要求的贝特瑞，申请在精选层"小 IPO"继续留在新三板，也可以公开发行股票，实行连续竞价机制，提高股票流动性，是当前比较合理的选择。

表 10.3　　　　　　　　2017～2019 年贝特瑞和中国宝安净利润　　　　　单位：亿元

公司	2017 年	2018 年	2019 年
贝特瑞	3.36	4.81	6.66
中国宝安	1.33	2.14	3.01

资料来源：贝特瑞、中国宝安 2017～2019 年年报。

第二，晋级精选层可以提高公司估值，提升股票流动性（侯智杰等，2023）。多年来，在新三板的贝特瑞盈利水平虽然较高，但是其总市值和市盈率却远低于其他 A 股同行业企业，估值处于较低水平，有很大的上涨空间。新三板精选层引入与现行 A 股基本一致的连续竞价制度，且涨跌幅限制放宽至 30.00%，大大增加了精选层股票的流动性。此外，精选层投资者门槛也大幅降低，贝特瑞也会吸引更多投资者的关注，进一步提升股票流动性，提升公司估值。总而言之，借助精选层，贝特瑞能够通过资本市场来做大做强，彰显资本市场的定价融资功能，打通中小企业和资本市场的畅通之路。

出于以上两个动因，贝特瑞于 2020 年 4 月 29 日向全国股转公司提交在精选层挂牌并公开发行股票的材料，并于同年 6 月 16 日成功通过。贝特瑞成功向不特定合格投资者公开发行人民币普通股 4 000.00 万股，融资 167 200.00 万元，发行概况如表 10.4 所示。2020 年 7 月 27 日，精选层正式开市交易，贝特瑞市值一路上升，在 2020 年 9 月首次突破 600.00 亿元。

表 10.4　　　　　　　　贝特瑞在精选层公开发行股票概况

发行股数	4 000 万股
每股面值	1.00 元
每股发行价格	41.80 元
发行后总股本	47 956.99 万股
募集资金总额	167 200.00 万元

资料来源：贝特瑞公开发行说明书。

（3）平移北京证券交易所市场

2021 年 9 月，北京证券交易所成立，规定精选层企业直接平移实现北京证券交易所上市，北京证券交易所的上市条件有四套标准，具有较好的包容性，部分非盈利企业只要符合条件，也可以登陆北京证券交易所。

贝特瑞在三板市场的滋润下迅速发展，而北京证券交易所的成立也为国内"专精特新"企业提供了一个更好的发展机会。2021 年 11 月 15 日，作为首批在精选层挂牌的贝特瑞顺利平移北京证券交易所上市，首日市值高达955.00 亿元，成交额 6.93 亿元，位列北京证券交易所首批上市企业第一名。进入北京证券交易所标志着公司向更高层次资本市场迈进，贝特瑞将在北京证券交易所这个新平台上进一步吸纳人才、坚持创新、为顾客提供优质的服务，使公司的发展步入一个新篇章。

如图 10.3 所示，新三板基础层、创新层与北京证券交易所是层层递进的结构，已经完成在北京证券交易所上市的贝特瑞未来也可以根据自身需求，选择转板上海证券交易所或者深圳证券交易所，不限制企业的发展机会。

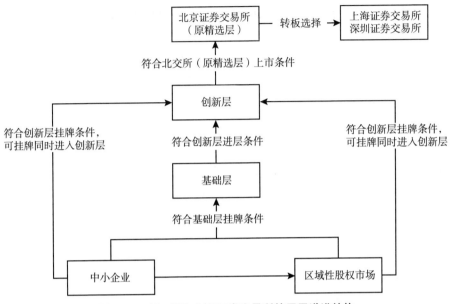

图10.3　新三板与北京证券交易所的层层递进结构

资料来源：作者整理。

2.2.3　如何从公司角度分析贝特瑞在北京证券交易所上市后的效果？

可以从四个方面来分析公司角度贝特瑞北交所上市后效果：融资规模分析、融资结构分析、抗风险能力分析以及财务绩效分析。

（1）融资规模分析

资本市场最主要的功能之一就是满足企业的融资需求，企业融资主要分内源融资和外源融资。外源融资是指企业利用自身之外的其他经济组织进行筹资，将其转换为自身的投资；内源融资是指企业将自己的经营活动所得用于继续扩大生产。新三板市场自诞生就担负着为广大中小企业解决融资困难的责任，新三板企业主要通过股权或者债务的方式融得资金，其中，股权融资以定向增发为主，债务融资主要通过股权质押或者发行私募债实现。

在再融资方面，北京证券交易所可以通过引入授权发行、自办发行等方式，有效地降低公司的再融资时间和成本。北京证券交易所的再融资制度安排可以与企业的"小额、快速、灵活、多元"的融资需要进行直接对接，使上市公司可以充分利用北京证券交易所的平台，并根据自身发展情况进行持续融资。通过对贝特瑞吸收投资收到的现金、取得借款收到的现金和筹资活动现金流入小计等指标进行计算比较，也可以对其融资规模进行分析。

（2）融资结构分析

融资结构也称广义上的资本结构，它指的是企业从不同渠道取得资金的比重。融资结构主要从资产负债率和带息债务、流动负债以及非流动负债的占比来衡量。

（3）抗风险能力分析

抗风险能力是指在宏观环境、宏观经济政策、不可抗力因素、产业发展周期等因素不断恶化时，公司仍能持续经营，保持长期发展的能力。可以选择多变量预警模型中的 Z-Score 模型来分析抗风险能力，该模型在 1986 年由著名金融经济学家爱德华阿特曼提出。本部分对抗风险能力的分析可以从财务风险的角度出发，分析贝特瑞进入精选层和北京证券交易所后抗风险能力的变化。

Z 值模型包含了很多指标，可以很好地弥补单一预测模型的缺陷，真实地反映不同企业的运营情况，为企业的决策制定和操作提供参考。通常可以通过计算企业的连续几年的 Z-Score 模型综合得分来研究和预测公司发生金融危机的可能性。Z 值越低，企业破产的可能性就越大，其计算公式是：

$$Z = 1.2X1 + 1.4X2 + 3.3X3 + 0.6X4 + 0.999X5$$

判断准则：$Z < 1.81$，破产区；$1.81 \leqslant Z < 2.67$，灰色区；$2.67 < Z$，安全区。

公式中变量的具体含义如表 10.5 所示。

表 10.5　　　　　　　　Z-Score 模型自变量含义及计算公式

自变量名称	含义	计算公式
$X1$	营运资金÷总资产	（流动资产 – 流动负债）÷总资产
$X2$	留存收益÷总资产	（未分配利润 + 盈余公积）÷总资产
$X3$	息税前利润÷总资产	（利润总额 + 财务费用）÷总资产
$X4$	优先股和普通股市值÷总负债	（股票市值×股票总数）÷总负债
$X5$	营业收入÷总资产	营业收入÷总资产

（4）财务绩效分析

一方面可以基于四大主要财务指标进行财务绩效分析，分析贝特瑞在北京证券交易所上市前后偿债能力、营运能力、盈利能力以及成长能力等指标的变化，并与同行业其他企业进行对比；另一方面，基于合成控制法分析财务绩效。合成控制法被学术界广泛运用于某项政策如烟草限购、房产税试点等实施后的效果研究。该方法的基本原理是，选取一定的预测变量，然后通过对控制组中每个样本的预测变量进行加权，从而拟合出一个合成组，通过比较政策实施后处理组与合成组之间的差异来评估政策影响。可以通过采用合成控制法对杜邦分析法的核心指标净资产收益率ROE的变动进行验证。

2.2.4　本案例对"专精特新"中小企业有哪些启示？

专精特新属性突出的公司在中国制造业产业升级的背景下，有望逐步发展成为具有核心竞争力的龙头企业，成长空间很大。通过贝特瑞案例，可以从以下两点启示"专精特新"中小企业。

第一，借鉴贝特瑞等企业走基础层—创新层—北交所（精选层）上市之路，实现跨越式发展。许多"专精特新"中小企业虽然有过硬的技术，但由于受到资金的掣肘，创新发展的步伐难以迈出。北京证券交易所成立的初衷便是支持服务创新型企业、"专精特新"中小企业发展，有许多适合中小企业的制度安排，如上市条件多样化、上市周期短、成本低等。因此，对中小企业来说，如果想获得资本市场的帮助来做大做强，北京证券交易所是值得考虑的选择。此外，在北京证券交易所上市后，企业也可以申请转板上海证券交易所或者深圳证券交易所，给上市公司提供更多的选择，不限制企业更好的发展机会。

第二，把握发展机遇。贝特瑞正是把握住了晋级创新层、晋级精选层等发展机遇，才能顺利平移北京证券交易所上市。《"十四五"促进中小企业发展规划》提出计划培育一定数量的创新型中小企业、"专精特新"中小企业和专精特新"小巨人"企业，以及中小企业特色产业集群和中外中小企业合作区，越来越多的民营中小企业逐渐向"专精特新"转型。对于已经被认定为"专精特新"的中小企业来说，现在更是重要的机遇期，国家出台了许多有利于"专精特新"中小企业的政策，需要牢牢把握。2021年11月，国务院印发了《为"专精特新"中小企业办实事清单》等三份扶持中小企业发展的高含金量政策，指出要在税收优惠、创新创业支持、畅通融资渠道等多方面助力中小企业发展，全方位为中小企业保驾护航。2022 年两会上，政府工作报告同样指出，要在资金、平台建设和人才培养等方面大力支持"专精特新"企业，可见国家对"专精特新"企业的重视程度。因此，"专精特新"中小企业要抓住机遇，把握机会，实现创新发展。

参 考 文 献

[1] 胡海峰，罗惠良．多层次资本市场建设的国际经验及启示 [J].中国社会科学院研究生院学报，2010（1）：72 – 77.

[2] 冯燕妮，沈沛龙．我国多层次资本市场体系研究 [J].经济问题，2020（10）：46 – 52.

[3] 陈洁．北交所注册制的实施机制与风险防范 [J].法学，2019（1）：148 – 161.

[4] 曹虹剑，张帅，欧阳峣，等．创新政策与"专精特新"中小企业创新质量 [J].中国工业经济，2022（11）：135 – 154.

[5] 王啸．美国"注册制"的四大难题与中国资本市场改革的思考 [J].证券市场导报，2015（1）：4 – 12.

[6] 宋晓刚．新三板市场发展的特征、动因及启示 [J].证券市场导报，2015（11）：4 – 12.

[7] 胡海峰，罗惠良，孙丹．多层次资本市场中企业融资与转板决策研究：理论模型与统计分析 [J].中国经济问题，2014（1）：39 – 48.

[8] 侯智杰，蒋宇翔，杨粲，等．流动性视角下新三板改革对价格有效性与低流动性折价的影响研究 [J].证券市场导报，2023（5）：68 – 79.